십일조의 복음

십일조의 복음

© 생명의말씀사 2025

2025년 7월 28일 1판 1쇄 발행
2025년 8월 21일　　　2쇄 발행

펴낸이 | 김창영
펴낸곳 | 생명의말씀사

등록 | 1962. 1. 10. No.300-1962-1
주소 | 서울시 종로구 경희궁1길 6 (03176)
전화 | 02)738-6555(본사)·02)3159-7979(영업)
팩스 | 02)739-3824(본사)·080-022-8585(영업)

지은이 | 김지찬

기획편집 | 허윤희
디자인 | 최종혜
인쇄 | 영진문원
제본 | 보경문화사

ISBN 978-89-04-16924-5 (03230)

저작권자의 허락 없이 이 책의 일부 또는 전체를
무단 복제, 전재, 발췌하면 저작권법에 의해 처벌을 받습니다.

# 십일조의 복음

The Gospel of Tithing:
The Most Balanced, Bible-Based Guide to Giving

김지찬 지음

생명의말씀사

## 추천사

십일조는 용도 폐기된 구약의 율법인가? 아직도 신약 성도를 위한 복음인가? 오늘날 성도들은 이 중요한 물음 앞에 방황하고 있다. 소위 인기 있는 시대의 대변자일수록 우리가 더 이상 십일조의 율법에 매일 필요가 없다고 소리친다. 저자는 그것이 프레임인가, 성경의 목소리인가를 묻는다.

기독교 역사에서 십일조에 대해 쓰인 모든 글 중에 이 책만큼 진지하고 광범하게 성경 전체를 관통하며 성경신학적으로 십일조를 논술한 책은 없었다고 생각된다. 십일조에 대한 선입견을 말하기 전에 잠잠하고 먼저 이 책을 일독할 것을 권하고 싶다.

그리고 성경의 일관된 목소리 앞에서 독자들이 신앙적 결단을 내리는 모습을 보고 싶다. 또한 십일조가 우리를 옥죄는 무거운 짐이 아니라, 하나님의 주권을 믿는 우리의 신앙고백이며 하나님 나라 운동에 쓰임받는 축복임을 고백할 수 있다면, 십일조에 참여하는 모든 교회는 아직도 부흥을 꿈꿀 수 있다고 믿는다.

설교자들이여, 이 책을 읽고 십일조를 다시 설교하자. 모든 교회여, 이 책으로 십일조 연구 소그룹 모임을 만들어 나누고 우리가 다시 이 축복에 동참하는 헌신을 주께 드리자. 그 나라와 의의 동트는 새벽을 위하여!

**이동원**(지구촌 목회 리더십 센터 대표 섬김이, 목사)

『십일조의 복음』은 십일조에 대한 세상의 모든 오염된 질문에 답하는 금과옥조와 같은 책이다. 이 책에는 십일조에 대한 하나님의 애끓는 심정이 담겨 있다. 십일조는 적지 않은 사람들에게 걸림돌이 되고 있지만, 이 책은 독자들이 십일조를 통해 하나님의 풍성한 은혜로 들어가는 견고한 디딤돌이 되고 있다. 십일조에 대해 이 책만큼 신구약 전체를 관통하여 신학적으로 철저히 연구하고, 목회적으로 성도를 하나님 사랑으로 이끄는 책은 찾기 어려울 것이다. 모든 신자와 목회자들이 곁에 두고 읽어야 할 보배와 같은 책이다.

**오정현(사랑의교회 목사)**

오늘날 교회가 당면한 위기는 다양하다. 그중 하나는 기준의 실종이라고 할 수 있다. 이런 현상은 코로나 팬데믹 이후 더 심해져서 모든 기준과 원칙들이 흔들리고 느슨해졌다. 십계명, 주일성수, 십일조 등은 성도들에게 인기 없는 낡은 레코드 취급을 받고 있다.

율법 폐기론자들의 논리가 오늘날에도 설득력 있게 성도들을 유혹하고 있다. 목회자들 역시 헌금 설교에 적잖은 부담을 가지고 있는 것이 사실이다. 예민하게 반응하는 성도들을 말씀으로 설득할 자신감이 부족해 보인다. 오늘날 십일조에 민감하게 반응하는 이유는 무엇일까? 그만큼 맘몬의 힘이 거대해졌다는 뜻이다. 돈의 힘이 막강해진 세상에서 십일조는 신앙의 온도를 체크하는 데 중요한 기준일 뿐만 아니라, 돈이 우상화된 시대에 인간의 욕망을 어떻게 다룰 것인지와도 연관이 있다.

자기 느낌대로 판단하고 행동하는 시대에 저자는 성경에 기초한 문자적·역사적·신학적 해석을 통해 탄탄한 근거를 가지고 십일조에 관한 오해를 시원하게 풀어준다. 마지못한 강제적 순종이 아니라 즐거운 순종을 하도록 충분한 동기부여를 일으킨다. 복음 아래에서 율법은 더 선명해진다. 십일조는 단순히 헌금 문제가 아니라 건강한 그리스도인으로 살아가게 하는 기본이다. 부디 세속화에 물든 한국 교회에 영적 각성을 일으키고 다시 건강한 교회로 회복되는 일에 이 책이 귀하게 쓰이기를 갈망한다.

이규현(수영로교회 목사)


이 책의 저자는 학문의 깊이와 함께 은혜로운 전달력으로 많은 신학생들에게 선한 영향력을 끼치신 분이다. 이번에 나온 신간 『십일조의 복음』에서도 그 진가를 느낄 수 있었다. 이 책은 십일조라는 단어가 나오는 성경의 모든 본문을 심도 있게 주해했다는 점에서 주목할 만하다. 더욱이 각 권의 좌우 문맥을 고려할 뿐 아니라 구약에서 신약으로 이어지는 구속사의 흐름을 따라 십일조에 대한 성경 전체의 종합적인 메시지를 드러내 보여 주는 장점이 있다.

십일조는 구약이나 신약 모두 하나님께 기쁨으로 드릴 수 있는 기회이기에 복음이면서, 동시에 원래부터 하나님의 소유로 당연히 드려야 한다는 점에서 율법이라는 것이 이 책의 논지다. 십일조와 관련한 말들이 많은 요즘이기에 성경의 언어로 성경의 소리를 전하고자 심혈을 기울인 이 책을 목회자와 신학생, 그리고 모든 성도들에게 기쁨으로 추천한다.

이찬수(분당우리교회 목사)


『십일조의 복음』이 시기적절한 때에 출간되어 기쁘게 생각한다. 저자가 '프레임 전쟁'이라 명명한 시기적 필요성이 최고조에 달한 이즈음에 평생 신학자로, 그리고 설교자로 강단을 지킨 저자의 신학적·성경적 고찰이 너무나 절실했었다. 저같이 매주 설교를 통해 성도의 삶의 방향과 가치를 가르쳐야 하는 목회자 입장에서, 가장 부담스러운 십일조와 헌금에 대한 설교 준비를 위한 가장 신뢰할 수 있는 참고서를 찾은 기분이다. 본서는 십일조 폐지론과 유지론 사이에서 탁월한 통찰력과 십일조 정신으로 창세기에서 신약 히브리서까지 십일조에 관한 성경 구절을 총망라해서 풀어낸다. 십일조 정신을 성도의 삶에 적용함에 있어서, 다른 책에서 발견하기 힘든 예수 그리스도의 구속사적 접근은 이 책의 탁월함을 더한다. 소위 십일조 본문들에서 밝히는 예수님의 모습은 십일조 설교 때마다 단골로 등장하는 위협이나 협박의 율법주의적 접근을 초월하여, 복음의 자발성에 근거를 둔 믿음의 우선순위, 은혜에 대한 반응, 그리고 감사의 고백을 자아낸다. 이 책을 읽고 십일조 강해를 한다면, 단순히 헌금 많이 하라는 흑백설교가 아닌, 믿음의 적용력이 풍부한 설교가 될 것을 믿어 의심치 않는다. 또한 복음의 진수를 전하는 뜨거움으로 설교할 수 있으리라 믿고, 필독을 추천한다.

**김한요**(LA 어바인베델교회 목사)

십일조는 오늘날 교회 안에서 여전히 신학적·실천적 쟁점이다. 이를 단순한 헌금이나 '종교세'로 여기거나, 일종의 '신앙적 거래'로 이해하는 시각도 있다. 그러나 이런 접근은 십일조의 본래 의미를 흐린다. 『십일조의 복음』은 이러한 오해에 도전하며, 십일조를 복음의 빛 아래 새롭게 해석한다. 저자는 십일조를 단순한 '드림'이 아닌, 그리스도에 대한 '신앙고백'으로 이해한다. "십일조의 주체는 주는 그리스도이시다." 이 고백이 독자의 마음에 새겨진다면, 저자의 바람대로 이 신앙은 다음 세대에도 생생하게 전해질 것이다.

**노창수**(LA 남가주사랑의교회 목사)

저자는 이 책에서 현대 성도들에게 '불편한 진실'인 십일조의 문제를 성경을 통해 조명하면서도, 저자의 원숙한 신학적 사고와 풍부한 신앙 경험을 통해 설득력 있게 해설한다. 이 책의 가치는 신구약 성경 전체에서 십일조를 다루고 있는 '모든 본문'을 상세히 살펴본 것이다. 이 책은 변증서가 아니다. 아마도 십일조를 드리지 않으려고 작정한 사람들은 이 책을 읽고도 마음을 바꾸지 않을지도 모른다. 하지만 십일조에 대한 가르침을 바르게 정립하려는 성도들에게, 그리고 교회에서 십일조를 가르쳐야 함에도 십일조를 강조하면 안 된다는 시대의 흐름 때문에 머뭇거리는 사역자들에게, 이 책은 참으로 필요한 지침서가 될 것이다. 저자는 십일조를 복음의 관점에서 해석한다. "마음을 다하고 뜻을 다하고 힘을 다하여"라는 신구약 성경에 흐르는 복음으로 사는 삶의 핵심이라고 할 수 있다. 십일조는 성도가 하나님 앞에서 마음과 뜻과 힘을 다하는 삶의 표현이며, 믿음의 공동체를 지지하는 봉헌이라고 할 수 있겠다. 복음은 하나님께 돌아가는 길이며, 하나님을 중심에 유일한 분으로 모시는 것이며, 기쁘게 그분을 삶에서 섬기는 것이다. 『십일조의 복음』은 십일조를 통해 물질이 우상이 되어 버린 세상에서 복음으로 사는 성도의 거룩한 습관을 알려 준다. 봉헌의 개념이 무너진 인생이 축복받을 수 있을까? 그 답을 이 책에서 찾을 수 있을 것이다.

한규삼(충현교회 목사)

기복주의와 보상주의는 기독교의 모든 가치를 무너뜨리는 주범인데, 십일조가 의무가 아니라 하나님이 베푸신 축복에 대해 그분께 찬양과 영광을 돌리는 고백임을 저자는 지적하고 있다. 십일조는 내가 진정 하나님의 사람인가를 구별할 수 있는 시금석이 된다. 그래서 나는 성도들에게 죽는 순간까지 십일조를 할 수 있는 성도가 되라고 권한다. 작금 많은 목회자들이 세속의 공격적인 프레임에 갇혀서 제대로 십일조를 설교하지 못하는 이 시점에서, 십일조에 대한 성경적 시각을 프레임의 언어가 아니라 성경의 언어로 설명한 것이 이 책의 탁월성이다. 특히 십일조는 처음부터 율법의 의무로 제시된 적이 없고 항상 복음을 경험한 자들의 마음에서 우러나오는 감사의 표현이기에, 십일조는 신약 시대에 폐지된 것이 아니라 그리스도 안에서 완성된다는 저자의 지적에 감사를 드리며 기쁨으로 강력하게 추천하는 바이다.

정병갑(일산신성교회 목사)

"신약에는 레위인이 없으므로 십일조를 굳이 교회에 할 필요가 없고, 정의와 긍휼과 믿음이라는 예수님의 정신을 실천하는 선교 단체나 NGO에 내도 된다"라고 말하는 사람들이 많음을 지적하는 저자는 한국 교회의 이런 일련의 사조를 십일조 폐지론자들의 '프레임 전쟁'으로 규정한다. 그러나 십일조는 '원래부터 하나님의 소유이기에 인간이 사적으로 사용하면 안 되는 성물'이라는 점을 일관되게 강조하면서 먼저 출석 교회에 십일조를 드리고, 이에 만족하지 말고 그 이상을 선교 단체나 NGO에도 헌금할 것을 저자는 지혜롭게 지적하고 있다.

나는 평생 무슬림 선교사로 무슬림들과 살면서 배운 것이 있다. 그것은 이슬람의 5기둥(The Five Pillars of Islam)인데, '신앙고백, 기도, 금식, 메카 순례, 종교세'이다. 특히 종교세는 모든 무슬림들의 의무로 원천 징수하지만, 누구 하나 이의를 제기하지 않는다. 그 이유가 무엇일까? 물질은 알라가 주신 것이기에 감사와 헌신의 증표로 종교세를 당연히 드려야 한다고 보기 때문이다.

오늘날 한국 교회가 성경이 말하는 십일조의 진정한 의미를 깨닫는다면, 무슬림처럼 감사와 헌신의 증표로 드려야 하는 것이다. 이 책은 십일조의 은혜의 감격을 회복시켜 주는 수작이다. 부디 선교사들이 십일조의 은혜의 감격을 회복해 현지교회에 십일조 정신을 가르치고 나누어 성경적인 축복들이 넘치길 희구한다.

**조용성**(전 GMS 선교사무총장)

『십일조의 복음』은 뜨거운 감자가 된 현대 교회의 이슈인 십일조에 대한 명료한 해석이다. 저자는 십일조에 대한 구약과 신약의 본문들을 정경적 맥락에 따라 문학적 맥락과 역사적 맥락으로 해석한 결과인 신학적 함의를 독자들에게 매우 친절하게 안내한다. 또한 이 책은 구약의 율법과 신약의 복음이 십일조에 대한 동일한 소리를 내고 있다는 탁월한 해석을 함축하고 있다. 저자는 십일조가 '정의, 긍휼, 믿음' 그리고 '구제와 정결'의 삶으로 하나님께서 주신 복에 대한 찬양과 영광으로 반응하는 것이라는 점을 강조한다. 저자가 십일조 본문에 대한 해석에서 놓치지 않는 것은 공동체, 즉 하나님 나라이다. 십일조에 대한 저자의 해석은 물질문명에 매여 있는 우리에게 성경의 소리에 귀 기울이고 하나님의 초청에 반응할 것을 요청한다. 이 책은 십일조에 대해 고민하는 모든 하나님의 백성들이 반드시 읽어야 할 책이다.

**강규성**(한국성서대학교 부총장, 구약 교수)

존경하는 저자의 책을 펼치는 순간부터 쉽게 눈을 뗄 수가 없었다. 하나님을 진실로 믿는 사람이라면, 그리고 한국 교회의 모든 성도님이 꼭 읽으면 좋겠다는 생각을 멈출 수가 없다. 십일조에 대한 이해를 넘어 하나님 앞에서 자신의 신앙을 점검하고 주님과의 관계를 쌓아 가는 영성의 샘물을 마시게 될 것이다. 목회하면서 한 가지 확실하게 발견하는 것은 신앙의 척도는 헌금에 대한 자세와 직결되어 있다는 사실이다. 헌금은 단순한 물질에 대한 태도를 넘어 하나님에 대한 신앙의 반응이다. 십일조는 프레임이라는 탁자에서 논쟁할 이슈가 아니며, 성경이 보여 주는 가르침에 기쁘게 순종하자는 저자의 이야기는 마치 우리를 사랑하시는 주님의 음성으로 들려오는 듯하다. 자녀들과 손주들이 아름다운 부모님의 신앙의 유산을 이어받아 '성경 읽기와 기도, 봉사와 교제, 주일성수와 십일조'를 신실하게 지키는 참된 그리스도인이 되기를 기대한다는 저자의 바람이 구원의 은혜를 진실로 경험한 모든 그리스도인의 삶이 되기를 바란다.

**류응렬(와싱톤중앙장로교회 목사)**

나는 목양의 현장에서 헌금을 주제로 교육할 때마다 존 맥아더의 『헌금의 원리』를 주로 인용해 왔다. "헌금은 하나님이 자신의 창고에 돈을 모으는 방법이 아니라 그것은 그의 자녀를 기르시는 방법이며, 헌금을 통하여 하나님은 우리의 인간성을 가늠해 보실 수 있으며, 우리에게 은혜를 주시기 위한 수단이 되기도 한다." 그러면서도 십일조 유지론과 폐지론이 평신도들을 끊임없이 오염시키는 현실 속에서 다른 목회자들과 비슷하게 십일조 신앙을 성경적이면서도 통전적으로, 체계적이면서도 지속적으로 교육하지 못하는 아쉬움과 부담감이 있었다.

이런 고민을 갖고 목양하는 모든 목회자들에게 우리의 스승이시며 총신대 신학대학원에서 30년간 구약을 교수한 저자의 『십일조의 복음』의 출간은 큰 기쁨이 아닐 수 없다. 이 책은 교회에서 헌금과 특별히 올바른 십일조 교육 교재로 사용할 수 있도록 구성되었기 때문이다. 성경의 십일조 신앙을 통전적으로 쉽게 이해하며 가르칠 수 있도록 성경에 나오는 모든 십일조 본문을 완벽하게 주해했고, 이에 더하여 신학적 사색과 교회 현장에 유익하기 그지없는 현대적 적용까지 포함하고 있다. 또한 이 책은 십일조 본문 속 인물들의 삶 가운데서 발견된 하나님의 뜻을 마음으로 받아들여 분투하며 순종하도록 도전한다. 무엇보다도 하나님의 공동체 곧 가정이나 교회나 조국의 유익과 경건한 성도들에게 거룩한 축복을 사모하도록 안내한다.

일찍이 저자는 그의 책『언어의 직공이 되라』에서 성경을 기록한 저자들이 하나같이 메시지를 최대한 효과적으로 전달하기 위해 언어와 치열한 싸움을 하는 탁월한 언어의 연금술사였다고 했듯이, 자신도 언어의 연금술사가 되어 탁월한 교수요 설교가요 특별한 저술가요 교육가로 일상을 치열하게 사신 분이다.

이번 출간된『십일조의 복음』의 논지가 감동이다. 앞으로 나를 포함한 많은 목회자들이 존 맥아더의 말보다도『십일조의 복음』의 논지를 인용할 것 같다. '십일조는 구약이나 신약 모두 하나님께 기쁨으로 드릴 수 있는 기회를 제공하기에 복음이면서, 동시에 원래부터 하나님의 것이기에 당연히 드려야 하는 것이므로 율법이다.' 복음 전도와 제자도 실천에 헌신하는, 특히 참된 헌금과 십일조 신앙을 교육하려는 모든 목회자들에게 그리고 마땅히 성경적 십일조 교육을 알고 깨닫고 실천함으로 신령한 유익과 복을 누려야 하는 모든 성도들에게 이 책을 기쁨으로 적극 추천한다.

**김미열 (원주중부교회 목사)**

교부 아우구스티누스는 아름다운 경치를 감상하는 것보다 성경을 깨닫는 일이 더 큰 즐거움을 준다고 말한 바 있다. 이 책은 그의 말이 참되다는 사실을 잘 보여 준다. 어떤 주제든 철저하게 다루는 것으로 정평이 난 저자는 이번에도 십일조와 관련된 성경 본문들을 빠짐없이 조사하여 꼼꼼하고 정확하게 분석했다. 그는 십일조를 언급하는 본문들에 대한 기존의 오해를 바로잡고, 그 깊은 의미를 은혜롭게 해석해낸다. 성경 각 장르의 특성에 맞게 다양한 주석 기법을 동원해 본문의 참된 의미를 추출하는 저자의 솜씨는 성경 해석의 대가다운 면모를 유감없이 보여 준다. 십일조에 대한 바른 이해를 구하고자 이 책을 읽는 독자들은, 덤으로 올바른 성경 해석이 무엇인지를 배우게 될 것이다.

더불어 이 책은 단순한 성경 주석을 넘어서, 그 의미를 신학적이면서도 실천적으로 탁월하게 제시한다. 교의학자로서 나는 이 책을 통해 정통 기독교 교리가 성경 본문과 어떻게 조화를 이루는지를 보여 주는 저자의 통찰에서 큰 감명을 받았다. 또한 단지 추상적 이론 진술에 그치지 않고, 구체적인 실천 방향까지 제안하는 저자의 모습 속에서 탁월한 신학자가 따뜻한 목회자의 면모를 함께 갖추었을 때 주는 깊은 감동을 느꼈다. 십일조 논쟁이 프레임 전쟁이 아니라 순종의 전쟁이 되어야 한다는 저자의 주장은, 이 논의의 장에서 중요한 시금석이자 이정표가 될 것이다. 이 책의 독자들은 구속사 속에서 십일조를 통해 하나님께 헌신했던 이들의 삶을 다시금 추체험(追體驗)할 수 있는 기회를 얻게 될 것이다. 십일조에 대해 한 번이라도 진지하게 고민해 본 사람이라면, 이 책을 반드시 정독할 것을 적극 권한다.

**우병훈(고신대학교 신학과, 교의학 교수)**

오늘날 한국 교회는 세속화라는 광풍 앞에서 속절없이 흔들리는 풍전등화와 같다. 그 세속화의 정점에는 '십일조 폐지론'이 자리 잡고 있다. 물질만능주의라는 시대 풍조와 맞물려 '십일조 폐지론'은 성경적 믿음에 치명적인 위해 요인으로 작용하고 있다. 나의 존경하는 스승이신 저자는 신구약 성경에 나타난 십일조에 관한 모든 본문을 역사적·신학적·구속사적으로 명료하게 주해하고 분석한다. 그리하여 십일조는 단순히 물질 문제가 아닌 하나님께 드리는 가장 순수한 순종이자 예수님을 닮은 성도의 표징임을 명확하게 드러낸다. 세속화의 거대한 물결 앞에서 복음에 합당한 거룩한 교회를 세우고자 하는 성도라면 반드시 읽어야 할 소중한 책이다.

**홍성인(봉동중앙교회 목사)**

현대 교회가 세속의 가치관에 휩쓸리는 이 시대에, 이 책은 성경의 원천으로 돌아가 십일조의 진정한 의미를 회복시키는 귀중한 안내서이다. 저자는 아브라함부터 히브리서까지 성경 전체에 흐르는 십일조의 본질을 탁월하게 주해하며, 이것이 단순한 헌금 제도가 아닌 하나님의 수행적 명령이자 신앙고백임을 설득력 있게 보여 준다. 특히 성경 인물들의 경험을 오늘날 우리의 삶에 연결시키는 부분은 목회 현장에서 성도들에게 큰 깨달음을 줄 것이다. 이 책은 우리가 프레임 전쟁에 매몰되지 않고, 성경의 권위 안에서 신앙의 정수를 찾도록 도와주는 시의적절한 선물이다.

**홍성환**(이천신하교회 목사)

성도를 세우고 교회를 세우려고 고군분투하는 목회자들에게 무더운 날의 '얼음냉수'와 같은 책이 나온 것이 얼마나 감사한지 모른다. 십일조에 대한 가르침이 인간적 사상과 철학의 영역이 아니라, 성경이 우리에게 말씀하는 교훈이라는 사실을 힘 있게 전하고 싶은 마음은 아마도 모든 목회자들의 간절한 바람일 것이다. 이 책은 바로 그 바람을 시원하게 충족시켜 주었다. 십일조는 교회의 세속화를 진단하고 막아내는 중요한 무기라고 말하는 저자의 메시지에 감동을 넘어서, 벌떡 일어나 기립박수를 하고 싶은 마음이다. 모든 성도들과 목회자들에게 이 책의 메시지를 전하고 공유하고 싶은 마음이 간절하다.

**박지웅**(내수동교회 목사)

일선 목회자로서, 십일조는 가르치기도 쉽지 않고 안 가르칠 수도 없는 중요한 주제이다. 비단 교회의 운영과 사역을 위해서만이 아니라, 일상을 살아가는 성도들이 돈과 성공의 노예가 되지 않고 당당히 하나님 나라 백성으로 살아가도록 도우려면, 꼭 물질적 헌신을 할 수 있도록 도와야 하기 때문이다. 이러한 상황에서 본서는 세 가지 측면에서 대단히 유용하다. 첫째, 본서는 성경이 말하는 십일조와 연관한 모든 본문을 상세히 다루면서 십일조의 성경적 의미를 명료하게 밝혀낸다. 둘째, 그 결론이 단순한 율법주의적 명령이 아니라 마음의 문제에 있음을 섬세하게 드러낸다. 셋째, 실천적으로도 교회 지도자들이 어떻게 성도들을 인도해야 할지에 대한 지혜가 듬뿍 담겨 있다. 무엇보다 이 책에서 가장 자주 나오는 내용은 십일조가 단순히 액수의 문제가 아닌 '영적 정체성'의 문제라는 것인데, 이 부분에서는 목회자인 나도 심하게 찔림을 받았다. 하나님의 백성으로서 어떻게 살아가야 할지를 고민하는 모든 교회의 지도자들과 진지한 성도들에게 강하게 이 책을 권한다.

**이정규**(시광교회 목사)

십일조 폐지의 목소리가 점점 거세지는 이 시대에 십일조의 본문을 정밀하고도 섬세하게 분석한 본서의 출간은 가뭄의 단비와 같은 기쁜 소식이 아닐 수 없다. 권위 있는 성경학자로서 오랫동안 십일조 본문과 씨름해 온 저자는 본서에서 십일조 폐지 유무로 양분된 기존의 프레임 논쟁에서 벗어나 본문의 문맥에 대한 정확한 이해와 분석에 근거해 십일조가 의도하는 목적과 정신이 무엇인지를 매우 선명하게 드러낸다. 더욱이 본문을 통해 드러난 그 십일조의 정신이 오늘날 우리 삶의 정황 속에 어떻게 구체적으로 적용되어야 하는지를 탁월한 필치로 설득력 있게 전달하는 저자의 논증은 이 책의 백미가 아닐 수 없다. 부디 본서가 십일조를 피상적으로 알고 있는 독자들의 의식을 일깨워 십일조의 정신으로 이끄는 나침판의 역할을 감당하기를 간절히 바란다. 끝으로 본서의 집필을 위해 아낌없는 수고와 노력을 마다하지 않은 저자의 헌신에 깊은 감사를 드리며, 십일조 논쟁에 관심 있는 독자들뿐만 아니라 하나님을 주인으로 인정하는 모든 그리스도인들에게 이 책의 일독을 강력히 추천하는 바이다.

**장세훈**(합동신학대학원 대학교 구약학 교수)

은사이신 저자께서 성도님들을 위해 십일조에 대한 책을 쓰신다며, 가끔 신약 본문들에 대한 견해를 묻기도 하시고 십일조에 대한 다양한 생각들에 대해 언급도 하신 지 시간이 꽤 흘렀다. 그리고 이 책이 나오게 되었다. 저자의 다른 책들과 마찬가지로 '대작'이 되었다. 제게 십일조에 대해 묻는다면 '많이 드릴수록 좋습니다'라는 한 문장으로 끝났을 텐데, 저자는 귀한 새벽 시간을 떼어 연구하고 기도하시며 집필하셔서, '아브라함부터 예수님까지, 창세기부터 히브리서까지' 학문적이면서도 모두가 이해할 수 있게 쓰셨다. 부디 하나님의 은혜로 쓰인 이 책이 많이 읽히고 크게 공감을 받아, 십일조 내는 손이 행복하기를, 십일조로 목회자가 살고 교회가 살기를 기도한다.

**박형대**(총신대학교 신학대학원 신약 교수)

교정을 떠나시는 은사이신 저자께 전인미답의 길을 열어 주시기를 기대했더니 십일조의 복음이 들려온다. 이 길에서 구약의 십일조는 신약의 복음이라는 외침이 들려온다. 구약과 신약이 율법과 복음의 대조가 아닌 공존을 보여 주며, 십일조는 복음의 은혜를 누리는 신구약의 교회가 사랑으로만 지키는 거룩한 율법이라는 아름다운 선언이 울려 퍼진다. 그렇다. 신약의 율법과 복음은 구약의 그것들보다 비할 데 없이 철저하고 엄중하기에, 십자가 복음은 우리가 전부를 바치는 충성을 낳는 것이다.

저자는 이번에도 친절한 길잡이의 모습이다. 십일조는 구약 율법의 정신(정의와 긍휼과 믿음)이 구현된 신약 교회의 복음이라고 선언하면서, 오경에서 레위기와 민수기와 신명기의 발전적 진술을 파악하고 복음서에서 마태복음과 누가복음의 병행 구절들을 비교하고 음미하도록 도와준다. 저자가 안내하는 십일조 복음의 순례길에서 한국의 구약학자 박윤선과 영국의 신약학자 톰 라이트가 함께 서고, 독일의 종교개혁가 루터와 영국의 경건주의자 웨슬리가 함께 걷는다. 저자가 열어 놓은 십일조 복음의 길에서 마침내 여러분의 가슴 속에도 하나님 앞에 예배하고 그분의 약속을 믿으며 미래로 전진하는 영혼이 되려는 갈망이 다시 숨 쉬기를 고대한다.

**김대웅(총신대학교 신학대학원 구약 교수)**


저자는 구약학자로 30년간 수많은 신학생과 목회자를 양성하고 성경적 개혁신학을 수호해 온 한국 교회의 스승이시다. 최근 일부 신학자들이 십일조를 구약의 율법적 의무로 치부하는 프레임 전쟁을 가속시켜 성도들의 영적 삶이 약화되고 신앙의 균열을 초래하고 있다. 저자는 은퇴 후에도 이런 흐름을 방관하지 않았다. 이에 치열한 성경 연구를 통해 성경적 십일조의 본질을 규명하고, 그 의미와 정신을 깊이 탐구한 책을 출간하게 된 것이 얼마나 감사한지 모르겠다. 이 책은 성경적 십일조가 단지 율법적 의무가 아니라 정의와 긍휼과 믿음을 실천하는 방편이라는 성경적 정의를 설득력 있게 강조함으로, 현대 기독교가 나아가야 할 신학적·실천적 방향을 제시하는 소중한 안내서이다.

**백신종(부전교회 목사, 덴버신학교 교수)**

『십일조의 복음』은 매우 반갑고 뜻깊은 저술이다. 이 책은 최근 들어 십일조에 대하여 강조하지 않는 목회 현장의 분위기를 성경적 가르침으로 바로잡아 바른 헌금 생활을 할 수 있도록 인도해 주는 신실한 연구서이다. 특별히 십일조와 관련된 구약과 신약의 본문들을 모두 선택하여 자세히 해설한 점, 무엇보다도 구약과 신약을 언약의 관점으로 연결해 동일한 하나님 나라의 복음이라는 이해를 선명하게 드러낸 점이 이 책의 뛰어난 가치라 할 수 있다. 십일조의 필요, 의미, 유익, 삶의 현장을 위한 적용에 관심 있는 목회자와 성도 모두에게 일독을 권한다.

**김희석(총신대학교 신학대학원 구약 교수)**

**십일조의 복음**

# CONTENTS

추천사 4
서언 20
서론 _ 무엇이 중요한가: 프레임인가? 성경인가?  34

① 아브라함의 십일조 _ 창 14장  예수님의 십일조 정신의 최초 구현 • 50

② 야곱의 십일조 _ 창 28장  하나님의 신비한 초청에 대한 예배의 응답 • 76

③ 레위기의 십일조 _ 레 27장  십일조 정신의 축약판 • 102

④ 민수기의 십일조 _ 민 18장  하나님께 가까이 나아가는 자들의 기업 • 132

⑤ 신명기의 십일조 _ 신 12, 14, 26장  약속의 땅에서 정의와 긍휼과 믿음의 구현 • 158

⑥ 사무엘서의 십일조 _ 삼상 8장  백성을 종으로 만드는 왕의 십일조 • 194

⑦ 역대기의 십일조 _ 대하 31장  히스기야의 십일조, 예수님의 십일조 정신 • 210

⑧ 느헤미야서의 십일조 _ 느 10, 12, 13장  하나님의 집(나라)을 위한 십일조 • 230

⑨ 아모스서의 십일조 _ 암 4장  자기 탐닉의 십일조에 대한 경고 • 254

⑩ 말라기의 십일조 _ 말 3장  과연 하나님을 도둑질할 수 있을까? • 276

⑪ 마태복음의 십일조 _ 마 23장  십일조의 정신: 정의와 긍휼과 믿음 • 304

⑫ 누가복음의 십일조 _ 눅 11장  구제와 정결, 십일조와 하나님 사랑 • 332

⑬ 예수님의 비유 안의 십일조 _ 눅 18장  십일조와 칭의(의롭다 하심)의 관계 • 352

⑭ 히브리서의 십일조 _ 히 7장  십일조와 그리스도의 영원한 대제사장직 • 374


**결론 _ 십일조의 복음, 십일조의 율법**  398

일러두기: 개역개정을 기준으로 말씀을 인용했으며, 더 정확한 전달을 위해 히브리어 및 헬라어 원문을 바탕으로 저자의 직역이 반영되었음을 밝힙니다.

# 서언

## 한국 정통 교회의 신앙 행습

필자는 모태신앙으로 태어나 평생 교회에서 살았다. 교회는 영적으로 태어나게 한 영혼의 모태였고, 성경적인 신앙을 믿음의 선배들에게 물려받은 교육의 현장이었다. 교회는 사랑과 용서를 경험하는 영적 공간이었고, 신앙을 고백하며 기도와 예물을 바치는 하나님의 전이었다. 필자는 이런 정통 교회 안에서 자랐기에 '성경 읽기와 기도, 봉사와 교제, 주일성수와 십일조'를 금과옥조처럼 여기며 평생 살 수 있었다. 특별히 대학과 신대원 시절, 그리고 신혼 초와 유학 때에도 비록 가난했지만 주일성수와 십일조가 부담이나 짐이 된 적은 없었다.

신학대학원을 마치고 강도사 인허를 받은 후에 1987년 유학을 떠나 미국 칼빈 신학교에서 2년, 네덜란드 캄펜 신학대학교에서 3년 반의 최종 학위 과정을 마치고 1993년에 돌아와 목사 안수를 받고 모교에서 신학 선생이 되었을 때에도, 한국 교회 안에 주일성수와 십일조의 전통은 큰 흔들림 없이 유지되고 있었다.

## 박사과정 지도 교수님의 세속화 경고

그러나 필자는 그로부터 10년 정도 신학교에서 학생들을 가르치는 한편, 교회에서 교육목사나 협동목사로 섬기고 여러 대중 집회들을 다니면서 박사과정 때 지도 교수인 요하네스 드모어 박사(Dr. Johannes Cornelius de Moor)가 던진 경고가 문득문득 떠올랐다.

"김 강도사. 네덜란드 교회는 50년 전만 해도 한국 교회와 똑같았네. 주일 성수를 강조하고, 음주는 물론, 극장에 가고 카드 놀이를 하는 것조차 금했지. 그런데 2차 세계대전 후 불과 50년 만에 교회가 세속화되었네. 문제는 하루 만에 왕래가 가능한 지구촌 시대가 되었기에 한국 교회는 네덜란드 교회가 50년 동안 겪은 세속화 과정을 불과 10년 이내에 겪을 것이라는 사실이네."

당시 필자는 이런 경고의 의미를 잘 알지 못했다. 그러나 귀국하고 얼마 지나지 않아 드모어 교수의 경고대로 '세속화'가 한국 교회를 약하게 만들고 있음을 직감하게 되었다. 그리고 정말 10년이 채 안 되어 2000년대로 들어서면서 한국 교회는 세속화의 거대한 물결 한복판으로 빨려 들어가기 시작했다.

그렇다면 도대체 '세속화'(世俗化: secularization)란 무엇인가? 세속화란 '세속'(世俗)으로 바뀐다(化)라는 뜻 아닌가? 성경에서 거룩한 것이란 '하나님께 구별하여 드려졌기에 하나님의 소유'가 된 것, 따라서 '인간이 사용하면 안 되는 것'이다. 그런데 만일 거룩한 것을 인간이 사용하게 되면 그게 바로 세속화가 되는 것이다. 결국 세속화란 '과거에는 하나님께 속한 것이기에 거룩하게 여겼던 것을, 이제는 인간이 마음대로 사용할 수 있다고 보는 인식의 변화'를 가리키는 것이다.

그러니까 과거에는 일주일에 하루는 주님의 날로 구별하여 '성일'(聖日: 거룩한 날)이라고 말했고, 소득의 십분의 일은 하나님의 소유로 구별하여 성물(聖物: 거룩한 예물)이라고 불렀다. 그런데 이제 주일은 다른 주중의 날과 똑같이 '내가 마음대로 쓸 수 있는 날'로 속화(俗化)되었고, 십일조는 '내가 얼마든지 처분할 수 있는 나의 소유물'로 속화되기 시작했다.

이런 세속화 현상은 오늘날 현대 교회의 성도들이 하나님께 수입에 비례하여 얼마나 헌금을 하는지 살펴보면 금방 알 수가 있다. 한국 교회는 성도들의 수입과 비교했을 때 연간 5퍼센트 정도의 헌금을 드리고 있으며, 성도들의 30-40퍼센트 정도가 십일조를 하던 상황에서 점차 그 퍼센티지가 줄어들고 있다고 알려져 있다. 더욱이 2020년대에 들어서면서 거의 모든 사람들이 특별히 돈에 민감한 시대가 되었으며, 심지어 부자가 되는 것이 목표임을 드러내 놓고 이야기하는 사람들이 교회 안에 깊숙이 들어오게 되었다.

이것은 주일성수도 마찬가지여서 한 달에 네 번이 아니라 세 번에서 한 번만 주일 예배를 드리는 성도들이 많아졌다. 출석 성도가 1,000명이라는 이야기를 듣고 교회에 가면 실제로는 700명 정도 모이곤 했다. 출석 교회의 60-70퍼센트가 평균 출석하는 상황이 된 것이다. 무슨 일이 있더라도 출석 교회의 주일 예배에 참석하려고 직장이나 일터에서 핍박을 당했던 신앙의 선배들의 이야기는 점차 '전설 따라 삼천리'가 되고 있다.

## 성경의 모든 십일조 본문들의 심도 있는 연구 필요

이런 세속화 상황 속에서 교회는 홍역을 앓고 있다. 성도들은 헌금 설교를 하면 '우리 목사님이 돈을 좋아하신다'라고 생각한다. 이를 아는 목회자는 가능하면 돈에 대한 설교를 하지 않으려고 한다. 그러다 보니 십일조를 다르게 해석하는 사람들이 늘어나면서 성도들의 생각을 지배하게 되었다. 이들은 단순히 십일조를 반대하는 것이 아니라, 그동안의 전통적인 십일조 행습을 지지하는 것으로 보이는 성경 본문을 전혀 다르게 해석하면서 전통적 견해를 구태의연하거나 성경을 오해 내지 곡해한 것으로 비난하기 시작했다.

"십일조는 구약의 율법 규정이므로 신약에서는 폐지되었다."

"신약에는 십일조는 물론 헌금도 나오지 않는다. 오직 구제에 해당하는 연보만 있다."

"신약에는 레위인이 없으므로 십일조를 굳이 교회에 할 필요가 없고, 정의와 긍휼과 믿음이라는 예수님의 정신을 실천하는 선교 단체나 NGO에 내도 된다."

"구약에 절기 십일조와 자선 십일조가 있는데, 따라서 가족끼리 식사하는 비용으로나 자선 비용으로 십일조를 써도 된다."

이런 식의 비판과 주장이 엄청난 속도로 언론이나 공중파나 1인 미디어를 통해 쏟아지고 있다. 그런데 이 사람들은 성경의 모든 십일조 본문들을 연구하지 않고 단지 자기 입맛에 맞는 구절들만을 선택적으로 골라 해석하면서 마치 그것이 성경 전체의 가르침인 양 일방적 주장을 하고 있다. 성경에 나오는 모든 십일조 본문을 전수 조사하고, 적법한 성경 해석 방법론으로 본문을 해석하며, 이를 정경의 문맥에서 종합적으로 해석하는 접근을 취하는 사람들을 필자는 아직까지 본 적이 없다.

십일조에 대해서는 학문적으로 접근할 가치가 없다고 생각해서인지, 십일조에 관련된 논문이나 저서는 거의 없다. 주로 현장 목사님들의 십일조 설교나 강해를 모아 놓은 것이 대부분이다.

따라서 필자는 십일조와 연관된 명사와 동사와 형용사가 나오는 성경의 모든 십일조 본문들을 택하여, 거의 같은 정도로 심도 있는 주석을 하는 것이 무엇보다 필요하다고 생각하게 되었다. 이것이 본서를 집필하게 된 첫 번째 이유이다.

## '삶의 해석학'과 '마음의 학문' 필요

게다가 일부 해석자들이 성경의 '묘사적 본문'(descriptive texts)은 그저 정보를 전달하는 것뿐이며 오늘날 우리들을 향한 명령이나 규범이 아니라고 주장한다. 그러나 이런 주장 역시 근거가 없는 것이다. 왜냐하면 '직설법'(indicative)과 '명령법'(imperative)은 동전의 양면과 같은 것이다. 즉, 직설법이 있어야 명령법이 가능하다. 주님이 하신 말씀으로 예를 들어 보자.

"나는 포도나무요 너희는 가지라"(요 15:5, 직설법: 묘사).

우리가 포도나무의 가지가 아니라면, '열매를 맺으라'고 지시(명령법)할 수가 없다. 왜냐하면 '가지인 우리가 포도나무인 예수님을 떠나서는' 열매를 맺을 수가 없기 때문이다. "나는 포도나무요 너희는 가지라"는 직설적 묘사가 있어야 열매를 맺을 수 있는 가능성이 열리는 것이고, 그때 비로소 '열매를 맺으라'는 명령이 가능한 것이다.

따라서 성경 본문은 과거의 사건을 담고 있는 묘사(description)라고 해도 단순히 '정보전달적'이 아니며 끝내는 '수행적'(performative)이고 '지령적'(directive)이라는 사실을 놓쳐서는 안 된다. 따라서 과거의 역사적 사건을 담고 있는 본문이라 하더라도 성경은 단지 분석하고 연구할 대상이 아니라, **지금 여기서** 듣고 순종해야 하는 것이다.

아브라함이 십일조를 멜기세덱에게 드렸다는 '묘사'도 그 안에 우리가 수행해야 할 '명령'과 '지령'이 담겨 있는 것이다. 필자는 "분당 주민은 무단 횡단을 하지 않습니다"라는 포스터를 한동안 분당에 갈 때마다 본 적이 있었다.

이것이 단지 묘사이기에 분당 주민에 대한 어떤 권고나 명령이 아니라고 해석하는가? 그렇다면 행정 당국이 이런 포스터를 내건 이유는 무엇인가? 분당 주민은 이렇게 무단 횡단을 하지 않는 훌륭한 주민이라는 정보를 전달하기 위해서인가?

아니다. 이것은 누가 보아도 무단 횡단을 하지 말라는 경고나 권고이다. 때론 묘사가 직설적 명령이나 권고보다 더 강력한 호소력이 있기에 이런 직설법을 택한 것이다.

이는 성경을 해석할 때 매우 중요한 원리가 되어야 한다. 성경의 십일조 본문들은 대부분 과거의 십일조 행습에 대한 묘사이다 보니, 오늘 우리에게는 구속력이 없는 것이라고 생각하고 그저 역사적 관심만을 가지고 접근하는 경향이 많다.

그러나 십일조 본문이 주로 과거의 십일조 행습에 대한 '묘사'라고 하더라도, 그 안에 하나님의 '수행적인 명령'과 '지령'이 담겨 있음을 깨달아야 한다.

> "모든 성경은 하나님의 감동으로 된 것으로 교훈과 책망과 바르게 함과 의로 교육하기에 유익하니 이는 하나님의 사람으로 온전하게 하며 모든 선한 일을 행할 능력을 갖추게 하려 함이라"(딤후 3:16-17).

모든 성경은 물론 정보 전달도 있지만 그 궁극적 목적은 "교훈과 책망과 바르게 함과 의로 교육"함, 그리고 "하나님의 사람으로 온전하게 하며 모든 선한 일을 행할 능력을" 위한 수행적 명령들과 지령들인 것이다.

따라서 우리가 해야 할 일은 삶과 사고의 유일하고 무오한 기준인 성경이 십일조에 대해 무엇이라고 말하는지 듣고 순종함으로써, 하나님의 말씀이 얼마나 진실하고 달콤하고 강력하며 위로가 되는지를 경험하는 것이다. 다시 말해 성경의 인물들이 어떻게 십일조를 했는지, 그들이 십일조를 통해 무엇을 경험했는지, 그들이 체험한 십일조의 세계는 어떤 신비로운 세계인지를 추체험(追體驗, 다른 사람의 체험을 자기의 체험처럼, 또는 이전 체험을 다시 체험하는 것처럼 느끼는 것을 의미한다)하는 '삶의 해석학'이 있어야 하는 것이다.

그런데 십일조에 대한 최근의 주장들이나 견해들을 보면, 하나님의 진리의 말씀에 순종하는 경험으로 알게 된 지식이 없이 그저 자신들의 선이해나 신학적 체계에서 나온 해석의 프레임을 가지고 십일조 본문들에 대한 이러저런 평론을 늘어놓는 것 같은 인상을 많이 받는다.

성경 말씀은 순종하기 전에 인간 해석자가 이렇게 저렇게 평가할 수 있는 이론을 담은 책이 아니다. 성경 말씀은 먼저 듣고 마음으로 순종해야 비로소 그 진리와 구속의 은혜를 경험할 수 있는 것이다. 따라서 신학을 '마음의 학문'이라고 부르는 것이다.

또한 필자는 성경의 모든 십일조 본문들을 빠짐없이 선택하여, 개별 본문 모두를 동일한 깊이로 연구해야 한다고 생각한다. 이를 통해 본문의 문자적·역사적·신학적 의미를 파헤치고, 그 의미 가운데 들어 있는 성경 속 등장인물들의 삶과 경험을 추체험해야 한다고 본다. 그리고 나서 추체험한 삶 가운데 발견된 하나님의 뜻을 '마음으로' 받아들여 '순종하는 학문'이 바로 신학이라고 생각한다.

필자는 세속화가 심각하게 진행되는 교회의 모습을 바라보면서 이런 '마음의 학문'과 '삶의 해석학의 원리'를 가지고 성경의 모든 십일조 본문들을 상세하게 살펴야 할 필요를 절실하게 느끼게 되었다. 이것이 바로 필자가 본서를 집필하게 된 두 번째 이유이다.

프레임 전쟁으로 황폐화된 성도들의 마음을 어루만져야 할 필요

필자가 본서를 집필하게 된 세 번째 이유는 '십일조에 대한 프레임 전쟁'이 지난 십수 년간 진행되면서 한국 교회의 생태계와 성도들의 마음 밭이 황폐화되었기 때문이다. 한반도에서 십일조에 대한 비판이 시작된 지는 꽤 오래되었다. 그러나 2000년대에 들어오면서 십일조 제도에 대한 비판을 넘어 십일조 폐지를 공공연하게 주장하는 사람들이 눈에 띄게 늘어나게 되었다.

그런데 '새로운 십일조 폐지론자들'은 '이전의 십일조 반대자들'과는 달리 헌금 사용에 대한 일련의 교회나 목사들의 일탈 행위를 지적하면서 십일조는 폐지되어야 한다고 주장하는 프레임 전쟁을 무차별적으로 시도한다. 새로운 십일조 폐지론자들이 십일조에 관해 '프레임 전쟁'을 시작한 것이다.

이런 십일조 폐지론에 대해 정통 교회는 그동안 십일조 폐지론자들의 공격 포인트들을 찾아내고 이를 정면으로 비판하고 방어하는 전략을 사용했다. 예를 들어 십일조는 세금이요 신약에는 폐지되었다는 주장을 언급하면서 십일조는 '세금'이 아니며 신약 시대에 십일조는 '폐지되지 않았다'라고 반박하는 식이었다.

그러나 이런 식의 전략은 필패할 수밖에 없다. 왜냐하면 십일조 폐지론자들이 사용하는 용어들을 사용하는 순간 태생적으로 프레임 전쟁에서 질 수밖에 없기 때문이다. 예를 들어 "코끼리를 생각하지마세요"라고 말하면, 코끼리를 생각하지 않는 것이 아니라 오히려 코끼리를 생각하게 된다. 왜냐하면 코끼리를 생각하지 않기 위해서 코끼리를 생각할 수밖에 없기 때문이다.

따라서 적의 잘못을 지적하기 위한 목적이라 하더라도 적이 사용하는 프레임의 용어들을 사용하는 순간 우리의 프레임이 아니라 적의 프레임이 활성화된다는 것이다. 십일조는 세금이 아니라고 하는 순간 '십일조는 세금이네'라는 생각이 고착된다는 것이다. 또한 십일조는 신약 시대에 폐지되지 않았다고 주장하는 순간 십일조는 폐지되었다는 생각이 활성화된다는 것이다.

이렇게 되면 십일조 유지론자든 십일조 폐지론자든 교회와 성도들의 마음을 힘들게 할 가능성이 크다. 십일조 폐지론자들이 단지 십일조만 아니라 삶 전체를 드려야 한다면서 아무리 선한 의도로 주장해도, 이를 듣는 사람들은 실제로 십분의 일보다 적은 헌금을 하는 경우가 많은 것이 현실이다. 반대로 십일조 유지론자들 역시 아무리 선한 의도로 십일조를 강조해도 프레임 전쟁 안에 갇히면 십일조를 내는 것만으로 만족하게 될 공산이 크다.

결국 십일조 폐지론자이든 십일조 유지론자이든 '프레임 전쟁'에 빠지면 둘 다 성경의 십일조 정신에 미치지 못할 것은 너무나 자명하다. 어차피 양쪽 모두 하나님께서 온전히 자신의 존재와 소유를 드려 온전해지는 수준에 도달하지 못하기 때문이다.

## 프레임 전쟁을 멈추고 성경으로 돌아가야 하기에

그렇다면 어떻게 해야 하는가? 프레임 전쟁을 멈추고 **성경으로 돌아가야** 한다. 아무리 성경에서 나온 개념과 가치라고 하더라도 '프레임 전쟁'을 하게 되면 진리가 훼손된다. 따라서 프레임 전쟁을 멈추고 다시 성경으로 돌아가서 성경이 무엇이라고 말하는지 귀를 기울이고 그 말씀대로 순종해야 한다. 이렇게 본다면 우리가 해야 할 전쟁은 '프레임 전쟁'이 아니라 '순종의 전쟁'이다.

이에 필자는 수년간 성경의 모든 십일조 본문들을 심도 있게 분석하고 연구한 후에 성경이 말하는 메시지를 신학적으로 사색하고 현대에 맞게 적용해 보려고 애를 썼다. 주해 연구와 신학적 사색과 현대적 적용을 마친 후에도 1-2년간은 어떻게 책을 써야 할지 마음이 서지 않았다. 처음에는 학문적인 연구 서적으로 기획했으나 여러 이유로 차일피일 미루다가 대중적인 책을 집필하기로 최종 결심했다.

그러나 결심과는 달리 대중적인 독자들을 염두에 두고 집필했음에도 대중의 눈높이에 맞추지 못한 부분이 너무 많다. 그러나 십일조 관련 주장들이 최소한의 게임의 룰도 지키지 않고 프레임 전쟁으로 진행되는 상황에서, 한국 교회의 유익과 경건한 성도들의 신령한 축복을 위해 부끄럽지만 감히 교회 앞에 주해의 결과를 출판하게 된 것이다.

부디 거룩한 독자들이 이 책을 통해 **성경이 십일조에 대해 무엇이라고 말하는지** '객관적이고 종합적인 이해'를 얻는 의미 있는 기회가 되기를 바란다.


## 고마운 분들에 대한 감사의 말

책을 집필하는 동안 끊임없이 십일조에 관한 연구는 한국 교회에 큰 기여를 할 것이라고 독려를 아끼지 않았던 생명의말씀사 대표와 편집부의 책임자분들에게 감사를 드린다. 무엇보다 10년 넘게 협동목사로 섬길 수 있었던 수영로교회의 이규현 담임 목사님과 장로님들의 사랑과 도움은 큰 위로가 되었다. 이에 이 자리를 빌어 이규현 목사님과 당회 장로님들과 모든 수영로교회 성도님들에게 깊은 감사를 드린다.

본서를 읽어 주시고 추천사를 흔쾌히 작성해 주신 분들께 진심으로 감사를 드린다. 벌써 42년도 더 된 1983년 여름, 작은 상가 교회의 전도사였던 필자의 주례를 맡아 주셔서 성경적인 결혼 예배가 무엇인지 보여 주셨을 뿐 아니라, 이번에도 책을 꼼꼼히 읽으시고 첫 번째로 그것도 빛나는 추천사를 써서 보내 주신 존경하는 지구촌교회의 이동원 원로 목사님을 잊을 수 없다.

많은 성도들을 대상으로 목회하기에 분초를 나누어 사용해야 하는 바쁜 와중에도 소중한 시간을 내어 성경의 진리를 수호하는 열정이 담긴 귀한 추천사를 써 주신 존경하는 사랑의교회 오정현 목사님, 수영로교회 이규현 목사님, 분당우리교회 이찬수 목사님, 충현교회 한규삼 목사님께 진심으로 감사드린다.

또한 멀리 떨어져 있으면서도 조국 교회와 한인 디아스포라 교회를 사랑하는 마음으로 필자의 책에 아낌없는 지지를 보여 주신 사랑하는 LA 남가주사랑의교회 노창수 목사님, LA 어바인베델교회 김한요 목사님, 와싱톤중앙장로교회 류응렬 목사님, 부전교회 백신종 목사님, 그리고 총신대학교 신학대학원 동기로 평생 동지인 일산신성교회 정병갑 목사님과 조용성 전 GMS 선교사무총장님에게도 고마운 마음을 누를 수 없다.

전국 각지에서 목회를 열정적으로 감당하고 있는 신실하고 듬직한 후배 동역자들인 원주중부교회 김미열 목사님, 봉동중앙교회 홍성인 목사님, 이천신하교회 홍성환 목사님, 내수동교회 박지웅 목사님, 그리고 시광교회 이정규 목사님의 목회 현장에서 들려오는 생동감 있는 격려의 글들을 보면서 목회와 신학은 다르지 않다는 점을 확인하며 다시금 큰 위로를 받았다.

마지막으로 신학교에서 때론 외롭고 고독한 성경 연구와 강의와 집필의 길을 걸어가야 하는 후배 학자들이신 한국성서대학교의 강규성 부총장님, 고신대학교의 우병훈 교수님, 합동신학대학원 대학교 장세훈 교수님의 교단을 초월한 열정적 지지는 필자가 다시 글을 쓰기 위해 책상에 앉는 일을 쉽게 해 주었고, 같은 캠퍼스에서 목회자 후보생들에게 성경을 가르친 동료였던 총신대학교 신학대학원의 박형대 교수님, 김희석 교수님, 김대웅 교수님의 애정 어린 추천의 글들은 그간의 집필의 고통을 잊게 해 주었다.

또한 늘 새벽마다 중보하시는 어머님과 가족들의 기도는 필자가 큰 어려움이 없이 책을 집필하게 된 숨은 원동력이었다. 지난 수년 동안 십일조 연구를 마친 후에 학문적으로 쓰는 것이 좋을지 대중적인 눈높이에 맞추는 것이 좋을지 고민할 때마다, 얼마나 관심을 받을지에 너무 신경 쓰지 말고 성경의 진리를 연구하여 밝히는 일에 최선을 다하라고 권고한 아내 이명자에게 고마움을 느낀다. 따라서 아내의 충고대로 대중적인 형식으로 십일조에 대한 글을 쓰기로 최종 결정한 것이다.

히브리어 원어들을 쓰지 않고 꼭 필요한 경우에만 음역을 한 것이나, 각주를 달지 않은 것이나, 가능한 한 편하게 읽도록 한 것은 모두 아내와 생명의말씀사의 권고 때문이다.

기나긴 성경 연구와 단조로운 글쓰기의 여정에 활력소가 되어 준 사위 범준이, 딸 예지, 아들 진솔이와 진우가 없었다면 책을 집필하는 과정이 훨씬 더 힘들었을 것이다. 지난 33개월 동안 산소 같은 존재로 필자의 삶에 생기를 불어넣어 준 외손녀 하린이는 왜 기독교의 가장 큰 가치가 생명인지를 알게 해 준 하나님의 특별한 선물이었다. 이제 곧 막내 진우가 결혼할 예정인데, 며느리인 유림이를 포함하여 모든 가족들이 '성경 읽기와 기도, 봉사와 교제, 주일성수와 십일조'를 잘하는 신실한 그리스도인들이 될 것을 기대하며 서언을 마친다.

봄에 다가오시는 주님의 부활의 호흡을 고대하며<br>
용인의 서재에서

# 서론 무엇이 중요한가: 프레임인가? 성경인가?

## 십일조, 그 뜨거운 감자

### 헌금과 십일조하는 성도들의 감소

과연 오늘날 현대 교회의 성도들은 수입에 비례해 하나님께 얼마나 헌금을 할까? 미국 교회의 복음주의적 성도들이 드리는 헌금은 전체 수입의 3퍼센트 이하라고 알려져 있다. 그리고 성도 전체의 25퍼센트만이 헌금을 하며, 십일조를 하는 성도는 3-5퍼센트뿐이라고 한다. 미국 학자들은 미국 역사의 대공황(The Great Depression: 1929-1939) 때보다 현재 성도들의 헌금 퍼센트가 적다고 말한다.[1] 이는 한국 교회도 비슷해서, 성도들의 수입과 비교해 보면 연간 5퍼센트 정도의 헌금을 드리고 30-40퍼센트 정도가 십일조를 하는 것으로 알려져 있다.

---

1) 바나 그룹(Barna Group)의 십일조 관련 주요 보고서를 참조하라. (1) What Is a Tithe? New Data on Perceptions of the 10 Percent(2022년) (2) Revisiting the Tithe: Churchgoers' Giving Is Down 62% Since 2000(2022년)

**돈에 민감한 시대**

그 이유가 무엇일까? 여러 가지가 있겠지만 '돈에 민감한' 시대가 되었기 때문이다. 필자는 어려서부터 2000년대 들어서기까지 주변에서 대놓고 부자가 되겠다는 말을 들은 적이 별로 없었다. 그런데 2002년에 눈밭에서 한 여배우가 "여러분 모두 부자 되세요! 꼭이요!"라고 외치는 카드회사 광고를 시작으로 주변에서 부자가 되겠다는 말을 쉽게 들을 수 있었다. 그 후로는 부자가 되는 것이 삶의 목표라고 말하는 사람들이 급속하게 늘고 있다.

그 이유가 무엇일까? 1990년대까지만 하더라도 한반도가 그렇게 세속화되지 않았기 때문이다.

오스카 와일드는 정말 재미있는 말을 했다.

"젊은 사람은 돈이 전부라고 생각한다. 더 나이를 먹게 되면 돈이 전부라는 것을 뼈저리게 느끼게 된다."

그런데 최근의 현상을 보면, 오늘날 젊은 세대가 돈이 전부라는 것을 나이든 세대보다 더 뼈저리게 느끼는 시대가 되었는지도 모른다. 2020년대에 들어선 이후 한반도에서 아파트를 가장 많이 사는 세대는 40-50대가 아니라, 30대이기 때문이다. 영혼까지 끌어모아 아파트를 사겠다는 소위 '영끌' 세대의 선두 주자도 30대이고, 빚을 내 투자하는 빚투도 20-30대가 가장 많이 한다고 한다.

이런 환경에서 성도들도 역시 돈에 민감해졌고, 특별히 젊은 세대가 점차 헌금을 하지 않는 시대가 되었다. 일반화할 수는 없지만 서울의 대단지 아파트에는 30대의 소위 명문대 출신 대기업 직원들이 많이 사는데, 십일조는 물론 헌금도 많이 하지 않는다는 이야기를 전해 들은 적이 있다.

### 십일조는 교회 안에서도 '뜨거운 감자'

이런 상황에서 많은 설교자들이 헌금을 주제로 설교하는 것을 어려워하고 있다. 성도들이 헌금 설교를 하면 '우리 목사님이 돈을 좋아하신다'라고 생각하기 때문이다. 목회자는 성도들의 이런 반응을 알기에 가능하면 돈에 대한 설교를 하지 않으려 하고, 어떤 분들은 헌금 설교를 하지 않는 것을 오히려 자랑으로 여기기도 한다.

이것은 학계도 마찬가지여서 학자들도 십일조를 오랫동안 학문적 주제로 다루지 않았다. 2025년 3월 1일 자로 DBpia란 학술데이터베이스 검색엔진을 통해 '십일조'라는 논문명으로 검색을 해 보면 총 35건만이 검색된다. 그것도 에세이 형식의 글이 14건이기에 학술논문은 불과 21건밖에 되지 않는다. 학술 논문 역시 단편적이어서 십일조에 대한 깊은 연구는 거의 없다고 할 수 있다. 이 같은 현상은 십일조가 연구할 만한 학술적 가치가 없다고 생각했기 때문으로 보인다.

이렇게 십일조가 교회에서조차 뜨거운 감자가 된 첫 번째 이유는 '세속화라는 거대한 시대의 조류' 때문이라고 할 수 있다. 그렇다면 두 번째 이유는 무엇일까? '십일조에 관한 프레임 전쟁'이 지속되면서 십일조와 헌금을 감소시키고 있는 것이 사실이다. 따라서 이를 이해하기 위해 먼저 '프레임 전쟁'에 대한 기본 개념을 살펴보고, 한국 교회와 십일조를 둘러싼 프레임 전쟁에 대해 살펴보자.

## 지금은 프레임 전쟁 중

### 프레임 전쟁이란 무엇인가?

우리는 최근 주변에서 '프레임 전쟁'(framing war)이란 단어를 자주 들을 수 있다. 현재 한반도가 경험하고 있는 보수와 진보의 이념 갈등, 지역 갈등, 세대 갈등, 계층 갈등의 이유는 여러 가지가 있지만, 이런 갈등들이 악화되는 이유는 프레임 전쟁이 원인이라고 한다.

그렇다면 '프레임'(frame)이란 무엇인가? 프레임이란 개념은 캘리포니아 버클리 대학의 죠지 레이코프(George Lakoff) 교수가 '인지 언어학'을 정치에 적용하면서 만든 것이다. 2004년 『코끼리는 생각하지마』라는 책을 출판했는데 미국에서 바로 베스트셀러가 되었다. 그러면서 프레임이란 용어가 널리 유행하게 되었다.[2]

프레임이란 문자적으로 말하면 '틀'이란 뜻이다. 인간은 틀이 없으면 우

---

2) 지금부터의 프레임에 대한 설명은 죠지 레이코프 교수의 글이나, 프레임에 대한 다른 학자들의 견해를 필자가 독서한 후 요약 발췌한 것이다. 그러나 본서가 전문적인 학술적 글이 아니기에 직접 인용을 하지 않았음을 양해하기 바란다.

리가 사는 세상을 이해하기 힘들다. 우리가 세상을 이해하기 위해 사용하는 개념 구조를 프레임이라고 부르는 것이다.

예를 들어 우리가 세금을 이해하려면 개념적 '틀'이 있어야 한다. 그런데 '세금 폭탄'이라는 말을 자주 듣게 되면서 그 말이 한국인들에게 프레임이 되었다. 따라서 대부분의 한국 사람들은 '세금' 하면 '폭탄'을 자연스럽게 생각한다. 그러나 국세청에서는 다른 프레임을 들이민다. '세금이란 풍요로운 문명생활을 누리는 대가로 국민 각자가 나누어 분담하는 공동경비', '행복하고 풍요로운 삶을 위한 회비'라는 것이다. 한편 정당은 여당 때는 '세금 폭탄'이란 단어를 쓰지 않다가, 야당이 되면 '세금 폭탄'이라는 용어를 사용한다. 그러다 보니 일반 국민이 느끼기에는 '세금은 한 번 터지면 주변을 쑥대밭 만드는 폭탄'이라는 프레임이 확고하게 세워진 것이다.

그런데 우리의 뇌 안에 들어 있는 이런 프레임은 직접 볼 수도 없고, 들을 수도 없다는 데 문제의 심각성이 있다. 그렇다면 이 무의식적인 프레임은 어떻게 활성화되고 어떻게 기능하는가? 레이코프 교수는 프레임은 "언어에 의해 활성화된다"라고 말한다. 예를 들어 강사가 "코끼리를 생각하지 마세요"라고 하면, 청중들은 코끼리를 생각하지 않는 것이 아니라 오히려 코끼리를 생각한다. 코끼리를 생각하지 않으려면, 먼저 코끼리가 어떤 동물인지를 생각해내야 하기 때문이다. 따라서 코끼리를 생각하지 말라고 했음에도, 코끼리라는 단어가 인간의 뇌 안의 프레임을 활성화시키면서 코끼리를 생각하게 만든다는 것이다. 이것이 '프레임'이다.

그런데 최근 들어서 이런 프레임 전쟁이 보수 지지자들과 진보 지지자들 사이에서 맹렬히 전개되면서 한반도가 엄청난 혼돈과 분열과 갈등을 겪고 있다. 그런데 이런 프레임 전쟁이 정치와 사회 분야에서는 물론 교회를 대상으로도 행해지고 있다.

# 교회를 둘러싼 프레임 전쟁

**십일조 관련 프레임 전쟁**

2000년대에 들어서면서 기독교 반대 세력들이 목회자의 세습, 헌금 유용, 성 문제 등을 집중적으로 공격하며 교회를 '적폐 세력'이라는 프레임으로 비난하기 시작했다. 그러다가 2020년에 코로나19 사태가 터지면서 심지어는 정부와 언론마저 한국 교회에 '코로나 진원지'라는 프레임을 뒤집어씌우기 시작했다. 반기독교인들과 1인 미디어들은 프레임 이론을 적극 활용해 한국 교회의 '소수'의 실수를 '다수'의 문제로 비화하기 시작했다.

그런데 이런 외부의 공격 외에도 한국 교회는 내부적으로도 십일조를 둘러싼 프레임 전쟁을 치르고 있다. 물론 십일조에 관한 논쟁은 교회 역사 내내 있었다고 볼 수 있다. 그러나 2000년대에 들어오면서 십일조에 대한 단순한 비판을 넘어 십일조 폐지를 공공연하게 주장하는 사람들이 눈에 띄게 늘어났다. 이 '새로운 십일조 폐지론자들'은 이전의 십일조 반대자들과는 상당히 다른 모습을 보인다. 이들은 단지 십일조가 신약 시대에 폐지되었느냐 아니냐의 이론적 논쟁을 하는 데서 그치지 않는다. 이들은 헌금과 십일조가 바르게 사용되지 않고 있을 뿐 아니라 목회자나 교회의 재산 증식의 수단이 되고 있다면서 '십일조는 폐지되어야 한다'라고 주장한다.

그럼에도 불구하고 다수의 목사님들이 강단에서 '헌금'에 대한 설교를 하지 않고 있다. 헌금에 대한 설교를 하면 '돈을 좋아하는 목사'라는 낙인이 찍힐까 봐 관련된 이야기를 하지 않는 것이다. 2023년 6월에 '개신교의 헌금 의식 조사'(목회데이터연구소)[3]에 의하면 '담임 목사가 헌금을 강조하

---

3) http://www.mhdata.or.kr/bbs/board.php?bo_table=gugnae&wr_id=89, 2025년 3월 3일 접속.

면 불편하다가 64퍼센트'이고 '출석 교회의 담임 목사가 헌금을 강조하는 편이 35퍼센트, 안 하는 편이 65퍼센트'라는 결과가 나왔다. 필자 역시 설교자로서 목사님들의 이런 경향을 충분히 이해하고도 남는다.

물론 아직도 십일조를 강하게 주장하는 목회자들이 없는 것은 아니다. 이 '십일조 유지론자들'은 그동안 십일조 폐지론자들의 공격 포인트들을 일일이 찾아내고, 이들의 약점을 지적하고 반격하는 전략을 사용했다. 십일조는 '세금'이 아니며, 신약 시대에 십일조는 '폐지되지 않았다'라고 주장한 것이다.

그러나 이런 식으로 십일조 폐지론자들이 사용하는 용어들(세금, 폐지)을 사용하면서 십일조는 세금이 **아니고** 십일조는 폐지되지 **않았다**고 말하는 순간, 십일조는 세금이요 폐지되었다는 반대편의 프레임이 활성화된다. 프레임 전쟁에서는 상대방이 사용하는 단어들을 사용해서 전쟁하는 순간 패배할 수밖에 없다는 것이 바로 '프레임 이론'이다. '십일조는 세금이 아니다'라고 주장하면, 그 말을 듣는 순간 청중들은 '십일조는 세금'이라는 프레임을 떠올리게 된다. '십일조는 폐지되지 않았다'라고 주장하는 순간, 청중들에게 '십일조는 폐지되었다'라는 프레임이 활성화된다.

결국 십일조 폐지론자들이 사용하는 용어를 가지고 십일조를 옹호하면, 오히려 십일조 반대의 프레임이 강화되는 결과를 초래하게 된다. 그러다 보니 십일조 폐지론자들이 깔아 놓은 프레임이 강화되고 확대되면서 십일조에 대한 부정적인 시각이 교회 저변에 깊이 깔리게 된 것이다.

### 프레임 전쟁의 결과: 교회와 성도들의 마음 밭의 황폐화

결국 십일조를 중심으로 벌어지는 그동안의 신학 논쟁과 대중적 논란들은 어떻게 보아도 교회에 유익하지 않다. 십일조 폐지론자들이 십일조 이상으로 삶 전체를 드려야 한다고 아무리 선한 의도로 주장해도, 이를 듣는 사람들은 십분의 일보다 적은 헌금을 하는 경우가 대부분이기 때문이다. 이렇게 되면 실제로 하나님보다 돈을 사랑하는 결과를 빚게 되고, 끝내 개인의 삶은 위선적이 된다. 특별히 십일조 폐지론자들은 교회에다 굳이 십일조를 할 필요가 없으며, 예수님이 지적하신 십일조의 정신인 "정의와 긍휼과 믿음"(마 23:23)을 실행하는 단체에 해도 된다고 주장하기 때문에, 결국 그리스도의 몸인 교회의 재정을 궁핍하게 하는 결과를 빚게 된다.

반대로 십일조 유지론자들의 경우도 마찬가지이다. 십일조 유지론자들이 아무리 선한 의도로 십일조를 강조해도 프레임 전쟁 안으로 들어가면 결국 십일조를 내는 것만으로 만족하게 될 공산이 크다. 그렇게 되면 십분의 일만 아니라 삶의 전부를 요구하시는 성경의 십일조의 정신과 목표를 놓치게 된다. 결국 십일조를 드리는 것만으로 만족하고 정의와 긍휼과 믿음의 삶에 소홀할 가능성도 있다. 그뿐만이 아니라 십일조를 바친다는 이유로 자신은 의롭다고 생각하고 그렇지 않은 자들을 속으로 비난하는 바리새인으로 전락하게 된다.

## 프레임 전쟁을 멈추고 성경으로 돌아가자

### 프레임 전쟁이 아니라 순종의 전쟁

그동안 한반도는 십일조 폐지론자들과 십일조 유지론자들이 프레임 전쟁을 하면서 성도들의 마음 밭과 교회 생태계가 많이 황폐화되었다. 그렇다면 어떻게 해야 하는가? 프레임 전쟁을 멈추고 성경으로 돌아가는 것이다. 아무리 성경에서 나온 개념과 가치라고 하더라도 프레임 전쟁을 하게 되면 진리가 훼손된다. 따라서 프레임 전쟁을 멈추고 다시 성경으로 돌아가서 성경이 무엇이라고 말하는지 귀를 기울여야 한다.

자기 프레임을 가지고 상대방을 이기려고 하기보다는 내가 먼저 하나님의 말씀이 무엇이라고 말하는지 귀를 기울여야 한다. '나의 영'과 '나의 이념'으로 성경을 해석하려고 하지 말고 '성경의 영'으로 성경을 해석해야 한다. 성경 자체가 무엇이라고 말하는지 먼저 들어야 한다. 그리고 그 말씀대로 순종해 보아야 한다. 이렇게 본다면 우리는 '프레임 전쟁'이 아니라 '순종의 전쟁'을 해야 한다.

### 성경의 영과 성경의 언어로 성경을 해석해야

우리에게 유일한 진리는 성경 말씀이다. 따라서 십일조 논쟁과 관련해 우리가 취해야 할 유일하고 옳은 방법은 성경 본문을 잘 설명하고, 성경이 우리에게 주는 통찰과 지혜와 교훈을 감동적으로 전하고 그대로 실천하는 것이다.

이런 점에서 우리의 삶과 사고와 행위의 무오하고 유일한 기준인 성경 말씀을 믿음으로 수납하고, 경외의 마음과 삶의 해석학으로 성경 본문을 상세히 들여다보아야 한다. 이를 통해 십일조의 정신은 무엇이며, 십일조가 초대하는 새롭고 신비한 세계는 어떤 것이며, 십일조가 이스라엘과 하나님의 관계의 역사에서 어떤 반향과 파장을 만들어냈는지 살피면서, 십일조가 오늘날 우리에게 어떤 의미에서 규범성과 구속력을 가지는지를 따져 보자는 것이 본서의 취지이다.

이를 가장 잘 실행할 수 있는 방법 중 하나는 십일조 관련 본문의 좌우 문맥을 염두에 두고 해석하는 것이다. 십일조 관련 구절만이 아니라, 십일조가 언급된 본문 전체를 상세하게 주석하는 것이다. 역사적 배경과 문자적 의미는 물론 문예적 구조와 의미 장치(플롯, 등장인물, 배경, 어조 같은)를 고려하고, 전체 성경과 신학의 빛 아래서 본문을 상세하게 해석해야 한다. 가능하면 성경의 언어로 성경을 해석해야 한다.

십일조 폐지론자들이나 십일조 유지론자들이 만들어 놓은 프레임과 프레임의 언어를 피하면서, 성경이 보여 주는 더 큰 가치를 이야기하려면 이 방법밖에 없다. '프레임의 언어'가 아니라 '성경의 언어'를 써서 성경이 무엇이라고 말하는지 알아내야 한다. 성경만이 우리의 모든 사고와 행위의 유일무이한 기준이기 때문이다. '성경의 영'으로 성경을 해석하고, 하나님의 말씀을 '경외하는 자세'를 가지고, '마음의 학문'을 하면서 '삶의 해석학'을 동원해서 성경의 십일조 본문을 해석하고 하나님의 말씀에 굴복하는 순종의 전쟁을 할 때에야 비로소 우리는 성경이 우리에게 무엇을 말씀하시는지 명료하게 알게 될 것이다.

### 성경의 십일조 본문들

성경이 십일조에 관해 무엇을 규범적으로 가르치는지를 알려면 십일조에 관련된 모든 본문을 같은 정도의 깊이로 전부 다루어야 한다. 십일조를 둘러싼 프레임 전쟁을 보면 자신들이 원하는 성경 본문만을 선택적으로 고르는 경향이 농후하다. 이렇게 되면 성경이 말하는 십일조에 대한 규범적 그림을 그릴 수가 없는 것이다.

따라서 우선 성경에 나오는 십일조 본문들을 확정해야 한다. 구약에는 '십일조'(히브리어로 마아세르)라는 명사가 총 서른 번[4], '십분의 일을 드리다'(히

---

4) '십일조'라는 명사 마아세르는 총 서른두 번 나온다. 창 14:20; 레 27:30-32; 민 18:21, 24, 26[3x], 28; 신 12:6, 11, 17; 14:23, 28; 26:12[2x]; 대하 31:5-6[2x], 12; 느 10:37-38[2x], 12:44; 13:5, 12; 암 4:4; 겔 45:11, 14; 말 3:8, 10. 그런데 에스겔서에서는 두 군데 모두 중량 단위로 나오기에 빼면 모두 서른 번이 된다.

브리어로 아사르)라는 동사가 아홉 번 나온다.[5] 신약에는 '십일조 하다'(헬라어로 데카토오, 아포데카토오)라는 동사가 여섯 번[6], 형용사(헬라어로 데카토스)로 네 번[7] 사용되었다. 이를 근거로 십일조 본문을 확정해 보면 아래와 같다.

1) 아브라함의 십일조(창 14장)
2) 야곱의 십일조(창 28장)
3) 레위기의 십일조(레 27장)
4) 민수기의 십일조(민 18장)
5) 신명기의 십일조(신 12, 14, 26장)
6) 사무엘서의 십일조(삼상 8장)
7) 역대기의 십일조(대하 31장)
8) 느헤미야서의 십일조(느 10, 12, 13장)
9) 아모스서의 십일조(암 4장)
10) 말라기의 십일조(말 3장)
11) 마태복음의 십일조(마 23장)
12) 누가복음의 십일조(눅 11장)
13) 예수님의 비유 안의 십일조(눅 18장)
14) 히브리서의 십일조(히 7장)

---

5) '십일조 내다'라는 동사 아사르는 창 28:22[2x]; 신 14:22[2x]; 26:12; 삼상 8:15, 17; 느 10:38-39에서 모두 아홉 번 사용되었다.

6) 동사 '데카토오'로 히 7:6, 9에 두 번, 동사 '아포데카토오'로 마 23:23; 눅 11:42; 18:12; 히 7:5에 네 번 사용되었다.

7) 형용사 '데카토스'로 히 7:2, 4, 8-9에 네 번 사용되었다.

본서의 절차

 십일조 본문들이 정해졌으므로 앞으로 어떻게 할지 절차를 설명하려고 한다. 먼저 성경 본문을 다룰 때 정경의 순서와 배열을 따라 해석해야 한다. 정경의 구조 안에서 우리가 다룰 본문이 어디에 위치하며, 어떤 정경적 기능을 감당하는지를 이해해야 한다. 정경의 순서에 나오는 서술의 논리를 이해하지 못하면 성경이 그리는 십일조 전체의 그림을 알 수가 없다. 성경 본문을 연구자가 나름대로 재구성한 작성 연대에 따라 배열하여 해석하거나 비평적 가설을 가지고 만든 성경 본문의 형성사를 따라 해석해서는 안 된다.

 따라서 앞서 제시한 정경의 순서와 배열을 따라 모든 십일조 본문들을 같은 정도의 깊이로 주해할 것이다. 특별히 정경적 순서 안에서의 위치와 앞뒤의 원접·근접 문맥을 염두에 두면서 문자적·역사적·신학적 해석에 근거하여 십일조 본문들을 해석할 것이다. 가능하면 루터가 말한 대로 '성경의 영'으로 성경을 해석하고, 가능하면 프레임의 언어나 신학 시스템의 언어가 아니라 '성경의 언어'로 십일조 본문을 주해할 것이다. 그리고 주해의 결과를 놓고 신학적 사색을 통해 메시지를 찾아낼 것이며, 현재 우리들의 삶에 적용해 볼 것이다.

 독자들이 이 '주해와 신학적 사색과 삶에의 적용'의 여정을 신실하게 따라가다 보면 성경이 십일조에 대해 무엇을 말하는지 알게 될 것이다. 그리고는 오직 성경만이 우리의 유일한 그랜드 마스터(Grand Master)임을 깨닫게 되고, 십일조를 프레임 전쟁이 아니라 순종의 전쟁의 무대로 만들어 갈 수 있을 것이다. 이런 '십일조 진리를 찾아내는 발견과 순종의 드라마'에 여러분을 초대한다. 물론 책을 다 읽고도 이런 발견의 기쁨과 순종의 환희를 경험하지 못한다면, 그것은 오롯이 성경 말씀 안으로의 여행을 제대로 가이드하지 못한 필자의 잘못일 가능성이 크다.

### 적용을 위한 질문

1. 여러분은 십일조 문제를 어떤 '프레임'으로 바라보고 있습니까?
   (예: 율법/의무, 헌금/헌신, 구약/신약, 교회/재정 문제 등)
2. 당신은 지금 '성경의 언어'로 신앙을 해석하고 있습니까, 아니면 '세상의 언어'로 신앙을 소비하고 있습니까?
3. '프레임 전쟁'이 아닌 '순종의 전쟁'을 해야 한다는 말이, 당신의 신앙에 어떤 도전을 줍니까?

십일조의 복음

① 

# 아브라함의 십일조
## 창 14장

예수님의 십일조 정신의 최초 구현

## 서론적 이야기

### 시작은 아름답다

성경에 나오는 첫 번째 십일조는 창세기 14장에 나오는 아브라함의 십일조이다. 그러니까 아브라함은 믿음의 조상이면서 동시에 십일조의 조상이다. "모든 것의 시작은 아름답다"라는 어느 시인의 말처럼, 최초로 십일조를 드린 아브라함의 스토리도 정말 아름답다. 그 이유는 무엇인가?

아브라함은 조카 롯이 동방의 네 왕의 연합군에 사로잡혀 갔다는 소식을 들었다. 이에 아브라함은 318명의 부하들을 거느린 채 목숨을 걸고 연합군을 추격하여 전쟁에서 승리하고, 롯과 그의 재산은 물론 소돔 사람들의 생명과 재산을 구해 가지고 돌아왔다. 놀랍게도 이는 성경에 처음 나오는 전쟁이었고, 무려 10명의 왕들이 등장한다. 그런데 히브리인 나그네에 불과한 아브라함이 동방의 네 왕을 이기고 돌아왔다.

이에 왕들이 아브라함을 "왕의 골짜기"(창 14:17)에서 환영했다. 특별히 지극히 높으신 하나님의 제사장이요 살렘 왕인 멜기세덱이 떡과 포도주를 가지고 마중 나와 아브라함에게 승리를 주신 하나님을 찬양하라고 권면하며, 하나님의 이름으로 아브라함을 축복했다. 그리하여 아브라함은 떡과 포도주(성찬의 요소)를 먹고, 멜기세덱에게 십일조를 드렸다. 그뿐 아니라 "사람은 내게 보내고 물품은 네가 가지라"(창 14:21)는 소돔 왕의 세속적 제안을 거부하고, 실 한 오라기나 들메끈 한 가닥도 취하지 않으리라 선언하며 모든 재물을 소돔 왕에게 돌려주었다.

오늘날 우리의 모습을 상상해 보라! 아브라함의 후손으로 세상에 나아가 영적인 전쟁에서 승리하고 주일에 교회로 돌아와, 진정한 왕이신 그리스도께서 베푸시는 떡과 포도주의 잔치에 참여하고, 이에 감사하여 하나님께 모든 것을 드리는 대표로 십일조와 예물을 드린다면 어떨까? 이 얼마나 가슴 벅찬 아름다운 상상인가!

이렇게 창세기 14장의 아브라함의 십일조 에피소드는 왕들의 골짜기에서 일어난 '국제적인 사건'이요 매우 '공적인' 이벤트였다. 왕들의 골짜기에서 아브라함은 자신이 가장 소중하게 생각하는 가치가 무엇인지를 십일조와 소돔 왕의 제안을 거부하는 모습으로 모든 열방에 보여 주었기 때문이다. 그러기에 아브라함의 십일조는 많은 현대 그리스도인들이 생각하는 것처럼 결코 아브라함과 하나님 사이의 비밀한 '사적인 문제'가 아니다. 그럼에도 불구하고 오늘날 기독교인들은 십일조를 소득의 얼마나 낼 것인지의 지극히 개인적인 '액수'의 문제로, 그저 자신과 하나님 사이의 비밀한 관계로만 치부하고 있다. 이는 십일조의 시작인 아브라함의 십일조가 보여 주는 찬란한 비전을 알지 못하기 때문이다.

### 끝은 더 아름답다

아브라함의 십일조의 끝은 더 아름답다. 성경의 마지막 십일조 본문은 히브리서 7장인데, 여기 보면 우리 주님은 죽을 수밖에 없는 레위 계열의 제사장이 아니라 우리를 구원하고 부활의 생명을 부여하시는 멜기세덱의 반차를 따른 영원한 제사장이라는 점을 강조하면서, 아브라함이 멜기세덱에게 드린 십일조를 가장 중요한 근거로 언급하고 있다. 그러니까 아브라함은 믿음의 조상일 뿐만 아니라 왕이요 제사장인 멜기세덱에게 십일조를 드림으로, 진정한 왕이요 영원한 제사장이신 예수 그리스도의 메시아됨의 영원한 기초를 세운 인물이라는 것이다. 이는 성경 전체를 관통하는 핵심 메시지이다. 그러기에 아브라함의 십일조의 끝은 더 아름다운 것이다.

아브라함의 십일조가 이렇게 구속사의 처음과 끝을 장식하는 알파와 오메가라고 한다면, 이는 필시 그 중간 기간에 예수님께서 말씀하신 "정의와 긍휼과 믿음"(마 23:23)의 정신이 구현되었을 가능성을 충분히 추론해 볼 수 있다. 본문을 해석해 보면 아브라함의 십일조는 예수님의 십일조 정신을 구현한 십일조라는 결론에 도달하게 된다. 언뜻 보기에 아브라함의 십일조를 이렇게 해석하는 것은 지나친 해석이 아니냐고 할지도 모른다. 하지만 주해 과정을 따라오다 보면 충분히 수긍할 수 있을 것이다.


## 아브라함의 십일조에 대한 오해를 넘어서

### 대중적 오해들

이렇게 아브라함의 십일조 본문은 매우 중요하지만, 아브라함이 멜기세덱에게 십일조를 드린 사건은 매우 간략하게 기술되어 있다. 아브라함의 십일조 에피소드 관련 근접 문맥은 세 절(창 14:18-20)에 불과하며 십일조와 관련된 직접 언급은 히브리어로 4개의 단어가 전부일 정도로 간단하다.

따라서 일반 독자들이 아브라함의 십일조를 이해하는 것은 결코 쉽지 않다. 십일조가 무엇인지에 대한 **정의**는 물론 십일조의 **기원**과 **목적**에 대해서도 설명이 없기 때문이다. 아브라함이 왜 십일조를 멜기세덱에게 주었는지조차도 아무런 언급이 없다.

그리하여 아브라함의 십일조에 대한 여러 '대중적 오해들'이 생겨났다. 율법 폐지론자들은 창세기의 아브라함 스토리(창 11:27-25:11)에는 아브라함이 정기적으로 십일조를 했다는 언급이 없고 당시에 제사장이 없었음을 근거로 아브라함이 일회적으로 십일조를 드렸다고 주장한다. 이를 근거로 아브라함의 십일조는 신약 시대에는 유효하지 않다는 것이다.

물론 지지하는 내용은 전혀 다르지만 이런 식의 접근은 십일조 유지론자들에게서도 찾아볼 수 있다. 십일조 유지론자들 역시 성경 본문에 대한 탄탄한 해석보다는 자신의 신학적 시스템(예를 들어 율법 이전 시대, 율법 시대, 복음 시대)을 근거로 십일조를 강조한다. 예를 들어 아브라함이 율법 이전 시대의 사람으로 율법 이전에 십일조를 드린 것이니까, 신약 시대에도 십일조는 유효하다고 주장한다. 물론 이런 해석이 전혀 틀린 것은 아니라고 할 수도 있다. 그러나 이렇게 율법 시대와 은혜 시대라는 식의 '신학 시스템적 접근'은 성경 본문의 메시지를 제대로 듣기 어렵게 만들 수 있다.

### 아브라함의 십일조는 거룩한 하나님 백성의 삶의 양식

그러나 십일조가 폐지되었느냐 아니냐의 논쟁보다 더 중요한 것은 '십일조가 보여 주는 거룩한 삶의 양식'이 무엇이냐는 것이다. 즉 십일조의 진정한 정신을 따라 삶을 살아내는 것이 무엇인지, 그런 삶의 결과로 십일조를 드리는 것은 무슨 의미가 있는지를 다루는 것이, 십일조 논쟁의 핵심 이슈가 되어야 하는 것이다. 이런 사실은 예수님의 십일조에 대한 가르침에서 분명히 알 수 있다.

> "화 있을진저 외식하는 서기관들과 바리새인들이여 너희가 박하와 회향과 근채의 십일조는 드리되 율법의 더 중한 바 정의와 긍휼과 믿음은 버렸도다 그러나 이것도 행하고 저것도 버리지 말아야 할지니라"(마 23:23).

예수님은 십일조의 상세한 규정보다는 십일조가 보여 주는 **거룩한 삶의 양식**, 즉 "정의와 긍휼과 믿음"의 삶의 방식에 관심이 더 많으셨다. 예수님의 말씀을 곰곰이 듣고 있으면 '십일조의 폐지냐 십일조 유지냐'의 논쟁 자체가 자칫하면 십일조 정신에 어긋나는 방향으로 흐를 수 있음을 깨닫게 된다. 왜냐하면 십일조 폐지론자나 유지론자 모두 율법의 더 중요한 바 "정의와 긍휼과 믿음"은 버리고, 십일조가 신약 시대에 유효하냐 아니냐의 해석에 목숨을 걸 수도 있기 때문이다.

## 아브라함의 십일조는 예수님의 십일조 정신의 구현

### 개안의 체험

필자는 성경의 십일조와 관련해 수년간 연구를 하던 중에 아브라함의 십일조와 예수님의 십일조 정신이 일치한다는 사실을 확인하던 순간을 지금도 잊지 못한다. 내러티브(narrative)의 네 가지 요소인 '등장인물 묘사와 플롯과 분위기와 어조'를 도구로 삼아 창세기 14장을 분석하던 도중에 창세기 기자가 "율법의 더 중한 바 정의와 긍휼과 믿음"의 삶을 산 자로 아브라함을 묘사하고 있다는 사실을 깨달았기 때문이다. 구속사의 시간 순서를 염두에 두고 더 정확히 말하자면, 예수님께서 아브라함의 십일조를 근거로 "율법의 더 중한 바 정의와 긍휼과 믿음"이 십일조의 정신임을 알려 주신 것이라는 사실이 내 뇌리를 스쳤다. 예수님의 말씀은 언제나 구약의 가르침을 가장 간략하게 핵심 요체로 정리한 결과라는 사실을 다시 한번 확인하면서 온몸에 전율과 환희를 느끼게 되었다.

### 아브라함의 삶이 정의와 긍휼과 믿음의 삶

정말 놀라운 사실은 다음과 같다. 성경에서 처음 나오는 아브라함의 십일조를 상세히 연구해 보면, 예수님께서 가르치신 십일조 정신이 정확하게 녹아 있다는 점을 알 수 있다. 아브라함은 단순히 십일조만 드린 것이 아니었다. 정의와 긍휼과 믿음의 삶을 산 후에, 그동안의 삶의 결과와 현재의 존재 자체와 자신이 소유한 모든 것을 하나님께 드린다는 대표의 의미로서 십일조를 드린 것이다. 필자가 왜 이렇게 주장하는지는 창세기 14장의 본문을 함께 해석하다 보면 자연스럽게 알게 될 것이다. 이제 왜 아브라함이 긍휼과 정의와 믿음의 사람인지 상세히 살펴보도록 하자.

## 아브라함의 긍휼의 삶

### 포로가 된 롯을 구함

아브라함은 조카 롯과 소돔 사람들이 사로잡혔다는 소식을 듣게 되었다 (창 14:11-13). 롯은 거주지의 선택권이 주어졌을 때 아브라함에게 선택권을 양보하지 않았다. 롯은 눈을 들어 그가 보기에 여호와의 동산 같고 애굽 땅 같았던 요단 온 지역을 택했다. 소돔 사람은 악하여 여호와 앞에 큰 죄인이었다는 성경 기자의 평가에도 불구하고, 롯은 끝내 소돔 안에 들어가 살았다. 그러다가 결국은 동방의 왕들에게 포로로 잡힌 것이었다.

삼촌에게 양보하기는커녕 신앙의 눈보다는 육신의 눈으로 요단 지역과 소돔을 택한 조카를 보며, 아브라함은 자업자득이라 여기고 그냥 내버려 둘 수도 있었을 것이다. 그러나 아브라함은 그렇게 하지 않았다.

"아브람이 그의 조카가 사로잡혔음을 듣고 집에서 길리고 훈련된 자 삼백 십팔 명을 거느리고 단까지 쫓아가서 그와 그의 가신들이 나뉘어 밤에 그들을 쳐부수고 다메섹 왼편 호바까지 쫓아가 모든 빼앗겼던 재물과 자기의 조카 롯과 그의 재물과 또 부녀와 친척을 다 찾아왔더라"(창 14:14-16).

아브라함이 318명의 부하를 거느린 채 목숨을 걸고 전쟁에 뛰어든 이유는 무엇일까? 그가 **긍휼의 사람**이었기 때문이다.

### 소돔인들의 생명과 재산을 구함

아브라함은 단지 조카 롯의 생명과 재산만 구해 온 것이 아니라, 소돔인들의 생명과 재산도 구했다. "조카"로 번역된 히브리어(아흐)는 '형제'가 일차적 의미이며, 부차적으로 '이웃'의 의미도 가진다. 그러니까 아브라함은 조카인 롯을 구해냄으로 형제 사랑을 보여 주었으며, 소돔인들의 생명까지 구해냄으로 이웃 사랑을 보여 주었다. 형제 사랑과 이웃 사랑이 담긴 긍휼의 마음이 없이는 남을 위해 전쟁에 나가는 것은 불가능한 일이었다.

성경 기자는 창세기 13장에서 "소돔 사람은 여호와 앞에 악하며 큰 죄인이었더라"(13절)고 했다. 그러니까 아브라함은 심지어 악한 사람들인 소돔인들의 생명과 재산을 보호하는 데 목숨을 걸었던 것이다. 아브라함의 전쟁은 단순히 혈연의 이익에만 봉사하는 전쟁이 아니었다. 아브라함의 전쟁은 악한 이웃들의 생명과 빼앗긴 모든 재물을 구해내는 해방 전쟁이었고 거룩한 전쟁이었다.

따라서 자신의 생명을 아끼지 않고 전쟁에 뛰어들어 이웃의 생명과 재산을 구해낸 아브라함의 모습은 그가 얼마나 긍휼이 많은 사람인지를 잘 보여 준다. 아브라함은 단지 첫 번째 십일조를 드렸기에 십일조의 조상이 된 것이 아니다. 십일조의 참된 정신인 긍휼의 모습을 삶을 살아내고 십일조를 드렸기에 십일조의 조상이 된 것이다.

## 아브라함의 정의로운 삶

### 전쟁에서 승리한 후 드리는 예물

아브라함은 긍휼한 사람일 뿐 아니라 매우 정의로운 사람이었다. 피상적으로 창세기 14장을 읽으면서 십일조가 언급된 구절에만 집착하면 이런 진리를 알 길이 없다. 창세기 14장 본문의 디테일을 상세히 들여다보면서, 특별히 플롯과 등장인물 묘사를 눈여겨보아야 이를 알 수 있다.

성경 기자는 왕들이 환영하는 장면에서 독자들이 알고 있음에도 불구하고 다시 한번 아브라함이 한 일을 요약하고 있다. '아브라함이 그돌라오멜과 그와 함께한 왕들을 쳐부수었다'(창 14:17). 이처럼 다시 아브라함이 왕들을 쳐부순 사실을 강조하는 이유는 무엇일까?

첫째, 소돔 왕을 비롯한 사해의 다섯 왕이 당해내지 못했던 강력한 동방의 네 왕들을 아브라함이 쳐서 이겼음을 강조하기 위해서이다. 십일조는 삶을 어떻게 살아가든 그저 소득의 십분의 일을 내면 끝나는 것이 아니다. 십일조는 전쟁에서 사악한 왕들을 쳐서 죽인 후에 드리는 **승리의 예물**이 되어야 하는 것이다.

오늘날 그리스도인들도 이처럼 살아야 한다. "왕 같은 제사장"으로 우리가 살아가는 곳 역시 소위 왕들이 득실거리는 세상이다. 이런 왕들이 설치는 왕들의 골짜기 사이를 우리도 지나가야 하는 것이다. 여기서 하나님이 주시는 성령과 은사를 가지고 악한 세력들과 싸워 이기는 자들이 되어야 한다. 마귀들과 세상과 싸워 이긴 후에 돌아와서 승리를 주신 분께 감사하며 십일조 예물을 드려야 하는 것이다.

따라서 십일조를 드리는 것이 옳으냐 아니냐, 십일조를 드린다면 정확하게 얼마나 드려야 하느냐는 논란을 지속하는 것은 성경의 십일조 정신을 왜곡하는 것이다. 물론 세전 소득으로 드리느냐, 세후 소득으로 드리느냐의 문제가 실제 십일조를 드릴 때 결정해야 할 문제인 것은 사실이다. 그러나 정확히 소득의 얼마를 드리냐는 액수의 문제가 십일조의 핵심은 아니다. 십일조의 핵심은 우리가 과연 삶에서 왕 같은 제사장으로 영적 전쟁에서 승리하고 있느냐에 달려 있다. 영적 전쟁에서 승리한 후에 십일조를 드리느냐가 훨씬 더 중요한 문제이다. 다시 말해 십일조는 영적 전쟁에서 이기고 나서 드리는 **승리의 예물**이 되어야 하는 것이다.

### 십일조는 정의로운 전쟁의 전리품이 되어야

둘째, 성경 기자는 아브라함의 전쟁이 동방의 왕들의 침략 전쟁에 대항한 '정당 전쟁'(just war)임을 강조하고 있다. 우선 동맹 왕들의 정복 전쟁을 묘사할 때 '치다'(히브리어로 나카)라는 동사를 두 번 사용했는데(창 14:5, 7), 놀랍게도 아브라함의 원정을 묘사할 때도 '치다'를 두 번 사용했다(창 14:15, 17). 그러니까 적이 가한 '가해 정도의 비례'에 맞게 적을 공격하는 것이 '정의로운 전쟁'의 원칙이다. 따라서 이런 전쟁 과정의 묘사는 아브라함이 피해 정도와 비례하게 적을 공격한 정의로운 사람임을 강조하는 데 의도가 있다.

게다가 동방 왕들의 전쟁은 '정복과 침략의 전쟁'인 반면에 아브라함의 전쟁은 '해방과 자유의 전쟁'이었다. 그돌라오멜과 동맹 왕들은 사해의 다섯 왕들을 징벌하러 오는 과정에서 무차별로 중간에 놓인 여섯 지역 주민들을 쳐서 죽이며 사방을 초토화시키는 무자비한 군주들이었다(창 14:5-6). 그러나 아브라함은 롯과 소돔인들을 구하러 가면서 인근의 어떤 마을이나 주민도 괴롭히지 않았다. 아브라함의 전쟁은 동맹 왕들이 빼앗아 간 것만 다시 회복시켜 돌아오는 데 목표가 있었기에 '정당 전쟁'인 것이다.

이런 점에서 볼 때에 아브라함의 삶은 정의로웠다. 이렇게 십일조는 이웃의 생명과 재산을 보호하는 영적 전쟁을 정당하고 정의롭게 치룬 후에 감사함으로 하나님께 드리는 **정의의 예물**이 되어야 하는 것이다.

### 현대적 적용

따라서 십일조를 엄격하게 드리고 있다면, 자신의 삶이 긍휼과 정의의 삶인지 돌아보아야 한다. 십일조는 긍휼과 정의로운 삶의 결과물이어야 하기 때문이다. 혹시 십일조를 드리지 않고 있다면, 십일조를 드리는 다른 사람들의 삶이 긍휼과 정의가 없다고 비판만 해서는 안 된다. 우선 자신의 삶이 자비롭고 정의로운지 살펴야 한다. 그리고 십일조를 하고 있는지 돌아보아야 한다. 삶은 정의로운데 십일조를 하지 않고 있다면, 왜 굳이 십일조를 드리지 않고 있는지 자신을 돌아보아야 한다. 삶도 정의롭지 않고 십일조도 하고 있지 않다면 다른 사람을 함부로 비난해서는 안 된다.

## 멜기세덱의 잔치와 축복

### 떡과 포도주의 잔치

다시 창세기 14장으로 돌아오자. 아브라함이 승리하고 돌아오는 바로 이 지점에서 신비한 인물이 등장한다.

> "아브람이 그돌라오멜과 그와 함께 한 왕들을 쳐부수고 돌아올 때에 소돔 왕이 사웨 골짜기 곧 왕의 골짜기로 나와 그를 영접하였고 살렘 왕 멜기세덱이 떡과 포도주를 가지고 나왔으니 그는 지극히 높으신 하나님의 제사장이었더라"(창 14:17-18).

소돔 왕과 멜기세덱이 왕의 골짜기로 나와 아브라함을 영접했다. 살렘 왕 멜기세덱은 성경에서 가장 신비한 인물이다. 어떤 배경이나 설명도 없이 갑작스럽게 등장했다가, 아브라함이 준 십일조를 받고 사라진 다음에는 성경에 등장하지 않기 때문이다. 게다가 성경에서 '왕'인 동시에 '제사장'이라는 이중 직분을 가진 인물로서 명시적으로 언급되는 사람은 멜기세덱이 유일하다. 여기서는 복잡한 논쟁은 멈추고 그리스도를 보여 주는 모형이라는 점만 언급하고 넘어가자.

멜기세덱이 떡과 포도주를 가지고 나온 것은 무엇을 의미하는가? 일차적으로는 멜기세덱이 가져온 떡과 포도주를 원기 회복을 위한 음식으로 보는 것이 자연스럽다. 일부 학자들은 떡과 포도주를 성대한 '왕의 만찬'을 가리키는 문예적 기법으로 보기도 한다. 그러나 궁극적으로 떡과 포도주는 '성찬'의 의미를 가리키는 것으로 보아야 한다. 왜냐하면 왕의 골짜기에서 떡과 포도주를 베푸는 왕이요 제사자장인 멜기세덱이, 진정한 왕이요 참 제사장이신 예수 그리스도의 모형이기 때문이다.

왕의 골짜기에서 살렘 왕 멜기세덱이 주는 떡과 포도주를 받는 아브라함의 모습을 상상해 보라. 전쟁에서 승리하고 돌아오는 아브라함에게 떡과 포도주의 잔치로 위로하는 멜기세덱은 지극히 높으신 하나님의 제사장이었을 모습으로 마음속에 그려 보라.

이런 모습은 단지 아브라함에게만 일어나는 일이 아니다. 오늘날 우리에게도 얼마든지 일어날 수 있는 일이다. 우리의 삶 속에서도 영적 전쟁에서 승리하고 돌아오는 우리를 교회에서 맞아 주시며 우리에게 성찬을 베푸시는 영원한 제사장은 예수 그리스도가 아니신가!

만약 영적 전쟁에서 승리한 적이 별로 없다면, 즉 주일에 교회에 갈 때 왕들을 쳐부수고 돌아왔다는 경험과 감격이 없다면, 멜기세덱의 떡과 포도주가 무슨 뜻인지, 진정한 왕의 골짜기인 교회에서 주일마다 우리 주님이 베푸시는 떡과 포도주의 잔치가 무엇인지 알기 어려울 수도 있다.

**축복하는 멜기세덱**

멜기세덱은 떡과 포도주의 잔치만 제공한 것이 아니라 아브라함을 '축복'했다.

> "천지의 주재이시요 지극히 높으신 하나님에 의해 아브람이 복을 받을지어다(저자 직역, 히브리어로 바루크)"(창 14:19).

여기서 "복을 받을지어다"라는 히브리어로 '바루크'(baruq)인데, '복을 주다'라는 동사의 수동형이다. 그런데 개역개정은 "복을 주옵소서"라고 의역하는 것이다. 어찌되었든 이렇게 아브라함에게 복을 빌고 나서 멜기세덱은 하나님에 대해서도 동일한 단어인 '바루크'를 사용해 이렇게 선포했다. "너희 대적을 네 손에 붙이신 지극히 높으신 하나님이 복을 받으실지어다(저자 직역, 바루크)"(창 14:20).

그런데 "하나님이 복을 받으실지어다"라는 직역은 의미가 통하지 않는다. '복을 주다'라는 동사는 한글로나 영어로나 누군가에게 은혜(grace)와 혜택(favor)을 베푼다는 의미인데, 어떻게 인간이 하나님께 은혜와 혜택을 베풀 수 있겠는가? 따라서 일반적으로 '바루크'를 "찬송할지로다"라고 번역한다. 그래서 개역개정은 "너희 대적을 네 손에 붙이신 지극히 높으신 하나님을 찬송할지로다"라고 번역한 것이다. 아브라함이 지금까지 축복을 받았고 앞으로도 축복을 받기(바루크)를 빌면서, 이를 근거로 아브라함도 하나님께 영광과 찬양(바루크)을 돌리길 빌고 있는 것이다.

멜기세덱은 지극히 높으신 하나님과 아브라함을 '축복'으로 연결시키고 있다. 멜기세덱은 아브라함이 축복을 받기를 비는 동시에 지극히 높으신 하나님께 찬양(축복: 바루크)을 돌리기를 원하고 있다. 결국 하나님과 아브라함을 연결시키는 가장 중요한 관계의 원동력은 '축복'이다. 하나님은 아브라함을 축복(바루크)하고, 아브라함은 하나님께 찬양(축복: 바루크)을 올리는 것이다.

### 하나님의 축복에 아브라함이 찬송(축복)으로 반응

따라서 아브라함이 멜기세덱을 통해 하나님께 십일조를 드린 것은 하나님의 '축복'에 대한 아브라함의 '찬송'(축복)의 반응이다. 아브라함이 하나께 영광을 돌리고 찬송하는 방법은 모든 것의 십분의 일을 드리는 것이었다. 아브라함의 십일조는 이렇게 하나님의 축복과 깊은 연관을 맺고 있다.

이런 깊은 성경의 가르침을 이해하지 못하는 사람들이 "십일조를 내면 복을 받는다는 것은 잘못된 것"이라고 너무 쉽게 말한다. 문자 그대로 하면 맞는 말이다. 복을 받으려고 십일조를 해서는 안 된다. 성경에는 두 군데를 제외하고는 복을 받기 위해 십일조를 하라고 한 말씀이 없다. 즉, 신명기 26장에서 "셋째 해 곧 십일조를 드리는 해에" 십일조를 드리면서 복을 주실 것을 기도하는 장면과 복을 받는지 아닌지 십일조로 시험해 보라는 말라기 3장이 유일하다.

"셋째 해 곧 십일조를 드리는 해에 네 모든 소산의 십일조 내기를 마친 후에 … 그리 할 때에 네 하나님 여호와 앞에 아뢰기를 … 원하건대 주의 거룩한 처소 하늘에서 보시고 주의 백성 이스라엘에게 복을 주시며 우리 조상들에게 맹세하여 우리에게 주신 젖과 꿀이 흐르는 땅에 복을 내리소서 할지니라"(신 26:12-13, 15).

"만군의 여호와가 이르노라 너희의 온전한 십일조를 창고에 들여 나의 집에 양식이 있게 하고 그것으로 나를 시험하여 내가 하늘 문을 열고 너희에게 복을 쌓을 곳이 없도록 붓지 아니하나 보라"(말 3:10).

그 외에는 십일조를 내면 복을 받는다는 가르침은 성경 어디에도 나오지 않는다. 그러나 십일조 본문들을 보면 하나님께서 이미 베푸신 은혜와 축복에 감사하여 드리는 예물이 십일조라는 점은 거의 항상 나온다. 그리고 실제로 십일조를 드렸을 때, 여호와께서 모든 일에 형통케 하셨다는 이야기도 역대하 31장에서 찾아볼 수 있다(20절). 따라서 십일조와 축복의 관계는 매우 신비하다.

이런 신비한 관계를 제대로 이해하지 못한 채 '십일조를 내면 축복을 받는다는 것은 잘못된 것'이라고 주장하며 아예 십일조를 하지 않는 사람들도 있다. 그러나 이렇게 십일조와 축복을 완전히 분리시키면서, 십일조를 하지 않는 자들은 더 큰 잘못을 범할 수 있다. 하나님이 이미 베푸신 축복에 대해 감사하지 못하는 사람, 즉 배은망덕한 사람이 될 수 있기 때문이다. 어쩌면 그런 사람들은 지극히 높으신 하나님이 우리의 대적을 우리 손에 붙이시는 영적 승리의 경험을 해 본 적이 없기에 진정으로 감사하는 마음이 생기지 않아서 그럴 수도 있다.

## 아브라함이 드린 십일조

### 십일조의 정의: 모든 것의 십분의 일

"천지의 주재"(창 14:19)이시며 더 나아가 '역사의 주관자'이신 여호와의 이름으로 아브라함을 축복하는 멜기세덱에게 과연 아브라함은 어떤 반응을 보였을까?

"…아브람이 그 얻은 것에서 십분의 일(히브리어로 마아세르 미콜)을 멜기세덱에게 주었더라"(창 14:20).

개역개정에서 "그 얻은 것에서 십분의 일"을 직역하면 "모든 것에서 십분의 일"이다. 원문으로 '마아세르 미콜'은 '십분의 일'이란 의미의 '마아세르'(ma'aser)와 '전체 중의 일부'를 가리키는 전치사 '민'(min)과 '모든'이란 의미의 '콜'(kol)이 합쳐진 어구이다(민과 콜이 합쳐지면 자음이 2개가 연속적으로 만나면서 '믹콜'이 된다). 직역하면 "모든 것으로부터 나온 십분의 일"이다.

'마아세르 믹콜'(모든 것으로부터 나온 십분의 일)은 성경에 나오는 십일조에 관한 첫 번째 표현으로 성경의 십일조 개념의 **가장 완벽한 정의**라고 할 수 있다. 그러니까 십일조란 드리는 자가 소유하고 있는 **모든 것을 대표하여 십분의 일**을 드리는 것이다. 한마디로 십일조란 '십분의 일로서 전체를 대표하는 것'이기에, 핵심 개념은 **대표성**이다.

### '십일조'는 '모든 것을 드린다'를 보여 주는 상징

그렇다면 "모든 것의 십분의 일"(히 7:2)을 드리는 이유는 무엇일까? 하늘과 땅을 창조하시고 모든 대적의 손에서 구해 주신 여호와 하나님이 **모든 것을 아브라함에게 주셨기** 때문이다. 따라서 아브라함은 이런 사실을 고백하는 방식으로 십분의 일을 멜기세덱을 통해 하나님께 바친 것이다. 십일조는 **십분의 일로서 전체를 대표**하는 것이라는 점을 가장 잘 보여 주는 케이스가 바로 아브라함의 십일조이다.

아브라함의 스토리를 읽다 보면 실제로 아브라함이 '특정 상황에서 그가 얻은 모든 것'을 하나님께 하나도 빠뜨리지 않고 전부 드렸다고 볼 수 있다. '모든 것' 안에는 전리품이 들어 있는데, 전리품의 경우에는 아브라함이 하나도 취하지 않았기 때문이다.

아브라함은 전리품 가운데 십분의 일을 멜기세덱을 통해 하나님께 드렸다. 그리고 "젊은이들이 먹은 것과 나와 동행한 아넬과 에스골과 마므레의 분깃을"(창 14:24) 주었으며, 나머지 모든 전리품은 소돔 왕에게 가져가라고 했다. 이렇게 본다면 아브라함은 전리품을 하나도 챙기지 않고 다 하나님께 드린 것이나 진배없다. 물론 하나님께 직접적으로 다 드린 것은 아니지만, 아브라함이 전리품을 자신의 소유로 삼은 것이 전혀 없다는 점에서는 하나님께 다 드린 것으로 볼 수 있다.[1]

### 실천적 적용

필자는 자녀들에게 십일조를 드릴 것을 어릴 때부터 강조해 왔다. 그리고 십일조란 모든 것을 대표하여 드린다는 정신을 한 번은 경험하도록 하기 위해, 직장에 취직한 후에 첫 번째 월급은 다 하나님께 드리라고 권고했다.

이에 딸은 첫 월급의 반은 출석 교회에 드리고, 나머지 반은 대학시절 속했던 기독교 동아리에 헌금했다. 큰 아들은 출석 교회에 다 드렸으며, 막내 아들은 십일조는 출석 교회에 내고, 나머지 십분의 구는 자신이 속한 교회 부서에 익명으로 지명 헌금을 냈다.

물론 첫 월급을 사용할 수 없다 보니, 그달 생활비와 용돈은 필자가 공급해 주어야 했다. 필자는 생활비와 용돈을 한 달 더 지급해야 했지만 조금도 아깝지 않았다. 아이들이 아버지의 말을 그대로 따라 주는 것이 대견했다. 그리고 하나님께서 어떻게 보실지는 아이들이 삶 가운데서 실제 경험하도록 한 것인데, 이를 통해 아이들은 하나님의 살아 계심을 실제로 경험하게 되었다고 한다.

---

[1] 아브라함이 전리품을 하나도 챙기지 않은 이유는 하나님께서 주시는 것만 받겠다는 믿음 때문이었다. 아브라함은 "네 말이 내가 아브람으로 치부하게 하였다 할까 하여 네게 속한 것은 실 한 오라기나 들메끈 한 가닥도 내가 가지지 아니하리라"고 하면서 소돔 왕의 제안을 거부할 때 "천지의 주재이시요 지극히 높으신 하나님 여호와께 내가 손을 들어 맹세"한다고 선포한 데서 이를 알 수 있다(창 14:22-23). 따라서 아브라함이 소돔 왕의 제안을 거부한 것은 모든 것이 하나님께 속한 것이라는 믿음의 표현이었고, 하나님께 모든 전리품을 드린 것으로 볼 수 있다.

# 아브라함의 믿음의 삶: 하나님만 의지

### 소돔 왕의 제안

창세기 14장을 보면 아브라함은 단지 '긍휼'의 사람, '정의로운' 사람만은 아니었다. 아브라함은 오직 하나님만 의지하는 **믿음의 사람**으로 예수님이 말씀하신 십일조의 정신을 삶으로 살아낸 인물이었다.

창세기 12장 이후에 아브라함의 삶은 줄곧 믿음의 삶이었고, 14장에서도 아브라함은 오직 하나님만 의지하는 믿음의 사람임을 보여 주고 있다. 창세기 기자는 아브라함이 십일조를 드린 것을 언급한 후에, 왕의 골짜기에 아브라함을 마중 나온 소돔 왕의 제안을 언급한다.

> "소돔 왕이 아브람에게 이르되 사람은 내게 보내고(히브리어로 나탄) 물품은 네가 가지라(히브리어로 라카흐)"(창 14:21).

소돔 왕의 제안은 그의 행동 방식이 무엇인지 보여 준다. 개역개정에서 "보내고"라고 번역된 동사(나탄)는 직역하면 "주라"(give)이고, "가지라"로 번역된 동사(라카흐)는 "받으라"(take)로 직역할 수 있다. 현실 정치에서는 이런 소돔 왕의 제안이 현명한 방식처럼 보인다. 왜냐하면 일종의 '주고 받는 방식'(give and take)의 제안이기 때문이다. 결국 이 제안은 일종의 타협이며 서로가 윈윈하는 방식으로 보인다.

### 아브라함의 믿음의 고백

그렇다면 아브라함은 소돔 왕의 제안에 어떻게 반응할까? 세상 왕의 방식처럼 '주고 받는' 모습을 보일까? 아니면 다른 방식의 삶을 보여 줄까?

"아브람이 소돔 왕에게 이르되 천지의 주재이시요 지극히 높으신 하나님 여호와께 내가 손을 들어 맹세하노니 네 말이 내가 아브람으로 치부하게 하였다 할까 하여 네게 속한 것은 실 한 오라기나 들메끈 한 가닥도 내가 가지지 아니하리라"(창 14:22-23).

아브라함이 현재 소유하고 있고, 앞으로 받을 복과 풍요는 군사적이고 정치적인 메카니즘에 의해 주어진 것이 아니었다. 오직 하나님의 은혜로운 선물이었다. 따라서 아브라함은 천지의 창조주이신 여호와께서 주시는 것만을 받을 것이며, 이 선물에 대해 십일조를 드릴 것을 선언하고 있다.

아브라함은 결코 주고 받는 현실 정치의 방식을 받아들이지 않았다. 그는 오직 하나님께서 주시는 것만을 받을 뿐, 이 세상에서 항상 '주는 사람'으로 살기 원했다. 목숨을 걸고 전쟁에 뛰어들었음에도 불구하고 전리품을 취하지 않으려는 자세야말로 그가 왜 **믿음의 조상**인지 보여 준다.

그리고 왜 아브라함이 율법이 있기 전에 이미 '믿음으로 율법을 지킨 인물'이라고 하는지를 알려 준다. 하나님은 이렇게 하나님의 약속을 믿는 아브라함을 '의'로 여기신 것이다.

"그를 이끌고 밖으로 나가 이르시되 하늘을 우러러 뭇별을 셀 수 있나 보라 또 그에게 이르시되 네 자손이 이와 같으리라 아브람이 여호와를 믿으니 여호와께서 이를 그의 의로 여기시고 또 그에게 이르시되 나는 이 땅을 네게 주어 소유를 삼게 하려고 너를 갈대아인의 우르에서 이끌어 낸 여호와니라"(창 15:5-7).

이제까지 우리는 하나님의 도우심으로 아브라함이 "믿음과 긍휼과 정의"를 드러내는 사람이었음을 살펴보았다. 그리고 멜기세덱이 하나님께서 축복(바라크)하실 것이라고 선언하자, 이에 감사하여 십일조로 하나님께 찬송(축복: 바라크)을 드린 것이다. 이로써 아브라함은 믿음으로 의롭게 된 신앙의 조상이요, 모든 것의 십분의 일을 드리며 하나님께 영광과 찬송을 드림으로 십일조의 조상이 된 것이다.

## 결론: 신학적 메시지와 현대적 적용

### 아브라함의 십일조: 예수님의 십일조 정신의 구현

우리는 아브라함의 십일조 본문을 해석한 결과, 예수님께서 서기관들과 바리새인들에게 하신 십일조에 관한 말씀은 성경 최초의 십일조인 아브라함의 십일조를 염두에 두셨을 가능성이 크다는 결론을 내릴 수 있다. 물론 예수님의 말씀 어디에도 아브라함에 대한 언급은 나오지 않는다. 그러나 예수님은 구약과 전혀 다른 새로운 제도나 계명을 주신 것이 아니다. 예수님은 구약의 율법을 완성시키신 분으로 구약 시대의 인물이나 풍습이나 율법이나 규례의 핵심 정신을 어떻게 구현해야 하는지 알려 주신 분이다.

십일조와 연관해서도 예수님은 구약과는 아무런 관련이 없는 이야기를 뜬금없이 하신 것이 아니다. 서기관과 바리새인들의 십일조 풍습을 보면서 구약의 십일조 원리와 목적을 "정의와 긍휼과 믿음"(마 23:23) 혹은 "공의와 하나님께 대한 사랑"(눅 11:42)으로 요약하신 것이다. 그렇다고 아무런 역사적 선례 없이 추상적인 이야기를 하신 것이 아니다. 우리와 같은 존재론적 한계(시간과 공간) 속에 살았던 아브라함이 어떻게 십일조를 했는지를 염두에 두고 이런 말씀을 하신 것이다.

### 아브라함의 십일조: 십일조의 정책(Policy)

또한 아브라함의 십일조 본문은 십일조의 상세한 규정들을 제시하는 것이 아니라, 십일조의 정책을 보여 주는 것이 목적이라는 결론을 내릴 수 있다. 즉, 아브라함의 십일조는 하나님이 말씀하신 거룩한 삶의 지향점과 긍휼과 정의와 믿음의 삶이 무엇인지 보여 주는 비전 제시이다.

정복자 왕들이 다니는 왕의 대로에서 벌어진 전쟁 한복판에서 목숨을 걸고 이웃의 생명과 재산을 보호하기 위해 전쟁을 치렀던 아브라함이 십일조를 드린 것은 무엇을 의미할까? 오늘날 우리 역시 돈과 권력과 지위가 힘을 쓰는 욕망 공화국 한가운데에서 하나님의 도우심으로 세상을 이기고 승리한 삶을 살아낸 후에, 주일에 교회에서 하나님의 축복을 받고 감사의 마음으로 하나님께 십일조를 드려야 함을 보여 주는 것 아닌가? 그런 점에서 아브라함의 십일조는 규정이라기보다 하나님 백성의 **삶의 비전**인 것이다.

이런 점에 비추어 볼 때 최근 한국에서 벌어지는 십일조 논쟁이 얼마나 낮은 수준에서 진행되고 있는지 알 수 있다.

"십일조는 율법 시대에만 유효하다, 아니다."
"아브라함은 율법 시대 이전이니까 아브라함의 십일조는 지금도 유효하다, 아니다."
"아브라함도 구약 시대에 속하니까 율법에 속한 것이다, 아니다."

이런 식의 논쟁이 지금도 특별히 소셜 미디어와 유튜브 등을 통해 끝없이 진행되고 있는 이유는, 아브라함의 십일조가 보여 주는 **거룩한 삶의 비전**을 모르기 때문이다.

**죽은 자의 하나님이 아니라 산 자들의 하나님**

여기서 우리는 아브라함이 멜기세덱을 통해 최종적으로 누구에게 드렸는지 살펴보아야 한다.

"또 여기는 죽을 자들이 십분의 일을 받으나 저기는 산다고 증거를 얻은 자가 받았느니라 … 그는 육신에 속한 한 계명의 법을 따르지 아니하고 오직 불멸의 생명의 능력을 따라 되었으니 … 그러므로 자기를 힘입어 하나님께 나아가는 자들을 온전히 구원하실 수 있으니 이는 그가 항상 살아 계셔서 그들을 위하여 간구하심이라"(히 7:8, 16, 25).

예수 그리스도는 불멸의 생명의 능력을 따라 제사장이 되셨기에 지금도 산 자들에게서 십분의 일을 받으시는 영원한 대제사장이시다. 따라서 우리도 산 자들의 하나님이신 예수 그리스도께 십일조를 드려야 하는 것이다. 예수 그리스도는 단지 과거에 멜기세덱을 통해 아브라함에게서 십일조를 받으셨던 죽은 자의 하나님이 아니다. 지금도 산 자들에게서 십분의 일을 받으시는 산 자들의 하나님이시다.

"죽은 자가 살아난다는 것을 말할진대 너희가 모세의 책 중 가시나무 떨기에 관한 글에 하나님께서 모세에게 이르시되 나는 아브라함의 하나님이요 이삭의 하나님이요 야곱의 하나님이로라 하신 말씀을 읽어보지 못하였느냐 하나님은 죽은 자의 하나님이 아니요 산 자의 하나님이시라 너희가 크게 오해하였도다 하시니라"(막 12:26-27).

우리가 믿는 아브라함의 하나님은 죽은 자들의 하나님이 아니라 산 자들의 하나님이시며, 알파와 오메가요 처음과 나중이요 시작과 끝이 되시는 하나님이시다.

아브라함의 십일조는 단지 십일조의 민족적 기원만 다루고 있는 것이 아니라 결국은 영원한 대제사장인 그리스도께 십일조를 드린 것이기에, 기독교의 종말론적 신앙이 무엇인지를 보여 주고 있다. 그런 점에서 아브라함의 십일조를 단순히 역사적 관심이나 고고학적 흥미로 다루어서는 안 된다. 아브라함의 십일조는 오히려 하나님 백성들의 미래의 영광을 보여 주는 종말론적 비전이라고 할 수 있다. 한마디로 아브라함의 십일조 본문은 도대체 성경이 말하는 십일조가 무엇인지를 보여 주는 알파와 오메가 텍스트인 것이다.

### 십일조는 감사하며 찬양하는 마음으로 드리는 예물

필자는 독자들이 아브라함의 스토리를 읽으면서 십일조가 지향하는 삶의 목적이 무엇인지 이해한다면, 그리고 이를 실천하기 원한다면 자연스레 하나님께 감사하며 드리는 삶을 살지 않을까라는 생각을 갖게 되었다. '하나님께서 삶의 승리를 가져다주셨다고 믿는다면 자발적으로 십일조를 드리고 싶은 마음이 생기지 않을까?'

아브라함처럼 하나님께서 친히 부하게 해 주실 것을 믿고 소돔 왕의 세속적 유혹을 거부한 후에 그 믿음을 십일조로 표현한다면, 하나님은 반드시 우리의 필요에 따라 모든 것을 채워 주실 것이다.

따라서 '십일조하면 복을 받는다'라는 식의 표현은 성경의 십일조 정신을 너무 빈약하게 만드는 것이며, 더 나아가 주객이 전도된 표현이다. 십일조는 하나님께 축복을 받기 위해 선행적으로 드리는 예물이 아니다. 멜기세덱의 축복에서 우리가 확인했듯이, 십일조는 하나님께서 이미 승리케

하시고 축복을 주셨기에, 하나님께 영광과 찬송을 돌리기 위해 드리는 감사의 예물인 것이다.

그렇다고 해서 십일조에서 축복의 개념을 완전히 제거하는 것은 성경의 가르침이 아님을 명심해야 한다. 히브리어 원문으로 보면, 창세기 14장에는 축복과 관련된 단어가 세 번 나온다. 멜기세덱이 아브라함에게 축복했다는 보고(report, 19절)에 한 번, 아브라함이 하나님께 축복받을 것을 바라면서 아브라함에게 하나님께 찬송(축복)을 드리라고 권면할 때에 두 번(19-20절) 사용되었다. 우리는 하나님의 축복 없이는 단 한순간도 살아갈 수 없는 피조물에 불과하기 때문이다. 하나님께서 주신 축복이 있음에도 불구하고 그분께 예물로 영광을 돌리지 않는다면, 이는 불신자보다 못한 사람이 아닐까?

### 적용을 위한 질문

1. 여러분은 지금까지 십일조를 단순한 '재정 헌신'이나 '의무'로만 이해해 왔습니까? 아니면, '삶 전체를 대표하는 거룩한 비전'으로 이해해 왔습니까?
2. 하나님이 이미 주신 '은혜'와 '승리'에 대한 감사가 내 헌신의 출발점입니까? 나의 신앙은 세상의 give-and-take 논리와 얼마나 구별되고 있습니까?
3. 내가 드리고 있는 예물이나 헌신 가운데 예수님의 정신(겸손, 자발성, 왕-제사장 되심)이 잘 반영되고 있는 부분은 무엇이며, 변화가 필요한 부분은 무엇입니까?

② 

# 야곱의 십일조
## 창 28장

하나님의 신비한 초청에 대한 예배의 응답

## 서론적 이야기

**아브라함의 하나님, 야곱의 하나님**

성경에서 아브라함 이후에 나오는 두 번째 십일조 언급은 과연 어디일까? 다름 아닌 야곱 스토리의 벧엘 에피소드(창 28장)에서 나온다. 믿음의 조상들 가운데 가장 걸출한 인물인 아브라함과 야곱의 삶의 이야기에서 십일조가 나온다는 점이 정말 흥미롭지 않은가?

필자는 성경의 모든 십일조 본문들을 정경의 순서에 따라 수년간 연구했다. 그 과정에서 아브라함과 야곱의 내러티브 안에 십일조가 언급된다는 사실로 인해 정말 깊은 감동을 받았다. 왜냐하면 여호와는 성경에서 족장들의 하나님, 즉 "아브라함의 하나님, 이삭의 하나님, 야곱의 하나님"(출 3:6)으로 소개되고 있기 때문이다. 이스라엘의 하나님이 '아브라함의 하나님, 야곱의 하나님'으로 소개되는 것도 흥미로운데, 아브라함의 십일조가 야곱의 십일조로 이어진다는 것은 무엇을 의미할까라는 질문을 던지면서 구속사의 대하 드라마 안에 흐르는 강력한 전류에 감전되는 듯한 전율마저 느끼게 되었다. 왜냐하면 성경에서 십일조는 단순히 이론상의 문제가 아니라, 족장들이 하나님을 알아 가는 인격적이고 실존적인 도구라는 점이 새롭게 느껴졌기 때문이다.

아브라함이 동방의 네 왕의 연합군을 이기고 승리하게 하신 지극히 높으신 하나님의 축복을 받고 십일조를 드렸다면, 과연 야곱이 십일조를 드리겠다고 서원하게 된 하나님은 야곱에게 어떤 하나님으로 나타나셨을까? 이런 질문을 던지지 않을 수 없었다.

왜냐하면 성경의 역사는 역사적인 사건을 통해 자신을 계시하시는 하나님과 그분을 만난 인간의 반응으로 이루어져 있기 때문이다. 이스라엘의 하나님은 자연 가운데 자신을 주로 계시하시는 분이 아니라, 아브라함과 이삭과 야곱 같은 믿음의 사람들의 실존적인 삶과 구체적인 역사 안에서 자신을 드러내시는 분이다. 따라서 '여호와'는 성품이 아닌, 스스로를 관계의 하나님으로 드러내시는 이름이다.

여호와께서 나타나셔서 "이 땅을 네 자손에게 주리라"고 약속하시자, 아브라함은 세겜과 벧엘에 제단을 쌓고 여호와의 이름을 불렀다(창 12:7-8; 13:4). 이렇게 하나님께서 나타나셔서 축복의 약속을 주시면 바로 그곳에 단을 쌓고 여호와의 이름을 부르는 모습은, 아들 이삭에게로 이어진다(창 26:23-25). 이제 아브라함의 하나님께 이삭이 단을 쌓고 여호와의 이름을 부르면서 여호와는 "아브라함의 하나님, 이삭의 하나님"이 된 것이다.

이는 야곱에게로 이어진다. 하나님께서 나타나셔서 자신을 너의 조부 아브라함의 하나님이라고 소개하신 후 "네가 누워 있는 땅을 내가 너와 네 자손에게 주리니"(창 28:13)라고 약속하시자, 야곱 역시 약속의 땅으로 돌아온 후 벧엘에 제단을 쌓고 엘벧엘(벧엘의 하나님)이라고 여호와의 이름을 부르기 시작했다(창 35:3, 7). 따라서 여호와는 족장사 안에서 최종적으로 "아브라함의 하나님, 이삭의 하나님, 야곱의 하나님"으로 불려지게 된 것이다.

## 아브라함의 십일조, 야곱의 십일조

이렇게 아브라함과 이삭과 야곱이 제단을 쌓고 여호와의 이름을 부르는 동일한 패턴이 이어지고 있음은 무엇을 의미하는가? 하나님께서 먼저 나타나셔서 '내가 너와 함께 할 것이며 이 땅을 너와 네 후손에게 주리라'고 약속을 하면, 그곳에 족장들이 제단을 쌓고 여호와의 이름을 불렀다는 것이다(창 12:7-8).

이는 하나님의 은혜와 축복이 먼저이고, 족장들이 예배로 반응을 보였다는 점을 의미한다. 아브라함은 여호와의 부르심과 나타나심을 통해 하나님의 인도와 간섭을 경험했을 뿐만 아니라 동방의 네 왕과의 전투에서 하나님의 도우심으로 결정적 승리를 거두고, 이에 감사하여 십일조를 드린 것이다.

그리고 이런 패턴이 야곱에게도 동일하게 나타난다. 야곱이 먼저 하나님을 찾은 것이 아니다. 하나님께서 먼저 누워 자는 야곱에게 황홀한 꿈으로 찾아오시고, 그와 평생 함께하실 것이라고 축복하고 약속하시자, 야곱이 잠에서 깨어 돌베개에 기름을 붓고 여호와께 경배하며, 십일조를 드리겠다고 서원했다. 이로써 아브라함과 야곱은 신앙의 조상일 뿐만 아니라 나란히 십일조의 조상이 된 것이다.

그렇다면 우리는 이런 족장들의 이야기를 들을 때 어떤 태도로 성경 본문에 접근해야 할까? 과거의 정보가 담긴 단순한 역사 기록(historical writing)으로 보고 객관적이고 과학적인 태도로 접근해야 할까? 아니다. 우리는 "도대체 하나님을 만나 어떤 삶의 경험을 했기에, 아브라함과 야곱이 동일한 반응을 하게 된 것일까?"라는 질문을 던지며 '삶의 해석학'으로 성경 본문에 다가가야 한다. "과연 우리는 족장들이 만난 하나님을 만나고, 족장들이 십일조를 드린 경험을 추체험할 수 있을까?"라는 질문이 관심의 초점이 되어야 한다.

### 삶의 해석학의 필요성

그런데 놀랍게도 오늘날 많은 학자들은 성경 본문을 읽을 때, 자신의 삶을 통해 성경 본문에 등장하는 인물들이 경험한 사건들을 추체험하는 '삶의 해석학'을 잘 알지 못한다.

우리가 잘 아는 파스칼은 족장들과 하나님 사이의 이런 인격적이고 실존적인 관계를 깊이 깨달은 철학자로서 '삶의 해석학'과 '마음의 학문'을 주장한 사람이다. 17세기의 탁월한 기독교 사상가였던 파스칼은 회심하기 전 사교계와 지성계에서 유명 인사가 되었으나, 내면 깊은 곳에서는 불안과 절망감이 깊어지고 있었다. 이에 파스칼은 수녀원에 있는 동생을 방문해 자신의 심정을 토로하는 한편 기도와 명상을 지속했다고 한다.

그러던 어느 날 하나님의 은혜가 2시간 동안 파스칼에게 임했는데, 파스칼은 이를 '불의 밤'(Night of Fire)이라고 불렀다. 아마도 하나님을 만나 영혼이 정결케 되는 '불의 체험'을 한 것으로 보인다. 흥미롭게도 파스칼은 이런 식으로 만난 하나님을 "아브라함의 하나님, 이삭의 하나님, 야곱의 하나님"이라고 불렀다. 불의 체험을 통해 하나님을 만난 파스칼은 그 하나님이 바로 족장들이 경험한 하나님과 동일한 분이라고 확신한 것이다. 따라서 자신이 만난 하나님을 '철학자나 지혜자의 하나님'이 아니라, 역사 가운데 찾아오셔서 인격적인 관계를 맺으시는 하나님, 즉 "아브라함의 하나님, 이삭의 하나님, 야곱의 하나님"으로 부른 것이다.

이렇게 파스칼은 '불의 밤'이라 부른 하나님과의 만남을 통해 성경에 등장하는 인물들이 경험한 사건들을 추체험하려 한 것이다. 다시 말해 성경 인물들의 경험과 자신의 경험을 공조시키는 '삶의 해석학'으로 다가갔던 것이다. 이 점에서 우리는 파스칼의 말에 주목할 필요가 있다.

"성경의 구원에 이르는 지식은 지성의 학문이 아니라, 마음의 학문이다."
"신앙은 마음속에 있어 '안다'라고 말하지 않고 '믿는다'라고 말하게 만드는 것이다."

그런데 놀랍게도 현대의 많은 해석자들은 파스칼이 말한 '마음의 학문', 즉 '믿는다고 말하는 신앙으로 성경을 해석'하는 것이 무엇인지 모른다. 그러다 보니 아브라함과 야곱의 십일조를 연결시키며 아브라함과 야곱이 어떤 하나님을 경험했기에 둘 다 십일조를 드리겠다고 한 것인지에 관심이 없다. 한마디로 족장들의 삶을 '마음의 학문'으로 추체험하려 하지 않는다.

이제 필자는 아브라함의 하나님이 야곱의 하나님이요, 아브라함의 십일조가 야곱의 십일조가 될 수 있는 두 족장의 공통적인 삶의 경험이 무엇인지 살펴보면서 야곱의 삶 속으로 여행을 떠나 보려고 한다.

## 오해와 비평적 해석, 그리고 미리보는 결론

### 대중적 오해와 비평적 해석

그런데 그동안 야곱의 십일조 본문을 다룬 해석자들의 글이나 주장을 보면 '삶의 해석학'은커녕, 그저 과거의 역사 문서나 고고학적 데이터를 다루듯이 야곱의 십일조를 이론적으로 다루는 모습을 쉽게 볼 수 있다.

첫째, 일부 해석자들은 야곱의 십일조 서원의 '순수성'에 의문을 제기한다. 야곱이 십일조를 드리겠다고 서원한 것은 순수한 의도가 아니라 '계산이 깔린 불순한 의도'라는 것이다. 야곱의 조건적 서원은 하나님께 뇌물을 쓰려는 모습으로 이해할 수 있다는 것이다. 따라서 야곱의 십일조는 현대 그리스도인들에게 모범이 될 수 없다고 본다.

둘째, 어떤 해석자들은 야곱의 스토리 안에 십일조를 드리겠다는 서원만 있을 뿐, 십일조를 실제로 바친 구체적인 언급이 없다는 것을 근거로 야곱은 십일조를 드린 적이 없다고 주장한다. 당시에 야곱이 누구한테 십일조를 드렸는지 알 수 없는 데다가, 제사장이 없기 때문에 하나님 대신 누가 십일조를 받았을지 의문이 든다는 것이다. 이런 논리로 야곱의 십일조는 신약 시대에는 유효하지 않다고 본다.

셋째, 또 다른 해석자들은 야곱이 십일조를 드리겠다고 '맹세한' 것이 문제라고 본다. 아브라함은 순전히 자발적으로 십일조를 드렸지만, 야곱은 맹세를 통해 십일조를 의무로 바꾸어 놓으면서 후대에 의무적인 십일조 율법으로 나아가게 되었다고 부정적으로 해석한다.

이런 다양한 해석들을 듣다 보면, 일반 성도들이나 독자들은 무엇이 옳고 그른지 판단하기가 쉽지 않을 것이다. 왜냐하면 본문에 대한 상세한 주해를 객관적으로 제시하며 논의를 전개하는 것이 아니라, 각자의 특정한 신학적 체계나 이미 정립된 십일조에 대한 자신의 선이해를 근거로 이런저런 주장을 하기 때문이다.

이런 주장들을 자세히 들여다보면 야곱의 십일조 본문의 '문맥'을 정경적으로나 문예적으로 고려하지도 않았을 뿐 아니라, 십일조 본문의 상세한 디테일(특별히 내러티브의 네 가지 요소인 플롯, 성격 묘사, 어조, 분위기)을 꼼꼼하게 분석하지도 않은 채, 그저 몇 번의 피상적 독서를 근거로 주장하는 것임을 확인할 수 있다.

## 미리 보는 결론

우리가 앞에서 아브라함의 십일조를 해석하며 내린 결론이 무엇인가? 아브라함의 십일조는 겉으로 보이는 것과는 다르게 예수님의 십일조 정신인 **정의와 긍휼과 믿음을 구현한 모델**이라는 점이다. 이는 야곱의 십일조에 대해서도 마찬가지이다. 야곱의 십일조는 겉으로 보기에 단순해 보여도 깊은 신학적·실천적 의미를 함축하고 있다. 앞으로 본문 주해를 통해 상세히 살펴보겠지만, 미리 결론부터 말하자면 야곱의 십일조는 다음과 같은 메시지를 전하고 있다.

1) 십일조는 하나님의 신비한 초청에 대한 야곱의 적절한 예배적 응답이다. 하나님은 벧엘에서 사다리의 꿈과 축복의 약속을 통해 초월적 세계 안으로 야곱을 초청하셨다. 하나님이 환란 중에 있는 야곱 곁에 다가오셔서 그를 하늘 세상으로 초대하신 것이다. 이 초대가 야곱의 십일조 서원의 동기이다. 따라서 야곱이 먼저 계산기를 두드린 후에 조건을 걸고, 하나님과 협상하며 십일조 서원을 한 것은 결코 아니다.
2) 야곱은 벧엘에서 꿈을 꾼 다음, 하나님이 보여 주신 세상으로의 초청에 대해 신앙고백과 예배와 서원으로 응답한 것뿐이다.
3) 따라서 야곱의 십일조는 하나님의 임재를 경험한 후에 보인 예배 행위이며, 하나님의 약속에 대한 믿음의 표현이며, 하나님과 함께 미래를 위해 전진하는 영적 훈련이었다. 여기에 어떤 계산이 들어갈 수 있을까?

4) 이런 하나님의 초청과 야곱의 서원이 그저 구약 시대이기 때문에, 오늘날 그리스도인들에게 구속력이 없다고 누가 이야기할 수 있을까? 나다나엘에게 보여 주신 대로 우리는 야곱의 꿈보다 더 큰 환상으로 초청을 받았다. "하늘이 열리고 하나님의 사자들이 인자 위에 오르락 내리락 하는"(요 1:51) 비전으로 초청을 받은 우리는 야곱보다 더한 서원과 헌신으로 응답을 보여야 하지 않을까?

이렇게 결론부터 이야기하는 것은 야곱의 십일조를 분석하는 과정에서 독자들이 훨씬 편하게 이해할 수 있도록 하기 위함이다.

## 풀어야 할 질문들

이런 대중적 오해와 비평 학자들의 비판적인 해석은 오류가 많음에도 불구하고, 야곱의 십일조 본문을 대할 때 우리에게 중요한 논의의 출발점이 될 수 있다. 본문을 주해하는 과정에서 우리가 답을 해야 할 문제들이 무엇인지 분명하게 보여 주기 때문이다.

첫째, 야곱의 십일조는 서원만 했을 뿐 실제로 드렸다는 언급이나, 또한 정기적으로 드린 근거가 없으므로 십일조를 드리지 않은 것인가?
둘째, 야곱의 십일조는 이기적인 계산이 들어간 것이기에 '조건부 십일조' 로서 성도들이 본받아서는 안 되는 것인가?
셋째, 야곱의 십일조는 구약의 율법 시대의 것이므로 그리스도인들에게 구속력이 없는가?
넷째, 야곱은 서원으로 십일조를 자발적인 성격에서 의무로 변경시켰는가?

이런 네 가지 질문을 염두에 두고 야곱의 스토리를 해석해 보면 흥미로울 것이다.

## 벧엘과 엘벧엘: 야곱의 삶의 결정적 전환점

**하나님을 "엘벧엘"이라고 부를 만큼 중요**

그렇다면 이제 첫 번째 비판, '야곱은 서원만 했을 뿐 실제로 십일조를 드리지 않았다'라는 주장에 대해 살펴보자. 이 비판에 답하려면 먼저 야곱의 전체 내러티브 안에서 십일조 분문이 차지하는 위치와 기능을 살펴보아야 한다. 왜냐하면 의미는 문맥과 플롯에서 나오는 것이기 때문이다.

학자들은 야곱 내러티브의 핵심적인 플롯 중 하나는 '하나님과의 관계에서 야곱의 믿음과 성품이 어떻게 진보하는지'를 보여 주는 것이라고 본다. 그런데 이런 플롯 가운데 가장 결정적인 사건 중 하나는 벧엘에서 꿈에 하나님과 천사를 만난 것이다(창 28:10-22). 왜냐하면 여호와께서 자신을 야곱에게 드러내실 때 "벧엘의 하나님"(히브리어로 엘벧엘)이라고 소개하고 계실 뿐 아니라(창 31:13), 야곱도 여호와를 "엘벧엘"(벧엘의 하나님)이라고 불렀기 때문이다(창 35:7).

만일 일부 비평가들의 주장대로 야곱이 십일조를 드리겠다고 서원만 했을 뿐 실제로 드리지 않았다면, 과연 야곱이 벧엘에서 제단을 쌓고 그곳을 "엘벧엘"(벧엘의 하나님)이라고 감히 부를 수 있었을까? 내러티브란 장르에는 소위 '분위기와 어조'(atmosphere and tone)라는 것이 있다. 야곱이 하나님께 벧엘에서 행한 십일조의 서원을 지키지도 않고 감히 여호와를 "벧엘의 하나님"이라고 불렀을 것 같은 분위기와 어조는 야곱의 내러티브 어디에서도 찾을 수 없다.

벧엘을 '서원의 장소'로 언급하는 여호와의 말씀이나, 야곱이 서원대로 하나님을 '나의 아버지의 하나님'이라고 고백한 것, 그리고 제단을 쌓고 "엘벧엘"이라고 명명했다는 내레이터의 논평은 야곱이 서원을 다 지켰음을 강력하게 암시한다. 물론 십일조를 드렸다는 명시적 언급은 없지만 십일조 서원을 지키지 않았을 가능성은 거의 없다.

### 벧엘은 후대에 역사적인 십일조의 성지

특별히 후대 이스라엘 역사에서 벧엘이 '십일조의 성지'가 된 것을 보면 야곱이 십일조를 했을 가능성이 훨씬 더 높다. 아모스는 이렇게 선포한다.

> "너희는 벧엘에 가서 범죄하며 길갈에 가서 죄를 더하며 아침마다 너희 희생을, 삼일마다 너희 십일조를 드리며 누룩 넣은 것을 불살라 수은제로 드리며 낙헌제를 소리내어 선포하려무나 이스라엘 자손들아 이것이 너희가 기뻐하는 바니라 주 여호와의 말씀이니라"(암 4:4-5).

물론 아모스가 벧엘에서 삼일마다 십일조를 하며 범죄하라고 이스라엘 백성들을 조롱하고 있지만, 최소한 벧엘은 이스라엘 역사에서 '십일조 관련 성지'였던 것만큼은 분명하다. 따라서 정경 전체의 문맥에서도 야곱이 십일조를 실제로 하지 않았다는 근거는 어디서도 찾을 수 없다. 즉 본문의 디테일이나, 야곱 스토리 전체에서의 십일조 본문의 기능이나, 정경상의 어떤 암시도 찾을 수 없는 것이다. 그럼에도 야곱이 서원만 했을 뿐 실제로 십일조를 하지 않았다는 주장은 그저 '침묵으로부터의 논증'에 불과한 것이다. 이를 이용한다면, 십일조를 하지 않았다는 언급이 없기에 야곱이 얼마든지 십일조를 했을 것이라고 논증할 수 있다.

## 하나님의 초청이 먼저

**먼저 찾아오셔서 하늘 세계로 초청하신 하나님**

우리가 다루어야 할 두 번째 대중적 오해는 야곱이 십일조를 드리겠다고 서원한 것은 하나님과 밀당을 하려는 계산이 깔린 불순한 의도에서 나온 것이며, 따라서 우리가 본받아서는 안 된다는 것이다. 이 문제를 다루려면 야곱의 십일조 서원 단락을 벧엘 에피소드의 전체 문맥 가운데서 살펴보아야 한다.

벧엘 에피소드를 보면, 창세기 기자는 야곱에 대해 먼저 계산기를 두드리며 하나님께 나아가 불순한 의도로 그분과 서원하며 타협을 시도한 인물로 묘사하지 않는다. 야곱은 형 에서에게서 장자권과 축복권을 빼앗은 후, 형의 분노를 사서 고향인 브엘세바를 떠나 밧단아람으로 도피하게 되었다. 그리고 3일 길을 가던 중에 어느 들판에서 하룻밤을 보내게 되었다.

그런데 이 유랑 길에서 하나님이 먼저 꿈으로 야곱을 찾아오셨다. 야곱의 꿈은 도망자의 악몽이나 가위눌림이 아니라, 하나님께서 천상의 세계로 야곱을 초청하는 환상적인 꿈이었다.

> "꿈에 본즉 사닥다리가 땅 위에 서 있는데 그 꼭대기가 하늘에 닿았고 또 본즉 하나님의 사자들이 그 위에서 오르락내리락 하고"(창 28:12).

야곱이 벧엘에서 십일조를 드리겠다고 서원한 것은 '사닥다리가 놓이고 천사가 오르락내리락하며 그 위에 서신 여호와'의 꿈과 비전을 보았기 때문이다. 그 꿈은 천상의 세계가 지상의 세계와 연결되어 있으며, 하늘의 하나님의 뜻이 지상에 어떻게 이루어지는지를 보여 주는 환상적인 비전이었다. 이 세상이 전부가 아니며 하늘 세계가 이 땅 안으로 침투해 들어오고 있음을 보여 주시면서 하나님께서 야곱에게 먼저 다가와 하늘 비전으로 살도록 초청하신 것이다. 이런 선행적인 여호와의 부르심에 야곱은 너무나도 자연스럽게 십일조 서원으로 응답한 것이다.

### 조상들에게 준 약속을 연장하시는 하나님

그러나 이것이 전부가 아니었다. 하나님은 하늘의 별빛 가운데 야곱에게 놀라운 축복과 약속의 말씀을 주셨다(창 28:13-15).

"또 본즉 여호와께서 그 위에 서서 이르시되 나는 여호와니 너의 조부 아브라함의 하나님이요 이삭의 하나님이라 네가 누워 있는 땅을 내가 너와 네 자손에게 주리니 네 자손이 땅의 티끌 같이 되어 네가 서쪽과 동쪽과 북쪽과 남쪽으로 퍼져나갈지며 땅의 모든 족속이 너와 네 자손으로 말미암아 복을 받으리라"(창 28:13-14).

하나님이 주신 약속 안에는 세 가지가 들어 있었다. '땅의 약속, 자손의 약속, 열방의 복이 되는 약속'인데, 이는 아브라함과 이삭을 거쳐 야곱에 이르는 족장사의 기저에 깔린 가장 중요한 주제이다. 정말 흥미로운 것은 아브라함과 야곱에게 이런 약속을 주신 곳이 모두 "벧엘"이라는 점이다.

벧엘은 족장사에서 하나님의 약속이 반복적으로 주어진 계시의 장소요, 야곱이 변화를 경험한 거룩한 체험의 장소이다. 그러기에 아브라함과 야곱은 벧엘에서 하나님을 만난 삶의 공통점이 있었고, 이것이 '아브라함의 하나님이 이삭의 하나님'이 되고, '아브라함의 십일조가 이삭의 십일조'가 되는 구속사의 거대한 물줄기를 만들어낸 것이다.

그러나 하나님이 족장들에게 주신 약속을 반복하고 있음에도, 야곱이 약속의 땅을 떠날 수밖에 없게 되었다는 데 문제가 있었다. 이에 하나님께서는 야곱에게 이 부분을 해소하기 위해 직접적인 약속을 주셨다.

"내가 너와 함께 있어 네가 어디로 가든지 너를 지키며 너를 이끌어 이 땅으로 돌아오게 할지라 내가 네게 허락한 것을 다 이루기까지 너를 떠나지 아니하리라 하신지라"(창 28:15).

하나님은 '내가 너와 함께하리라'는 임마누엘의 축복을 기본 근거로 해서 '너를 보호할 것이며, 무사귀환하게 해 줄 것이며, 약속이 다 이루어지도록 성취를 보증할 것'이라고 구체적으로 약속하셨다.

### 복음이란?

언뜻 보면 하나님께서 도망자 야곱의 곁에 서서 폭포수 같은 약속을 쏟아부어 주시는 이 장면을 이해할 수 없을지 모른다. 하나님은 속인 야곱보다 속임을 당한 에서 편에 서셔야 하는 것 아닌가? 어떻게 하나님마저 속임수꾼 야곱의 편에 서시는 것인가?

인간의 도덕관념으로는 잘 이해가 되지 않지만, 이것이 성경이 말하는 복음이다. 하나님의 축복은 인간의 힘과 노력과 공로로 얻어낼 수 있는 것이 아니다. 인간은 오직 은혜로만 축복을 받을 뿐이다. 인간은 도피자가 되어 들판에 그저 누워 있는 상태에서 오히려 축복을 받을 수 있는 것이다. 이것이 바로 복음이다.

그렇다면 하나님께서 이렇게 태어나면서부터 형의 발꿈치를 잡고, 무엇이든 자기 것으로 만들려 하는, 속임수꾼 야곱의 편에 서신 이유가 무엇인가? 하나님께서 이미 태중에서 야곱을 선택하셨기 때문이다. 바울 역시 로마서 9장에서 에서와 야곱이 아직 나지도 아니하고 무슨 선이나 악을 행하지 아니한 때에 이미 여호와께서 "야곱은 사랑하고 에서는 미워하였다"(롬 9:13)라고 말씀하셨음을 전하고 있다. 이렇게 하나님은 자신이 선택한 자를 끝까지 포기하지 않고 사랑하신다.

그런데 정말 놀라운 것은 '이런 하나님의 사랑을 받으면 변화되지 않을 수 없다'라는 것이다. 이것이 바로 **복음**이다. 다시 말해 **오직 사랑만이 사람을 변화시키는 유일한 능력이다**. 우리는 이제 어떻게 이 사랑의 능력이 야곱을 변화시키는지 볼 수 있다.

## 야곱의 예배와 서원의 반응

### 두려움과 예배

이어지는 말씀에서 속임수꾼 야곱이 잠에서 깬 후에 이런 하나님의 무조건적 사랑에 반응해 어떻게 변화되는지 살펴보자.

"야곱이 잠이 깨어 이르되 여호와께서 과연 여기 계시거늘 내가 알지 못하였도다 이에 두려워하여 이르되 두렵도다…"(창 28:16-17).

야곱이 꿈을 꾸고 잠에서 깨었을 때 느낀 감정은 무엇일까? 그것은 두려움이었다. 하늘에 거하시는 하나님이 야곱이 누운 곳에 친히 거하시다니 이는 상상조차 할 수 없는 일이었다. 야곱은 이 거룩하신 하나님이 자신이 누운 곳에 계시다는 사실에 두려움을 느꼈다.

실제로 야곱도 "두렵도다 이 곳이여 이것은 다름 아닌 하나님의 집이요 이는 하늘의 문이로다"(창 28:17)라고 선언하고 있다. 이처럼 하나님의 임재를 느끼고 두려워하는 상황에서 얄팍하게 계산적인 마음으로 서원할 수 있었을까? 야곱의 십일조 서원을 얄팍한 인간적 계산에서 나온 것이라 보는 일부 해석자들의 주장은, 조금이라도 내러티브의 분위기와 어조를 들여다볼 줄 아는 능력이 있다면 근거가 없음을 금방 알 수 있다.

### 돌 기둥에 기름 부음

야곱은 벧엘이 "하나님의 집이요 이는 하늘의 문"(창 28:17)이라고 선언한 것으로 끝나지 않았다. 야곱은 갈 길이 많이 남아 있었지만 "아침에 일찍이 일어나 베개로 삼았던 돌을 가져다가 기둥으로 세우고 그 위에 기름을 붓고 그 곳 이름을 벧엘이라 하였"다(창 28:18-19). 이제 야곱은 "하나님의 집에서", "하늘의 문에서" 하나님을 예배하기 시작한 것이다. 또한 예배로 하나님께 더 가까이 나아가며 온전한 사람으로 변화되어 가는 것이다. 여기까지는 벧엘에서 여호와께 제단을 쌓고 여호와의 이름을 불렀던 아브라함의 반응(창 12:8; 13:4)과 유사하다.

### 야곱의 서원

그런데 바로 그 후에 야곱은 아브라함처럼 제단을 쌓고 여호와의 이름을 부른 정도가 아니라, 돌기둥을 세우고 길게 하나님께 서원을 한다.

"야곱이 서원하여 이르되 하나님이 나와 함께 계셔서 내가 가는 이 길에서 나를 지키시고 먹을 떡과 입을 옷을 주시어 내가 평안히 아버지 집으로 돌아가게 하시오면 여호와께서 나의 하나님이 되실 것이요 내가 기둥으로 세운 이 돌이 하나님의 집이 될 것이요 하나님께서 내게 주신 모든 것에서 십분의 일을 내가 반드시 하나님께 드리겠나이다 하였더라"(창 28:20-22).

이 야곱의 서원은 매우 중요하다. 왜냐하면 성경에 처음 등장할 뿐 아니라 성경에서 내용이 가장 긴 서원이기 때문이다. 우리는 성경의 첫 번째 서원인 야곱의 서원을 통해, 성경의 서원이 어떤 성격인지를 알 수 있을 뿐 아니라 십일조의 성격도 이해할 수 있다. 성경에 나오는 첫 번째 서원 안에 십일조가 나오는 것은 그저 우연이 아니기 때문이다.

그런데 야곱의 십일조에 대한 지금까지의 해석을 보면, 성경 최초의 서원 안에 십일조가 등장한다는 사실을 제대로 다룬 적이 없는 것 같다. 그뿐 아니라 상당수의 해석자들은 성경의 서원이 어떤 성격을 띠는지에 대한 심도 있는 논의도 없이, 야곱의 서원은 계산적이라는 이유를 들어 경시하는 모습마저 보여 왔다.

### 서원은 신뢰의 표현

우선 성경에 나오는 서원이 무엇인지 살펴보자. '서원이란 서원자가 조건을 제시하고 그 조건이 충족되면 하나님께 무엇인가를 드리겠다는 약속'이라고 정의할 수 있다. 그런데 성경을 보면 '하나님에 대한 깊은 신뢰와 헌신' 없이는 서원을 할 수 없는 것으로 되어 있다. 하나님과의 관계에서 깊은 신뢰 없이는 서원하기가 어렵기 때문에, 야곱의 서원을 결코 얄팍한 인간적 계산에서 나온 꼼수라고 보아서는 안 된다.

조건이 충족되면 여호와께 선물을 드리겠다는 것이 모든 서원의 공통점이다. 야곱 역시 하나님의 기본 약속과 세 가지 구체적인 약속이 성취되는 것을 조건으로 내걸었다.

A. 큰 조건: 하나님이 나와 함께 계셔서(20절, 하나님의 기본 약속)
B. 세 가지 구체적인 하부 조건(하나님의 구체적인 약속 조항)
1) 내가 가는 이 길에서 나를 지키시고(20절)
2) 먹을 떡과 입을 옷을 주시어(20절)
3) 내가 평안히 아버지 집으로 돌아가게 하시오면(21절)

이렇게 큰 조건과 세 가지 하부 조건을 언급한 야곱은 조건이 성취될 때 자신이 어떤 일을 할 것인지를 세 가지로 서약한다.

C. 서약
1) 여호와께서 나의 하나님이 되실 것이요(21절)
2) 내가 기둥으로 세운 이 돌이 하나님의 집이 될 것이요(22절)
3) 하나님께서 내게 주신 모든 것에서 십분의 일을 내가 반드시 하나님께 드리겠나이다(22절)

하나님의 약속과 야곱의 서원 속의 조건을 비교해 보면 거의 동일하다. "내가 네게 허락한 것을 다 이루기까지 너를 떠나지 아니하리라"고 한 약속은 빠진 반면에 "먹을 떡과 입을 옷을 주시어"가 첨가되어 있는 것만이 차이이다. 따라서 야곱은 하나님과 딜을 하기 위해서 먼저 서원의 조건을 생각해낸 것이 아니다. 야곱의 서원 조건은 하나님의 약속에서 나온 것이다. 다시 말해 야곱은 하나님의 초청으로 꿈에서 하나님의 약속을 먼저 제안 받았고, 이 초청을 받아들이고 약속이 정말로 성취된다면 십일조를 드리겠다고 서원한 것이다. 이를 두고 이기적이고 계산적인 서원이라고 말하는 사람들은 대체 무슨 생각으로 이렇게 해석하는 것일까?

또한 야곱이 내건 서약의 조건은 그렇게 대단한 내용이 아니다. 유랑을 떠나는 사람의 기본적 필요를 조건으로 내걸었을 뿐이다. '가는 길에 생명을 보호해달라, 먹을 음식과 입을 옷을 달라, 무사히 아버지의 집으로 귀향하게 해달라'는 조건을 걸었다는 이유로, 얄팍하게 계산적인 마음으로 서원을 하고 있다고 볼 수 있을까?

누구나 그런 상황에 있다면 그렇게 기도할 수밖에 없는 최소한의 인간적인 기본 요구를 했을 뿐인데, 이를 두고 얄팍한 인간적 계산이라고 주장하는 것은 인간의 본성에 대한 배려가 부족한 것일까? 아니면 그런 상황에 놓인 적이 없어서 그와 같은 실존적 고민을 해 본 적이 없기 때문일까?

게다가 성경 기자는 야곱의 서원을 부정적으로 보아야 한다는 어떤 명시적 언급이나 암시적 단서도 제시하지 않았다. 이런 점들을 고려할 때 '야곱이 십일조를 드리겠다고 서원한 것은 하나님과 협상을 하려는 계산이 깔린 불순한 의도에서 나온 것이기에 본받으면 안 된다'라는 대중적 오해와 비평주의자들의 비판은 전혀 근거가 없다고 결론을 내릴 수 있다.


## 결론: 신학적 메시지와 현대적 적용

**십일조 서원은 하나님의 초청에 대한 응답**

우리는 야곱이 먼저 계산기를 두드린 후에 조건을 걸고 하나님과 협상을 하며 십일조 서원을 한 것이 아니라는 사실을 확인할 수 있었다. 오히려 야곱의 십일조 서원은 하나님이 벧엘의 꿈을 통해 보여 주신 신비한 세상으로의 초대에 야곱이 보인 신앙의 응답이라고 해야 한다.

특별히 십일조를 드리겠다는 약속은 "여호와께서 나의 하나님이 되실 것이요 내가 기둥으로 세운 이 돌이 하나님의 집이 될 것이요"(창 28:21-22)라는 서원 뒤에 나온다. 결국 십일조란 여호와가 나의 하나님이심을 고백하며, 기름 부은 돌 베개 기둥이 있는 하나님의 집에서, 하나님이 주신 것의 십분의 일을 하나님께 다시 드리는 예물인 것이다. 이것이 야곱의 십일조의 독특성이다.

따라서 경건한 학자들은 야곱의 십일조 서원이 그의 인생 전체의 변화 과정에서 가장 중요한 변곡점이라고 말한다. 야곱이 처음으로 '움켜쥐는 자'가 아니라 '주는 자'가 되겠다고 서원하고 있기 때문이다. 도망자 야곱에게 무조건적으로 다가와 곁에 서시며 축복하시는 하나님의 사랑을 경험한 야곱은 이제 기꺼이 **예배하는 자, 즐거이 십일조를 드리는 자, 받기보다는 남에게 주는 자**로 변화된다.

물론 이 서원으로 인해 더 이상 움켜쥐는 자가 아니라 항상 주는 자가 된 것은 아니다. 그러나 처음으로 주는 자가 되겠다고 서원하고 있기에 의미가 있는 것이다. 야곱이 진정으로 주는 자가 되는 전환점은 약속의 땅으로 귀환하면서 얍복강에서 하나님과 씨름할 때, 그리고 세겜의 디나 사건 후에 벧엘로 올라갈 때이다.

야곱은 이제 자신이 소유하는 것을 하나님이 주신 것으로 인식한다. 이 것이 차이이다. 루터가 말한 대로 하나님은 믿지 않는 자들에게도 양식을 주신다. 그러나 이들은 이를 하나님께서 주셨다고 믿지 않기에 십일조를 드리려고 하지 않는다. 반면에 그리스도인들은 십일조를 통해 하나님께서 주신 것임을 고백하는 것이다. 따라서 십일조를 드리지 않는 것은 하나님께서 주셨음을 인정하지 않는 것이라고 할 수 있다.

### 야곱의 십일조는 복음에 대한 자발적 반응

이제 우리는 대중적 오해의 세 번째와 네 번째 질문에 도달하게 되었다. "야곱의 십일조는 구약의 율법 시대의 것이므로 그리스도인들에게 구속력이 없는가? 과연 야곱은 서원으로 십일조를 자발적인 성격에서 의무로 변경시켰는가?"란 질문에 답을 해 보자.

야곱은 결코 자발적 성격의 십일조를 의무로 바꾼 사람이 아니다. 야곱이 하나님의 약속을 듣고 움켜쥐기만 하던 자에서 주는 자로 바뀌겠다고 자발적으로 십일조 서원을 한 것이다. 서원이 자발적 예물을 율법의 의무로 바꾸는 것이 아니다.

앞으로 우리가 살펴보겠지만, 신약은 물론 구약에도 의무로나 강제로 하나님께서 자기 백성에게 예물이나 헌물을 요구하신 적은 단 한 번도 없다. 하나님께서 먼저 축복과 은혜를 베푸시고, 이에 마음에 감동이 있는 자가 그분께 자발적으로 풍성하게 기쁜 마음으로 예물을 드리기를 기대하시는 것이다.

하나님은 도망자로 그저 벧엘의 들판에 누워 있던 야곱에게 다가가 하늘 별빛 가운데 신비한 하늘 세계로 먼저 초청하셨다. 이런 복음의 초청에 야곱은 단지 십일조 서원으로 자연스러운 응답을 한 것이다. 이는 오늘날 신약 시대에도 마찬가지 아닌가? 복음의 은혜를 경험한 자들이 십일조 서원을 하게 되는 것이다. 따라서 강제로 십일조를 하겠다고 서원하게 해서는 안 된다.

### 믿고 실천하고 경험하는 것의 중요성

십일조는 **하나님이 나와 함께하신다**라는 사실을 삶 가운데서 경험한 사람들이 보이는 자연스러운 감사의 반응이다. "하나님께서 내게 주신 모든 것에서 십분의 일을 내가 반드시 하나님께 드리겠나이다"(창 28:22)라는 서원은 임마누엘의 하나님을 경험하면 누구나 자연스럽게 나오는 보은(報恩)의 반응이다. 더욱이 야곱은 자신이 드린 십일조가 스스로 노력해서 얻은 것의 십분의 일이라고 말하지 않는다. '하나님이 주신 모든 것'에서 나온 것이라고 고백한다. '하나님이 모든 것을 주셨다'라고 믿는 사람은 **십일조로 이런 믿음을 표현**할 수밖에 없는 것이다.

십일조는 감사의 마음에서 자발적으로 드리는 것이다. 왜냐하면 서원은 자발적인 것이지 의무가 아니기 때문이다. 성경은 그 어디에서도 서원을 하라고 요구하지 않는다. 십일조는 의무이기에 드리는 비인격적인 율법 규정이 아니다. 따라서 '십일조가 율법이냐 아니냐'를 가지고 논란을 벌이는 것은 십일조의 정신을 이해하지 못한 것이다. 야곱이 서원을 함으로써 자발적인 아브라함의 십일조가 율법의 의무적인 십일조가 되었다고 주장하는 이유는 성경에 나오는 서원의 성격을 모르기 때문이다.

우리는 야곱이 하나님을 만나고 하나님의 약속을 들은 후에야 비로소 십일조 서원을 했다는 점을 잊어서는 안 된다. 그 서원의 취지가 무엇인가? 하나님의 약속을 믿고 실천할 때 하나님이 약속을 성취시켜 주시면, 여호와를 자신의 하나님으로 삼고, 벧엘을 하나님의 집으로 만들고, 그곳에서 십일조를 드리겠다고 맹세한 것이다. 이렇게 맹세한 후에 하나님의 약속을 믿고 살았더니 하나님의 신실하심과 은총을 야곱이 경험하게 되고, 비로소 '아브라함의 하나님과 이삭의 하나님'이 '야곱의 하나님'이 되는 것이다. 이처럼 야곱은 '조상의 하나님이 바로 나의 하나님'임을 경험하게 된다면 그때 십일조를 드리겠다고 서원했다.

이렇게 십일조의 올바른 의미는 '하나님과의 동행의 역사와 예배'의 문맥에서 나온다. 야곱은 하나님의 함께하심과 보호와 공급과 무사 귀환의 은총을 경험했다. 따라서 그저 십일조만 드리겠다고 한 것이 전부는 아니다. 십일조를 드리겠다는 것은 '여호와를 자신의 하나님으로 받아들이고, 베개 삼은 돌을 하나님의 집으로 삼아 예배'하는 것 가운데 하나이다. 그러므로 **신앙고백과 예배와 예물**이 하나로 어우러져야 비로소 한 사람이 진정으로 하나님의 사람이 되는 것이다. 야곱이 '신앙의 사람, 예배의 사람, 실천의 사람'으로 어떻게 바뀌고 있는지가 야곱 스토리의 핵심 주제이다. 이처럼 아브라함의 하나님이 야곱의 하나님이 되었고, 아브라함의 십일조가 야곱의 십일조가 되면서 믿음과 십일조가 계승되고 있는 것이다.

## 벧엘의 사닥다리보다 더 큰 예수님의 비전

이렇게 우리를 찾아와 주신 하나님을 만나 하나님의 약속과 비전을 보는 것이 중요하다. 그런데 놀랍게도 우리가 찾아갈 필요도 없이 이미 우리에게 예수 그리스도께서 찾아와 주셨다. 우리는 단지 이미 우리 가운데 오신 예수 그리스도를 만나면 된다. 예수님은 와 보라고 말씀하신다. 이에 예배를 통해 예수 그리스도를 만나고 그분의 비전과 약속을 듣는 것이 중요하다.

야곱은 그저 벧엘에서 사닥다리 꿈을 보았지만, 오늘날 우리는 하나님의 아들이 친히 사닥다리가 되셔서 하늘과 땅을 연결하는 큰 일을 보지 않았는가? 나다나엘에게 주님이 하신 말씀을 기억해야 하지 않을까?

"나다나엘이 대답하되 랍비여 당신은 하나님의 아들이시요 당신은 이스라엘의 임금이로소이다 예수께서 대답하여 이르시되 내가 너를 무화과나무 아래에서 보았다 하므로 믿느냐 이보다 더 큰 일을 보리라 또 이르시되 진실로 진실로 너희에게 이르노니 하늘이 열리고 하나님의 사자들이 인자 위에 오르락 내리락 하는 것을 보리라 하시니라"(요 1:49-51).

오늘날 우리는 야곱과는 비교도 안 될 정도의 신비한 꿈을 이미 보았다. "하나님의 사자들이 인자 위에 오르락 내리락 하는 것을 보"았기 때문이다. 예수 그리스도는 땅과 하늘 사이의 공간을 연결하는 수단이다. 광활한 하늘과 오르락내리락하는 천사들은 이제 인자 안에서 우리에게 열린 하나님의 능력과 자원이 얼마나 무한한지를 보여 준다.

그 인자가 바로 우리 가운데 오셨고 우리와 함께 33년간 사셨고, 이제 다시 하늘로 올라가 성부의 보좌 옆에서 우리를 위해 중보하시기에 우리는 하늘의 무한한 보화와 은혜를 얻게 된 것이다. 실제로 우리가 삶 가운데서 우리와 함께하시고 우리를 보호하시고 지키시는 예수 그리스도를 경험하고 있다면, 예물(십일조)을 들고 하나님의 집(교회)으로 가서 하나님께 예배하는 것은 너무나 당연한 것 아닌가?

### 서원, 약속의 성취, 이에 대한 감사의 예배

살아 계신 그리스도를 우리의 삶 가운데 경험한다면, 반드시 교회로 가서 주님께 예배를 드려야 한다. 주일에는 하나님의 약속의 비전을 듣고 마음에 서원으로 결단해야 한다. 그리고 주중에 그 약속의 성취를 조금이라도 경험한다면, 주일에 예배를 통해 감사를 드리며 자신을 다시 봉헌해야 한다. 이런 선순환의 삶이 없으면 주중의 삶과 주일의 예배가 분리되고 바리새인처럼 위선자가 되거나, 아니면 실천적 무신론자가 되는 것이다.

결론적으로 야곱의 십일조는 하나님의 임재를 경험한 후에 보인 **예배의 반응**이며, 하나님의 약속에 대한 **믿음의 고백**이요, 하나님과 함께 미래를 향해 전진하는 **영적인 도전**이었다. 그렇다면 우리 역시 하나님의 임재와 축복을 경험한 후에는 어떤 모습으로 예배를 하고, 어떻게 하나님의 약속에 반응해야 하며, 어떻게 하나님과 함께 미래를 위해 전진하는 영적인 훈련을 할 것인지 심각하게 고민해야 한다. 이때 야곱의 십일조 서원은 우리가 따라갈 수 있는 영적 훈련의 귀한 매뉴얼이 될 것이다.

### 적용을 위한 질문

1. 여러분에게 언제 하나님이 '나의 하나님'이 되셨습니까? 이를 고백하게 된 인생의 전환점이 있었습니까? 그 경험은 현재 나의 예배, 신앙적 실천(예: 헌신, 십일조 등)과 어떤 관계가 있다고 생각합니까?
2. 야곱처럼 하나님의 돌보심과 인도하심을 느낀 적이 있습니까? 나는 그 은혜에 어떻게 반응했습니까?
3. '주는 자'로 살아가는 믿음의 전환이 나에게도 일어나고 있습니까?

③

# 레위기의 십일조
## 레 27장

십일조 정신의 축약판

## 서론적 이야기

**레위기의 십일조 본문은 잊혀진 진리**

아브라함과 야곱의 십일조 이후에 나오는 세 번째 십일조 본문은 레위기 27장 30-33절이다. 이스라엘이 시내산에서 언약을 맺은 후에 여호와의 뜻과 의지가 무엇인지 보여 주신 것이 '율법'(출 20장-신 34장)인데, 레위기 27장은 율법 안에 나오는 첫 번째 십일조 언급을 담고 있다. 여기에 십일조 단락은 계명의 형태를 띠고 있기에 매우 단순하고 명확하다.

첫째, 땅의 소산과 가축의 십분의 일은 여호와의 것이며 여호와의 성물(聖物: 거룩한 것)이다.

둘째, 땅의 소산의 십일조는 원래 십일조의 오분의 일을 더하면 돈으로 무를 수 있다.

셋째, 십일조로 택한 짐승은 무르거나 다른 짐승으로 대체할 수 없다. 바꾸면 둘 다 거룩하다.

그러니까 레위기의 십일조 본문은 땅의 소산이든 가축이든 간에 십분의 일은 원래부터 "여호와의 것"이며 따라서 "여호와의 성물(聖物)"이라는 것이 핵심 내용이다(레 27:30, 32). 따라서 한국 교회는 오랜 세월 동안 이 말씀을 근거로 십일조는 하나님의 것이라 믿고 전 세계에서 십일조를 가장 잘하는 교회 중 하나였다.

그러나 2000년대에 들어서면서 한국 교회는 십일조를 하는 성도들의 수가 줄고 있다. 설교자들은 헌금 설교를 하면 "목사님이 돈을 좋아한다"라는 이야기를 들을 수 있다고 생각하기에, 십일조는 하나님께 드려야 하는 성물이라는 설교를 잘 하지 않는다. 심지어는 "나는 헌금 설교하지 않는다"라고 자랑까지 하는 설교자들도 종종 만나게 된다.

그러다 보니 성도들은 성경의 십일조 본문들에 대한 심도 있는 해석이나 진심 어린 십일조 설교를 들을 기회가 점점 없어진다. 결국 십일조는 원래부터 "여호와의 것"이며 "하나님의 성물"이라는 개념은 점차 현대 교회 안에서 잊혀진 진리가 되고 있다.

### 이제 어떻게 할 것인가?

이런 상황에서 언젠가부터 십일조를 대놓고 조롱하는 책들과 십일조 폐지를 주장하는 목회자들과 신학자들마저 늘고 있다.

"십일조는 율법 시대에 속한 것으로, 신약 시대에는 폐지된 제도이다."
"십일조는 우리가 더 이상 따르지 않는 구약 성전 제도의 한 요소이다."

"십일조는 구약의 율법 가운데 의식법에 해당하기에 폐지되었다."

십일조에 대해 부정적인 이야기를 하는 사람들의 논의와 주장들을 살펴보면 성경 본문을 상세하게 주해하거나 성경 전체의 헌금 원리를 신학적으로 살피기보다는, 인문학적인 프레임과 스마트한 상식 용어들을 가지고 정통적인 십일조를 비판하고 있다.

이럴 때 교회는 어떻게 해야 하는가? 이런 사람들의 주장을 조목조목 반박하려고 하면 안 된다. 성경의 십일조 본문들을 심도 있고 진정성 있게 해석한 후에, '거룩한 상상력'을 발휘해 무엇이 하나님이 원하시는 삶인지를 설교하여 성도들을 감동시키는 것이 가장 좋은 방법이다. 다시 말해 '성경 본문의 문자적·역사적·신학적 해석'에 기초해 '성경의 영'으로 성경 본문이 초대하는 세계 속에 상상력을 발휘해 들어가라는 것이다. 그렇다고 해서 마구잡이로 추측하여(wild guess) 이야기하라는 것이 아니다.

성경 말씀은 머리끝부터 발끝까지 그 앞에 서서 "예"라고 대답할 수밖에 없는 진리이다. 따라서 우리는 하나님의 백성들이 이 진리 앞에 마주 서도록 하는 소명을 받은 자들이다. 성경 말씀을 성경의 영으로 해석하면서, 마음의 학문과 삶의 해석학으로 이 진리를 드러내면, 하나님의 백성들은 그 진리 앞에서 감동하지 않을 수 없다. 성전을 건축할 때이든지 헌신할 때이든지 하나님의 말씀에 감동된 자들이 거룩한 일을 담당하기 때문이다 (출 35:21; 대하 30:12; 스 1:5).

오늘날도 하나님께 물질을 드리는 일은 마음에 감동이 있을 때에만 일어난다. 따라서 우리는 하나님의 진리의 말씀이 감동을 일으킬 것이라는 기대를 가지고, 성경 말씀을 순전하게 해석하며 열정적으로 전하는 일에 최선을 다해야 한다.

### 새로운 마음으로 시작

그동안 대부분의 해석자들은 레위기 27장의 십일조 본문이 민수기 18장이나 신명기 12, 14, 26장의 십일조 본문들과 비교했을 때, 매우 단순하고 간략하기에 그저 '십일조에 대한 일반적 서론'에 불과하다고 보았다. 이러한 피상적 인상에 근거해 비평 학자들은 이스라엘 초기 시대에는 십일조가 중요하지 않았는데, 후대에 제사장들과 레위인들이 득세하고 권력을 잡으면서 십일조가 중요해졌다는 주장까지 늘어놓는다. 그러나 이러한 주장은 최종 형태의 성경 본문에 대한 심도 있는 분석을 근거로 한 것이 아니다. 그저 '성경 본문 형성사'란 가설적 원리에 근거한 비평적 견해에 불과한 것이다.

실제로 원접 문맥과 근접 문맥 안에서 최종 형태의 성경 본문을 깊이 연구해 보면, 레위기 27장의 십일조 본문은 성경의 십일조 정신이 무엇인지를 가장 잘 드러내는 **십일조 정신의 축약판**임을 알 수 있다.

## 십일조 정신의 축약판

### 십일조 정신의 축약판의 필요성

그렇다면 레위기 27장의 십일조 본문이 왜 십일조 정신의 축약판인지 살펴보도록 하자. 우리는 지금까지 아브라함이 정의와 긍휼과 믿음의 삶을 살았을 뿐 아니라 적을 이기고 승리하게 하심에 감사하여 멜기세덱에게 모든 것의 십일조를 드렸고, 야곱이 벧엘에서 자신을 신비한 천상의 세계로 초청하여 축복의 약속을 베푸신 하나님께 감사하며 그분께서 주신 모든 것에서 십분의 일을 드리겠다고 서원한 것을 보았다.

여기까지 살펴본 바로 십일조가 어떤 성격의 예물인지에 대해서 어느 정도 알 수 있었지만, 십일조가 무엇인지에 대한 '결정적인 핵심 의미'를 알기는 다소 어려웠다. 계시라는 것은 점진적으로 하나님의 백성들에게 역사적 진전과 함께 주어진 것이기 때문에, 아직은 '십일조가 지향하는 삶의 궁극적 이상과 목표'가 무엇인지 알려 주시지 않았다. 따라서 이스라엘이 종살이를 하던 애굽에서 해방되어 약속의 땅으로 가는 과정에서 **성경의 십일조 정신의 축약판**이 필요했고, 이를 레위기 27장의 십일조 본문이 보여 주고 있다.

### 십일조 정신의 축약판 근거1: 레위기 안에 있기에

그렇다면 레위기의 십일조 본문이 성경의 십일조 정신의 축약판이라 주장하는 근거는 무엇인가? 첫째 이 십일조 본문이 '거룩한 하나님이 누구시며, 거룩한 백성이 어떤 존재이며, 거룩한 삶이 무엇인지'를 보여 주는 레위기 안에 있기 때문이다. 레위기의 핵심 주제는 거룩한 삶인데 특히 19장 2절을 보면 왜 이스라엘이 거룩하게 살아야 하는지가 단적으로 나온다.

"너는 이스라엘 자손의 온 회중에게 말하여 이르라 너희는 거룩하라 이는 나 여호와 너희 하나님이 거룩함이니라."

레위기에는 '거룩함'과 연관된 단어들이 무려 143번이나 나온다. 레위기는 삶의 모든 영역에서 어떻게 거룩하게 하나님을 섬기고 어떻게 거룩한 삶의 방식을 유지할 것인지를 주로 다루기 때문에, 이렇게 거룩함과 연관된 단어들이 많이 나오는 것이다.

결국 율법 단락 안의 첫 번째 십일조 본문이 거룩을 강조하는 레위기 안에 나온다는 것은, 십일조가 단순히 소득의 얼마를 하나님께 드리느냐의 액수의 문제가 아니라는 점을 보여 준다.

십일조를 드리는 것은 자율적인가, 강제적인가의 문제도 아니다. 십일조를 드리는 것은 한마디로 말해 **거룩의 문제**이다. 거룩하신 하나님 앞에서 이스라엘이 어떻게 거룩하게 살아야 하는지를 보여 주는 **삶의 방식의 문제**이다. 십일조를 레위기에서 언급하고 있는 것은 이 점을 강조하기 위해서라는 사실을 잊어서는 안 된다.

### 십일조 정신의 축약판 근거2: 레위기 27장에 들어 있기에

레위기 27장의 십일조 본문이 성경의 십일조 정신의 축약판이라고 주장하는 두 번째 근거는 거룩한 삶의 방식의 결정판이 담겨 있는 레위기의 마지막 결론부에 십일조가 언급되고 있다는 것이다. **거룩과 연관된 명사와 형용사와 동사가 레위기 안에 총 143번 나온다. 각 장에 평균 5.2번 나오는데 27장에는 스무 번 나오니까 무려 네 배가 되는 셈이다.** 그러니까 레위기 27장은 한마디로 말해 **하나님의 백성이 거룩하게 사는 삶의 방식을** 가장 잘 드러내는 결론이라고 할 수 있다.

레위기 27장에서는 거룩한 삶의 최고봉이 '하나님께 드리며 사는 삶'이라는 점을 결론적으로 강조하기 위해, 여러 서원 예물들과 초태생(인간의 첫 자녀나 짐승의 첫 새끼)과 헤렘(온전히 바치는 예물)과 함께 십일조를 다루고 있다. 이에 학자들은 레위기 27장이 '하나님께 특별히 드리는 예물'의 종류를 두 가지로 제시하고 있다고 본다.

A. 자원하여 따로 구별하여 드리는 서원 예물(2-25절)
1) 사람을 구별하여 드리는 예물(2-8절)

2) 짐승을 구별하여 드리는 예물(9-13절)

3) 부동산을 구별하여 드리는 헌물(14-25절)

B. 원래 여호와의 것이기에 따로 구별하여 드릴 수 없는 예물(26-33절)

1) 초태생: 인간과 가축의 첫 소산은 원래 여호와의 것(26-27절)

2) 헤렘: 온전히 바치는 예물로 무르거나 대체할 수 없어 죽여야 함(28-29절)

3) 십일조: 땅의 산물과 가축의 십분의 일은 처음부터 여호와의 소유(30-33절)

레위기 27장은 이스라엘 백성들의 재산에 해당한다고 볼 수 있는 온갖 종류의 것들을 하나님께 구별하여 드리는 경우를 열거하고 있다. 즉 한 사람의 인생, 가축, 집, 밭, 그리고 소유물을 하나님께 성별하여 바치면 거룩하게 된다는 점을 강조하면서, 이렇게 하나님께 서원하여 드리며 사는 삶을 살아야 한다고 가르친다.

### 서원하는 삶이 거룩한 삶

인간들은 위기를 만나면 심지어 무신론자도 신에게 기도한다고 한다. 특별히 신자들의 경우, 하나님께서 구원해 주신다면 그 대가로 예물을 바치겠다고 서원하는 경우가 흔히 있다. 이때 사람이든, 가축이든, 집이든, 땅이든 하나님께 예물로 드리겠다고 하면, 그것들은 하나님께 속하여 바로 거룩하게 된다. 다시 말해 하나님께 거룩한 백성이 되는 방법은 그것이 무엇이든 하나님께 서원하여 드리는 삶임을 강조하고 있다. 따라서 레위기의 결론인 27장에서 서원 예물들을 다루는 것이다.

현대의 그리스도인들은 주님 앞에 재물이나 소유나 자녀나 자신의 삶을 하나님께 드리겠다고 서원하기를 꺼리는 경향이 있다. 물론 서원을 함부로 해서는 안 된다. 그러나 서원이야말로 하나님께서 교회와 우리를 거룩하게 하시는 중요한 수단이다. 하나님께 드리지 않은 재물이나 소유나 삶이 과연 거룩할 수 있을까?

오늘날 한국 교회가 우리를 거룩하게 하시는 하나님의 임재를 경험하지 못하고 무기력하게 된 원인은 하나님께 자신의 삶과 존재와 소유를 드리겠다고 서원하는 일이 줄고 있기 때문이다. 하나님은 우리가 자신의 존재와 모든 것을 그분께 드릴 때, 우리를 거룩하게 하시는 분이다. 그분의 거룩은 우리가 그분께 드릴 때 비로소 삶 속에 드러난다.

필자 역시 중학교 3학년 때 등록금을 못 내 1년을 휴학하면서 하나님께 기도로 매달렸다. 권사님들이 기도 응답을 확실히 받으려면 서원 기도를 해야 한다고 했다. 하나님께서 복학시켜 주시기를 바랐지만, 하나님께 드릴 만한 것이 없었다.

가축이나, 주택이나, 상속을 받은 땅이나, 매입한 밭이나 그 외 현금이나 예금해 놓은 돈이 없었다. 당시 15세였던 필자가 가지고 있는 것은 '내 몸'과 '내 인생'밖에 없었다. 따라서 필자는 하나님께서 복학시켜 주시면, 목사가 되겠다고 서원했다.

1년 후에 하나님은 필자에게 복학을 할 수 있도록 상황을 만들어 주셨다. 그 후에 서원을 잊어버리려고 했다. 하지만 여러 우여곡절 끝에 서원을 지키지 않으면 죽을지도 모른다는 두려움에 사로잡혀 신학대학교에 진학하기로 결심했다. 그리고 목사가 되었고, 30년간 목회자 후보생들을 가르치다가 마침내 십일조에 대한 책을 쓰게 되었다. 이는 필자가 권사님들의 조언을 따라 서원 기도를 한 때문이었다.

'거룩하게 하다'라는 의미와 연관된 단어가 레위기 27장에 무려 스무 번이나 사용되고 있는 이유는 무엇일까? 하나님께 바쳐진 것은 그것이 가축이든, 사람이든, 집이든, 밭이든 거룩하기 때문이다.

하나님의 백성인 우리가 자신의 존재와 소유와 삶을 하나님께 드릴 때, 비로소 우리를 거룩하게 하시는 분이라는 사실을 레위기 27장은 보여 주고 있다.

### 초태생, 헤렘(온전히 바치는 예물), 십일조의 삼각형 예물

레위기 기자는 하나님께 드리며 사는 것이 거룩한 삶이라는 사실을 서원 예물들로 보여 준다. 그다음에 거룩한 삶의 결정판으로 초태생과 헤렘 예물과 십일조를 레위기 27장의 결론부에 등장시키고 있다. 초태생과 십일조는 원래부터 여호와의 것이기에 따로 구별하여 드릴 필요가 없는 예물이다.

즉, 구별하여 드리기 전부터 이미 성물인 것이다. 게다가 한 번 바치면 무르거나 대체할 수 없어 죽이거나 불에 태워야 하는 헤렘 예물은 하나님께 온전히 바쳐진 지극히 거룩한 성물이다.

결국 레위기 기자는 27장의 결론부에 '초태생, 헤렘(온전히 바치는 예물), 십일조'를 거룩한 삶의 방식을 보여 주는 삼각형 예물로 묶어 제시하고 있는 것이다. 한마디로 레위기의 십일조는 '거룩한 삶의 방식'을 보여 주는 **성경의 십일조 정신의 축약판**이다.

레위기 27장 전체의 문맥을 떠나 십일조 단락만 잘라내어 다루면, 레위기의 십일조 본문에 담긴 의미를 결코 알 수 없다. 건전한 주해를 하지 않기에 이런 의미를 알 수 없고, 결국 자신의 선입견이나 신학적·실천적 프레임에 맞게 레위기의 십일조 본문을 곡해할 수밖에 없다.

## 구별하여 드리는 서원 예물들(레 27:2-25)

### 서원의 대상들

레위기의 십일조 본문(27:30-33)을 이해하기 위해서는 레위기 27장 전체의 문맥과 서술의 논리를 알아야 한다. 레위기의 앞부분(27:2-25)은 이스라엘 백성의 재산에 해당한다고 볼 수 있는 온갖 종류의 것들을 자원하여 하나님께 구별해 드리는 서원의 예물들을 열거하고 있다. 앞서 살펴봤듯이 한 사람의 인생, 가축, 집, 밭, 소유물을 하나님께 성별하여 바치면 거룩하게 된다는 점을 강조한다. 그리고 거룩한 삶이 되려면 이렇게 하나님께 서원하여 드리며 살아야 한다고 가르친다.

1) 사람을 바침: "만일 어떤 사람이 사람의 값을 여호와께 드리기로 분명히 서원하였으면 너는 그 값을 정할지니"(2절).
2) 가축을 바침: "사람이 서원하는 예물로 여호와께 드리는 것이 가축이면 여호와께 드릴 때는 다 거룩하니 … 혹 가축으로 가축을 바꾸면 둘 다 거룩할 것이며"(9-10절).
3) 집을 바침: "만일 어떤 사람이 자기 집을 성별하여 여호와께 드리려하면…"(14절).
4) 기업의 밭을 바침: "만일 어떤 사람이 자기 기업된 밭 얼마를 성별하여 여호와께 드리려하면…"(16절).
5) 산 밭을 바침: "만일 사람에게 샀고 자기 기업이 아닌 밭을 여호와께 성별하여 드렸으면"(22절).

자발적으로 사람과 가축, 집이나 밭을 드리겠다고 서원하는 경우에 어떤 규정과 규례를 따라야 하는지를 레위기 27장 2-25절이 다루고 있다. '가장 거룩한 삶의 방식'이란 **하나님께 드리며 사는 삶**이라는 것을 강조하기 위해 인간이 하나님께 바칠 수 있는 모든 대상을 하나씩 열거하고 있는 것이다.

### 가축을 바친 경우

지면 관계상 모든 대상을 다룰 수 없기에 자발적으로 가축을 드리는 경우에 어떻게 여호와의 성물이 되는지, 그리고 성물이 된 후에는 어떻게 다루어야 하는지 살펴보자.

"사람이 서원하는 예물로 여호와께 드리는 것이 가축이면 여호와께 드릴 때는 다 거룩하니(히브리어로 코데쉬)"(레 27:9).

가축을 드리겠다고 서원하면, 그 순간 그 가축은 여호와께 '거룩한 것'이 된다. 서원을 하는 순간에는 위기나 간절함으로 인해 감정이 격해져 특정한 짐승을 제물로 드리겠다고 서원했을 수 있다. 그런데 시간이 지나면서 감정이 가라앉으면 너무 과한 서원을 한 것이라는 생각이 들면서 가치가 덜 나가는 짐승으로 바꾸려는 마음이 얼마든지 생길 수 있다. 이때 실제로 가치가 덜 나가는 짐승으로 바꾸면 어떤 일이 생기는가?

"그것을 변경하여 우열간 바꾸지 못할 것이요 혹 가축으로 가축을 바꾸면 둘 다 거룩할(히브리어로 코데쉬) 것이며"(레 27:10).

만일 그런 마음에서 가축을 다른 가축으로 바꾸면 둘 다 거룩한 것(코데쉬)이 된다. 그렇다면 반대로 나쁜 짐승을 좋은 짐승으로 바꿀 수도 있지 않을까? 이는 오히려 권장해야 하는 것이 아닌가? 그렇지 않다. 심지어 나쁜 짐승을 좋은 짐승으로 바꾸게 되는 경우에도 둘 다 거룩하게 된다는 것이다. '한 번 하나님께 바쳐진 것'은 '하나님의 소유'가 되어 '거룩하게' 되며, 어떤 경우에도 인간이 이를 자유롭게 다시 취해서는 안 된다. 이미 한 번 하나님께 속한 것이면 무엇이나 거룩해졌기에 다른 용도로 쓸 수 없다는 것이 성경의 불변의 가르침이다.

그런데 짐승을 이렇게 서원하는 예물로 드렸다가 마음이 바뀌게 되면 어떻게 해야 하는가? 한 번 바치면 영원히 무를 수 없는 것인가?

"만일 그가 그것을 무르려면 네가 정한 값에 그 오분의 일을 더할지니라"(레 27:13).

특정한 짐승에 애착이 있든, 포기할 수 없는 특별한 이유가 있든 간에, 서원을 무를 때는 제사장이 정한 가격에 20퍼센트를 얹어 지불하면 됐다.

이처럼 이스라엘에서 서원은 한 번 맹세하면 전혀 무를 수가 없는 것이 아니었다. 사정이 열악해져서 경제적으로 갚을 능력이 없을 때는 사람을 드리겠다는 서원도 낮은 가격에 무를 수가 있었고(레 27:8), 짐승의 경우에도 정한 가격에 20퍼센트를 더 지불하면 얼마든지 무를 수 있었다.

여기서 가축만 살펴보았지만, 레위기 27장은 자신의 삶, 가축, 집, 기업으로 얻은 밭, 매매로 산 밭의 목록을 통해 이스라엘이 하나님께 성별하여 드릴 수 있다고 설명한다. 레위기를 마무리하면서 성경 기자가 하나님께 드리는 예물들을 다루는 이유는 무엇일까? '하나님께 드리며 사는 삶'이 '거룩한 삶의 최고봉'이라는 것이다. 따라서 레위기의 결론에서 하나님께 구별하여 드리는 예물들을 다루고 있는 것이다.

## 헤렘(ḥerem) 예물(레 27:28-29)

**초태생, 헤렘(온전히 바치는 예물), 십일조의 삼각형 예물**

레위기 기자는 자발적으로 구별하여 드리는 예물들을 다룬 후에 26절부터는 원래부터 여호와의 것이기에 '별도로 구별하여 드릴 수 없는' 예물들을 다룬다. 집, 기업으로 받은 밭, 매매를 통해 얻은 밭의 경우에는 소유주가 '성별하여 드리는 행위'로 인해 그 대상이 '여호와의 성물이 된다.' 그러나 초태생과 십일조는 처음부터 여호와의 것으로 여호와의 성물이다.

따라서 성경 기자는 처음부터 여호와의 성물인 '초태생'(26-27절)과 '십일조'(30-33절)를 레위기의 마지막 결론으로 다룬다. 그리고 둘 사이(28-29절)에 "온전히 바친" 예물을 묘사하고 있다. "온전히 바친" 예물이란 히브리어 원어로는 '헤렘'(ḥerem)인데, 이 용어가 간략하기에 그냥 '헤렘 예물'이라고 부르기로 하자.

그러니까 '초태생, 헤렘 예물, 십일조'는 레위기 전체의 최종적인 이상적 결론이 들어 있는 예물들이라고 할 수 있다. 이 세 가지 예물, 특별히 그중에서 '헤렘 예물'은 레위기가 지향하는 **거룩한 삶의 궁극적 모습**이 무엇인지를 보여 준다. 이제부터 먼저 헤렘 예물을 살펴보고, 이어 초태생과 십일조를 하나씩 들여다보도록 하자.

**헤렘 예물은 지극히 거룩한 것**

학자들은 초태생과 십일조 사이에 들어 있는 헤렘 예물을 해석하기 힘들어한다. 그 이유는 본문을 읽어 보면 금방 알 수 있다.

"어떤 사람이 자기 소유 중에서 오직 여호와께 온전히 바친 모든 것은 사람이든지 가축이든지 기업의 밭이든지 팔지도 못하고 무르지도 못하나니 바친 것은 다 여호와께 지극히 거룩함이며 온전히 바쳐진 그 사람은 다시 무르지 못하나니 반드시 죽일지니라"(레 27:28-29).

여기서 "온전히 바친 모든 것"은 '온전히 바치다'라는 동사(히브리어로 하람 [ḥāram])와 '온전히 바친 것'이란 명사 '헤렘'이 결합된 어구이다. 이 두 용어는 동사이든 명사이든 '한 번 바치면 온전히 여호와께 속한 것이 되어 지극히 거룩한 것이 되며, 그 후에는 누구도 사용할 수 없도록 하기 위해 다른 사람에게 팔지도 못하고 원 소유주가 무르지도 못하는 것'을 가리킨다는 것이 학자들의 견해이다. 따라서 '헤렘 예물'은 단순히 거룩한 것이 아니라, '지극히 거룩한 것'이 된다.

따라서 '헤렘 예물'은 "여호와께 지극히 거룩"한 것이기에 누구도 손댈 수 없게 불로 사르기까지 한다. 예를 들어 여리고 성은 헤렘 예물로 바쳤기에 그 안의 모든 것을 불살라야 하는 것이고, 사람을 헤렘 예물로 드리는 경우에 "온전히 바쳐진 그 사람"은 다시 무르지 못하기에 반드시 죽여야 한다. 일례로 여리고 정복 스토리를 살펴보자.

"이 성과 그 가운데에 있는 모든 것은 여호와께 온전히 바치되 기생 라합과 그 집에 동거하는 자는 모두 살려 주라 이는 우리가 보낸 사자들을 그가 숨겨 주었음이니라 너희는 온전히 바치고 그 바친 것 중에서 어떤 것이든지 취하여 너희가 이스라엘 진영으로 바치는 것이 되게 하여 고통을 당하게 되지 아니하도록 오직 너희는 그 바친 물건에 손대지 말라 … 그 성 안에 있는 모든 것을 온전히 바치되 남녀 노소와 소와 양과 나귀를 칼날로 멸하니라 … 무리가 그 성과 그 가운데에 있는 모든 것을 불로 사르고 은 금과 동철 기구는 여호와의 집 곳간에 두었더라"(수 6:17-18, 21, 24).

솔직히 온전히 바친 것은 불사르거나 온전히 바친 사람은 죽이는 이런 헤렘 예물을 현대인들이 이해하기란 어렵다. 더욱이 레위기 기자가 헤렘 예물을 여호와의 것인 초태생이나 십일조 사이에 위치시킨 것은 해석을 더욱 어렵게 만든다. 따라서 많은 학자들이 헤렘 예물을 레위기 27장에서 다루는 예물들과는 전혀 다른 예외로 간주한다.

### 헤렘 예물이 레위기 27장의 클라이맥스

그러나 성경의 헤렘에 대해 지금까지 가장 심도 있고 완벽한 연구자인 총신대학교 신학대학원의 박형대 교수는 헤렘을 "전적으로 하나님께 드리는 예물 가운데 가장 철저하고 장엄한 형태의 예물로 드리는 자의 온전한 신실함이 요구되는 헌물"로 본다.[1] 레위기 27장의 "클라이맥스는 바로 헤렘 규정"에 있다고까지 주장한다. 예물 드리는 자의 "헌신의 정도"가 "헤렘에 이르기까지 증가하다가 이후에 감소"하는 모습을 보인다는 것이다.[2]

박형대 교수는 한글로 번역된 성경에서 "진멸"이나 "바친"[바침]으로 번역되는 헤렘 단어가 사용된 80군데를 면밀히 검토한 후에, 구약성경에 나오는 헤렘은 크게 "당위적 헤렘, 자발적 헤렘, 이방 헤렘으로 분류될 수 있

---

1) 박형대, 『헤렘을 찾아서: 헤렘의 빛으로 본 누가행전 연구』(그리심, 2011), 56.
2) 레위기 27장의 헤렘과 연관된 논의 중 대부분은 전적으로 박형대 교수에게 빚진 것임을 밝힌다. 물론 논의 과정에서의 실수는 필자의 잘못이다.

다"라고 주장한다. 덧붙여 그중에서 중요한 것은 '당위적 헤렘'과 '자발적 헤렘'이라고 본다. 우상숭배 등의 가증한 이유로 하나님께서 헤렘을 명하신 경우는 '당위적 헤렘'인 반면, 사람이 하나님께 온전히 바치는 예물로 드릴 때에는 '자발적 헤렘'이라고 보아야 한다는 것이다. 당위적 헤렘으로 드려진 인간은 반드시 죽여야 하는 것처럼, 자발적 헤렘이라고 하더라도 대체하거나 대속하거나 무를 수 없기에 죽음 외에는 빠져나갈 수 없다는 것이다. 매우 탁월한 분석이요 통찰이다.

### 온전히 성부께 드림으로 지극히 거룩하신 종이 되신 예수님

박형대 교수는 죽음 외에는 달리 빠져나갈 길이 없음에도 불구하고 자신을 온전히 하나님께 바친 가장 분명한 본보기는 예수님이라고 본다. 예수께서는 태어난 지 40일 만에 예루살렘 성전에서 하나님께 봉헌되면서 하나님께 자신을 자발적 헤렘으로 온전히 드리시며 성별되었다.[3]

그리고 예수께서는 3년의 공생애를 시작하시면서 세상 죄를 지고 가는 어린 양으로 자신을 온전히 성부께 드리셨다. 이렇게 예수께서는 자신을 온전히 하나님께 드린 분이기에 다른 사람으로 대체하거나 무를 수 없었고 죽음 외에는 대안이 없었다. 그런데 십자가 위에서의 죽음을 받아들이시고 그야말로 온전히 자신을 하나님께 드리셨다. 따라서 사도행전 기자는 예수님을 두 번이나 "하나님의 거룩한 종"으로 부르고 있다는 것이다.[4]

> "과연 헤롯과 본디오 빌라도는 이방인과 이스라엘 백성과 합세하여 하나님께서 기름 부으신 거룩한 종 예수를 거슬러 … 손을 내밀어 병을 낫게

---

[3] 박형대, 『헤렘을 찾아서』, 357.
[4] 박형대, 『헤렘을 찾아서』, 343.

하시옵고 표적과 기사가 거룩한 종 예수의 이름으로 이루어지게 하옵소서 하더라"(행 4:27, 30).

박형대 교수의 자발적 헤렘으로서 예수님에 대한 해석은 정말 탁월하다. 자신을 온전히 성부께 드림으로 예수님은 지극히 "거룩한 종"이 되셨고 끝내 우리를 구원한 구세주가 되셨다는 것이다. 십일조를 마지막으로 언급하는 레위기 27장은 하나님의 백성들의 거룩한 삶이 무엇인지를 이처럼 장엄하게 선언하는 찬란한 말씀이다. 죽음 외에는 달리 빠져나갈 길이 없음에도 불구하고 자신을 온전히 하나님께 바친 그리스도의 삶이야말로, 하나님의 백성들의 거룩한 삶의 이상이 되어야 한다는 것이다.

그렇다면 초태생과 십일조 예물 사이에 '헤렘 예물'을 넣은 이유가 무엇일까? "하나님께 드리는 것 중 가장 엄격한 형태로 드리되 완전히 드려야 하는, 드리는 자의 온전한 신실함이 요구되는 헌물"[5]인 헤렘을 염두에 두고 초태생과 십일조 예물을 해석할 것을 요구하기 위해서라고 보아야 한다는 것이 박형대 교수의 통찰이다. 따라서 이제 우리가 살펴보려는 초태생과 십일조 본문은 헤렘 예물의 취지와 목적을 염두에 두고 읽어야 한다.

## 초태생

### 초태생은 처음부터 여호와의 것

레위기 기자는 처음부터 여호와의 것이기에 인간이 구별하여 여호와께

---

5) 박형대, 『헤렘을 찾아서』, 56.

드리지 못하는 예물로 먼저 초태생을 언급한다.

"오직 가축 중의 처음 난 것은 여호와께 드릴 첫 것이라 소나 양은 여호와의 것이니 누구든지 그것으로는 성별하여 드리지 못할 것이며"(레 27:26).

초태생, 즉 처음으로 태어난 가축은 자동적으로 하나님께 속한 것이다. 따라서 누구든지 초태생을 따로 성별하여 여호와께 드리지 못한다는 것이다. 히브리어 원문으로 보면, 이를 강조하기 위해 "여호와의 것"이란 표현을 두 번 반복한다. 앞서 다룬 예물들과 달리 초태생이 '처음부터 여호와의 것'이라니, 무슨 의미인가? 출애굽 당시 애굽의 모든 사람과 가축의 초태생은 죽임을 당했으나 이스라엘인과 가축의 초태생은 죽지 않았기 때문이다.

"이스라엘 자손 중에서 사람이나 짐승을 막론하고 태에서 처음 난 모든 것은 다 거룩히 구별하여 내게 돌리라 이는 내 것이니라 하시니라"(출 13:2).

출애굽 때에는 레위인이 장자를 대신한 것으로 보았다(민 8:18). "이러므로 내가 이스라엘 자손 중 모든 처음 태어난 자 대신 레위인을 취하였느니라." 그런데 "일 개월 이상으로 계수된" 초태생 남자의 수가 2,273명으로, 레위인보다 273명이 많았다. 그래서 초과된 수만큼 한 사람에 다섯 세겔을 속전으로 내게 했다(1,365세겔; 민 3:46-50).

그 후에 태어난 초태생은 한 달 이후에 성소의 세겔을 따라 은 다섯 세겔을 드리고 대속해야 했다(민 18:16). 초태생 예물은 "우리 집 장남은 하나님의 소유입니다"라고 고백을 하는 예식인데, 이는 단순히 장남만이 아니라 가족 전체가 하나님의 것임을 인정하는 예배 의식이다.

### 신약도 마찬가지: 예수님도 초태생으로 드려짐

초태생이 거룩하기에 당연히 하나님께 드려야 한다는 사상은 신약에도 나온다. 예수께서 태어난 지 40일 만에 성전에서 하나님께 드려진 것은 요셉의 첫 아들이기 때문이다. 누가복음 2장 22-24절을 보자.

"모세의 법대로 정결예식의 날이 차매 아기를 데리고 예루살렘에 올라가니 이는 주의 율법에 쓴 바 첫 태에 처음 난 남자마다 주의 거룩한 자(헬라어로 하기온 토 퀴리오)라 하리라 한 대로 아기를 주께 드리고 또 주의 율법에 말씀하신 대로 산비둘기 한 쌍이나 혹은 어린 집비둘기 둘로 제사하려 함이더라."

누가가 초태생으로 아기 예수님을 주께 드리는 대목을 묘사하는 장면에서, 율법에 의하면 초태생은 "주의 거룩한 자"라고 명시하는 이유는 무엇인가? 초태생은 원래부터 여호와께 속한 성물이라는 것이다. 이는 신약 시대에도 불변하는 영원한 하나님의 뜻인 것이다. 여기서 특기할 만한 것은 예수님께서 속전을 냈다는 언급이 복음서에 전혀 나오지 않는다는 점이다. 따라서 학자들은 예수님께서 평생을 하나님께 드린 것으로 이해해야 한다고 본다.

### 현대적 적용

이렇게 구약은 물론 신약도 '초태생은 하나님께 속한 존재'라는 사실을 가르치고 있다. 그러나 최근에 성도들은 자녀를 하나님께 바치는 일을 소홀히 하고 있다. 1,000명이 모이는 중형 교회들조차 지난 10년 동안 단 한 명도 신학교를 간 청년이 없는 경우가 많다. 중직자들조차 자녀를 목회자로 키우지 않을 뿐만 아니라, 심지어 목회자의 배우자로 주기를 꺼려한다고 한다.

물론 목사와 선교사만 소명인 것은 아니다. 하나님에 대한 부르심의 응답으로서 믿음으로 행하는 모든 직업이 소명이다. 그러나 목사와 선교사도 중요한 소명 중 하나임을 잊어서는 안 된다. 경제적 이익을 볼 수 있는 직업을 은연중에 선호하고 선택하는 반면, 소명을 받지 않았다는 핑계를 대면서 목사와 선교사직에 지망하지 않는 것은 아닌가라는 우려가 된다.

## 레위기 27장의 십일조

### 원래부터 여호와의 것

드리는 사람의 온전한 신실함이 요구되는 '헤렘'의 예물을 언급한 후에 레위기 기자는 원래부터 하나님의 소유로 드려야 하는 두 번째 항목인 십일조에 대해 이야기한다.

> "그리고 그 땅의 십분의 일 곧 그 땅의 곡식이나 나무의 열매는 그 십분의 일은 여호와의 것이니 여호와의 성물이라"(레 27:30).

자발적으로 집, 기업으로 받은 밭, 매매를 통해 얻은 밭을 서원하여 드릴 경우에는 소유주가 '성별하여 드리는 행위'로 인해 집과 밭이 **여호와의 성물이 된다**. 그러나 십일조의 경우는 땅의 소산이든 가축이든 간에 바치는 행위 이전에 '이미' 여호와의 성물이다. 따라서 소유주가 십일조를 '성별하여 드린다'라고 할 수 없다. 초태생과 마찬가지로 이미 처음부터 여호와의 것이기 때문이다. 원래부터 여호와의 것이기에 따로 구별하여 드릴 필요가 없고, 따라서 십일조는 당연히 드려야 하는 것이다.

### 십일조의 무름

곡식이나 나무 열매의 십일조는 원래 여호와의 것이지만 얼마든지 십일조도 무를 수가 있었다.

"또 만일 어떤 사람이 그의 십일조를 무르려면 그것에 오분의 일을 더할 것이요"(레 27:31).

규정은 앞에서와 동일하게 십일조로 드리려는 소산물의 가격에 20퍼센트를 더하면 된다. 헌금을 돈으로 드리는 현대 사회에서는 이를 이해하기가 어렵다. 똑같은 화폐인데 굳이 무르면서 20퍼센트를 더 낼 이유가 없기 때문이다. 그러나 과거에는 곡식이나 가축 같은 현물로 드리기 때문에 특정한 곡식이나 나무 열매에 대한 애착이나 그 밖의 이유로 무르려는 마음이 생길 수 있었다. 그럴 때에는 가격의 20퍼센트를 더 내면 무를 수가 있다는 것이다.

지금부터 10여 년 전에 미국의 몇몇 교회에서 "90일 십일조 내기(90-Day Tithe Challenge)"라는 프로그램이 유행을 했다. '90일 동안 십일조를 잘 냈는데도, 성경에 약속된 대로 축복을 받지 못하면 교회가 십일조를 100퍼센트 환불해' 주겠다는 것이다. 이런 프로그램은 레위기 27장을 모르는 데서 나온 심각한 십일조 왜곡이다.

십일조는 축복을 받느냐 받지 못하느냐에 관계없이 하나님의 것이기에 드려야 하는 성물이다. 그런데 이런 거룩한 십일조를 90일이라는 기간을 두고 축복을 받느냐 받지 못하느냐 하는 조건에 따라 환불해 주는 것은 성경의 십일조 정신에 맞지 않아 보인다. 만일 십일조를 무르려면 20퍼센트를 더 내고 물러야 성경의 가르침에 맞는 것이다.

**가축의 십일조**
이어서 레위기 기자는 가축의 십일조를 언급한다.

"모든 소나 양의 십일조는 목자의 지팡이 아래로 통과하는 것의 열 번째의 것마다 여호와의 성물이 되리라 그 우열을 가리거나 바꾸거나 하지 말라 바꾸면 둘 다 거룩하리니 무르지 못하리라"(레 27:32-33).

땅의 소산의 십일조를 드리는 것은 열매가 거의 비슷하기 때문에 십분의 일을 구분하여 드리기가 비교적 쉬웠을 것이다. 그러나 가축의 십일조를 드리는 것은 어미와 새끼가, 암컷과 수컷이 함께 있기에 구분하기가 쉽지 않았을 것이다.

이에 하나님은 목자가 지팡이로 지나가는 소나 양을 세면서 매번 열 번째 통과하는 것마다 여호와께 구별해 드리는 방법을 택하셨다. 여기서도 마찬가지로 하나님께 열 번째 통과하는 짐승을 '따로 구별하여 드리는' 절차가 없다. '이미' 여호와의 성물이기 때문이다.

이렇게 열 번째로 통과하는 짐승은 거룩하기에, 다른 것과 비교해서 좋은지 나쁜지 우열을 가려서는 안 된다. 질 좋은 짐승 대신 안 좋은 짐승으로 바꾸려는 시도도 해서는 안 된다. 혹 좋은 의도를 가지더라도 나쁜 짐승을 좋은 짐승으로 바꾸어서는 안 된다. 왜냐하면 십일조로 선택된 짐승은 '이미' 여호와의 성물로 거룩하기 때문이다. 만일 열 번째 것을 다른 것으로 바꾸게 된다면 둘 다 거룩한 것이 되고, 둘 다 무를 수 없게 된다.

## 결론: 신학적 메시지와 현대적 적용

**십일조는 원래 여호와의 것**

상당수의 학자들이 십일조는 자발적인 서원의 예물이었는데, 레위기 27장이 의무적인 율법의 예물로 만들었다고 주장한다. 그러나 이런 주장은 성경의 가르침을 오해한 것이다.

십일조란 창세기부터 인간이 소유하고 있는 모든 것이 여호와께서 주신 것임을 고백하는 예물이었다. 아브라함은 왕들을 쳐부수고 돌아오면서 천지의 주재이시요 지극히 높으신 하나님께 제사장인 멜기세덱을 통해 "모든 것의 십분의 일"을 드렸다.

아브라함은 자신이 소유한 모든 것이 여호와의 것이며, 이를 가시적으로 드러내기 위해 모든 것의 대표인 십분의 일을 여호와께 드린 것이다. 겉으로 보면 자발적으로 보이지만, 아브라함은 자신의 모든 소유가 하나님의 것임을 인정하고 십분의 일을 하나님께 드린 것이다. 따라서 아브라함의 십일조는 자발적인데 레위기 27장의 십일조는 '율법의 십일조' 혹은 '의무가 된 십일조'라고 주장해서는 안 된다.

이는 야곱의 경우도 마찬가지이다. 야곱은 벧엘에서 서원하면서 "하나님께서 내게 주신 모든 것에서 십분의 일을 내가 반드시 하나님께 드리겠나이다"(창 28:22)라고 했다. 야곱은 십일조를 자기 것에서 드리겠다고 한 것이 아니다. "하나님께서 내게 주신 모든 것"에서 드리겠다고 한 것이다.

아브라함과 야곱 모두 자신이 소유한 모든 것이 하나님의 것임을 인정하고 당연히 십일조를 드렸거나 아니면 십일조를 드리겠다고 서원했다. 우리는 아브라함이나 야곱이 십일조를 내는 모습에서 자신의 것을 구별하여 낸다며 자랑하는 느낌을 조금도 받을 수가 없다. 오히려 가진 모든 것이 원래부터 하나님이 주신 것임을 고백하며 드리는 겸손의 예물이라는 느낌을 받는다.

이런 아브라함과 야곱의 십일조 정신을 이어받아 십일조는 원래 여호와의 것이기에 여호와께 드리는 것이 너무나 당연하다고, 율법 단락의 첫 번째 십일조 본문인 레위기 27장이 확실하게 못 박고 있다. 따라서 말라기 선지자가 십일조를 드리지 않은 것에 대해 하나님을 도적질하는 것이라고 비판한 이유가 여기에 있다.

"사람이 어찌 하나님의 것을(히브리어 원문은 하나님을) 도둑질하겠느냐 그러나 너희는 나의 것을 도둑질하고도 말하기를 우리가 어떻게 주의 것을 도둑질하였나이까 하는도다 이는 곧 십일조와 봉헌물이라"(말 3:8).

### 십일조는 거룩한 삶의 정신을 보여 주는 정책

레위기 기자는 십일조를 단순히 기계적인 율법의 규정으로 제시하지 않고 있다. 따라서 예물을 드리는 일반 규정을 다룬 1-26장에서 언급하지 않고, 결론부인 27장에서 다루는 것이다. 다시 말해 하나님께 인간이나 가축이나 밭이나 집을 자발적으로 서원하여 드리는 삶의 방식을 논의하는 가운데 십일조를 언급하고 있는 것이다. 한 번 바치면 대체하거나 무를 수가 없어 때로 불에 태우거나 사람의 경우 죽일 수밖에 없는 가장 장엄하고 온전한 예물인 헤렘과 함께 십일조를 다루는 이유는 무엇인가?

레위기 27장은 십일조를 율법의 상세한 지침이나 규정으로 제시하지 않고 있기 때문이다. 하나님 백성의 거룩한 삶의 정신이 무엇인지를 보여 주는 정책으로 십일조를 제시하고 있다. '초태생과 헤렘(온전히 바치는 예물)과 십일조'는 하나님께 드리며 사는 거룩한 삶의 방식의 최고의 샘플인 것이다. 초태생과 헤렘과 십일조를 분석하면서 우리는 왜 하나님께 드리며 사는 삶이 거룩한지, 그리고 하나님께 드리며 사는 삶의 궁극적인 이상이 무엇인지를 알 수 있었다.

따라서 필자는 레위기의 십일조 본문이 매우 간략함에도 **십일조 정신의 축약판**이라고 부르는 것이다. 이렇게 본다면 레위기의 십일조 본문은 거룩한 삶의 방식으로 우리를 초대하고 있기에 십일조의 복음이라 할 수 있다. 동시에 십일조는 하나님께 속한 성물이기에 당연히 드리는 것으로 본다면 십일조의 율법으로 볼 수 있다.

만일 십일조가 율법 규정이기에 신약 시대에 유효하지 않다고 주장한다면, 레위기 27장에 나오는 자원하여 드리는 모든 서원 예물과 헤렘 예물 역시 유효하지 않다고 주장해야 한다. 그렇다면 자발적 헤렘으로 자신을 성부께 온전히 드린 예수님의 삶과 십자가의 대속 제물 역시 율법의 산물인가?

### 당연히 드려야 하는 것부터 먼저 드려야

우리는 자발적으로 헌금을 드려야 한다고 주장하면서, 실제로는 십일조도 하지 않는 사람들을 종종 보게 된다. 이런 분들은 성경의 가르침에 귀를 기울여야 한다. 자발적으로 헌금을 해야 한다고 주장하려면, 당연히 드려야 하는 것부터 먼저 드려야 한다. 그리고 나서 자발적으로 하나님께 예물을 구별하여 드려야 하는 것이다.

원래부터 하나님의 것인 십일조를 드리지 않고 그 이하로 헌금하면서,

자신은 율법이 아니라 기쁨으로 자원해서 헌금을 한다고 자랑하는 사람들이 늘고 있는 것은 무슨 이유일까? 청중의 귀를 즐겁게 해 주는 설교자들과 성경의 일부분만을 선택적으로 받아들이는 성도들이 많아지고 있기 때문이다.

자발적으로 드리는 것은 권면의 대상이지만, 원래부터 하나님의 것을 드리는 것은 당연히 해야 하는 의무이다. 자발적인 것을 강조하면서 십일조를 드리지 않거나 십일조보다 적은 헌금을 하는 것은 성경의 정신이 아니다. 물론 하나님은 기쁨으로 자원하여 드리기를 원하신다. 그러나 십일조는 원래 하나님의 것이기에 당연히 드려야 하는 것이다. 물론 이때에도 기쁨으로 드려야 한다.

앞으로 보겠지만 신명기의 십일조 본문들을 보면 십일조를 가지고 예루살렘에 가서 가족과 노비와 레위인과 함께 먹고 마시고 즐거워하라고 했다. 그러기에 구약에서도 십일조는 기쁨의 예물이다. 이렇게 구약성경도 당연히 드려야 하는 성물인 십일조를 기쁨으로 드릴 것을 언급하면서, 원한다면 기회와 상황에 따라 자발적으로 십일조 이상의 예물을 서원하며 기쁨으로 드리도록 권면하고 있는 것이다.

### 십일조를 넘어 '온전히 여호와께 드리는 자'로 살아야

레위기 27장을 보면 하나님은 지금도 **오직 하나님께 자신을 온전히 바치는** 사람들을 찾고 계신다는 점을 추론할 수 있다. 지금도 이런 사람들을 찾으시는 주님의 부르심에 우리는 어떤 반응을 보일 것인가? 그저 주일성수하고, 십일조를 바치고, 교회 봉사하는 것만으로는 오늘날 한국 교회가 겪는 무력감을 극복할 수 없다.

오직 하나님께만 자신을 온전히 바친 사람들이 늘어날 때에야 비로소 한국 교회는 다시금 부흥을 경험할 수 있을 것이다. 죽음 외에는 달리 빠져나갈 길이 없음에도 불구하고 자신을 온전히 하나님께 바쳐 우리를 위해 십자가 위에서 죽으신 예수님은 가장 거룩한 하나님의 종이셨다. 이에 주님께서는 거룩한 삶의 이상이 무엇인지를 결정적으로 보여 주셨다.

그뿐 아니라 짐 엘리엇(Jim Eliot)은 "피는 주님의 제단 앞에 흐를 때만 가치가 있는 것"이라는 확신을 가지고 주님께 자신의 생명을 드렸다. 29세에 1세된 딸이 있었고, 총을 소지하고 있었음에도 에콰도르의 쿠라레이 강변에서 자신을 창으로 공격하는 식인종 아우카 부족에게 총을 사용하지 않고 목숨을 제물로 바친 이유는 무엇일까? 그는 자신을 온전히 하나님께 드려진 사람으로, 즉 헤렘 예물로 생각했기 때문이다.

"하나님 마른 막대기 같은 제 삶에 불을 붙이사 주님을 위해 온전히 소멸하게 하소서. 저는 오래 사는 것을 원치 않습니다. 다만 주 예수님처럼 꽉 찬 삶을 원합니다."[6]

이렇게 온전히 자신을 바치는 성도들이 나온다면 한국 교회는 다시 회복을 경험할 수 있을 것이다.

---

[6] 1948년 4월 16일 자 일기, 엘리자베스 엘리엇, 『전능자의 그늘』, 윤종석 옮김 (복있는사람, 2008), 80.

### 적용을 위한 질문

1. 여러분은 나의 모든 것이 '원래부터 하나님의 것'임을 알고 물질과 재물을 다루고 있습니까?

2. 레위기 27장은 단지 십일조 규정이 아니라, '하나님께 드리는 삶'이야말로 거룩한 삶의 정수임을 보여 줍니다. 오늘 나는 무엇을, 어떤 마음으로 하나님께 드리고 있습니까?

3. 오늘 나는 진심으로 주님께 시간, 재능, 자녀, 재물, 그리고 생명까지도 '온전히' 드릴 준비가 되어 있습니까?

④

# 민수기의 십일조
## 민 18장

하나님께 가까이 나아가는 자들의 기업

## 서론적 이야기

**레위기 27장이 제기한 후속 질문들**

우리는 레위기 27장의 십일조 본문을 통해 토지의 소산과 가축의 십분의 일은 원래부터 여호와의 것이요 여호와의 성물이라는 점을 살펴보았다. 그런데 여호와께서는 제물을 실제로 사용하거나 소비하지 않으신다. 이에 이스라엘 백성들이 궁극적으로는 여호와께 십일조를 드리지만, 언제 어디서 어떻게 인간 누구에게 가져다주어야 하는지의 실질적 문제가 남아 있었다. 또한 십일조를 누가 소비하고 사용하느냐의 문제도 해결해야 했다.

특별히 이스라엘이 가나안 땅에 들어가게 되면 실제 상황이 달라지기 때문에 이 문제들을 여러 번 다룰 수밖에 없었다. 그러다 보니 십일조 본문이 레위기 이후에 오경에 네 번 더 나오는데(민 18장; 신명기 12, 14, 26장), 그 중 첫 번째 십일조 본문이 민수기 18장 20-29절이다. 구약의 십일조 본문에서 십일조란 명사 '마아세르'가 가장 많이 쓰인 곳이 바로 민수기 18장이기 때문에(총 여섯 번: 민 18:21, 24, 26[3x], 28), 민수기 18장은 십일조 연구에 있어서 매우 중요한 본문이다.

## 민수기의 십일조의 중요성

이를 염두에 두고 민수기 18장의 십일조 본문을 먼저 상세히 읽어 보자.

"[20]여호와께서 또 아론에게 이르시되 너는 이스라엘 자손의 땅에 **기업**(나할라)도 없겠고 그들 중에 아무 분깃도 없을 것이나 내가 이스라엘 자손 중에 네 분깃이요 네 **기업**이니라 [21]내가 이스라엘의 **십일조**(마아세르)를 레위 자손에게 기업으로 다 주어서 그들이 하는 일 곧 회막에서 하는 일을 갚나니 [22]이 후로는 이스라엘 자손이 회막에 가까이 하지 말 것이라 죄값으로 죽을까 하노라 [23]그러나 레위인은 회막에서 봉사하며 자기들의 죄를 담당할 것이요 이스라엘 자손 중에는 **기업**이 없을 것이니 이는 너희 대대에 영원한 율례라 [24]이스라엘 자손이 여호와께 거제로 드리는 **십일조**를 레위인에게 **기업**으로 주었으므로 내가 그들에 대하여 말하기를 이스라엘 자손 중에 기업이 없을 것이라 하였노라 [25]여호와께서 모세에게 말씀하여 이르시되 [26]너는 레위인에게 말하여 그에게 이르라 내가 이스라엘 자손에게 받아 너희에게 **기업**으로 준 **십일조**를 너희가 그들에게서 받을 때에 그 십일조의 **십일조**를 거제로 여호와께 드릴 것이라 [27]내가 너희의 거제물을 타작마당에서 드리는 곡물과 포도즙 틀에서 드리는 즙 같이 여기리니 [28]너희는 이스라엘 자손에게서 받는 모든 것의 **십일조** 중에서 여호와께 거제로 드리고 여호와께 드린 그 거제물은 제사장 아론에게로 돌리되 [29]너희가 받은 모든 헌물 중에서 너희는 그 아름다운 것 곧 거룩하게 한 부분을 가져다가 여호와께 거제로 드릴지니라"(민 18:20-29).

민수기 18장에서는 십일조를 "레위인"에게 "기업"으로 주겠다는 내용이 핵심으로, "십일조"(마아세르)란 단어가 여섯 번, "기업"(나할라)이란 명사도 여섯 번 등장하면서 멋진 균형을 이루고 있다(민 18:20-21, 23-24[2x], 26).

### 레위 십일조란 명칭의 문제와 오해

일부 학자들은 민수기 18장의 핵심 내용이 레위인에게 십일조를 기업으로 주는 것이란 점에 착안하여 '레위 십일조'(levitical tithe)라는 명칭을 만들어냈다. 물론 이런 명칭이 성경에 근거한 것은 아니지만, 피상적으로 민수기 18장을 읽으면 이런 명칭이 타당해 보이기도 한다. 이에 '레위 십일조'라는 용어가 심지어 학계(성경 신학 외의 다른 분과의 신학자들의 글이나 백과사전적 글)에서도 사용되고 있다. 그러다 보니 이런 명칭들이 일반 목회자들과 성도들 사이에서 자연스럽게 널리 받아들여지고 있다.

그러나 앞으로 살펴보겠지만, '레위 십일조'란 명칭은 성경의 십일조의 정의와 핵심 가치와 목적을 설명하는 데 역부족일 뿐 아니라, 성경의 십일조를 이해하는 데 방해가 되는 것을 넘어 여러 오해를 낳기까지 했다.

예를 들어 보자. 어떤 이들은 이런 명칭을 근거로 십일조는 레위인에게 주는 '세금'이라고 주장한다. 비평 학자들은 레위기 27장을 '단순한 십일조 서론'으로 보면서 이스라엘 역사 초기에는 십일조가 그리 중요하지 않았는데, 레위인과 제사장들이 권력을 잡으면서 백성들에게 세금으로 거둔 것이 십일조라고 주장한다. 그리고 그 흔적을 민수기 18장이 보여 준다고 강조한다. 더 나아가 십일조는 레위인에게 준 세금이라는 이론을 근거로 오늘날은 레위인이 없고 목사도 레위인이 아니기에 십일조를 교회에 드릴 필요가 없다고 주장하는 사람들도 있다.

과연 이런 주장이 옳은지 민수기 18장의 십일조 본문을 통해 살펴보자. 민수기 18장의 십일조 본문을 제대로 이해하기 위해 먼저 문맥을 살펴보고, 후에 본문의 디테일들을 서술의 논리에 따라 상세히 분석해야 한다.

## 민수기 18장의 문맥과 서술의 논리

### 왜 하필 십일조를 레위인에게 주어야 하는가?

레위기 27장에서 십일조는 원래 하나님의 소유로 성물이기에 당연히 드려야 하는 것임을 살펴보았다. 그러나 여호와께서 십일조를 실제 소비하는 분이 아니시기에 누군가가 십일조를 사용하도록 되어 있었다. 이에 민수기 18장에서는 땅을 기업으로 받지 않은 레위인들에게 하나님께서 십일조를 기업으로 주신다는 내용을 담고 있는 것이다.

그렇다면 왜 하필 레위인들에게 십일조를 하사하시는지 알아야 한다. 레위인이 땅을 기업으로 받지 않았으니까 십일조를 대신 주었다고 단순하게 설명할 수 있다. 그러나 레위인에게 십일조를 기업으로 준 데는 매우 정교한 역사적·신학적 이유가 있다. 따라서 문맥을 이해하기 위해 18장이 민수기 전체의 구조에서 어떤 위치를 차지하고 있는지, 앞뒤 문맥의 서술의 논리는 어떤 것인지 살펴보도록 하자.

### 민수기 18장의 근접 문맥과 서술의 논리

민수기의 히브리 제목은 '광야에서'(베미드바르)인데, 이스라엘이 광야에서 진을 친 장소들(시내산, 가데스, 모압 평지)과 이동 경로를 중심으로 여행 스토리를 기록하고 있다. 그런데 이 여행 스토리는 이스라엘의 지속적인 반역과 그럼에도 불구하고 하나님이 베푸시는 은혜로 점철되어 있다. 이스라엘의 광야 여정 가운데 드러난 일련의 반역 시리즈는 10명의 정탐꾼의 보고를 받고 가나안 땅에 들어가기를 거부하는 장면에서 그 절정에 달했다(민 13-19장). 그런데 민수기 18장은 가데스에서의 이스라엘의 결정적 반역을 다루고 있는 이 단락에 속해 있다.

이스라엘 자손의 불신앙과 결정적 반역으로 인해 이스라엘은 광야에서 40년간 방황하게 되었다. 정탐꾼들 가운데 가나안 땅에 대하여 악평한 자들은 여호와 앞에서 재앙으로 죽었고, 여호수아와 갈렙만 생존하게 되었다(민 14:36-38). 그러나 죽음의 위험은 여기서 끝난 것이 아니었다. 하나님이 세우신 리더십에 도전하다가 고라 자손과 추종자들이 몰살당함으로 또 다른 죽음의 위험성이 남아 있음이 드러났다. 레위의 증손인 고라가 250명의 추종자들을 거느리고 이스라엘이 다 거룩한데, 왜 아론의 집만 높이냐며 모세와 아론의 리더십에 도전했다. 이에 하나님께서 모세와 아론을 택하셨다는 사실을 알리기 위해 땅을 갈라 고라의 가족들을 그 속에 생매장시키셨고, 불이 나와 분향하는 250명의 추종자들을 불살라 죽게 하셨다(민 16:31-35).

이렇게 해서 고라당의 반역 사건은 끝이 난 것처럼 보였으나 다음 날 더 큰 문제가 발생했다. 이스라엘 자손이 "여호와의 백성을 죽였"다며 모세와 아론을 치려고 한 것이다. 이로 인해 전염병이 발생해 14,700명이 목숨을 잃었다(민 16:42-49). 그러자 이스라엘 자손이 "여호와의 성막에 가까이 나아가는 자마다" 죽게 되었다고 부르짖기 시작했다(민 17:12-13).

여호와께서는 이스라엘 자손이 그분의 성소에 가까이 가는 것에 대해 죽음의 위협을 느끼는 문제를 그냥 넘어가실 수 없었다. 이에 민수기 18장에서 아론 계열 제사장과 레위인들을 특별히 세워 성소와 성막을 관리하게 함으로써 두려움을 극복하게 하셨다. 이런 이유로 제사장들과 레위인들에게 땅을 기업으로 주지 않는 대신 생계유지 방법으로 봉헌물과 십일조를 각각 하사하신 것이다.

## 여호와께 가까이 나아가는 자들의 필요성

### 성소의 죄를 담당할 제사장 직분 도입

민수기 18장은 "여호와의 성막에 가까이 나아가는 자마다 다 죽사오니 우리가 다 망하여야 하리이까"(민 17:13)라고 울부짖는 이스라엘의 부르짖음에 대한 조치로 제사장 직분을 도입했음을 보여 준다.

> "여호와께서 아론에게 이르시되 너와 네 아들들과 네 조상의 가문은 성소에 대한 죄(아온 함미크데쉬)를 함께 담당할 것이요…"(민 18:1).

"성소에 대한 죄"(아온 함미크데쉬)란 직역하면 "성소의 죄"로 '성소의 거룩함을 침범할 때 생기는 죄'라는 의미이다. 결국 제사장의 가장 기본적 책임은 성소의 거룩성을 침범하는 일이 생겼을 때, 그 범죄의 결과를 담당하는 일이다. 즉, 아론 계열 제사장은 이스라엘 백성들이 성소에 접근할 때 죽지 않도록 만드신 하나님의 안전장치였다. "성소에 대한 죄"를 아론 계열 제사장들이 담당한다면, 이스라엘은 성소에 접근할 때 죽음의 위협에서 벗어날 수 있는 것이다.

제사장들은 거룩하신 하나님이 임재하는 성소 안에서 일을 할 뿐 아니라 하나님께 드려진 거룩한 예물을 다루는 자들이다. 그런데 하나님께 드려진 성물을 다루다가 자칫하면 하나님의 거룩함을 침범할 우려가 있었다.

> "…너와 네 아들들은 너희의 제사장 직분에 대한 죄(아온 케훈나트켐)를 함께 담당할 것이니라"(민 18:1).

제사장들의 두 번째 역할은 제사장 직무의 하나로서 성물을 다루다가 짓게 되는 죄를 담당하는 것이다. 제사장들은 성소와 성물과 관련되어 죄를 지으면 죽을 수 있는 위험한 업무를 담당하도록 부름을 받았다. 따라서 제사장직을 특권과 특혜의 자리로만 생각하는 것은 성경을 오해한 것이다. 제사장들은 여호와의 거룩함이 침범될 경우에 백성들이 당할 여호와의 재앙을 피할 수 있도록 대신 죽임을 당하는 임무를 부여받았다. 그래서 제이콥 밀그롬(Jacob Milgrom) 같은 학자는 제사장들이 "이스라엘인이 성소를 침범할 때마다 하나님의 진노를 자신들에게 끌어당기는 피뢰침 같은" 역할을 했다고 주장한다.[1]

### 회막에서 봉사하며 자기 죄를 져야 하는 레위인 직분

그런데 아론과 그의 후손인 제사장들만으로는 성소와 헌물들을 거룩하게 다룰 수가 없었다. 이에 하나님은 레위 지파 사람들을 선물로 주어 제사장들을 돕게 하셨다(민 18:2, 6). 이처럼 제사장들과 레위인들은 이스라엘 백성들을 대신하여 '여호와께 가까이 나아가' 여호와와 이스라엘 백성을 섬기는 중요한 역할을 맡은 자들이다.

---

1) Jacob Milgrom, *Numbers*, The JPS Torah Commentary (Jewish Publication Society, 1990), 371.

그렇다면 제사장과 레위인은 직무상 어떤 차이가 나는가? 우선 제사장의 직무는 "성소의 직무(미쉬메레트 하코데쉬)와 제단의 직무(미쉬메레트 미즈베아흐)"(민 18:5)였다. 성소에 들어가서 제단에서 행하는 모든 일은 제사장만의 고유한 직무인 것이다.

한편 레위인은 제사장을 도와 "장막의 모든 일과 회막의 직무"(민 18:4)를 담당했다. 그러나 제사장의 고유 업무인 "성소의 기구와 제단"(민 18:3)에 접근하면 레위인도 죽을 수 있었다.

> "이 후로는 이스라엘 자손이 회막에 가까이 하지 말 것이라 죄값으로 죽을까 하노라 그러나 레위인은 회막에서 봉사하며 자기들의 죄를 담당할 것이요…"(민 18:22-23).

레위인들 역시 회막에서 봉사하며 자기들의 죄를 담당해야 하는 자들이었다. 이렇게 제사장과 레위인이 각자의 직무를 잘 담당한다면 "여호와의 진노가 다시는 이스라엘 자손에게 미치지 아니하"는(민 18:5) 것이다. 전에는 "여호와의 성막에 가까이 나아가는 자마다 다 죽사오니 우리가 다 망하여야 하리이까"(민 17:13)라고 울부짖었지만, 이제 이스라엘은 제사장들과 레위인들로 인해 두려움에서 벗어나 하나님께 나아갈 수 있게 되었다.

## 제사장과 레위인들은 기업이 없음

제사장들과 레위인들은 거룩하신 여호와께서 이스라엘 안에 진노하지 않고 임재하실 수 있도록 만들어 주는 피뢰침 역할을 하기에, 이스라엘 백성들은 이들에게 고마워해야 했다. 우리는 여기서 제사장들과 레위인들, 그리고 이스라엘의 관계가 어떠했는지를 보게 된다. 하나님은 고라당과 그를 추종하는 백성들이 제사장의 직무를 권력과 정치의 관점으로 접근했을 때 이들을 진멸시키셨다. 그 후에 제사장은 물론 레위인의 직분과 직무는 권력이나 신분을 보장받는 것이 아니라 철저히 이스라엘 백성을 위험으로부터 구원하고 보호하는 것임을 보여 주신다. 따라서 제사장의 직분과 직무는 철저하게 '구원론적'이고 '교회론적'으로 이해해야 한다.

어찌되었든 제사장들과 레위인들은 오직 이스라엘 백성들을 위험으로부터 구원하고 보호하는 역할을 맡기 위해 다른 이스라엘 지파와는 달리 땅을 기업으로 받지 않았다. 따라서 하나님은 땅을 기업으로 받지 못한 제사장들에게는 거제물을, 레위인에게는 십일조를 기업으로 주신 것이다. 이런 점에서 보면 십일조를 레위인과 제사장들이 권력을 잡으면서 백성들에게 세금으로 거둔 것이라는 해석은, 성경 본문의 어디에서도 그 주석적 근거를 찾을 수가 없다. 비평학계가 만들어낸 '이스라엘 종교 발전사'라는 가상적 이론에 근거한 상상의 산물일 뿐이다.

### 모든 것이 선물

민수기 18장은 제사장과 이스라엘 백성들의 관계를 정치 권력의 투쟁 관계로 보지 않고 있다. 이스라엘 백성들에게 진노가 미치지 않도록 하기 위해 하나님께서 선택하여 그분을 섬기도록 한 자들이 레위인과 제사장들이다. 우선 "레위인"은 제사장들에게 준 "선물"이다.

> "보라 내가 이스라엘 자손 중에서 너희의 형제 레위인을 택하여 내게 돌리고 너희에게 선물(맛타나)로 주어 회막의 일을 하게 하였나니"(민 18:6).

"제사장의 직분"은 여호와께서 아론과 그의 자손들에게 선물로 주셨다.

"너와 네 아들들은 제단과 휘장 안의 모든 일에 대하여 제사장의 직분을 지켜 섬기라 내가 제사장의 직분을 너희에게 선물(맛타나)로 주었은즉 거기 가까이 하는 외인은 죽임을 당할지니라"(민 18:7).

이렇게 레위인이나 제사장 직분은 선물이다. 그뿐만이 아니다. 여호와께서 이스라엘 백성들에게 모든 좋은 것을 선물로 주셨다. 그리고 이스라엘은 이를 가져다가 그분께 헌물로 바치는 것이다.

"너희가 받은 모든 헌물(맛타나) 중에서 너희는 그 아름다운 것 곧 거룩하게 한 부분을 가져다가 여호와께 거제로 드릴지니라"(민 18:29).

제사장들은 제사장 직분은 물론, 그 사역을 돕는 레위인들 역시 하나님께서 주신 선물로 받았다. 이스라엘 백성들 역시 하나님께서 선물로 주신 것들 가운데 아름다운 것을 하나님께 선물로 드린다. 그러면 제사장들과 레위인들은 이 아름다운 것을 다시 하나님께 선물로 드리는 것이다. 그러니까 모든 것이 선물에서 시작해 선물로 끝난다.

### 제사장의 기업

그렇다면 이제 제사장들이 어떻게 생계를 유지해야 할지가 관건이었다. 따라서 민수기 18장 8-19절에서 '제사장들의 생계를 유지할 수단'을 다루고 있다. 아론계 제사장들은 가나안에서 땅을 기업으로 분배받지 못했다. 땅이 생계를 유지할 수 있는 수단이었기에 땅이 없는 제사장들은 특별한 생계 유지 조치가 필요했다.

"여호와께서 또 아론에게 이르시되 보라 내가 내 거제물 곧 이스라엘 자손이 거룩하게 한 모든 헌물을 네가 주관하게 하고 네가 기름 부음을 받았음으로 말미암아 그것을 너와 네 아들들에게 영구한 몫의 음식으로 주노라"(민 18:8).

제사장들은 회막과 제단의 봉사 직무를 맡았기에 회막과 제단과 연관된 방식으로 생계 수단을 제공한 것이다. 이에 여호와께서 이스라엘 자손이 회막의 제단에서 드리는 거제물과 헌물의 관리를 맡기신 후에 제사장들에게 거제물을 줄 것이라고 선언하셨다.

"이스라엘 자손이 여호와께 거제로 드리는 모든 성물은 내가 영구한 몫의 음식으로 너와 네 자녀에게 주노니 이는 여호와 앞에 너와 네 후손에게 영원한 소금 언약이니라"(민 18:19).

여기서 강조점은 "너와 네 자녀에게"에 있다. 보통 아론계 제사장 가문을 언급할 때는 "너와 네 아들들"인데 여기서는 '네 딸들'까지 명시되어 있기 때문이다. 제사장 가문의 여성 식솔들도 이스라엘이 여호와께 거제로 드리는 모든 거룩한 헌물들을 소비할 수 있었다.

## 레위인의 기업

### 레위인의 기업: 십일조

그렇다면 레위인은 어떻게 되는가? 비록 레위인은 땅을 기업으로 받지 못했으나 그렇다고 해서 분깃이나 기업이 없는 것은 아니었다. "…내가 이스라엘 자손 중에 네 분깃이요 네 기업(나할라)이니라"(민 18:20). 여호와가 레위인의 기업이요 분깃이라는 점은 민수기 18장에서 처음 언급되고 있다.

> "내가 이스라엘의 십일조(콜-마아세르)를 레위 자손에게 기업으로 다 주어서 그들이 하는 일 곧 회막에서 하는 일을 갚나니"(21절).

여호와께서 레위 자손의 기업이라는 것은 그분께서 이스라엘에게 받은 십일조를 레위인의 기업으로 주신다는 의미이다. 여기서 우리는 히브리어 원문으로 봤을 때, '십일조'(마아세르)에 '모든'(콜)이란 명사가 붙어 있다는 점을 먼저 주목해야 한다. 여호와께서 레위인에게 주신 기업은 이스라엘의 "모든 십일조"(콜-마아세르)이다. 사실 우리가 지금까지 살펴본 창세기(14:20; 28:20-22)와 레위기(27:30-32)에 등장한 십일조의 언급에는 항상 '모든'이란 명사가 붙어서 나온다는 점을 보면 이는 이상한 것이 아니다.

그렇다면 "모든 십일조"를 레위인에게 주시는 이유는 무엇인가? 단지 땅이 없어서인가? 아니다.

> "이 후로는 이스라엘 자손이 회막에 가까이 하지 말 것이라 죄값으로 죽을까 하노라 그러나 레위인은 회막에서 봉사하며 자기들의 죄를 담당할 것이요…"(민 18:22-23).

결국 "회막에서 봉사하"는 일은 '죄를 담당하고 죽음을 담보해야' 하는 일이기 때문이다. 따라서 위험이 따르는 일이기에 여호와께서 레위인들에게 이스라엘 자손이 드리는 십일조를 기업으로 주신 것이다.

### 레위인도 십일조를 내야

그렇다면 레위인은 그저 십일조를 받기만 하면 되는가? 아니다. 레위인 역시 십일조를 받은 것에 십일조를 내야 했다.

> "너는 레위인에게 말하여 그에게 이르라 내가 이스라엘 자손에게 받아 너희에게 기업으로 준 십일조(마아세르)를 너희가 그들에게서 받을 때에 그 십일조의 십일조를 거제로 여호와께 드릴 것이라 … 너희가 받은 모든 헌물 중에서 너희는 그 아름다운 것 곧 거룩하게 한 부분을 가져다가 여호와께 거제로 드릴지니라"(민 18:26, 29).

레위인들 역시 이스라엘 자손들에게서 십일조를 받을 때에 그 십일조의 십분의 일을, '헌물 중에서 아름다운 것, 곧 거룩하게 한 부분'을 여호와께 거제로 드려야 한다고 규정한 것이다. 하나님은 이 십일조를 "십일조의 십일조"(마아세르 민함마아세르: a tithe of the tithe)라고 분명히 명시하신다.

만일 십일조가 레위인의 '세금'이라고 한다면, 레위인이 내는 "십일조의 십일조"는 '세금의 세금'이고 제사장은 '세금의 세금'을 받는 것인가? 제사장은 하나님을 대표하는 자이기에 십일조를 내지 않는다. 그렇다면 제사장이 대표하는 하나님은 '세금의 세금'을 받는 분이신가?

## 십일조는 '레위인 세금'이 아니고 성물

### 모든 헌물은 여호와께 드린 성물

민수기 18장의 십일조가 레위인들에게 바친 '레위 십일조'요 '레위인 세금'이라는 주장은 본문을 주해해 보면 아무런 근거가 없을 뿐 아니라, 오히려 본문을 왜곡하는 주장임을 단번에 알 수 있다. 민수기 18장은 제사장이나 레위인이 얻게 되는 것은 무엇이나 먼저 그리고 반복적으로 '이스라엘 자손이 여호와께 드린 헌물'이라는 점을 강조하고 있다.

1) 내 거제물

"보라 내가 **내 거제물** 곧 이스라엘 자손이 거룩하게 한 모든 헌물을 네가 주관하게 하고 네가 기름 부음을 받았음으로 말미암아 그것을 너와 네 아들들에게 영구한 몫의 음식으로 주노라"(8절).

2) 이스라엘 자손이 내게 드리는 모든 헌물

"지성물 중에 불사르지 아니한 것은 네 것이라 **그들이 내게 드리는 모든 헌물의 모든 소제와 속죄제와 속건제물**은 다 지극히 거룩한즉 너와 네 아들들에게 돌리리니"(9절).

3) 거제물과 요제물

"**이스라엘 자손이 드리는 거제물과 모든 요제물이라** 내가 그것을 너와 네 자녀에게 영구한 몫의 음식으로 주었은즉 네 집의 정결한 자마다 먹을 것이니라"(11절).

4) 첫 소산

"**그들이 여호와께 드리는 첫 소산** 곧 제일 좋은 기름과 제일 좋은 포도주와 곡식을 네게 주었은즉 그들이 여호와께 드리는 그 땅의 처음 익은 모든 열매는 네 것이니 네 집에서 정결한 자마다 먹을 것이라"(12-13절).

5) 헤렘

"이스라엘 중에서 **특별히 드린** 모든 것은 네 것이 되리라"(14절).

6) 초태생

"**여호와께 드리는 모든 생물의 처음 나는 것**은 사람이나 짐승이나 다 네 것이로되 처음 태어난 사람은 반드시 대속할 것이요 처음 태어난 부정한 짐승도 대속할 것이며 … 그 고기는 네게 돌릴지니 흔든 가슴과 오른쪽 넓적다리 같이 네게 돌릴 것이니라"(15, 18절).

  7) 거제물

  "**이스라엘 자손이 여호와께 거제로 드리는 모든 성물**은 내가 영구한 몫의 음식으로 너와 네 자녀에게 주노니 이는 여호와 앞에 너와 네 후손에게 영원한 소금 언약이니라"(19절).

 사실 이스라엘이 바치는 모든 헌물이 여호와께 드린 것이라는 사실은 언급할 필요가 없을 정도로 명확하다. 그럼에도 불구하고 여호와께서는 제사장들과 레위인들에게 주는 몫을 '이스라엘 자손이 여호와께 드린 헌물'이라는 점을 반복적으로 명시하신다. 그 이유가 무엇일까?

## 십일조는 세금이 아니다

 십일조는 "여호와께 드리는" 것이지 레위인에게 주는 것이 아니기 때문이다. 여호와께서 십일조를 이스라엘 자손들에게 받아서, 이를 이스라엘 자손을 위해 대신 회막 봉사를 하는 레위인들에게 하사하신 것이다. 따라서 십일조를 '레위인을 위한 세금'이라고 보는 것은 민수기 18장에 대한 중차대한 곡해이다.

 게다가 레위인은 여호와의 거룩성을 침범할 경우 죄를 담당하여 죽을 수도 있는 위험한 일인 회막 봉사를 대신하여 이스라엘 자손들이 죽음을 피할 수 있도록 해 준 형제 지파이다. 그러므로 레위인이 받는 보상을 강제적인 '세금'으로 규정하는 것은 성경의 정신이 아니다.

'레위 십일조'라는 명칭은 마치 십일조가 레위인에게 주는 십일조라는 오해를 불러일으키고 이를 지속시킬 위험이 매우 크다. 십일조는 이스라엘 백성들이 여호와께 드리는 여러 헌물 가운데 하나이기 때문이다. 십일조가 '세금'이라면 민수기 18장에서 레위인들과 제사장들에게 기업으로 준 '지성물과 헌물과 첫 열매와 초태생' 모두 '세금'이라는 주장이 된다.

이런 식으로 명칭을 붙인다면 제사장 가문에게 돌아가는 예물들은 '제사장 헌물'(priestly offering), 혹은 '제사장 세금', '제사장 지성물', '제사장 거제물', '제사장 초태생', '제사장 첫열매'라고 불러야 한다. 그러나 이런 식의 명칭은 성경의 예물의 본질을 오해하게 만드는 우를 범하는 것이기에 있어서는 안 되는 일이다.

## 결론: 신학적 메시지와 현대적 적용

### 제사장과 레위인의 직무의 소중함

소멸하는 불이신 여호와께서 이스라엘 진영 한가운데 거하시는 것은 위험한 일이다. 택함을 받지 않은 자들이 여호와의 성막에 가까이 나아가다가는 죽을 수밖에 없었다. 결국 하나님은 제사장들과 레위인들을 택하셔서 여호와의 거룩함이 침범될 경우에 백성들이 당할 여호와의 진노와 재앙을 피할 수 있도록 하셨다. 제사장은 "성소에 대한 죄"와 "제사장 직분에 대한 죄"를 담당했고, 레위인 역시 "회막에서 봉사하며 자기들의 죄를 담당"해야 했다. 그러므로 제사장들과 레위인들은 각기 맡은 죄를 지고 하나님께 가까이 나아가는 자들로서 이스라엘 백성들에게는 소중한 자들이었다.

### 신약 시대에도 제사장과 레위인이 존재

오늘날 많은 그리스도인들은 제사장과 레위인이 구약의 율법 시대에 존재하는 신분이지 신약과는 아무 상관이 없다고 생각한다. 그러나 이는 성경을 모르는 데서 생긴 오해이다. 신약에서는 여러 번 성도들을 "왕 같은 제사장"이라고 부른다(벧전 2:5, 9-10; 계 1:6; 5:10; 7:15; 20:6 참조). 바울 역시 자신을 이방인을 제물로 드리는 "복음의 제사장"(롬 15:16)이라고 부른다.

우리는 여기서 교회 시대(church age)나 메시아 시대에도 여호와께서 '제사장과 레위인을 삼으실 것'이라는 이사야 선지자의 선언을 기억해야 한다.

"오직 너희는 여호와의 제사장이라 일컬음을 받을 것이라 사람들이 너희를 우리 하나님의 봉사자라 할 것이며 너희가 이방 나라들의 재물을 먹으며 그들의 영광을 얻어 자랑할 것이니라"(사 61:6).

"나 여호와가 말하노라 이스라엘 자손이 예물을 깨끗한 그릇에 담아 여호와의 집에 드림 같이 그들이 너희 모든 형제를 뭇 나라에서 나의 성산 예루살렘으로 말과 수레와 교자와 노새와 낙타에 태워다가 여호와께 예물로 드릴 것이요 나는 그 가운데에서 택하여 제사장과 레위인을 삼으리라 여호와의 말이니라"(사 66:20-21).

이사야 선지자는 디아스포라(diaspora: 흩어진) 신자들이 열방으로부터 온 형제들을 예물로 드리게 될 것인데, 여호와께서 여호와와 연합한 이방인 신자들 가운데서 "제사장과 레위인을 삼으"실 것이라고 선언한다. 여호와께서는 아론의 후손이나 레위인 지파 사람들이 아니라, 열방에서 모여드는 여호와와 연합한 이방인들 가운데서 제사장 직분과 레위인으로서의 직무를 맡겨 성전을 만민이 기도하는 집으로 만드시리라는 것이다.

"또 여호와와 연합하여 그를 섬기며 여호와의 이름을 사랑하며 그의 종이 되며 안식일을 지켜 더럽히지 아니하며 나의 언약을 굳게 지키는 이방인마다 내가 곧 그들을 나의 성산으로 인도하여 기도하는 내 집에서 그들을 기쁘게 할 것이며 그들의 번제와 희생을 나의 제단에서 기꺼이 받게 되리니 이는 내 집은 만민이 기도하는 집이라 일컬음이 될 것임이라"(사 56:6-7).

루터와 칼빈 같은 종교 개혁자들은 이 같은 성경의 가르침을 근거로 '만인 제사장' 이론을 가르쳤다. 중세의 성직자단 만이 제사장이 아니라, 세례받은 모든 그리스도인은 제사장이라는 것이다. 그렇다면 목사는 누구인가? 루터는 목사가 '형제 제사장들과 자매 제사장들에 의해 위임된 제사장'이라고 가르쳤다.

"모든 신자는 복음을 선포할 의무를 가진 제사장으로서 하나님으로부터 제사장의 권세를 부여받았습니다. 따라서 사적으로는 기회가 있을 때마다 복음을 전해야 합니다. 그러나 공적인 영역에서는 질서가 있어야 합니다. 그리스도인이며 제사장인 한 사람이 다른 제사장인 그리스도인으로부터 위임을 받게 될 때는 그는 자신의 형제와 자매로부터 제사장의 권세를 받는 것입니다"(WA 6.408).

목사는 제사장들에게서 위임받은 제사장으로 주일에 복음을 전하고 성례를 집행하며 교인들을 말씀으로 가르치는 일을 한다. 따라서 오늘날 레위인이 없고 목사도 레위인이 아니기에 십일조를 교회에 드릴 필요가 없다는 식의 이론은 성경과 교회 역사를 모르는 데서 나온 어설픈 주장인 것이다.

### 민수기 18장과 신약, 그리고 교회

민수기 18장의 십일조 본문은 신약 시대의 교회와 깊이 연관되어 있다. 신약에서 복음의 일꾼들을 경제적으로 섬기는 원리를 다룰 때 예수님은 물론 신약의 기자들이 민수기 18장의 본문을 암시하고 있기 때문이다.

우선 예수님은 누구든지 일하는 자는 그 일을 통해 봉급이나 돈을 받을 자격이 있다고 말씀하셨다. 예수님은 열두 사도를 보내며 거저 받았으니 거저 주는 정신으로 '전파하고 치유하고 깨끗하게 하고 귀신을 쫓아내라'고 명하셨다(마 10:7-8). 거저 주는 태도로 복음을 전하고 여러 곳으로 여행하려면 전대에 금, 은, 동 같은 화폐가 있어야 하고, 배낭이나 옷이나 신이나 지팡이를 준비해야 하는 것이 너무나 당연하다. 그런데 주님께서는 이런 것들을 준비하지 말라고 하셨다. 그 이유는 무엇인가?

"…이는 일꾼이 자기의 먹을 것 받는 것이 마땅함이라"(마 10:10).

복음 사역자들이 생명 유지에 필요한 것을 받는 것이 마땅하기 때문이다. 이에 음식과 여행 필수품은 당연히 거저 받는 사람들이 책임져야 함을 가르치셨다.

### 바울의 가르침

이런 주님의 가르침을 바울 역시 그대로 받아들이고 "성전의 일을 하는 이들은 성전에서 나는 것을 먹으며 제단에서 섬기는 이들은 제단과 함께 나누는 것을 너희가 알지 못하느냐"(고전 9:13)라고 전했다. 민수기 18장에는 제사장들과 레위인들이 성소와 제단과 회막에서 섬기면서 성전에 드려진 헌물과 십일조를 먹을 수 있음이 규정되어 있다. 따라서 성전의 일을 하는 이들은 성전에서 나는 것을 먹는다는 인용은 민수기 18장과 연관되어 있음이 분명하다.

바울은 구약의 가르침을 암시하면서 예수님의 말씀을 인용한다. "이와 같이 주께서도 복음 전하는 자들이 복음으로 말미암아 살리라 명하셨느니라"(고전 9:14). 이처럼 복음을 전하는 자들의 생계를 책임지는 것은 주님의 명령에 순종하는 것이다.

### 자신을 위해서 권리를 쓰지 않은 바울

이렇게 바울은 복음 전하는 자들은 복음으로 말미암아 필요를 채울 수 있는 권리가 있음을 분명하게 선포하고 있다. 하지만 놀랍게도 바울은 이런 권리를 자신을 위해서는 하나도 쓰지 않았다.

> "그러나 내가 이것을 하나도 쓰지 아니하였고 또 이 말을 쓰는 것은 내게 이같이 하여 달라는 것이 아니라 내가 차라리 죽을지언정 누구든지 내 자랑하는 것을 헛된 데로 돌리지 못하게 하리라"(고전 9:15).

바울은 자신이 복음을 전하며 이로 말미암아 사는 권리를 주장하면, 다른 사람들이 그가 복음을 전하는 이유를 사적 유익을 얻기 위함이라고 말할까 봐 그렇게 하지 않았다. 이런 말을 듣는 것은 바울이 죽기보다 싫어하는 일이었다.

바울은 사명 때문에 하는 일이라 대가와 보상을 받을 수 없다고 말한다.

그렇다면 바울에게 보상은 무엇인가? 보상과 대가를 바라지 않고 복음을 전하는 것이 바로 바울에게 상이었다(고전 9:18).

그런데 어떻게 이것이 상인가? 그의 말에 따르면, 복음을 전하는 자들은 겉으로는 복음 때문에 종처럼 보이지만 진정한 자유를 얻는다는 것이다. 언뜻 보면 아무런 대가와 보상이 없이 일하니 힘들어 보이지만, 대가와 보상을 바라지 않고 일하는 것만큼 자유가 어디 있겠느냐는 말이다. 그렇다! 아무런 보상이나 대가를 바라지 아니하고 값없이 복음을 전하는 사람보다 이 세상에 자유로운 사람은 없다.

## 복음 사역자들과 성도들의 올바른 태도

오늘날 말씀 사역자들은 복음으로 말미암아 필요를 공급받을 권리가 있는 것이 사실이다. 또한 성도들은 복음 사역자들의 생계를 책임져야 한다. 자신들은 넉넉하고 풍요로운 삶을 살면서도 교역자들은 가난해야 한다는 미명 아래 복음 사역자들의 생계비를 충분히 주지 않는 인색한 일을 해서는 안 된다.

성도들의 입장에서 목회자는 교회에 주신 하나님의 선물이다. 목회자의 입장에서 성도들은 하나님의 백성이요 맡겨 주신 양으로 목회자에게 선물이다. 성도들이 세상에 나가 일한 후에 드리는 십일조와 헌물은 목회자에게 주어진 기업이요 선물이다. 따라서 성도들은 십일조와 헌물을 드리면서 목회자에게 고용주 같은 태도를 취해서는 안 된다.

오늘날의 목회자가 바울처럼 자비량으로 교회를 섬기는 것은 힘들다. 목회에만 전념하도록 목회자를 물질로 돕는 것은 성도들이 해야 하는 일이다. 왜냐하면 목회자만 제사장이 아니라, 모든 세례받은 그리스도인은 제사장이기 때문이다.

마찬가지로 목회자도 성도들을 그저 자신의 이익을 챙기는 수단으로 삼아서는 안 된다. 서로 하나님이 주신 귀한 선물로 여겨야 한다. 복음 사역자들은 때로 이런 권리를 주장하기보다 교회의 형편과 처지를 이해하고 가능한 한 교회의 처분을 감사함으로 받아들이는 태도를 보여야 한다. 때로는 교회의 처사가 야박하고 비합리적이더라도 하나님께서 갚아 주실 것을 믿어야 한다. 왜냐하면 우리의 기업은 하나님이시기 때문이다.

### 성물인 십일조와 헌금을 잘못 다루면 죽을 수 있어

우리는 이스라엘 백성들이 여호와께 드리는 성물을 제사장과 레위인이 잘못 다루면 죽는다는 것을 살펴보았다. 제사장들은 성소의 직무와 제단의 직무를 담당한 보상으로 거제물과 성물을 받았다. 따라서 성물을 먹을 때에는 지극히 거룩하게 여김으로 먹어야 했다(민 18:8, 10). 레위인 역시 이스라엘 자손에게 십일조를 받은 후에, 십일조의 십일조를 거제로 드리되, 십일조 중에서 가장 좋은 부분을 여호와께 드려야 했다(민 18:26, 29).

이렇게 받은 십일조를 제대로 다루지 않으면, 이스라엘 자손의 성물을 더럽힌 것이 되고 그에 따른 죄를 담당하게 된다.

> "너희가 그 중 아름다운 것을 받들어 드린즉 이로 말미암아 죄를 담당하지 아니할 것이라 너희는 이스라엘 자손의 성물을 더럽히지 말라 그리하여야 죽지 아니하리라"(민 18:32).

이스라엘 백성들이 여호와께 드리는 성물들을 제사장들과 레위인들이 잘못 다루면 죽게 되는 원리는 신약 시대에도 마찬가지이다. 아나니아와 삽비라가 자신의 재산을 드리겠다고 선언한 순간 하나님께 드린 성물인데, 그중의 일부를 숨겼을 때 죽임을 당했음을 기억해야 한다. 오늘날 신약의 성도들이 드리는 성물을 보관하고 관리하고 배분하고 사용하는 임무를 맡은 신약 교회의 목회자와 장로와 안수집사는 이를 경계해야 한다.

### 출석 교회에 십일조 먼저 하고, 다른 단체에 더 헌금하는 지혜

한편 성도들은 자신이 보기에 출석 교회에 문제가 있다는 이유로, 그 교회에 십일조를 하지 않고 다른 교회나 단체에 십일조를 하는 것을 신중히 생각해야 한다. 십일조는 하나님께 속한 것을 당연히 드리는 것이다. 그러므로 각자가 십일조를 낼 만한 자격이 있는 교회인지 판단하여 드릴 수도 있고 드리지 않을 수도 있는 그런 종류의 예물로 생각해서는 안 된다.

자신이 다니는 교회로부터 예배와 설교를 통해 영적 유익을 얻고, 자녀들이 기독교 교육의 혜택을 누리면서도, 실제로는 그 교회에 어떤 책임이나 기여도 하지 않는 것은 성경적일 수 없을 뿐만 아니라 상식적이지도 않다. 출석하는 교회들이 재정적으로도 건강해져야 다른 복음 사역들을 잘 감당할 수 있게 된다는 점을 유념해야 한다. 특별히 교회의 영적 상황에 대한 죄의 책임을 지는 영적 지도자들을 존중하고 지지해야 교회가 건강하게 유지된다. 이렇게 자신의 교회에 대해 십일조와 헌금으로 물질적 책임을 진 후에, 여유가 있거나 마음의 감동이 있으면 다른 약한 교회나 단체에 얼마든지 헌금할 수 있는 것이다.

만일 십일조와 헌물을 출석 교회의 지도자들이나 중직자들이 잘못 쓴다는 생각이 든다면, 그들을 위해 먼저 기도해야 한다. 그 후에 필요하면 찾아가서 정중하게 문제를 제기해야 한다. 이런 조치를 취하지 않고 십일조와 헌물을 출석 교회가 아닌 다른 곳에 헌금하면서 이를 은근히 자랑해서는 안 된다. 출석 교회의 상황이 심각하다면 자신이 교회를 떠나는 이유를 교회 지도부에 알리고 옮겨야 한다. 교회를 옮기기 전에는 출석하는 교회에 십일조와 헌금을 하는 것이 지극히 자연스러운 것이다.

따라서 성도들은 십일조가 하나님께 드리는 성물이라는 마음으로 출석 교회에 드리고, 교회의 지도부는 십일조와 헌금이 '성물'이기에 이를 더럽히지 않도록 거룩하게 사용해야 한다. 성물을 맡은 자들은 개인의 욕심으로 그것을 돈벌이 수단으로 삼거나, 함부로 낭비하지 않도록 조심해야 한다. 성물을 더럽히는 이들이 있다면, 하나님께서 그들의 죄를 물으실 것이라는 점을 교회의 지도부나 성도들은 잊지 않아야 한다.

### 적용을 위한 질문

1. 여러분은 교회를 섬기는 목회자나 사역자들을 포함해서 교회 공동체 멤버들을 하나님의 '선물'로 여기며 존중하고 있습니까?

2. 그동안 나의 헌금 생활은 어떠했습니까? 그것이 하나님께 드리는 '거룩한 예물'이라는 믿음 위에 서 있었습니까?

3. 출석하는 교회의 복음 사역자들과 공동체를 위해 기꺼이 물질을 나누는 삶을 실천하고 있습니까? 혹시 인색함이나 자신의 판단으로 하나님의 뜻을 가리고 있지는 않습니까?

⑤

# 신명기의 십일조
### 신 12, 14, 26장

약속의 땅에서 정의와 긍휼과 믿음의 구현

## 서론적 이야기

**신명기의 십일조 본문들**

우리는 십일조 본문들을 정경의 순서대로 살펴보고 있는데, 이제 드디어 신명기에 도달하게 되었다. 신명기는 성경에서 십일조에 관련된 가장 풍부한 신학적 데이터와 실천적인 메시지를 담고 있기 때문에, 십일조를 연구하는 이들에게 가장 흥미 있는 본문들이기도 하다.

그러나 신명기의 십일조 본문들을 해석하기란 쉽지 않다. 왜냐하면 십일조 본문이 한 곳만 나타나는 레위기(27장)나 민수기(18장)와는 달리, 신명기에서는 십일조 본문이 장으로 보면 크게는 3개(신 12, 14, 26장), 내용상으로 봤을 때 14장에 '매년 십일조'와 '매 삼 년 십일조'를 구분한다면 4개(신 12:5-19; 14:22-27; 14:28-29; 26:10-16)가 된다. 게다가 십일조 본문들이 한군데 모여 있지 않고 서로 떨어져 있을 뿐만 아니라, 자체 내에서도 상당한 차이가 있어 보인다. 따라서 서로 달라 보이는 십일조 본문들을 일관성 있게 신명기 전체의 서술의 논리를 따라 해석하는 것은 상당히 어렵다.

### 민수기와 신명기 십일조 본문들의 차이

게다가 더욱 해석하기 어려운 것은 신명기의 십일조가 민수기의 십일조와 큰 차이점들을 보인다는 사실이다.

첫째, 민수기 18장에서는 이스라엘 자손들이 십일조를 여호와께 드리면 레위인이 십일조의 십일조를 여호와께 드리고 나머지는 레위인이 먹도록 되어 있다. 민수기에서는 강조점이 십일조가 어떻게 레위인의 기업이 되는지에 있다.

이에 반해 신명기 본문들은 이스라엘 자손들이 십일조를 '하나님이 택한 곳'으로 가져가서, 자녀와 노비와 레위인과 함께 여호와 앞에서 먹고 즐거워하는 것으로 되어 있다(신 12:12; 14:26-27). 신명기에서는 이스라엘 자손이 십일조를 어디서 드리며 어떻게 소비하는지에 강조점이 있다.

둘째, 민수기 18장은 십일조의 '수직적 차원'이 강조된 반면에 신명기 12장은 십일조의 '수평적 차원'이 강조된다. 민수기 18장은 십일조를 위에 계신 하나님께 드리는 제물의 수직적 성격에 초점을 맞추는 반면에, 신명기 12장은 십일조를 옆에 사는 다른 사람과 함께 나누어 먹고 즐거워하는 수평적 차원에 초점을 맞추고 있다. 그러다보니 민수기 18장에는 '즐거움의 주제'가 전혀 나타나지 않는 반면에, 신명기 12장에서는 십일조를 나누어 먹으라는 명령과 함께 '즐거움의 주제'가 세 번이나 강조되어 나타난다.

셋째, 민수기의 십일조는 '매년 드리는 십일조'인데 반해 신명기에는 '매년 십일조'(신 12:5-19; 14:22-27) 외에 '매 삼 년마다 드리는 십일조'가 하나 더 나온다(신 14:28-29; 26:10-16). 게다가 '매 삼 년 십일조'는 예루살렘으로 가져가는 것이 아니라, 각 성읍에 쌓아 두고 레위인뿐 아니라 성 안에 거하는 객과 고아와 과부들이 먹는 것으로 되어 있다.

그런 점에서 민수기의 십일조와 신명기의 십일조들은 복잡해 보인다. 따라서 이를 통합적으로 이해하고 해석하는 일은 일반 성도들은 물론 목회자들이나 심지어 신학자들에게도 쉽지 않은 일이다.

### 학자들의 십일조의 삼중 명칭

따라서 일부 해석자들은 민수기와 신명기의 십일조 본문들이 내용상 다르다는 것에 근거하여 서로 다른 명칭으로 구분한다.

1) 민수기의 매년 십일조 – 레위 십일조(levitical tithe): 민 18:20-24
2) 신명기의 매년 십일조 – 절기 십일조(festival tithe): 신 12:5-19; 14:22-27
3) 신명기의 매 삼 년 십일조 – 자선 십일조(charity tithe): 신 14:28-29; 26:10-16

이런 식의 십일조 구분과 명칭은 백과사전류나 경건 서적, 심지어는 가벼운 주해서들을 통해 교계 안에 대중적으로 상당히 넓게 퍼져 있고, 또한 비교적 비판 없이 받아들여지고 있다.

앞으로 살펴보겠지만 이런 구분과 명칭은 성경 본문에 대한 적절한 해석과 심도 있는 연구에서 나온 것이 아니라, 다소 피상적인 독서를 근거로 구분한 '대중적 이해'에 지나지 않는다.

이렇게 어떤 선이해를 가지고 내용으로 본문들을 구분한 다음에, 심지어 서로 떨어져 있는 다른 본문과 연결시켜 함께 해석을 하게 되면 각 십일조 본문들 자체의 목소리를 듣기 어렵다. 왜냐하면 각각의 본문은 앞뒤 문맥과 그 자체가 지닌 독특한 '서술의 논리'가 있기 때문이다. 그런데 이렇게 문맥을 잘라 놓으면 서술의 논리를 놓칠 수밖에 없다. 이에 대해서는 앞으로 논의가 전개되면서 필자가 무슨 말을 하는지 자연스럽게 알게 될 것이다.

**문제 제기**

어찌되었든 이런 대중적인 '삼중 십일조 구분'은 우리가 다루어야 할 문제가 무엇인지를 알려 준다.

첫째, 명칭의 문제를 살펴보아야 한다. 과연 일부 학자들의 주장대로 민수기의 십일조는 '레위인을 위한 십일조'이고, 신명기 12장의 십일조는 절기를 지키기 위해 사용할 수 있는 소위 '절기 십일조'이며 신명기 14장과 26장의 십일조는 사회적 약자를 돕는 '자선 십일조'인가?

둘째, 성경은 '다중 십일조'를 이야기하는가, '단일 십일조'를 이야기하는가를 다루어야 한다. 일부 학자들은 위의 내용상의 십일조의 구분과 예수님 당시의 성경 외 유대 문헌들을 근거로 3개의 다른 십일조가 있었다고 주장한다. 이런 경우에는 매년 레위인 십일조와 절기 십일조를 드리고 제3년과 제6년에 자선 십일조를 드렸다고 보는 것이다. 이렇게 되면 안식년까지 포함해 평균 20퍼센트의 십일조를 매년 한 셈이 된다. 한편 1년에 두 번 십일조를 냈다는 이론에서는 레위인 십일조와 절기 십일조를 매년 드리다가, 제3년과 제6년에는 절기 십일조 대신 자선 십일조를 드렸다고 본다. 그렇다면 성경은 1년에 십분의 삼 혹은 십분의 이를 십일조 예물로 드리라고 요구하는 것인가? 이런 질문에 답해야 한다.

셋째, 다양한 십일조 본문들이 우연의 산물인가, 아니면 정교한 신학적 구조물인가를 살펴야 한다. 비평적 견해를 가진 학자들은 신명기의 십일조와 민수기의 십일조는 이스라엘 역사의 서로 다른 발전 단계에서 만들어진 것이라고 본다. 그러니까 민수기와 신명기의 십일조 본문은 그저 이스라엘 종교 발전의 우연한 산물인가? 아니면 정교한 신학적 구조물로서, 서로 간의 차이는 성경 기자가 의도한 신학적·문예적 장치라고 볼 수도 있지 않을까?

이런 질문들에 답을 하려면 신명기의 십일조 본문들을 문법적·문예적·신학적으로 상세하게 분석해야 한다. 원접 문맥과 근접 문맥 안에서 신명기의 십일조 본문들을 상세히 살펴보면서 위의 질문들에 대한 답을 찾아보도록 하자.

## 신명기의 십일조 본문들의 상호 상관성

### 신명기 12장: 십일조를 가지고 예루살렘에 가서 기뻐하라

신명기의 십일조 본문들을 문맥 가운데서 살펴보면 '일반적인 십일조 원리'를 다룬 레위기나 민수기의 십일조 본문들과는 달리 매우 '구체적인 상황 속에서의 십일조의 특수 원리들'을 다루고 있음을 보여 준다.

우선 이스라엘이 약속의 땅에 들어가면 구체적으로 삶의 정황이 바뀌게 된다는 점을 주목해야 한다. 12지파가 가나안 땅에 들어가면 제비를 뽑아 얻은 땅에 흩어져서 살게 될 터인데, '언제, 어디서, 어떻게' 십일조를 드려야 하느냐는 문제가 생길 수밖에 없다. 이에 대해 신명기 12장의 십일조 본문은 약속의 땅에 들어가면 십일조를 비롯한 여러 예물들을 가지고 하나님께서 택하신 곳인 예루살렘으로 가져가서 그분 앞에 얼굴을 보여야 한다고 말한다. 이때 예물들과 십일조를 드린 후에는 남자들만이 아니라 가족과 노비와 레위인과 함께 먹고 기뻐해야 한다고 규정한 것이다.

### 신명기 14:22-27: 먼 경우 돈으로 바꿔서 예루살렘에 가서 사라

그런데 예루살렘에서 멀리 떨어진 곳에 땅을 분배받아 사는 사람들은 신명기 12장의 원리만으로는 현실적인 문제를 해결할 수 없었다. 하나님께서 복을 많이 주셔서 예물들이 많은데, 길이 멀고 행로가 어려워서 다 가지고 갈 수 없을 때는 어떻게 해야 하는가? 그럴 때는 예물들을 돈으로 바꾸어 가지고 여호와께서 택하신 곳으로 가서 소나 양이나 포도주나 독주 등 마음에 원하는 것을 사고 가족과 레위인이 함께 여호와 앞에서 먹고 즐거워하라고 했다. 이것이 바로 신명기 14장 22-27절의 십일조 본문이 다루는 내용이다.

### 신명기 14:28-29와 26:10-16: 약자를 위한 매 삼 년 십일조

그런데 신명기 14장 28-29절과 26장 10-16절에 갑자기 '매년 십일조'와는 전혀 다른 종류의 십일조 형태가 등장한다. 여기서는 '매 삼 년 끝에' 십일조를 예루살렘에 가져가는 것이 아니라, 각자의 성읍에 저축하여 레위인과 객과 고아와 과부들이 먹고 배부르게 하라고 되어 있다.

따라서 이 차이점을 보고 일부 학자들이 '자선 십일조'라고 부르며, 일부 사람들은 십일조를 교회에 하지 않고 자선 단체나 선교 단체에 내도 된다고 주장하기도 한다. 그러나 이 '매 삼 년' 십일조는 겉으로 보기에 '매년' 십일조와 달라 보이지만, 사실은 크게 다르지 않고 '매년 십일조'의 한 부분인 '사회적 요소'를 더 크게 확장한 것이다.

이렇게 신명기의 십일조 본문들은 '십일조의 일반적 원리들'을 다루고 있는 것이 아니라, 약속의 땅에 들어가 마주하게 될 구체적인 상황에 적용해야 하는 '십일조의 특수 원리들'을 다루고 있는 것이다. 약속의 땅에 들어가게 된 후의 구체적인 삶의 상황을 염두에 두고 레위기와 민수기에 나오는 십일조의 일반적 규정을 더 세밀화하고 구체화시킨 것이다. 이런 점을 염두에 두고 신명기의 십일조 본문들을 하나씩 상세하게 살펴보자.

## 신명기 12장의 십일조: 함께 믿음을 축하하는 계기

### 본문

신명기 12장을 보면 십일조(마아세르)란 단어가 6, 11, 17절에 나오는데, "너희의 십일조"로 두 번, "곡식과 포도주와 기름의 십일조"로 한 번 나온다. "곡식과 포도주와 기름"은 토지 소산을 대표하는 삼총사이기 때문이다. 신명기 12장에서는 '십일조와 다른 예물들을 여호와께서 택하신 곳에 가지고 와서 드리고 가족과 노비와 레위인과 함께 즐거워하라'는 것이 핵심 주제이다. 따라서 '여호와께서 택하신 곳'이란 의미의 표현이 십일조 본문 안에 총 네 번(5, 11, 14, 18절) 반복되어 나온다. 이 점을 주목하며 십일조 본문을 읽어 보자.

"[5]오직 너희의 하나님 여호와께서 자기의 이름을 두시려고 너희 모든 지파 중에서 택하신 곳인 그 계실 곳으로 찾아 나아가서 [6]너희의 번제와 너희의 제물과 너희의 **십일조**(마아세르)와 너희 손의 거제와 너희의 서원제와 낙헌 예물과 너희 소와 양의 처음 난 것들을 너희는 그리로 가져다가 드리고 [7]거기 곧 너희의 하나님 여호와 앞에서 먹고 너희의 하나님 여호와께서 너희의 손으로 수고한 일에 복 주심으로 말미암아 너희와 너희의 가족이 즐거워할지니라 … [11]너희는 너희의 하나님 여호와께서 자기 이름을 두시려고 택하실 그 곳으로 내가 명령하는 것을 모두 가지고 갈지니 곧 너희의 번제와 너희의 희생과 너희의 **십일조**와 너희 손의 거제와 너희가 여호와께 서원하는 모든 아름다운 서원물을 가져가고 [12]너희와 너희의 자녀와 노비와 함께 너희의 하나님 여호와 앞에서 즐거워할 것이요 네 성중에 있는 레위인과도 그리할지니 레위인은 너희 중에 분깃이나 기업이 없음이니라 … [14]오직 너희의 한 지파 중에 여호와께서 택하실 그 곳에서 번제를 드리고 또 내가 네게 명령하는 모든 것을 거기서 행할지니라 … [17]너는 곡식과 포도주와 기름의 **십일조**와 네 소와 양의 처음 난 것과 네 서원을 갚는 예물과 네 낙헌 예물과 네 손의 거제물은 네 각 성에서 먹지 말고 [18]오직 네 하나님 여호와께서 택하실 곳에서 네 하나님 여호와 앞에서 너는 네 자녀와 노비와 성중에 거주하는 레위인과 함께 그것을 먹고 또 네 손으로 수고한 모든 일로 말미암아 네 하나님 여호와 앞에서 즐거워하되 [19]너는 삼가 네 땅에 거주하는 동안에 레위인을 저버리지 말지니라"(신 12:5-19).

## 여호와의 이름을 두시기로 선택하신 곳의 중요성

이렇게 이스라엘이 십일조와 여러 예물들을 가지고 '하나님께서 택하신 장소'로 와야 한다는 점을 강조하는 이유는 무엇인가? 이를 알기 위해서는 당시의 고대 근동 아시아의 정치 문화를 알 필요가 있다.

고대 근동 아시아에서는 종주(宗主: suzerain/overlord)인 황제가 수도에 머물고 있으면, 그와 조약을 맺은 봉신(封臣: vassal)들과 신하들은 정기적으로 수도를 방문하여 황제에게 충성을 맹세하고 공물들과 예물들을 바치도록 되어 있었다. 이는 고대 근동 아시아뿐만 아니라 한국 역사에서도 볼 수가 있다. 예를 들어 조선에서는 명나라에 대하여 1년에 세 번 사절을 파견했다. 이때 공물을 바쳐야 했는데 금은, 마필, 인삼, 호피 등만이 아니라 처녀와 환관을 바치기도 했다고 한다. 이와 유사한 이유로 봉신인 이스라엘은 종주이신 여호와께 공물을 드려야 하는데, 그러려면 봉신은 당연히 종주가 계신 곳으로 가야 하는 것이다. 그래서 1년에 세 번 이스라엘 남자는 예물을 가지고 여호와께 얼굴을 보여야 했다.

> "너의 가운데 모든 남자는 일 년에 세 번 곧 무교절과 칠칠절과 초막절에 네 하나님 여호와께서 택하신 곳에서 여호와를 뵈옵되 빈손으로 여호와를 뵈옵지 말고 각 사람이 네 하나님 여호와께서 주신 복을 따라 그 힘대로 드릴지니라"(신 16:16-17).

이스라엘이 하나님께서 택하신 곳으로 예물을 가져가야 하는 것은 선택 사항이 아니라, 필수 사항이다. 하나님께서 택하신 곳은 단지 예물을 드리는 장소가 아니라, '하나님께서 계시는 곳'이기 때문이다.

이때 빈손으로 가면 안 되고, 하나님께서 주신 복을 따라 힘껏 공물과 예물을 드려야 하는 것이다. "힘대로"는 직역하면 "그의 손의 선물을 따라"(according to the gift of his hand)이다. 여기서 핵심은 '선물' 개념이다. 봉신인 이스라엘은 빈손이 아니라, 손에 선물을 가지고 종주이신 여호와의 얼굴을 뵈어야 한다. 그러니까 십일조는 종주가 계신 곳에 가서 하나님께 드리는 '선물/공물'인 것이다.

## 십일조는 여러 예물 중 하나

특별히 여기서 십일조는 이스라엘이 여호와께서 택하신 곳에 가져가야 할 일곱 가지 예물들 중 하나에 불과하다는 것을 기억해야 한다.

(1) 너희의 번제와 (2) 너희의 제물(희생)과 (3) 너희의 십일조(곡식과 포도주와 기름의 십일조)와 (4) 너희 손의 거제와 (5) 너희의 서원제(서원을 갚는 예물: 모든 아름다운 서원물)와 (6) 낙헌 예물과 (7) 너희 소와 양의 처음 난 것들(6, 11, 17절 참조).

즉 이스라엘 자손은 십일조와 함께 이런 '예물들'을 준비하여 여호와께서 자기 이름을 두시려고 택하신 곳으로 가져가서 '선물'들을 여호와께 먼저 드리고, 여호와 앞에서 가족과 노비와 레위인과 함께 먹고 마시며 즐거워해야 한다는 것이다.

이를 바탕으로 학자들이 신명기 12장 5-19절의 십일조를 '절기 십일조'(festival tithe)라고 부르는 것이다. 그런데 이렇게 여러 예물들 가운데서 유독 십일조만을 따로 떼어 '절기 십일조'라고 명칭을 붙이는 것은 적절하지 않다. 이 모든 예물들이 함께 즐기는 절기 비용으로 쓰여지기 때문이다. 이런 식으로 명칭을 붙인다면, 나머지 여섯 가지 예물들도 '절기 번제, 절기 제물, 절기 거제, 절기 서원제, 절기 낙헌 예물, 절기 초태생'이라고 불러야 한다.

그러나 이런 명칭들은 만들지 않고 유독 십일조에만 '절기 십일조'라는 용어를 만든 까닭은 무엇인가? 성경의 십일조 본문을 문맥과 서술의 논리를 염두에 두지 않고, 미리 가지고 있는 어떤 선입견이나 내용을 근거로 구분을 하면서 자기 생각을 성경에 주입하여 읽기 때문에, 성경 본문 어디에도 없는 특이한 용어를 만들게 된 것이다.

### 비싼 대가를 치룬다고 해도

그런데 여기서 한 가지 더 주목할 것이 있다. 신명기 12장에서는 세 번씩이나 헌물들의 종류를 일일이 열거하고 있는데, 이렇게 굳이 세 번이나 반복하는 이유는 무엇일까? 여호와께서 세 번의 반복을 통해서 주제를 발전시키며 강조하려고 하셨기 때문이다. 우선은 헌물의 종류를 열거하며 이스라엘 자손은 여호와 앞에 드리기를 아까워해서는 안 된다는 점을 강조하기 위해서이다.

신명기를 읽어 보면 하나님이 주시는 땅 안에서 살기 위해서는 삶의 전 영역에서 값비싼 대가를 치러야 했음을 알 수 있다.

1) 7년째는 빚을 면제하고 종을 해방해야 함(신 15:1-18)
2) 함부로 전당을 잡거나 전당물을 오래 잡으면 안 됨(신 24:6, 10-13, 17)
3) 종의 임금을 바로 지불해야 함(신 24:14-15)
4) 약자 위해 떨어진 이삭을 내버려 두어야 함(신 24:19-22): 경제적 손실을 감수
5) 지계표를 존중하기: 이웃의 재산을 존중하고 욕심을 자제해야 함(신 19:14-21)
6) 성적 순결을 지키기(신 22:13-30)
7) 계대 결혼의 의무를 지기(신 25:5-10)
8) 공평한 저울을 사용하기(신 25:13-16)

위의 규정들을 지키려면, 경제적 손실도 감수하고 욕심도 자제하고 세심하게 자신의 삶의 전 영역에서 하나님의 말씀에 순종해야 했다. 성적인 성결을 지키며 가족을 공정하게 보살피며 가정의 윤리를 지키는 것도 나

름대로 대가를 치르는 일이었다.

그렇다면 이런 비싼 대가를 치르며 하나님의 말씀을 모든 삶의 영역에서 순종하는 이유는 무엇인가? 이것이 하나님의 땅 안에서 이미 받은 축복을 지속적으로 누리며 살기 위한 최선의 방법이기 때문이다. 이런 최선의 방법 중에 하나가 여러 헌물들과 함께 십일조를 가지고 하나님께서 택하신 곳에 가져가 드리는 것이었다.

### 십일조와 예물들을 가져가는 이유와 목적

이처럼 본문은 이스라엘 자손들이 "여호와께서 너희의[이스라엘의] 손으로 수고한 일에 복 주심으로 말미암아" 여호와께 십일조와 예물을 드리고 여호와 앞에서 가족과 노비와 레위인들이 함께 먹고 "즐거워할" 것이라고 했다(신 12:6-7, 12). 여기에 신명기 십일조의 강조점이 분명하게 드러난다. '여호와 앞에서' 즐거워하며 드리는 **기쁨의 헌물**이라는 것이다.

따라서 대중적으로 흔히 들을 수 있는, 구약의 십일조는 법으로 정해진 세금이며 신약의 헌금은 '은혜로 드리는 것'(grace giving)이라고 해석하는 것은 성경을 크게 오해한 것이다. 신명기 12장에서는 십일조가 여호와의 축복에 대한 감사의 마음에서 기쁨으로 드리는 것이라고 지적하면서, 구약의 십일조 역시 '은혜로 드리는 것'임을 보여 주고 있다.

또한 신명기 12장은 여호와께서 이스라엘이 손으로 하는 모든 일에 복을 주셨을 때, 가족은 물론 노비와 레위인과 함께 즐거워하라고 강조한다. 노비들을 포함해 누구든지 '이스라엘인들은 누구나 하나님의 통치를 받는 형제'이기 때문이다. 한편 레위인들은 여호와가 기업이기에 땅을 기업으로 받지 못하였으므로, 토지의 소출과 소와 양의 소산을 가지고 여호와 앞에서 먹고 마실 때 잊어서는 안 되는 형제들이다. 이에 신명기 12장 19절에서는 "너는 삼가 네 땅에 거주하는 동안에 레위인을 저버리지 말지니라"고 명시적으로 지시하고 있는 것이다.

### 신명기 12장에서 레위인에게 주는 십일조는 없는 것인가?

이렇게 십일조를 절기 비용으로 쓴다고 하면 레위인에게 십일조를 주지 않는 것인가? 그렇지 않다.

십일조와 여러 헌물들과 초태생과 첫 열매들을 가져오면 여호와께 먼저 드리게 되고, 그중에 일부는 제사장들에게, 그리고 십일조는 레위인들에게 각각의 몫을 준 다음에도, 가족들과 노비들과 레위인들과 함께 먹고 즐길 수 있는 여지가 있었던 것으로 보인다. 즉, 여호와 앞에서 가족들과 노비들과 레위인들과 함께 먹고 마시고 기뻐하는 비용은 십일조 외의 여러 헌물들로 가능했을 것으로 보인다.

여기서 다중 십일조를 주장하는 사람들은 신명기 12장의 십일조가 레위인에게 주는 십일조와는 달리 십분의 일을 더 떼어 놓고 절기 비용으로 쓰는 제2의 십일조라고 강조한다. 그러나 매년 십일조 외에 '절기 십일조'를 따로 떼었다는 명시적인 성경적 근거는 없다.


## 신명기 14장의 십일조: 거리가 먼 경우

### 본문

이제 신명기의 두 번째 십일조 본문인 14장 22-29절을 살펴보자. 여기서는 '십일조'(마아세르)라는 명사가 두 번(23, 28절), '십일조를 드리다'(아사르)라는 동사가 한 번(22절) 나온다.

"²²너는 마땅히 매 년 토지 소산의 **십일조를 드릴**(아사르) 것이며 ²³네 하나님 여호와 앞 곧 여호와께서 그의 이름을 두시려고 택하신 곳에서 네 곡식과 포도주와 기름의 **십일조**(마아세르)를 먹으며 또 네 소와 양의 처음 난 것을 먹고 네 하나님 여호와 경외하기를 항상 배울 것이니라 ²⁴그러나 네 하나님 여호와께서 자기의 이름을 두시려고 택하신 곳이 네게서 너무 멀고 행로가 어려워서 네 하나님 여호와께서 그 풍부히 주신 것을 가지고 갈 수 없거든 ²⁵그것을 돈으로 바꾸어 그 돈을 싸 가지고 네 하나님 여호와께서 택하신 곳으로 가서 ²⁶네 마음에 원하는 모든 것을 그 돈으로 사되 소나 양이나 포도주나 독주 등 네 마음에 원하는 모든 것을 구하고 거기 네 하나님 여호와 앞에서 너와 네 권속이 함께 먹고 즐거워할 것이며 ²⁷네 성읍에 거주하는 레위인은 너희 중에 분깃이나 기업이 없는 자이니 또한 저버리지 말지니라 ²⁸매 삼 년 끝에 그 해 소산의 **십분의 일**을 다 내어 네 성읍에 저축하여 ²⁹너희 중에 분깃이나 기업이 없는 레위인과 네 성중에 거류하는 객과 및 고아와 과부들이 와서 먹고 배부르게 하라 그리하면 네 하나님 여호와께서 네 손으로 하는 범사에 네게 복을 주시리라"(신 14:22-29).

### 현실적 어려움: 길이 멀거나 예물이 너무 많은 경우

우리는 신명기 12장에서 이스라엘은 십일조와 예물들을 가지고 하나님이 택하신 곳에 가서 드리고, 가족과 노비와 레위인이 함께 먹고 즐거워하는 것이 기본 원리임을 살펴보았다. 그러나 그렇지 못할 수도 있었다.

"그러나 네 하나님 여호와께서 자기의 이름을 두시려고 택하신 곳이 네게서 너무 멀고 행로가 어려워서 네 하나님 여호와께서 그 풍부히 주신 것을 가지고 갈 수 없거든"(신 14:24).

하나님께서 복을 주셔서 가지고 갈 수가 없을 만큼 많다니, 상상만 해도 기쁘지 않은가? 실제로 십일조와 예물을 가지고 먼 길을 가는 것은 쉽지 않은 일이다. 따라서 신명기 14장은 이런 상황을 염두에 둔 대안을 제시하고 있는 것이다.

"그것을 돈(케세프)으로 바꾸어 그 돈을 싸 가지고 네 하나님 여호와께서 택하신 곳으로 가서 네 마음에 원하는 모든 것을 그 돈으로 사되…"(신 14:25-26).

그렇다면 돈으로 바꾼 다음 수중에 가지고 가서 구체적으로 어떻게 해야 하는가? 여호와께서 택하신 곳에 도착하면 그곳에서 원하는 것은 무엇이나 구할 수 있었다. 그러나 마음에 원하는 것은 무엇이든지 살 수 있다고 하면서 실제로 예로 든 물품들은 소나 양이나 포도주나 독주 등 '먹고 마실 수 있는 것들'(신 14:26)이었다. 그 이유가 무엇일까? 여호와 앞에서 가족과 레위인들이 함께 먹고 즐거워할 수 있는 잔치 물품을 사야 하기 때문이다.

이런 신명기 14장의 대안은 실제로 성경 시대에 중요한 풍습이 되었고 신약 시대에 이르면서 이 풍습이 타락하여 성전을 소와 양과 비둘기 파는 사람들과 돈 바꾸는 사람들로 인해 장사하는 집으로 전락하기까지 했음을 보여 준다(요 2:13-16).

십일조를 하나님께서 택하신 곳으로 가져가는 이유는 신명기 12장이나 14장이 동일하다. 단지 거리가 먼 경우에 특별한 중간 조치를 취하게 한 것과 교육적 목적을 분명하게 제시한 것 외에는 큰 차이가 없다. 이렇게 성경은 단순히 이스라엘 종교 역사의 우연한 부산물이 아니라 성령께서 저자들을 통해 조화롭고 풍부하며 일관성이 있는 계시의 말씀으로 우리에게 주신 것이다.

## 신명기 14:28-29의 매 삼 년 십일조: 긍휼의 정신

**겉으로 보기에 다른 십일조**

그런데 신명기 14장 28-29절에 보면 외견상 전혀 다른 종류의 십일조가 갑자기 등장한다.

> "매 삼 년 끝에 그 해 소산의 십분의 일을 다(히브리어로 콜 마아세르) 내어 네 성읍에 저축하여 너희 중에 분깃이나 기업이 없는 레위인과 네 성중에 거류하는 객과 및 고아와 과부들이 와서 먹고 배부르게 하라 그리하면 네 하나님 여호와께서 네 손으로 하는 범사에 네게 복을 주시리라"(신 14:28-29).

이 십일조는 지금까지 십일조 본문들에서 살펴본 '매년 십일조'와 다르다. 첫째, 이 십일조는 매년 드리는 것이 아니라 "매 삼 년 끝에" 드리는 예물이다. 바로 앞에 신명기 14장 22절에서는 "너는 마땅히 매 년 토지 소산의 십일조"를 드리라고 되어 있다.

따라서 이 십일조는 다른 성격의 십일조이다. 후에 신명기 26장 12절에 보면 "셋째 해 곧 십일조를 드리는 해"(히브리어로 셰나트 함마아세르)라는 표현이 나오는데, "십일조를 드리는 해"란 어구는 일종의 전문 용어(technical term) 같다.

### 그러나 동일하게 모든 것의 십분의 일

매 삼 년마다 내는 십일조는 매년 십일조와 마찬가지로 그 해에 거두어들이는 토지 소산의 '모든 십분의 일'(콜 마아세르)을 드려야 한다. 십일조를 언급할 때 가장 특징적인 성격을 가리키는 '모든 십일조'(콜 마아세르)란 용어가 여기에도 나온다. 앞으로 더 상세히 살펴보겠지만 매 삼 년 십일조는 매년 드리는 십일조 외에 더 드리는 십일조가 아니다. 매년 드리는 십일조를 예루살렘으로 가져가는 것이 아니라 자기가 사는 성읍에 저축하는 것이다.

십일조는 원래 여호와의 소유이기에 여호와께 당연히 드리는 것으로서 여기에 하나라도 빠뜨리는 것이 있으면 안 된다. 따라서 하나님께 드리는 십일조는 '모든 십일조'가 되어야 하는 것이다. 아브라함이 멜기세덱에게 십일조를 드릴 때에도 '모든 것의 십분의 일'(마아세르 믹콜)였다.

히브리어 원문으로 보면, 거의 모든 중요한 십일조 본문에서 "모든 십일조"란 표현이 빠지지 않고 나온다. 민수기 18장의 십일조 본문(21절), 신명기 14장의 본문(28절)은 물론 앞으로 살펴볼 신명기 26장의 십일조 본문에도 나온다(12절). '모든 십일조'란 용어는 말라기 3장의 유명한 표현 "온전한 십일조"(10절)와 히브리어로는 동일한 표현이다. 비록 십분의 일이지만 모든 것을 대표하여 하나님께 드리는 예물이 바로 십일조의 핵심 정신이기 때문이다. 그러니까 매년 십일조나 매 삼 년 십일조는 모든 것의 십분의 일을 드린다는 점에서 동일한 성격의 십일조이다.

### 매 삼 년 십일조 역시 종교적 의미가 핵심

그러나 '매 삼 년의 십일조'는 매년 십일조와는 달리 "성읍에 저축"하여야 한다. '저축하다'라는 동사는 '쉬다'(누아흐)라는 동사를 사역형으로 사용한 것이다. 이 '누아흐'라는 동사의 신명기 용례를 살펴보면 놀라운 신학적 통찰을 얻을 수 있다. 신명기 안에서 '누아흐'의 사역형은 한 번은 십일조와 관련해서, 그리고 두 번은 첫 열매와 관련해서 사용되었다.

1) 십일조
"그 해 소산의 십분의 일을 다 내어 네 성읍에 저축하여(누아흐)"(신 14:28).
2) 첫 열매
"네 하나님 여호와께서 네게 주신 땅에서 그 토지의 모든 소산의 맏물을 거둔 후에 그것을 가져다가 광주리에 담고 네 하나님 여호와께서 그의 이름을 두시려고 택하신 곳으로 그것을 가지고 가서 … 제사장은 네 손에서 그 광주리를 받아서 네 하나님 여호와의 제단 앞에 놓을(누아흐) 것이며…"(신 26:2, 4).
[신앙고백: 5-9절]
"여호와여 이제 내가 주께서 내게 주신 토지 소산의 맏물을 가져왔나이다 하고 너는 그것을 네 하나님 여호와 앞에 두고(누아흐의 사역형) 네 하나님 여호와 앞에 경배할 것이며"(신 26:10).

결국 신명기 14장 28절에서 매 삼 년의 십일조를 성읍에 '저축하는/두는'(누아흐) 행위는 신명기 26장 4, 10절에서 첫 열매를 여호와의 제단 앞에 '두고'(누아흐) 여호와를 경배하는 것과 마찬가지의 종교적 의미를 갖는다.

따라서 신명기 14장 28-29절의 십일조를 '자선 십일조'라고 이름 붙이면, 마치 종교적인 십일조가 아니라 사회적 십일조라고 오해하게 만들 가능성이 크다. 물론 용도에 있어서는 종교적 용도보다는 사회적 용도가 더 강한 것이 사실이다. 그러나 이런 구분은 성경 자체의 근거가 없을 뿐 아니라 오해의 소지가 큰 것이 사실이다. 모든 십일조와 율법은 본질 자체가 종교적인 것이며, 사회적인 측면은 종교적 측면으로부터 자연스럽게 파생하는 것이기 때문이다.

### 사회적 약자를 위한 매 삼 년마다의 조치

그렇다면 매 삼 년의 십일조를 성읍에 쌓아 두는 목적은 무엇인가? 신명기 14장 29절을 보자.

"너희 중에 분깃이나 기업이 없는 레위인과 네 성중에 거류하는 객과 및 고아와 과부들이 와서 먹고 배부르게 하라…."

'먹다'와 '배부르다'라는 동사가 매 삼 년 십일조를 성읍에 두는 목적을 보여 준다. 먹고 배부르게 하기 위해서인데, 누가 먹고 배부르는 것인가? 바로 29절에 나오는 4개의 주어인 '레위인, 객, 고아, 과부들'이다. 신명기에서 '배부름'의 모티브를 살펴보면 레위인과 객과 고아와 과부를 배부르게 하라는 명령은 '매 삼 년 십일조'와 관련된 신명기 14장 29절과 26장 12절에만 나온다. 그렇다면 하나님께서 레위인과 객과 고아와 과부를 배부르게 할 수 있는 정기적인 수익을 내는 방법으로 '매 삼 년 십일조'를 특별히 지정하셨다고 볼 수 있다.

### 축복의 약속

이렇게 매 삼 년 십일조를 성읍에 저축해 레위인과 사회적 약자들을 먹고 배부르게 하면 무슨 일이 일어나는가? 모세는 하나님의 축복을 동기로 제시한다.

"…그리하면 네 하나님 여호와께서 네 손으로 하는 범사에 네게 복을 주시리라"(신 14:29).

"네 손으로 하는 범사에 네게 복을 주시리라"는 모티브는 신명기에 총 세 번 나온다. 두 번은 매우 일반적인 원칙으로 여호와의 말씀에 순종하면 복을 받는다는 문맥에서 사용되었다(신 28:12; 30:9-10). 그러나 하나님께서 구체적인 명령에 대해 '이 명령을 지키면 네 손으로 하는 모든 일에 복을 주실 것'이라고 약속하신 경우는, '매 삼 년 십일조' 명령이 유일하다.

십일조를 하면 축복하시겠다는 약속이 직접 언급된 곳은 여기가 처음이다. 물론 우리가 지금까지 살펴본 대로 모든 십일조 본문은 직간접적으로 축복과 연결되어 있다. 아브라함의 경우에는 하나님께서 적을 이기고 승리하게 하신 축복을 받고 십일조를 드렸다. 야곱은 하나님의 축복의 약속을 받은 후에 약속이 성취되면 십일조를 드리겠다고 서원했다.

레위기의 십일조 역시 하나님께서 토지의 소산과 가축의 축복을 주신 것이 전제되어 있다. 민수기와 신명기의 십일조 또한 약속의 땅에 들어와서 하나님이 베푸시는 모든 축복을 맛본 후에 하나님께 십일조를 드릴 것을 요구하고 있는 것이다.

그러니까 하나님의 축복과 은혜가 먼저이고 그 다음에 십일조를 드림이 나온다. 그런 점에서 축복을 받기 위해 십일조를 하는 것은 성경의 기본적인 성격이 아니다. 축복을 받은 후에 십일조를 감사함으로 드리는 것이 성경의 근본적 가르침이다.

이에 반해 신명기 14장의 '매 삼 년 십일조'에서는 십일조를 하면 축복하시겠다고 직접 약속하신다. 따라서 우리는 이런 축복의 약속도 인정해야 한다. 기복주의라고 주장하면서 하나님의 모든 축복을 거부하는 것은 성경적이지도 않고 자연스럽지도 않기 때문이다. 인간은 하나님의 축복이 없으면 단 한순간도 생명을 유지할 수 없는 존재임을 인정해야 한다.

## 신명기 26장의 매 삼 년 십일조: 신앙고백과 기도

### 본문

신명기에서 십일조가 나오는 세 번째 본문은 신명기 26장 10-16절이다. 여기에는 "십일조"(마아세르)라는 명사가 한 번, '십일조를 내다'(아사르)라는 동사가 한 번 나온다.

"¹⁰여호와여 이제 내가 주께서 내게 주신 토지 소산의 맏물을 가져왔나이다 하고 너는 그것을 네 하나님 여호와 앞에 두고 네 하나님 여호와 앞에 경배할 것이며 ¹¹네 하나님 여호와께서 너와 네 집에 주신 모든 복으로 말미암아 너는 레위인과 너희 가운데에 거류하는 객과 함께 즐거워할지니라 ¹²셋째 해 곧 십일조를 드리는 해(셰나트 함마아세르)에 네 모든 소산의 십일조 내기(아사르)를 마친 후에 그것을 레위인과 객과 고아와 과부에게 주어 네 성읍 안에서 먹고 배부르게 하라 ¹³그리 할 때에 네 하나님 여호와 앞에 아뢰기를 내가 성물을 내 집에서 내어 레위인과 객과 고아와 과부에게 주기를 주께서 내게 명령하신 명령대로 하였사오니 내가 주의 명령을 범하지도 아니하였고 잊지도 아니하였나이다 ¹⁴내가 애곡하는 날에 이 성물을 먹지 아니하였고 부정한 몸으로 이를 떼어두지 아니하였고 죽은 자를 위하여 이를 쓰지 아니하였고 내 하나님 여호와의 말씀을 청종하여 주께서 내게 명령하신 대로 다 행하였사오니 ¹⁵원하건대 주의 거룩한 처소 하늘에서 보시고 주의 백성 이스라엘에게 복을 주시며 우리 조상들에게 맹세하여 우리에게 주신 젖과 꿀이 흐르는 땅에 복을 내리소서 할지니라 ¹⁶오늘 네 하나님 여호와께서 이 규례와 법도를 행하라고 네게 명령하시나니 그런즉 너는 마음을 다하고 뜻을 다하여 지켜 행하라"(신 26:10-16).

**특이점**

신명기 26장의 십일조 본문은 신명기 14장에서 이미 살펴본 '매 삼 년 십일조'를 다루고 있다.

"셋째 해 곧 십일조를 드리는 해에 네 모든 소산의 십일조 내기를 마친 후에 그것을 레위인과 객과 고아와 과부에게 주어 네 성읍 안에서 먹고 배부르게 하라"(신 26:12).

'매 삼 년 십일조'의 기본 내용은 "십일조를 드리는 해"라는 독특한 명칭이 등장하는 것과 소소한 차이를 제외하고는 신명기 26장과 14장이 비슷하다. 그러나 신명기 26장은 14장에 없는 전혀 다른 부분이 첨가되어 있는데, 이렇게 매 삼 년의 십일조를 드릴 때에 공적인 신앙고백(13-14절)과 함께 청원 기도(15절)를 드리도록 한 부분이다.

실제로 26장의 십일조 본문은 '매 삼 년 마다 십일조'를 내라는 지시(원문으로 총 19단어)보다 신앙고백(43단어)과 청원 기도(22단어)를 합친 것이 세 배 이상 길다. 그러니까 신명기 26장의 십일조 본문은 '공적인 신앙고백'과 '축복의 청원 기도'가 핵심인 셈이다. 새로 첨가된 신앙고백과 축복의 청원 안에 매 삼 년 십일조의 정신이 강조되어 있는 것이다.

## 매 삼 년 십일조: 능동적 베풂

신명기 26장 12절에서는 매 삼 년 십일조의 사용처를 이어서 언급한다.

> "…그것을 레위인과 객과 고아와 과부에게 주어 네 성읍 안에서 먹고 배부르게 하라."

여기서 '매 삼 년 십일조'의 사용처는 신명기 14장의 '매 삼 년 십일조'와 동일하다(28-29절). 신명기 26장에는 성읍에 저축하라는 명령은 없지만, 성읍 안에서 먹고 배부르게 하라고 한 것을 보면 중앙 성소로 가져가는 매년 십일조와 달리 성읍에 저축한 것이 분명하다. 또한 십일조를 소비할 수 있는 대상이 '레위인, 객, 고아와 과부들'로 순서까지 신명기 14장과 26장이 동일하다. 또한 목적이 "먹고 배부르게 하라"는 것도 정확하게 같다.

단지 신명기 14장에서는 레위인 등이 **와서** 먹고 배부르게 하라"(29절)고 되어 있어서 사회적 약자들이 얼마든지 '와서 먹을 수 있는 권리'가 강조된 반면에, 신명기 26장에서는 '주라'는 명령이 들어 있어(12절) 십일조 드리는 자의 '능동적인 베풂'이 강조되고 있다고 학자들은 본다.

결국 매 삼 년 십일조는 부유한 자들이 가난한 자들에게 베푸는 자선이 아니다. 가난한 자들이 와서 먹고 배부를 수 있도록 하나님께서 주신 권리이다. 물론 가난한 자들이 뻔뻔하게 와서 요구할 수 있는 권리는 아니다. 단지 모든 인간들이 하나님의 형상으로 지음받아 먹고 배부를 수 있는 권리가 주어졌음을 강조하는 것이다.

즉, 매 삼 년 십일조는 부유한 자들이 하나님께서 주신 은혜에 감사하는 마음으로 가난한 자들을 형제로 여기고 능동적으로 그들의 권리를 인정하는 마음으로 베풀어야 한다는 것이다.

**공적 고백문**

그러나 우리가 지금까지 살펴본 것은 매우 사소한 차이에 지나지 않기에 신명기 26장의 '매 삼 년 십일조'와 신명기 14장의 '매 삼 년 십일조'는 동일하다고 볼 수 있다. 그렇다면 신명기 14장과는 다른, 가장 큰 차이점은 무엇인가? 신명기 26장은 십일조를 드릴 때 공적 고백을 먼저 드리고 그 다음에 축복을 원하는 청원 기도를 드리도록 규정한 점이 다르다.

우선 신명기 26장에서는 매 삼 년 십일조를 내어 레위인과 약자들에게 나누어줄 때에 하나님 여호와 앞에서 선언해야 할 '공적 고백문'을 제시한다. 이 공적 고백문은 앞에서 살펴본 어떤 십일조 본문들에서 볼 수 없는 전혀 새로운 요소인데 크게 평행하는 두 단락으로 나뉜다.

> "그리 할 때에 네 하나님 여호와 앞에 아뢰기를 내가 성물(학코데쉬)을 내 집에서 내어 레위인과 객과 고아와 과부에게 주기를 주께서 내게 명령하신 명령대로 하였사오니 내가 주의 명령을 범하지도 아니하였고 잊지도 아니하였나이다
> 내가 애곡하는 날에 이 성물을 먹지 아니하였고 부정한 몸으로 이를 떼어 두지 아니하였고 죽은 자를 위하여 이를 쓰지 아니하였고 내 하나님 여호와의 말씀을 청종하여 주께서 내게 명령하신 대로 다 행하였사오니"(신 26:13-14).

'매 삼 년 십일조'를 드릴 때의 공적인 고백은 총 열 가지이다. 핵심은 "성물"과 연관된 하나님의 명령을 온전히 지켰다는 선언으로 구성되어 있는데, 긍정의 측면과 부정의 측면에서 하나님의 명령을 철저하게 지켰다고 고백해야 했다.

1) 내가 성물(학코데쉬)을 내 집에서 내어(긍정)

2) 레위인과 객과 고아와 과부에게 주기를(긍정)

3) 주께서 내게 명령하신 명령대로 하였사오니(긍정)

4) 내가 주의 명령을 범하지도 아니하였고(부정)

5) 잊지도 아니하였나이다(부정)

6) 내가 애곡하는 날에 이 성물을 먹지 아니하였고(부정)

7) 부정한 몸으로 이를 떼어두지 아니하였고(부정)

8) 죽은 자를 위하여 이를 쓰지 아니하였고(부정)

9) 내 하나님 여호와의 말씀을 청종하여(긍정)

10) 주께서 내게 명령하신 대로 다 행하였사오니(긍정)

그렇다면 십일조를 드리면서 총 열 가지의 행동을 하거나 하지 않았다고 고백하는 의미는 무엇인가? 도대체 십일조는 어떤 성격의 예물이기에 이런 고백을 해야 하는가?

그것은 십일조가 하나님께 드리는 "성물"(학코데쉬)이기 때문이다. 성물이란 단어가 두 번이나 반복되면서 '매 삼 년 십일조'는 "성물"이라는 점을 특별히 강조한다. "성물"이란 여호와께 속한 물건, 여호와께 바쳐진 것을 가리킨다. '매 삼 년 십일조'는 종교적 용도가 아니라 모두 사회적 용도로 사용함에도 불구하고, "성물"이라는 점에는 차이가 없다. 따라서 '매 삼 년 십일조'를 레위인과 사회적 약자를 위해 성읍에 저축하고 그들에게 나누어 주는 행동은 단순히 사회경제적 행동이 아님을 고백해야 했다.

'매 삼 년 십일조'는 전부 성읍에 저축하여 하나도 남김없이 레위인과 객과 과부와 고아를 위해 사용된다. 설령 이렇게 예물의 단 한 부분도 제사의 형식으로 여호와께 직접 드려지지 않는다고 해도 '매 삼 년 십일조'는 원래부터 여호와께 속한 것이요, 드려지기 전부터 이미 성물인 것이다.

우리가 여기서 얻은 교훈은 무엇인가? 우리가 드린 십일조가 구제를 하거나 교회 운영비로 사용된다 하더라도 십일조를 드리며 마치 자선을 베풀거나 자신이 교회 운영비를 내는 것으로 생각해서는 안 된다. 왜냐하면 십일조는 원래부터 여호와의 것이요 성물이기 때문이다.

물론 신자들은 출석 교회로부터 혜택을 받기에 최소한 운영비의 일부는 부담해야 한다고 보고 십일조를 내는 것도 사실이다. 이런 인식이 아예 없이 출석 교회에 헌금을 하지 않는 사람들보다, 이런 생각을 하는 사람들이 나은 것은 부인할 수 없다. 그러나 십일조는 어떤 의미에서도 이렇게 생각해서는 안 된다. 왜냐하면 십일조는 원래부터 여호와의 것이기 때문이다.

또한 매 삼 년 십일조를 레위인 등 사회적 약자들에게 주는 행동은 그저 자비와 긍휼로 인한 박애주의적 조치여서는 안 되었다. 종주이신 여호와의 명령에 순종하는 신앙적 행동으로 매 삼 년 십일조를 약자들에게 주는 것이라는 점을 기억하도록 하기 위해 "주께서 내게 명령하신 대로[명령대로] 다 행하였사오니[하였사오니]"를 반복하게 만든 것이다(신 26:13-14).

이미 학자들이 지적했듯이 매 삼 년 십일조를 드리는 것은 여호와께 가져가 직접 드리는 것이 아니기에 우선순위에서 밀려날 수도 있고, 솔직히 하고 싶은 마음이 덜 들 수 있었을지도 모른다. 그러나 '매 삼 년 십일조'는 궁극적으로는 봉신이 종주에게 순종하느냐 아니냐의 문제였다.

**순종과 축복의 간구**

'매 삼 년 십일조'를 드리는 자는 이렇게 공적으로 고백을 한 후에 하나님께 축복을 간청해야 했다.

"원하건대 주의 거룩한 처소 하늘에서 보시고 주의 백성 이스라엘에게 복을 주시며 우리 조상들에게 맹세하여 우리에게 주신 젖과 꿀이 흐르는 땅에 복을 내리소서 할지니라"(신 26:15).

축복의 간구에는 순종의 근거가 있어야 했다. 따라서 "내 하나님 여호와의 말씀을 청종하여 주께서 내게 명령하신 대로 다 행하였사오니"(신 26:14)라고 고백한 후에 이런 간구를 해야 했다.

그렇다고 해서 순종했으니까 축복은 당연하다는 식으로 주장하는 것이 아니다. 하나님의 축복은 이미 선행적으로 주어졌다. 이스라엘은 공적인 고백을 통해, 족장들에게 땅을 주시겠다고 약속하시고 애굽 땅의 종되었던 곳에서 건지시고 약속의 땅으로 인도하신 후에 땅을 차지하도록 주셨으며 토지 소산을 주셨고 복을 주셨다고 선언했다.

여기서 기도의 핵심은 '우리가 순종했으니 하나님은 마땅히 복을 주셔야 한다'라는 요청이 아니다. '하나님께서 이미 족장 시대부터 출애굽과 광야 시대를 거쳐 가나안 정복의 거대한 구속사 가운데 복을 주셨고, 약속의 땅에서 이미 복을 주셨고, 우리가 이로 인해 순종의 반응을 보였으니, 지금까지 베푸신 은혜를 계속하여 내려 주시고 복을 주시옵소서'라는 의미의 기도이다. 이런 기도를 가지고 기복적 기도라고 이야기하는 사람이 있다면 이는 성경을 잘 모르는 오해에서 나온 것이다.

이 신앙고백과 청원 기도 부분을 보면 단지 매 삼 년의 십일조를 가난한 사람들을 구제하는 '자선 십일조'로 명명하는 것이 적절하지 않음을 알게 된다. 언뜻 매 삼 년 십일조는 '사회적 요소'(자선)에 강조점이 놓여 있는 것처럼 보이나, 그 기저에는 강력한 '종교적 요소'(신앙고백과 청원 기도)가 밑바탕에 깔려 있음을 알 수 있다.

## 결론: 신학적 메시지와 현대적 적용

### 율법의 십일조 본문들은 상호 보완적이며 일관적

신명기의 십일조 본문들을 살펴본 결과 레위기, 민수기, 신명기는 모두 하나님의 계시로서 각 권의 신학이 서로 상충적이거나 다른 것이 아님을 알 수 있었다. 각 권은 구체적인 '삶의 정황'과 '강조점'이 다른 것뿐이었다.

레위기의 십일조 규정은 하나님께 드리는 삶이 거룩한 삶이라는 점을 강조하면서 초태생과 첫 열매와 십일조가 원래 여호와의 것이기에 당연히 드려야 할 예물임을 강조한다. 한편 민수기의 십일조 규정은 여호와께 거제로 드린 십일조를 (땅을 기업으로 받지 않은) 레위인들의 성전 봉사의 대가로서 기업으로 줄 것을 강조한 것이다. 이에 반해 신명기는 약속의 땅에 들어가면 바뀌게 될 삶의 상황에서 언제 어떻게 누구에게 십일조를 드릴 것인지를 다루고 있다. 약속의 땅에 들어가면 하나님께서 택하신 곳으로 예물들과 십일조를 가지고 가서 여호와께 드리며 여호와 앞에서 가족들과 종들과 레위인들과 함께 먹고 기뻐할 것을 규정하고 있는 것이다.

따라서 레위기나 민수기나 신명기의 십일조 본문들은 '모세 오경'이라는 '최종 본문 형태의 전체 그림' 안에서 해석되어야 하지, 일부 비평주의 학자들처럼 '본문의 형성사'라는 가상의 전제 안에서 파편적으로 해석되어서는 안 된다. 예를 들어 레위기의 십일조 본문은 이스라엘 초기의 산물로 일반적인 십일조 개론이며, 민수기의 십일조 본문은 제사장과 레위인이 권력을 잡은 후에 일종의 세금으로 만들어낸 것이고, 신명기의 십일조 본문은 예루살렘만을 중앙 성소로 제정한 후에 그곳으로만 십일조를 가져오도록 만든 후대 역사의 산물이라는 식으로 주장한다면 어떤가? 이는 지금까지 발견된 어떤 성경 사본이나 역사적 자료에도 근거하지 않는 주장이다. 구약(레위기, 민수기, 신명기)의 율법 안에서 십일조는 원래부터 여호와의 것으로 여호와께 드려야 하는 선물임을 일관적으로 강조하고 있다.

이는 신명기 안에서도 마찬가지이다. 신명기에서 십일조에 관한 규정을 하나로 묶어서 한 번에 다루지 않고 12, 14, 26장에 나누어 따로 다루는 이유가 무엇인지 살펴보았다. 십일조의 원리를 구체적인 삶의 정황 가운데서 다루다 보니 세 군데로 나누어 다룰 수 밖에 없는 것이다.

### 레위 십일조, 절기 십일조, 자선 십일조의 구분은 자의적

따라서 성경의 십일조를 '레위 십일조', '절기 십일조', '자선 십일조'로 구분하는 것은 성경적 근거가 없는 것이다. 일부 학자들이 십일조 본문들을 근접 문맥이나 원접 문맥의 고려 없이, 또한 심도 있는 본문의 문자적·신학적 주해 없이 오직 '주제의 관점'에서만 레위 십일조, 절기 십일조, 자선 십일조로 분류한 것이기에 성경적 근거가 있는 구분이라고 볼 수 없다.

이런 명칭은 성경의 십일조의 정의와 핵심 가치와 목적을 설명하는 데 역부족이다. 자칫하면 성경의 십일조를 이해하는 데 방해가 될 수 있을 뿐 아니라 여러 오해를 낳게 되는 것은 부인할 수 없는 사실이다.

왜냐하면 민수기 18장뿐 아니라 신명기 12, 14장에는 십일조를 언급할 때마다 레위인이 빠진 적이 없다. 모든 십일조 본문은 레위인에게 십일조를 하나님이 기업으로 주셨음을 기저에 깔고 있으며, 모두 레위 십일조라고 부를 만하다. 앞서 살펴본 대로 12장과 14장 22-27절의 십일조는 절기 비용으로만 쓴 여러 예물들 가운데 하나에 지나지 않는다. 이에 절기 십일조라고 이름을 붙이면 오해할 수 있다. 14장 28-29절의 십일조 본문 역시 함께 즐거워해야 할 대상으로 레위인이 처음 언급될 뿐 아니라 "너희 중에 분깃이나 기업이 없는 레위인[자]"이라고 명시되어 있어서 십일조는 레위인에게 여호와께서 기업으로 준 몫임을 분명하게 하고 있다. 따라서 '자선 십일조'라는 명칭은 오해의 소지가 매우 크다고 할 수 있다.

비평 학자들이 아니라고 해도, 십일조는 레위인에게 준 세금이라는 이론은 일반적으로 널리 퍼져 있다. 이를 근거로 오늘날 레위인이 없고 목사도 레위인이 아니기에 십일조를 교회에 드릴 필요가 없다고 주장하는 이야기를 흔히 들을 수 있다. 십일조는 자선의 목적이 있으니까 자신이 다니는 교회가 아닌 NGO 단체에 드려도 된다고 기독교 대표 방송에서 말하는 전문가들도 있다. 심지어는 절기 십일조도 있으니까, 가족이나 교우들이 식사하고 잔치하는 데 사용할 수 있다고 주장하는 신학자도 있다.

이런 주장은 매우 스마트하고 경우에 따라서는 새롭고 참신하여 매력적일 수도 있다. 그러나 성경 어디에서도 그 근거를 찾기 어려운 주장이다. 이런 경우는 성경을 대충 읽고 여기저기 떠돌아다니는 얕은 신학 저서들에 근거하여 자기 생각을 이야기하는 경우가 적지 않다. "성경을 다루는 자들은 자기의 영으로 성경을 해석하지 말고, 성경의 영으로 성경을 해석하라"는 종교개혁자 마르틴 루터의 경고에 언제나 주의를 기울여야 한다.

### 구약성경의 십일조 정신은 예수님의 정신과 동일

구약성경의 십일조 본문의 정신은 예수님의 정신인 "정의와 긍휼과 믿음"(마 23:23)과 매우 동일하다. 민수기 18장의 십일조는 레위인들에게 '각자의 몫을 각자에게 주는 보상'으로 주어진 것이므로 '분배적 정의의 정신'을 드러내는 것이다. 신명기 12장의 십일조는 이스라엘이 하나님께서 택하신 곳을 찾아가 하나님께 '예배하는 용도'이기에 '믿음의 정신'을 보여 준다고 할 수 있다. 또한 신명기 14장과 26장의 '매 삼 년 십일조'는 과부와 고아와 객과 레위인들을 사랑하는 '긍휼의 정신'을 보여 주는 것이다.

아브라함의 십일조가 예수님의 십일조 정신을 그대로 구현했듯이 오경 안의 십일조 본문들도 예수님의 십일조 정신을 정확하게 보여 준다. 이처럼 성경은 신구약이 조화롭고 일관되며 풍성하고 찬란한 계시의 말씀이다.

## 다중 십일조론은 성경적 근거 없음

이렇게 오경 전체의 문맥과 서술의 논리를 통해서 보면, 민수기와 신명기의 십일조 본문들은 구체적인 상황에서 언제 어떻게 누구에게 십일조를 드리고 즐거워해야 하는지에 대한 십일조의 특수 원리를 다루고 있다고 결론을 내릴 수 있다. 따라서 내용이 다르기 때문에 1년에 세 번 내지 두 번의 십일조를 드리도록 요구하는 것으로 볼 근거는 없다.

그러나 이런 자의적 분류와 고대 유대인들의 문헌을 근거로 모세 오경 안에 '세 가지(혹은 두 가지) 십일조'가 있다고 주장하는 학자들이나 목회자들이 아직도 많이 있다. 이들이 근거로 삼는 유대 문헌은 요세푸스의 글과 토빗서 1장 6-8절이다.

> "내가 방금 언급한 바대로 매년 10분의 1씩 레위인들과 절기들을 위해 각각 드리는 10분의 2 외에 3년마다 가난한 자, 즉 과부나 고아들을 돕기 위해 세 번째 10분의 1을 드려야 한다"(유대고대사 4.8.22).[1]

> "그러나 나만은 축제 때에, 온 이스라엘을 위하여 영원한 규정에 쓰인 대로 자주 예루살렘으로 갔다. 나는 그때마다 맏물과 맏배와 가축의 십분의 일과 그해에 처음 깎은 양털을 가지고 예루살렘으로 서둘러 가서, 아론의

---

1) 요세푸스, 「요세푸스-유대고대사1」, 김지찬 옮김 (생명의 말씀사, 2025), 281.

자손 사제들에게 주어 제단에 바치게 하였다. 또 밀과 포도주와 올리브 기름과 석류와 무화과와 다른 과일들의 십분의 일을 예루살렘에서 봉직하는 레위의 자손들에게 주었다. 그리고 여섯 해 동안 해마다 또 다른 십분의 일을 돈으로 환산하여 예루살렘으로 가지고 가서 썼다. 세 번째 십분의 일은 고아들과 과부들, 그리고 이스라엘 자손들 곁에 사는 이방인들에게 주었다. 나는 세 해마다 그 십분의 일을 가져다가 그들에게 주고, 그것과 관련하여 모세의 법에 쓰인 규정에 따라, 또 우리 아버지 토비엘의 어머니신 드보라께서 내리신 지시에 따라 그들과 함께 먹었다. 아버지께서는 나를 고아로 남겨 두신 채 일찍 돌아가셨던 것이다."[2]

이스라엘이 십분의 이 혹은 십분의 삼을 드렸다는 문헌상의 증거는 예수님 당시의 요세푸스나 토빗서가 유일한 증거이다. 물론 예수님 당시에 매우 경건한 유대인들은 십분의 삼을 드렸을 수 있다. 그러다 보니 일반적으로 보수적 성향의 목회자들은 다중의 십일조가 있었다고 본다. 삼중 십일조를 주장하는 사람들도 있고, 이중 십일조를 주장하는 사람들도 있다.

그러나 아직도 대다수의 구약학자들은 다중의 십일조가 아니라 단일 십일조만 있었다고 본다.[3] 구약성경 어디에도 다중 십일조가 명시적으로 언급되지 않기 때문이다. 게다가 민수기와 신명기의 십일조 본문들을 보면 1년에 두 번이나 세 번 십일조를 내라고 명령한 근거를 찾아볼 수 없다. 게다가 하나님의 백성들이 드려야 하는 제물과 예물은 십일조 외에도 매우 많다. 따라서 하나님께서 십분의 이나 십분의 삼을 요구했을 가능성은

---

2) 가톨릭 성경, 토빗기, 1:6-8; https://bible.cbck.or.kr/Knbnotes/Bible/Tb/1, 2025년 1월 26일 접속.
3) 단일 십일조론은 성경에 나오는 십일조 본문들을 통일성 있게 이해하려는 태도로서 Jocob Milgrom, Timothy R. Ashlery, Gordon Wenham, Christopher J.H. Wright 같은 복음주의 학자들이 주장하고 있다.

현실적으로 매우 희박하다. 특별히 연대순으로 마지막 십일조 본문인 느헤미야서를 보면 단일 십일조만을 이야기하는 것으로 보인다. 따라서 필자는 구약성경이 단일 십일조를 보여 준다고 본다.

## 여호와는 잔치의 주인

신명기의 매년 십일조 본문을 보면 십일조를 가지고 하나님께서 택하신 곳에 가서 '여호와 앞에서 먹고 즐거워 하라'고 되어 있다(신 12:6-7; 14:26-27). "여호와 앞에서" 먹고 마신다는 것은 여호와께서 택하신 곳에서 먹고 마신다는 단순한 의미가 아니다. 물론 여호와께서 택하신 곳이 바로 여호와께서 거주하신 곳이기에, 거기서 먹고 마시는 것은 여호와의 임재 앞에서 먹고 마신다는 뜻이기도 하다. 그러나 학자들은 한 걸음 더 나아가 여호와께서도 이 잔치에 참여하신다는 의미로 해석한다.

여호와는 단순히 관찰자가 아니라 능동적으로 이 잔치에 참여하시며, 엄밀히 말하면 이 잔치를 가능케 하시는 잔치의 배설자요 주인이라는 것이다. '복을 주셔서 가지고 갈 것이 너무 많아' 돈으로 바꾸어 가야 할 만큼 풍요를 허락하신 분은 여호와이시기 때문이다. 그리고 언약 규정을 통해 가족들과 레위인들이 함께 여호와 앞에서 먹고 즐거워할 수 있는 잔치를 가능하도록 하신 분도 여호와이시다.

따라서 많은 학자들이 여호와 앞에서의 잔치를 신약 시대의 예수 그리스도의 성만찬(마 26:20-30; 막 14:17-25; 눅 22:14-20; 요 6:48-58)과 종말의 어린 양의 혼인 잔치(계 19:6-10)를 예표하는 모형으로 간주한다.[4] 그러기에

---

4) 예를 들어 D. Vandiver는 "The Lord's Supper as a Proleptic Covenant Ratification Meal and Inaugurated Kingdom Feast:" Soutern Baptist Journal of Theology 26 (2022), 68-88에서 성만찬을 구약의 유월절과 시내산 언약 체결 식사(출 24:9-11)의 성취인 동시에 종말의 어린 양의 혼인 잔치(계 19:6-10)를 예표하는 모형으로 해석한다.

신명기 14장의 십일조와 초태생으로 여호와 앞에서 먹는 잔치는 그리스도의 성만찬과 종말의 어린 양의 혼인 잔치를 보여 주는 모형으로, 신약 시대와 종말 시대의 그리스도인들이 십일조를 어떤 마음으로 드려야 하는지를 잘 보여 주고 있다. 이렇게 본다면 십일조는 율법 시대에만 유효한 것이고 신약 시대에는 폐기되었다는 주장은 정경의 거대한 사상과 흐름을 볼 때에 근거가 없는 것이다.

### 적용을 위한 질문

1. 여러분은 십일조와 헌금을 '기쁨의 예배의 정신'으로 드리고 있습니까?
2. 신명기 26장에서 '십일조는 성물'이며, 이를 부정하게 다루지 않았음을 고백하라고 명합니다. 하나님께 드리는 십일조와 헌금을 다룰 때, 성물로서의 거룩함과 책임감을 갖고 있습니까?
3. 십일조가 어떤 방식으로 하나님의 사랑을 전하는 도구가 될 수 있습니까? 내가 드리는 십일조 또는 헌신이 사회적 약자나 소외된 자를 위해 사용될 수 있도록 어떻게 기도하고 실천할 수 있습니까?

⑥

# 사무엘서의 십일조
## 삼상 8장

백성을 종으로 만드는 왕의 십일조

## 서론적 이야기

**사무엘상 8장의 십일조**

지금까지 족장 시대부터 시작해서 모세 오경에 나오는 십일조 본문들을 살펴보았다. 이제 우리는 여호수아나 사사 같은 지도자들이나 백성들이 십일조를 드리는 모습이 나올 것을 기대할 수 있다. 그런데 놀랍게도 모세나 여호수아나 사사들이 십일조를 드렸다는 언급은 한 번도 나오지 않는다.

모세 오경 이후 '십일조'라는 용어가 처음 등장하는 곳은 사무엘상 8장이다. 그러나 사무엘상 8장은 백성들이 하나님께 드리는 십일조 이야기가 아니다. 이와는 정반대로 왕들이 백성들에게서 취하는 십일조 이야기이다. 이스라엘이 사무엘에게 열방과 같은 왕을 세워 달라고 요청했다. 이에 하나님은 백성들의 요구를 들어주라고 하시면서, 이 왕들이 백성들로부터 십일조를 취하면 결국 백성들이 종이 되리라 경고하라고 하셨다. 이 하나님의 경고 가운데 '십일조 하다'(아사르)라는 동사가 두 번 나온다.

"그가 또 너희의 곡식과 포도원 소산의 십일조를 거두어(아사르) 자기의 관리와 신하에게 줄 것이며 … 너희의 양 떼의 십분의 일을 거두어(아사르) 가리니 너희가 그의 종이 될 것이라"(삼상 8:15, 17).

이 본문의 십일조는 이스라엘 백성들이 하나님께 드리는 십일조가 아니라, 왕이 백성들에게 취하는 십일조이다. 엄밀히 말하면 '종교적 십일조'가 아닌 '정치적 십일조'이기에 여기서 다룰 필요가 없는 것처럼 보일 수 있다.

### 왕의 십일조의 신학적 중요성과 현대적 적용

그러나 '십일조'라는 개념을 이해하기 위해서는 종교적 십일조든 정치적 십일조든 모두 살펴볼 필요가 있다. 그렇게 해야 성경이 십일조에 관해 어떤 태도를 취하고 있는지 큰 그림을 알 수 있기 때문이다.

특히 '왕의 십일조'는 하나님이 요구하시는 십일조와 어떻게 다른지를 보여 준다는 점에서 주의 깊게 살펴볼 필요가 있다. '열방과 같은 왕의 요구'와 '왕의 십일조 거둠', 결국 백성이 '왕의 종'이 되리라는 예언을 담은 이 본문은 이스라엘의 정치사와 구속사에 매우 중요한 전환점이기 때문이다.

한 걸음 더 나아가 사무엘상 8장의 '왕의 십일조'는 신약 시대의 그리스도인들에게도 충분한 적용 가능성이 있다. 왜냐하면 신약의 성도들 역시 "왕 같은 제사장들"이기 때문이다(벧전 2:5, 9). 왕 같은 제사장으로서 그리스도인들은 십일조를 내는 동시에, 교회에서 목사나 장로나 안수집사나 중직자로서 십일조와 헌금을 '관리하고 배분하고 사용하는' 역할을 감당하기도 해야 한다. 그렇다면 사무엘상 8장의 십일조 본문은 '왕 같은 제사장'

으로서 우리가 십일조를 어떻게 다루어야 하는지에 대해 깊은 통찰을 제시하는 본문이라고 볼 수 있다.

## 이스라엘의 '열방과 같은 왕' 요구

**이스라엘의 왕 요구와 하나님의 허락**

왕의 십일조를 이해하려면, 먼저 이스라엘 백성들이 왜 왕을 요구하게 되었는지 살펴봐야 한다. 여호수아가 죽은 후에 모세와 여호수아와 같은 지도자 없이, 오직 하나님 한 분만을 왕으로 모시고 각자 자기 눈에 옳은 대로 살 수 있는 자유의 시대가 주어졌다.

이를 사사 시대라고 부르는데, 이스라엘 백성들은 왕이신 여호와만 섬기기보다는, 스스로 왕이 되어 자유를 남용하며 거룩한 백성으로서의 정체성을 잃었다. 엎친 데 덮친 격으로 블레셋 민족의 침공이 강화되자 이스라엘은 국가적으로 위기에 처했다.

이에 이스라엘의 모든 장로들이 사무엘에게 자신들을 다스릴 왕을 달라고 요구했다(삼상 8:5-6, 20). 이스라엘의 장로들이 왕을 요구한 표면상의 이유는 사무엘이 늙었고 그의 아들들이 사무엘 같지 않기 때문이지만, 실제 이유는 그것이 아니라 '열방과 같은' 왕을 갖고 싶은 데 있었다(삼상 8:5).

실제로 열방과 같은 왕을 요구하는 것은 하나님을 버리는 반역이었다(삼상 8:7). 하나님은 이런 요구를 들어주지 않으실 것처럼 보였으나 이스라엘의 역사는 어차피 그분을 버리고 다른 신들을 섬긴 역사라는 점을 인정하시면서 왕을 달라는 요구를 들어주라고 하셨다(삼상 8:8).

### 왕의 제도의 위험성 경고

대신 하나님은 왕정의 위험성을 경고하라고 사무엘에게 지시하셨다.

"그러므로 그들의 말을 듣되 너는 그들에게 엄히 경고하고 그들을 다스릴 왕의 제도(미쉬파트 함멜레크)를 가르치라"(삼상 8:9).

개역개정이 "왕의 제도"(미쉬파트 함멜레크)로 번역한 표현에서 "제도"라고 번역된 '미쉬파트'는 직역하면 "관습", "습관", "규례"로 번역할 수 있다(삼상 2:13; 27:11; 30:25). 한편 일부 학자들은 사무엘상 8장의 문맥을 보면 왕정이 가져올 '폐해'를 언급하고 있기에 '왕들의 요구사항'이라고 의역하기도 하고, 어떤 학자들은 '왕을 도구로 한 심판'으로 번역할 것을 제안하기도 한다. 필자는 이 어구가 '왕들의 요구사항'과 '왕으로부터 온 심판'이란 두 가지 의미를 다 함축하고 있다고 본다. 즉, "왕의 제도"에 이런 두 가지 의미가 모두 함축되어 있기에 이 표현을 그대로 사용하려고 한다.

### 왕의 제도의 핵심

#### 왕은 취하는 자

이어지는 하나님의 말씀을 보면 이스라엘이 '열방과 같은 왕'을 요구한 결과 어떤 대가를 치르게 될지가 잘 나타난다.

"너희를 다스릴 왕의 제도는 이러하니라…"(삼상 8:11).

1) 아들을 취함: "그가 너희 아들들을 **데려다가**(라카흐) 그의 병거와 말을 어거하게 하리니 그들이 그 병거 앞에서 달릴 것이며 그가 또 너희의 아들들을 천부장과 오십부장을 삼을 것이며 자기 밭을 갈게 하고 자기 추수를 하게 할 것이며 자기 무기와 병거의 장비도 만들게 할 것이며"(11-12절).
2) 딸들을 취함: "그가 또 너희의 딸들을 **데려다가** 향료 만드는 자와 요리하는 자와 떡 굽는 자로 삼을 것이며"(13절).
3) 밭 등을 취함: "그가 또 너희의 밭과 포도원과 감람원에서 제일 좋은 것을 **가져다가**(라카흐) 자기의 신하들에게 줄 것이며"(14절).
4) 곡식과 소산의 십일조를 취함: "그가 또 너희의 곡식과 포도원 소산의 십일조를 **거두어**(아사르) 자기의 관리와 신하에게 줄 것이며"(15절).
5) 노비와 나귀를 취함: "그가 또 너희의 노비와 가장 아름다운 소년과 나귀들을 **끌어다가**(라카흐) 자기 일을 시킬 것이며"(16절).
6) 양떼의 십일조를 취함: "너희의 양 떼의 십분의 일을 **거두어**(아사르) 가리니…"(17절).

여기서 '취하다'(라카흐: 8:11, 13-14, 16)라는 동사가 네 번, '십일조를 거두다'(아사르: 8:15, 17)라는 동사가 두 번이나 반복되면서 탈취의 대상이 백성들의 삶 전체를 포괄할 만큼 전방위적임을 보여 준다. 그 대상은 "너희 아들들", "너희의 딸들", "너희의 밭과 포도원과 감람원", "너희의 곡식과 포도원 소산의 십일조", "너희의 노비와 가장 아름다운 소년과 나귀들", "너희의 양 떼의 십분의 일"(삼상 8:11-17)이다.

왕들은 한마디로 백성들의 모든 인적 자원과 물적 재산 전반을 '취하고' '십일조를 가져가는' 자로서, 그 특성상 백성에게서 '취하는 자'의 존재인 것이다. 실제로 열방(고대 근동 아시아)의 왕들은 아들들을 취해 병사와 장교로 부리고, 딸들을 취해서 요리하는 시녀로 삼고, 노비를 데려다 왕궁 일을 시키고, 양 떼의 십분의 일을 취하여 사치스러운 왕궁 생활을 영위하는 자들이었다. 이것이 '열방의 왕들'의 실제 모습이었다.

이미 학자들이 지적했듯이 사무엘상 8장의 "왕의 제도"(미쉬파트 함멜레크)에서 '나탄'(주다)이란 동사가 나오는 유일한 예는 이스라엘 백성들의 소유를 취하여 자기 관리와 신하들에게 줄 때뿐이다.

> "그가 또 너희의 밭과 포도원과 감람원에서 제일 좋은 것을 가져다가 자기의 신하들에게 줄(나탄) 것이며 그가 또 너희의 곡식과 포도원 소산의 십일조를 거두어(아사르) 자기의 관리와 신하에게 줄 것이며 … 너희의 양 떼의 십분의 일을 거두어 가리니…"(삼상 8:14-17).

왕들이 왕권을 유지하기 위해서는 많은 신하들을 두고, 이들에게 봉급을 주기 위해 세금을 거두어야 했다. 이에 백성의 "곡식과 포도원 소산의 십일조"를 거둘 수밖에 없었다. 또한 왕궁 식솔들과 왕의 호위 군사들과 고위 신하들의 식사를 위해, 백성들에게 양 떼의 십분의 일을 취해야 했다.

고대 근동 아시아뿐만 아니라 전 세계적으로 정치 지도자들이 백성들에게서 세금으로 십분의 일을 징수한 것은 역사적으로 증명되었다. 학자들이 발굴한 암미스탐루 2세(the grant of Ammistamru II)의 하사 조약을 보자.

> "Ammistamru granted everything whatsoever (that belongs to the city) to PN … forever for his grandsons: his grain, and his wine of its tithe." (암미스탐루는 아무개에게 [그 도시에 속한 것은] 무엇이든지 영원히 그의 후손들에게 하사하였다. 그의 곡식이나 그의 십일조의 포도주를 하사하였다.)

우가릿과 이스라엘에서는 곡식과 포도주(기름도)의 십일조를, 메소포타미아에서는 보리와 대추나무의 십일조를 거뒀다는 것이 학계의 정설이다.

### 왕정의 비극적 결과: 백성들은 종으로 전락

왕이 백성들에게서 취하고 십분의 일을 가져가는 대상은 삶의 전 영역에 걸쳐 있기에 이스라엘의 평범한 백성들은 노예 신세로 전락할 것이 분명했다. "너희가 그의 종이 될 것이라"(삼상 8:17). 왕의 취하는 일이 극심해지면, 이스라엘은 '노예에 가까운 상태'로 전락할 것이라는 하나님의 경고였다. 이스라엘은 이렇게 하늘에서 왕으로 다스리시는 여호와 아래서의 자유보다 인간 왕 아래서의 종노릇을 택했다. 이스라엘은 애굽에서 종이었기에 이는 다시 애굽으로 돌아가는 것이었지만, 백성들은 개의치 않았다.

## 왕의 십일조의 폐해

### 역사적 실례

가나안 땅에서 출토된 고고학적 발굴물들을 보면 거대한 저장 항아리의 손잡이에 '왕을 위해/왕에 속한'(레멜렉)이라는 어구가 새겨져 있는 것들이 많이 발견되었다. 학자들에 의하면 약 2천 개 정도 발견되었는데 왕정 시대에 왕의 세금이 있었음을 확실히 보여 주고 있다.[1] 왕들은 보통 거대한 건축 프로젝트를 진행하는 것을 좋아할 뿐만 아니라, 정부 조직을 확대하

---

1) 레멜렉은 왕의 소유물임을 알리는 어구로서 기원전 8세기 유다의 히스기야 시대의 항아리들에서, 특히 라기스 유적지에서 다수가 출토되었다. 관심 있는 분들은 David Ussishkin, The Renewed Archaeological Excavations at Lachish (1973-1994), Tel Aviv University; Nadav Na'aman, "The LMLK Seal Impressions Reconsidered", Tel Aviv, Vol. 43, 2016, 111-125을 참조하라.

기를 원했다. 게다가 화려한 궁중 생활을 원했기에, 백성들은 징병, 징용, 징세에 시달리지 않을 수 없었다. 이스라엘의 역사를 보면 솔로몬 같은 위대한 왕조차도 징병, 징용, 징세로 백성들에게 엄청난 부담을 주었다.

솔로몬의 아들 르호보암 역시 부친의 뒤를 이어 이런 정책을 펼치면서 징병과 징용과 징세의 부담이 커지자 이를 줄여달라고 백성들이 강하게 요구했다(왕상 12:4). 이런 요청에 르호보암은 3일 후에 답을 하겠다고 한 후에 솔로몬왕을 모셨던 나이든 신하들에게 자문을 구했다. 그러자 신하들은 오늘 백성을 종처럼 섬기면서 좋은 말로 답을 하면, 백성들이 "영원히" 종이 될 것이라고 충고했다(왕상 12:7).

그러나 르호보암은 나이든 신하들의 자문을 버리고, 자기와 함께 자라난 젊은 친구들의 충고대로 "내 아버지는 너희의 멍에를 무겁게 하였으나 나는 너희의 멍에를 더욱 무겁게 할지라 내 아버지는 채찍으로 너희를 징계하였으나 나는 전갈 채찍으로 너희를 징치하리라"(왕상 12:14)고 선언했다. 이로 인해 여로보암이 북방 열지파를 끌고 새로운 나라를 세우게 되었고, 통일 왕국은 북방 이스라엘과 남방 유다로 두 동강이 나 버렸다.

### 원래 십일조 제도는 이런 것이 아니다

그러나 이스라엘에서 십일조는 원래 이런 정치적 세금이 아니었다. 원래 하나님의 소유로서 십일조는 따로 구별하여 드리는 것이 아니었다. 여호와께 속한 것을 당연히 드리는 것으로 제사장들과 레위인들, 그리고 성전의 예배 제도를 지지하는 것은 물론 가난한 자들과 고아와 과부들을 돕는 데 초점이 맞추어져 있었다. 그러니까 십일조는 하나님 사랑과 이웃 사랑이라는 이중 계명을 실천하는 매우 중요한 수단이었다. 이에 반해 왕들의 십일조가 결국은 하나님의 백성들을 종으로 만들고 애굽의 상태로 돌아가게 만드는 수단의 하나가 되었다는 점을 잊어서는 안 된다.

## 결론: 신학적 메시지와 현대적 적용

**이스라엘 왕의 조건과 십일조 관습**

왕들의 십일조가 하나님의 백성들을 종으로 만들었다는 사실을 통해 우리는 어떤 사람들이 왕이 되어야 하는지를 심각하게 고민해야 한다. 특별히 오늘날 신약 시대에 모든 그리스도인들은 왕 같은 제사장이 되어야 하기에, 이상적인 왕이 어떤 인물인지를 반드시 알아야 한다.

하나님은 열방 같은 왕정이 가지는 위험성을 알고 계셨다. 따라서 이스라엘이 왕정을 요구할 것을 미리 내다보시고 신명기 17장 14-20절에서 이스라엘의 왕이 될 사람의 조건을 정해 놓으셨다. 우선 하나님은 왕의 자격 조건을 두 가지 세우셨다.

"반드시 네 하나님 여호와께서 택하신 자를 네 위에 왕으로 세울 것이며 네 위에 왕을 세우려면 네 형제 중에서 한 사람을 할 것이요 네 형제 아닌 타국인을 네 위에 세우지 말 것이며"(신 17:15).

그렇다면 하나님께서 선택하신 사람으로, 이방인이 아니라 이스라엘인으로 세운 왕은 어떻게 통치를 해야 하는가?

"그는 병마를 많이 두지 말 것이요 병마를 많이 얻으려고 그 백성을 애굽으로 돌아가게 하지 말 것이니 … 그에게 아내를 많이 두어 그의 마음이

미혹되게 하지 말 것이며 자기를 위하여 은금을 많이 쌓지 말 것이니라"(신 17:16-17).

하나님은 왕이 말이나 여인들이나 재물을 많이 소유해서는 안 된다고 분명히 밝히셨다. 첫째, 말은 농업 경작용이 아니라 병거를 모는 용도로 사용되었기 때문에 병마를 많이 얻으려고 해서는 안 된다는 것이다. 이스라엘의 왕은 말이나 병거나 마병들보다는 여호와를 의지하며 통치해야 하기 때문이다.

둘째, 아내들을 많이 두는 것은 지위에 대한 과시욕과 연관되어 있다. 이런 지위와 명예욕을 가지면 하나님을 사랑하는 데서 마음이 떠나기 때문에 이스라엘 왕은 많은 여인들을 거느려서는 안 된다고 한 것이다.

마지막으로 이스라엘의 왕은 '은과 금을 많이 늘려서는 안 된다'라고 경고한다. 왕이 은과 금을 많이 모으려면 십중팔구는 백성들에게서 세금을 많이 거두는 방법이 가장 편했을 것이다. 이런 물욕은 결국 백성들의 삶을 힘들게 하기에 은과 금의 축적을 금지한 것이다. 왕은 전쟁에서 백성을 구하며 백성의 복지를 위해서 헌신하는 것이 가장 큰 존재 이유였다.

그러나 이런 식으로 왕이 통치하려면 결심만으로는 불가능하다. 이에 하나님은 모세를 통해 이상적인 왕의 통치를 구현하기 위해 따라야 할 권면을 알려 주셨다.

"그가 왕위에 오르거든 이 율법서의 등사본을 레위 사람 제사장 앞에서 책에 기록하여 평생에 자기 옆에 두고 읽어 그의 하나님 여호와 경외하기를 배우며…"(신 17:18-19).

왕에게 내린 명령은 세 가지이다. 첫째, 왕은 율법서의 등사본(a copy of this law)을 필사하라. 둘째, 왕은 그 율법서를 자기 옆에 두라. 셋째, 왕은 평생에 율법서를 읽으라. 이렇게 해야 하는 이유는 이 길만이 여호와 경외하기를 배우는 길이기 때문이다. 이 방법 외에는 여호와 경외하기를 배울 수가 없었다. 이렇게 경외하는 법을 배우면 무슨 일이 벌어지는가?

"그리하면 그의 마음이 그의 형제 위에 교만하지 아니하고 이 명령에서 떠나 좌로나 우로나 치우치지 아니하리니 이스라엘 중에서 그와 그의 자손이 왕위에 있는 날이 장구하리라"(신 17:20).

첫째, 율법을 곁에 두면 수직적으로 하나님과의 관계에서는 율법의 모든 규례를 지켜 행할 수 있게 된다. 둘째, 율법서를 통해 여호와 경외하기를 배우면 수평적으로는 언약 공동체의 형제들에게 교만하지 않게 된다. 셋째, 율법에 순종하면 미래의 안전이 보장될 수 있다.

이렇게 왕의 조건을 정해 놓으신 것은 열방의 왕들은 모든 것을 '취하는' 자들이기에 끝내 백성을 '종으로' 전락시킬 것이기 때문이었다. 따라서 이상적인 이스라엘 왕의 조건을 언급한 신명기 17장을 염두에 두고 사무엘상 8장의 왕의 십일조 관습을 이해한다면, 오늘날 교회에서 십일조를 어떤 마음으로 관리하고 분배하고 소비해야 하는지를 배울 수 있다.

### 현대적 적용: 그리스도인은 왕 같은 제사장

오늘날 그리스도인들은 왕 같은 제사장이다. 그런데 구약을 보면 왕이나 제사장은 모두 십일조의 관리와 분배와 소비와 연관된 인물이었다. 이스라엘 백성들이 십일조를 레위인과 제사장에게 주면, 그들이 십일조를 관리하도록 되어 있었다. 그뿐 아니라 왕들 역시 십일조의 관리를 맡았다. 히스기야왕이 "제사장들과 레위 사람들 몫의 음식"(대하 31:4) 즉 십일조를 낼 것을 백성들에게 명령한 것은 왕의 임무이기도 했다. 또한 히스기야는 십일조가 많이 들어오자, 십일조를 보관할 창고를 마련하도록 지시하고, 십일조를 관리하고 분배할 감독관들을 임명했다(대하 31:5-12).

왕 같은 제사장인 신약의 성도들도 교회에서 직분을 맡아 교회의 수입과 지출의 재정을 관리할 의무와 권리가 있다. 특별히 목회자는 교회의 법적 대표로서 특별히 교회 재정 관리의 최종 책임자이다. 그런 점에서 목회자와 당회 장로들과 재정 책임자인 안수집사들은 열방과 같은 왕의 모습이 아니라 하나님께서 신명기에서 보여 주신 왕의 모습을 보여야 한다. 특별히 '은과 금을 많이 늘려서는 안 되며 율법을 쓰고 읽고 지켜야 하며 여호와를 경외해야 하며 동족들보다 우월하다는 생각을 가져서는 안 된다'라는 점을 유념해야 한다. 이렇게 하지 않으면 자칫 하나님께 드리는 십일조를 이기적으로 오용하거나 남용하거나 악용할 수 있기 때문이다.

### 신약 시대의 중직자들의 자격

그런데 정말 놀라운 것은 이런 신명기의 왕에 대한 조건은 신약에서 목사와 장로와 집사의 자격에도 나온다.

#### 1) 목사와 장로의 자격

"…사람이 감독의 직분을 얻으려 함은… 그러므로 감독은 책망할 것이 없으며 한 아내의 남편이 되며 절제하며 신중하며 단정하며 나그네를 대접하며 가르치기를 잘하며 술을 즐기지 아니하며 구타하지 아니하며 오직 관용하며 다투지 아니하며 돈을 사랑하지 아니하며 … 새로 입교한 자도 말지니 교만하여져서 마귀를 정죄하는 그 정죄에 빠질까 함이요"(딤전 3:1-6).

목사와 장로에게 주는 위의 권고는 아내를 많이 두지 말 것, 은과 금 같은 재물을 축재하지 말 것, 교만하지 말 것 등이다. 그런데 놀랍게도 신명기 17장에 나오는 왕의 이상형과 매우 유사하다. 다시 말해 왕 같은 제사장으로서 교회의 중직을 맡은 목회자들과 장로들이 어떤 자세로 교회를 섬겨야 하는지, 십일조와 헌금은 어떤 마음으로 관리하고 분배하고 소비해야 하는지를 잘 보여 준다.

디도서에서는 이런 직무를 잘 감당하기 위해서 더러운 이득을 탐하지 아니하며 하나님의 말씀에 순종해야 함을 강하게 강조하고 있다.

"감독은 하나님의 청지기로서 책망할 것이 없고 제 고집대로 하지 아니하며 급히 분내지 아니하며 술을 즐기지 아니하며 구타하지 아니하며 더러운 이득을 탐하지 아니하며 오직 나그네를 대접하며 선행을 좋아하며 신중하며 의로우며 거룩하며 절제하며 미쁜 말씀의 가르침을 그대로 지켜야 하리니 이는 능히 바른 교훈으로 권면하고 거슬러 말하는 자들을 책망하게 하려 함이라"(딛 1:7-9).

### 2) 집사의 자격

목회자들 뿐만 아니라 특별히 교회에서 재정을 맡은 안수집사들 역시 헌금과 십일조를 다룰 때에 선한 양심을 유지해야 한다고 가르친다.

"이와 같이 집사들도 정중하고 일구이언을 하지 아니하고 술에 인박히지 아니하고 더러운 이를 탐하지 아니하고 깨끗한 양심에 믿음의 비밀을 가진 자라야 할지니"(딤전 3:8-9).

신약의 목사와 장로와 집사는 물론 일반 성도들도 모두 왕 같은 제사장들이다. 목사는 제사장들에게 위임받은 제사장이다. 장로와 집사도 모두 제사장들에게 위임받은 제사장이다. 특별히 성도들이 내는 십일조를 관리하는 교회의 목사들과 장로들과 안수집사들과 권사들은 돈을 사랑하거나 더러운 이를 탐하는 유혹에서 벗어나야 한다. 그렇다면 어떻게 해야 이 유혹에서 벗어날 수 있을까? 신명기 17장은 물론 디모데서와 디도서 같은 목회 서신은 하나님의 말씀을 읽고 묵상하고 순종하며 하나님을 경외하는 것 외에는 다른 길이 없다고 가르친다. 말씀과 기도로 하나님을 경외하고 이웃을 사랑하며 사는 방법 외에는 유혹을 이길 방도가 없다는 점을 왕 같은 제사장인 우리는 늘 명심해야 한다.

### 적용을 위한 질문

1. 여러분은 '왕 같은 제사장'으로서 자신에게 맡겨진 물질과 권한을 어떻게 사용하고 있습니까?
2. 물질적 유혹을 이기는 유일한 길인 '하나님 경외와 이웃 사랑'이 내 삶에 나타나고 있습니까?
3. 하나님께서 원하시는 자발적 헌신이 내 삶에 드러나려면 어떤 신앙적 태도를 회복해야 하겠습니까?

⑦

# 역대기의 십일조
## 대하 31장

히스기야의 십일조, 예수님의 십일조 정신

## 서론적 이야기

**역대기 십일조 본문: 왕정 시대의 유일한 십일조 기록**

여호수아부터 역대기까지 이르는 이스라엘의 왕정 시대 기록에 하나님께 십일조를 드린 기록은 역대하 31장이 유일하다. 물론 바벨론 포로 후인 느헤미야서에 십일조에 대한 언급이 몇 번 나온다. 그러나 이때 이스라엘의 왕정은 사라졌고, 당시 유다 땅은 페르시아의 속주로 전락한 상태였다. 이렇게 본다면 역대하 31장은 '왕정 시대에 등장하는 유일한 십일조 관련 기록'이라 할 수 있다. 이 왕정 시대의 유일한 십일조 본문은 선한 왕인 히스기야의 십일조로 인해 이스라엘 백성들이 얼마나 군사력과 재물과 가축에 있어서 많은 축복을 누리게 되었는지를 잘 보여 주고 있다.

우리가 앞서 살펴본 사무엘상 8장은 '십일조'란 제도가 왕들에 의해 잘못 사용되면 결국 백성들을 종으로 전락시키게 될 것을 경고하고 있다. 반면에 역대하 31장은 십일조가 제대로 시행되면 어떻게 백성들을 유익하게 하는지를 잘 보여 주고 있다는 점에서 큰 대조를 이루고 있다. 이렇게 본다면 역대하 31장은 율법 시대의 십일조 행습에 대한 과거의 역사 기록이라기보다, 신약 시대의 왕 같은 제사장인 우리들이 십일조 제도를 어떻게 실천해야 하는지를 보여 주는 멋진 선례라 할 수 있다.

### 히스기야의 행적은 예수님의 십일조 정신과 일치

더욱 흥미로운 것은 역대기의 십일조 본문의 결론에 히스기야의 행적이 요약되었는데, 예수님의 십일조 정신과 거의 같다.

"히스기야가 온 유다에 이같이 행하되 그의 하나님 여호와 보시기에 선과 정의와 진실함으로 행하였으니 그가 행하는 모든 일 곧 하나님의 전에 수종드는 일이나 율법이나 계명이나 그의 하나님을 찾고 한 마음으로 행하여 형통하였더라"(대하 31:20-21).

"선과 정의와 진실함"으로 행하는 히스기야의 삶은 예수님께서 말씀하신 십일조의 정신인 "정의와 긍휼과 믿음"(마 23:23)과 거의 동일하다. 히스기야왕은 바리새인처럼 사소한 것의 십일조는 행하나 정의와 긍휼과 믿음을 버리는 모습은 보이지 않았다. 히스기야는 무엇보다 하나님의 전에 수종드는 일을 위해 십일조를 드릴 것을 백성들에게 요구했는데, 이 모든 일을 여호와 보시기에 "선과 정의와 진실함"으로 행했다. 이런 일이 가능했던 것은 히스기야가 하나님을 찾고 "한 마음"으로 행했기 때문이다. 이것이 히스기야의 십일조 본문의 결론이다. 이렇게 역대하 31장은 예수님의 십일조 정신과 연결되면서, 오늘날 왕 같은 제사장으로 살아가야 하는 그리스도인들이 어떻게 십일조도 행하면서 율법의 중한 바 "정의와 긍휼과 믿음"을 버리지 않을 수 있는지 보여 주는 큰 교훈이 된다.

그런데 역대하 31장의 십일조 본문을 다룰 때는 단지 십일조가 언급된 부분만 따로 떼어 해석하면 안 된다. 지금까지 우리가 하던 대로 역사적인 문맥과 역대하 31장의 서술의 논리를 상세히 살피면서 십일조 본문을 해석해야 한다.

## 역사적 · 문예적 문맥

### 역사적 배경

우리가 역대하 31장의 십일조를 제대로 이해하기 위해서는 히스기야왕 시대의 역사적 배경을 간략하게라도 살펴보아야 한다. 북방 이스라엘 왕국은 주전 722/721년 앗수르에 의해 비참하게 멸망당했다. 남방 유다의 아하스왕(BC 735-715)은 얼마든지 여호와를 의지하면서 예루살렘 성전을 중심으로 남 유다와 북 이스라엘을 하나로 만들 수 있는 기회가 있었다. 그러나 아하스는 아람 왕들의 신을 섬김으로써 이런 기회를 놓치고 말았고(대하 28:23), 이스라엘 왕의 묘실에도 들어가지 못하게 되었다.

한편 아하스의 아들로 남방 유다의 왕이 된 히스기야(BC 729-686)는 선한 왕이었기에 통일 왕국을 이루고 다윗과 솔로몬 시대의 영광을 회복할 것이라는 기대가 있었다. 실제로 히스기야는 이 같은 기대에 부응했기에 역대기 기자는 무려 4장이나 히스기야왕에게 지면을 할애하고 있다(대하 29-32장; 총 117절). 다윗과 솔로몬을 제외하고는 가장 길게 히스기야를 다루고 있기에 학자들은 역대기 기자에게 히스기야는 단지 다윗의 후손이 아니라, '제2의 다윗' 혹은 '제2의 솔로몬'이었다고 본다.

**예배 개혁자인 히스기야**

역대기는 히스기야를 주로 예배 개혁자로 묘사하는데, 히스기야왕을 다룬 지면의 대부분을 예배 개혁에 할애했다(대하 29-31장). 히스기야는 예배를 개혁하기 위해 성전을 청결케 하고, 다시 재봉헌했다(대하 29장). 히스기야는 전국에 편지를 보내 유월절을 지키도록 했는데 솔로몬의 유월절만큼 큰 기쁨이었다고 한다(대하 30장).

히스기야는 성전의 정기적인 규례를 회복하기 위해 제사장들과 레위 사람들의 반열을 정했다(대하 31장). 그리고 성전 예배와 성전을 섬기는 이들을 경제적으로 지원하기 위해 "제사장들과 레위 사람들 몫의 음식"을 줄 것을 백성에게 명령했고, 이에 백성들이 곡식과 밭의 모든 소산의 첫 열매와 십일조를 풍성하게 가져왔다(대하 31:4-7).

결국 히스기야 시대에 이스라엘이 십일조를 드린 것은 단순히 하나님의 백성이 십일조 예물을 드렸다는 데 의미가 있는 것이 아니다. 히스기야의 거대한 회복 프로그램인 '성전의 회복, 유월절 지킴, 정규 예배의 갱신'의 한 부분으로 십일조를 드렸다는 것이 중요하다. 따라서 역대하 31장 안의 십일조 본문을 살필 때는 이 점을 염두에 두어야 한다.

## 히스기야의 십일조 실행의 과정

**히스기야의 모범과 명령**

히스기야는 성전을 정결케 하고 유월절을 지킨 후에 제사장들과 레위인들의 반열을 정함으로 정기 예배를 회복하기 시작했다(대하 31:2). 그러나 성전의 정기 예배를 회복하려면, 매일 드리는 예물들을 누군가가 공급하는 것이 선결되어야 했다. 솔로몬이 자신의 사비를 들여 성전에 예물들을 공급한 것처럼 히스기야왕 역시 자기 사비를 들여 "여호와의 율법에 기록된 대로 번제 곧 아침과 저녁의 번제와 안식일과 초하루와 절기의 번제에 쓰게 하"였다(대하 31:3).

그러나 예물 공급만으로는 성전의 정기 예배를 회복할 수 없었기에, 히스기야는 "제사장들과 레위 사람들 몫의 음식을 주어 그들에게 여호와의 율법을 힘쓰게 하라"(대하 31:4)고 지시했다. "제사장들과 레위 사람들 몫의 음식"이란 땅의 기업이 없는 이들에게 여호와께서 기업으로 주신 '십일조, 첫 열매, 그리고 여호와께 드린 제물의 특정한 부위들'을 가리킨다. 이스라엘 전체의 운명이 제사장과 레위인들이 하나님의 율법을 잘 알고 잘 가르치는 데 달렸다고 보았기에 이런 조치를 취한 것이다. 이런 히스기야의 관심은 초대 교회 시절에 집사들을 뽑아 그들에게 구제하는 일을 맡기고 기도하고 말씀 전하는 일에 전념했던 사도들의 관심과도 동일하다(행 6:2-4).

### 백성들의 풍성한 예물

이런 히스기야왕의 조치에 이스라엘 백성들은 어떤 반응을 보였을까?

"왕의 명령이 내리자 곧 이스라엘 자손이 곡식과 포도주와 기름과 꿀과 밭의 모든 소산의 첫 열매들을 풍성히(히브리어로 라바) 드렸고 또 모든 것의 십일조(마아세르 학콜)를 많이(라로브) 가져왔으며, 유다 여러 성읍에 사는 이스라엘과 유다 자손들도 소와 양의 십일조(마아세르)를 가져왔고 또 그들의 하나님 여호와께 구별하여 드릴 성물의 십일조를 가져왔으며 그것을 쌓아 여러 더미를 이루었는데 셋째 달에 그 더미들을 쌓기 시작하여 일곱째 달에 마친지라"(대하 31:5-7).

우리가 모세 율법의 십일조 본문들에서 보았듯이 이스라엘인들은 곡식과 포도주와 기름의 십일조를 성소로 가져오도록 되어 있었다. 왜냐하면 곡식과 포도주와 기름의 첫 열매는 제사장의 몫이고, 십일조는 레위인의 몫이기 때문이었다. 여기서 "모든"이란 단어가 두 번 반복되고 있으며, "모든 것의 십일조"(마아세르 학콜)라는 표현이 사용되고 있음을 눈여겨보아야 한다. 우리가 지금까지 살펴본 대로 십일조란 '모든 것을 대표하는' 의미의 예물이기 때문이다.

게다가 성경 기자는 예물들을 "풍성히"(라바) 드린 것을 두 번이나 반복하여 강조한다. 히브리어 원문으로 "풍성히"란 단어는 구약에 쉰아홉 번 사용되었는데, 역대기에 서른세 번(대상 아홉 번, 대하 스물네 번), 특별히 히스기야 내러티브에 일곱 번이나(대하 29:35; 30:5, 13, 24; 31:5; 32:5, 29) 나온다.

성전을 청결케 하고, 유월절을 지키고, 성전 예배를 정례화시킨 히스기야의 예배 회복 프로그램의 핵심적인 성공 비결은 백성들이 예물과 제물을 풍성하게 하나님께 드린 데 있었다는 점을 강조하려는 의도가 있음을 한눈에 알 수 있다. 우리는 여기서 또 한번 '풍성하게' 예물을 드리는 것은 성경의 중요한 헌금의 원리임을 알 수 있다.

그런데 십일조를 드릴 것인지의 여부를 논의하는 현대의 신학적 논쟁을 보면 이런 풍성함의 원리보다는, 경제적 원리, 인류애, 상식의 논리가 판을 치는 것을 보게 된다. 경제적으로 어려울 때는 하나님께 헌금이나 예물을 드리지 않아도 개의치 않으실 것 같다는 이야기를 너무나 쉽게 한다.

마게도냐 교인들이 "환난의 많은 시련 가운데서 그들의 넘치는 기쁨과 극심한 가난이 그들의 풍성한 연보를 넘치도록 하게"(고후 8:2) 했다는 바울의 증언을 현대 교회는 심각하게 받아들여야 한다. 그 이유가 무엇인가? 그리스도 안에 나타난 하나님의 은혜는 측량할 수 없고, 이런 은혜에 대한 성도들의 반응은 풍성해야 하기 때문이다. 이에 바울은 "오직 너희는 믿음과 말과 지식과 모든 간절함과 우리를 사랑하는 이 모든 일에 풍성한 것 같이 이 은혜에도 풍성하게 할지니라"(고후 8:7)고 풍성한 연보를 권면하고 있는 것이다.

### 십일조 더미에 대한 왕과 백성들의 반응

이렇게 백성들이 풍성히 가져온 십일조가 쌓이면서 여러 더미를 이루었는데, 셋째 달부터 일곱째 달까지 이어졌다(대하 31:6-7). 셋째 달(5월/6월)은 곡물을 추수하기 시작한 때이고, 일곱째 달(9월/10월)은 열매와 포도 수확을 마치는 시기이다. 그러니까 추수 기간 내내 백성들이 첫 소산과 십일조를 드렸음을 보여 준다. 이렇게 십일조 더미가 쌓인 모습을 보고 왕과 백성들은 어떤 반응을 보였을까?

> "히스기야와 방백들이 와서 쌓인 더미들을 보고 여호와를 송축하고(바라크) 그의 백성 이스라엘을 위하여 축복하니라(바라크)"(대하 31:8).

개역개정은 '송축하다'와 '축복하다'라는 2개의 동사를 사용하고 있으나, 원문은 2개의 목적어인 여호와와 그분의 백성 이스라엘을 '축복하다'라는 동사(바라크) 하나로 연결하고 있다. 따라서 직역하면 "여호와와 그분의 백성 이스라엘을 축복하였다"라고 할 수 있다.

히스기야는 이렇게 여호와와 이스라엘을 축복한 후, 성전에 쌓인 예물

더미들에 대해 물었다. 이에 대제사장 아사랴가 이렇게 답했다.

"백성이 예물을 여호와의 전에 드리기 시작함으로부터 우리가 만족하게 먹었으나 남은 것이 많으니(라로브) 이는 여호와께서 그의 백성에게 복을 주셨음이라(바라크) 그 남은 것이 이렇게 많이 쌓였나이다"(대하 31:10).

우리는 여기서 예물과 십일조가 성전 안에 더미로 쌓여 있는 것의 의미가 무엇인지 대제사장을 통해 듣게 된다. 여호와께서 자기 백성에게 복을 주셨고(바라크), 이를 이스라엘이 인정하고 풍성한 십일조와 예물을 드렸기에, 레위인들과 제사장들이 만족하게 먹었으나 남은 것이 많았고, 결국 이렇게 큰 더미로 성전 안에 쌓이게 되었다는 것이다.

결국 십일조는 아브라함의 경우와 마찬가지로 히스기야의 경우에도 '하나님이 베푸신 축복(바라크)에 대해, 인간이 하나님께 찬양/영광(바라크)을 돌리는 표지'임을 확인할 수 있다. 구약의 십일조 본문들은 처음부터 끝까지 십일조는 복을 받기 위해 드리는 것이 아니라, 이미 받은 축복에 대해 감사한 마음으로 하나님께 찬송/영광(축복)을 돌리는 예물임을 강조한다.

### 히스기야왕의 십일조의 관리와 배분

그렇다면 이렇게 성전에 쌓이게 된 십일조 더미는 어떻게 해야 하는가? 히스기야는 거둔 십일조를 관리하고 분배하는 것이 무엇보다 중요함을 깨닫고, 여호와의 전 안에 방들을 준비하라는 행정 명령을 내렸다(대하 31:11). 그리고 레위인들 가운데서 고위 책임자들과 개별 직무 담당자들을 임명하여 예물과 십일조와 구별한 물건들을 관리하고 분배하는 일을 맡겼다(대하 31:12-13).

| 곳간 관리 | |
|---|---|
| 책임자 | 레위 사람 고나냐 |
| 부책임자 | (고나냐의 아우) 시므이 |
| 담당자 | 여히엘과 아사시야와 나핫과 아사헬과 여리못과 요사밧과 엘리엘과 이스마갸와 마핫과 브나야 |

이처럼 십일조와 예물과 구별할 물건들을 관리하는 것도 중요하지만, 이에 못지않게 중요한 것은 이를 공정하게 분배하는 것이었다. 이에 히스기야는 십일조 분배 관리자들을 임명했다(대하 31:14-15).

| 헌물 분배 관리 | |
|---|---|
| 책임자 | 고레 |
| 담당자 | 에덴과 미냐민과 예수아와 스마야와 아마랴와 스가냐 |

레위인 고레는 6명의 조수들이 있었다. 조수들은 자원 예물들과 성물들을 성읍에 거주하는 동료 제사장들에게 분배하는 역할을 맡았다(대하 31:16-19).

우리는 여기서 처음으로 구약에서 십일조를 구체적으로 어떻게 처리했는지를 살펴볼 수 있다. 우리는 이 모습을 통해 교회가 십일조와 헌금을 관리하고 분배하는 일에 얼마나 신경을 써야 하는지를 잘 알 수 있다.

최근에 십일조 폐지를 주장하는 사람들은 교회가 십일조를 함부로 쓴다는 점을 가장 크게 비판한다. 그런 점에서 오늘날 신약 교회는 하나님의 백성들이 하나님께 풍성히 드리는 십일조와 헌금들을 거두고 관리하고 분배하는 일에 최선을 기울여야 한다. 히스기야왕이 십일조와 예물들을 보관할 곳간을 준비하고, 곳간 관리 책임자들과 분배 관리 책임자들을 임명했듯이, 개신교 교회 역시 십일조와 헌금을 관리하고 분배하는 일을 특별히 안수집사들에게 맡겼다. 따라서 교회가 헌금을 관리하고 재정을 운용하는 모든 일은 목회자와 당회가 안수집사들과 함께 하나님의 뜻에 맞게 지혜를 구하고 기도하며 집행해야 하는 것이다.

## 히스기야 십일조의 성격

### 히스기야의 형통함

지금까지 히스기야왕이 십일조와 연관해서 어떤 일을 했는지 상세히 살펴보았다. 이제 이런 히스기야왕의 통치가 어떤 신학적 메시지를 갖는지 들여다볼 차례가 되었다. 역대기 기자는 히스기야가 "형통하였더라"고 평가한다.

> "히스기야가 온 유다에 이같이 행하되 그의 하나님 여호와 보시기에 선과 정의와 진실함으로 행하였으니 그가 행하는 모든 일 곧 하나님의 전에 수종드는 일에나 율법에나 계명에나 그의 하나님을 찾고 한 마음으로 행하여 형통하였더라"(대하 31:20-21).

우선 역대기에 보면 형통하였다는 평가를 받은 왕은 극히 소수라는 점을 주목해야 한다. 우선 솔로몬이 형통한 왕으로 묘사되었다(대상 29:23). 한편 웃시야는 형통한 왕이라는 평가를 들었지만 유보적이었다. "하나님의 묵시를 밝히 아는 스가랴가 사는 날에 하나님을 찾았고 그가 여호와를 찾을 동안에는 하나님이 형통하게 하셨더라"(대하 26:5). 이렇게 본다면 역대기 안에서 솔로몬 이후에 형통한 왕이라는 평가를 받은 유일한 왕은 히스기야이다.

### 삼중의 풍성한 축복

그렇다면 히스기야는 어느 정도로 형통했는가?

"히스기야가 힘을 내어 무너진 모든 성벽을 보수하되 망대까지 높이 쌓고 또 외성을 쌓고 다윗 성의 밀로를 견고하게 하고 무기와 방패를 많이(라로브) 만들고 … 양 떼와 많은 소 떼를 위하여 성읍들을 세웠으니 이는 하나님이 그에게 재산을 심히 많이(라브 메오드) 주셨음이며"(대하 32:5, 29).

히스기야 시대에 군사력도 많이(라로브) 강해졌으며, 하나님이 재산을 히스기야에게 많이 주셨고, 가축 떼도 많아졌다. 이렇게 성경 기자는 '많은/풍성한'(라로브)이란 단어를 세 번이나 반복하면서 군사적인 힘과 재물과 가축과 재산이 많아지고 형통하게 되었음을 강조하고 있다.

### 사중의 풍성한 드림의 결과

우리는 여기서 히스기야의 '삼중의 풍성한 축복'은 이전의 예배 회복 노력 때 나타난 '사중의 풍성한 드림'의 결과임을 주목해야 한다.

히스기야 내러티브를 읽어 보면 성전을 청결케 하고, 유월절을 지키고, 성전 예배를 정례화하는 세 번의 회복 프로그램에 '풍성함이 넘쳐흐르고 있음'을 알 수가 있다. 역대하 29장을 보면 성전을 정결케 한 후에 "번제와 화목제의 기름과 각 번제에 속한 전제들이 많"아서(35절) 제사장들이 부족할 정도였다. 성전을 부양하는 제물이 풍성히 넘쳐났다. 게다가 자신을 정결케 한 많은 제사장들이 있었기에 성대한 유월절을 지킬 수 있었다(대하 30:13, 24).

이제 세 번째로 성전 예배를 정례화하는 일이 남아 있었는데, 여기서도 백성들이 예물과 제물을 풍성하게 하나님께 드린 것이 성공의 원인임을 다시 한번 강조한다.

"둘째 달에 백성이 무교절을 지키려 하여 예루살렘에 많이(라로브) 모이니 매우 큰(라로브) 모임이라 … 유다 왕 히스기야가 수송아지 천 마리와 양 칠천 마리를 회중에게 주었고 방백들은 수송아지 천 마리와 양 만 마리를 회중에게 주었으며 자신들을 성결하게 한 제사장들도 많았더라"(대하 30:13, 24).

"왕의 명령이 내리자 곧 이스라엘 자손이 곡식과 포도주와 기름과 꿀과 밭의 모든 소산의 첫 열매들을 풍성히(라로브) 드렸고 또 모든 것의 십일조를 많이 가져왔으며"(대하 31:5).

우리는 여기서 또 한 번 '풍성하게' 예물을 드리는 것이 성경의 중요한 헌금 원리임을 알 수 있다. 또한 역대기 기자가 이스라엘 백성들의 네 번의 풍성한 드림이 있었음을 명시한 이유는 무엇인지 이어지는 스토리를 보면 잘 알 수 있다.

이런 백성들의 풍성한 드림에 하나님은 어떤 반응을 보이셨을까?

"히스기야가 힘을 내어 무너진 모든 성벽을 보수하되 망대까지 높이 쌓고 또 외성을 쌓고 다윗 성의 밀로를 견고하게 하고 무기와 방패를 **많이**(라로브) 만들고 … 양 떼와 **많은** 소 떼를 위하여 성읍들을 세웠으니 이는 하나님이 그에게 재산을 **심히 많이**(라브 메오드) 주셨음이며"(대하 32:5, 29).

여기서 풍성하다는 표현인 라로브가 세 번 반복되며 하나님은 자기 백성들의 풍성한 드림에 풍성한 축복으로 응답하는 분이심을 보여 준다.

하지만 역대하 31장을 해석하면서 구약은 율법 시대이기 때문에, 이스라엘 백성들이 율법 아래서 의무적으로 예물과 십일조를 드렸을 것이라고 추측해서는 안 된다. 이스라엘의 왕정 시대에 유일한 십일조 본문인 역대하 31장은 구약의 십일조 역시 이스라엘 백성들이 풍성히 감사의 마음으로 기쁘게 드렸음을 확실하게 보여 주고 있다.

## 결론: 신학적 메시지와 현대적 적용

### 히스기야와 예수님의 십일조 정신은 동일

역대기 기자는 히스기야의 십일조를 마무리하며 이렇게 정리한다.

"히스기야가 온 유다에 이같이 행하되 그의 하나님 여호와 보시기에 선(토브)과 정의(야샤르)와 진실함(에메트)으로 행하였으니 그가 행하는 모든 일 곧 하나님의 전에 수종드는 일에나 율법에나 계명에나 그의 하나님을 찾고 한 마음으로 행하여 형통하였더라"(대하 31:20-21).

히스기야가 "율법에나 계명"뿐 아니라 "하나님의 전에 수종드는 일" 즉 레위인의 몫을 주어 성전 예배를 회복하고, 풍성하게 들어온 십일조와 예물을 관리하고 배분하도록 담당자들을 임명한 것이 "여호와 보시기에 선과 정의와 진실함"으로 행한 일로 규정하고 있는 것이다.

우리는 여기서 "선(토브)과 정의(야사르)와 진실함(에메트)"이라는 삼중 개념에 주목해야 한다. 왜냐하면 이 삼중 개념은 예수님의 십일조 정신인 "정의와 긍휼과 믿음"(마 23:23)의 삼중 개념과 동일하다. 결국 이런 십일조 정신은 신약에서 도입된 새로운 가치가 아니라, 아브라함 이후 히스기야를 거쳐 예수님에 이르기까지 성경 전체를 관통하는 핵심 가치인 것이다.

이렇게 보면 구약에서나 신약에서나 십일조를 드리는 일은 문구대로 어떤 규정을 지키는 것이 핵심이 아님을 알 수가 있다. 히스기야가 보여 준 대로 십일조를 드리는 일은 단순히 예물을 드리는 종교적인 행위가 아니라, '하나님의 전에 수종드는 일에 하나님을 찾고 한 마음으로' 행하는 일이기 때문이다.

이렇게 보면 구약의 율법의 핵심이나 신약의 복음의 핵심은 동일하다. 율법 시대의 핵심도 **하나님 여호와 보시기에 선과 정의와 진실함으로** 행하는 것이기 때문이다. 히스기야는 율법이나 계명의 문구 자체를 지키는 일에 목숨을 걸지 않았다. 히스기야는 "하나님의 전에 수종드는 일이나 율법에나 계명에나 그의 하나님을 찾고 한 마음으로 행하"였다. 다시 말해 구약에서도 십일조를 드리는 일 역시 "하나님을 찾"는 문제요 "한 마음"으로 행하느냐가 관건이기에 마음의 문제인 것이다.

물론 구약 시대에는 이런 핵심적 가치와 이상을 지킬 수 있는 능력이 인간에게 없는 것이 문제였다. 이에 그리스도께서 오셔서 십자가에서 우리를 위해 죽으심으로 우리의 내면에 율법이 새겨지게 하셨고, 율법을 지킬 능력을 소유하게 된 것만이 구약과 신약 시대가 다른 것이다.

십일조를 드리는 것은 정확히 '어떤 대상에 어느 비율로 하나님께 헌금하느냐'가 핵심이 아니다. 십일조란 하나님이 베푸신 은혜에 감격하여 하나님을 찾고 한마음으로 행하느냐를 판단할 수 있는 예물인 것이다.

## 십일조가 율법이라면, 정의와 긍휼과 믿음 역시 율법이다

따라서 구약의 십일조가 율법에 의해 부가된 의무적 헌금이라면, 신약의 헌금은 은혜로 드리는 헌금(grace giving)이라는 이분법은 성경적 근거가 없는 것이다. 십일조가 율법이라면, "정의와 긍휼과 믿음" 역시 율법이기 때문이다. 예수께서도 정의와 긍휼과 믿음을 "율법의 더 중한 바"(마 23:23)라고 하셨다.

십일조를 드리는 것이 율법이라고 한다면, 정의와 긍휼과 믿음은 율법의 더 중한(중요한) 것이다. 결국 십일조는 율법의 형식이라고 한다면 정의와 긍휼과 믿음은 율법의 정신이다. 형식도 버리지 말고 정신도 행하라는 것이다. 그러니까 십일조를 드리지 말라는 것이 아니라, 십일조의 율법을 지킬 때 그 율법의 정신인 정의와 긍휼과 믿음의 자세로 삶을 살라는 뜻이다. 따라서 '정의와 긍휼과 믿음을 율법의 더 무거운 요구(중요한 의무)'라고 하신 것이다. 이에 대해서는 앞으로 마태복음의 십일조를 다룰 때 더 상세히 언급하겠다.

예수께서 지적하신 대로 "정의와 긍휼과 믿음"은 율법의 핵심이요, 율법 규정 가운데 가장 중한 것이다. 그런데 우리는 이 같은 예수님의 가르침이 역대하 31장의 십일조 본문에 그대로 드러나 있음을 본다. 십일조의 정신에서 본다면 구약과 신약이 일맥상통하고 있음을 본다. 원래 구약의 십일조 율법의 정신이 "정의와 긍휼과 믿음"임을 아브라함의 십일조에서부터 시작해 민수기와 신명기의 십일조에서도 찾아볼 수 있었다. 후대에 유대인들이 율법의 더 중한 바 "정의와 긍휼과 믿음"은 잊어버린 채 문자에 매이면서 외식에 빠졌기에 신약 시대에 바리새인들의 십일조를 예수님께서 맹렬히 비판하신 것이다.

## 십일조의 용도

히스기야가 백성들에게 십일조를 드릴 것을 요구한 것은 제사장들과 레위인들이 여호와의 율법에만 힘쓰도록 하기 위해서였다. 이렇게 하나님의 종들이 더 중요한 사역을 하도록 돕는 일은 구약뿐만 아니라 신약의 관심사이기도 하다(빌 2:25-30; 고후 8:10-9:15; 행 6:1-4).

우선 열두 사도는 과부들의 구제 문제로 헬라파와 유대파 간에 갈등이 생기자 집사 일곱을 세워서 그 일을 맡기고 기도와 말씀 사역에만 전념하겠다고 선언했다(행 6:1-4). 사도들은 오로지 기도하는 일과 말씀 사역에 힘써야 하는 직무를 맡은 자들이다. 하나님의 종들이 이 직무를 감당하도록 하기 위해서는 경제적으로 지원을 해야 했다. 이에 사도들이 집사를 임명한 것이다.

그 외에도 신약성경을 보면 죽음에 이르러도 자신의 목숨을 돌보지 아니하고 바울을 섬긴 에바브로디도가 있었다. 그 이유는 바울이 복음 사역에 전념할 수 있도록 하기 위해서였다(빌 2:25-30; 4:14-20).

"그러나 에바브로디도를 너희에게 보내는 것이 필요한 줄로 생각하노니 그는 나의 형제요 함께 수고하고 함께 군사 된 자요 너희 사자로 내가 쓸 것을 돕는 자라 … 그가 그리스도의 일을 위하여 죽기에 이르러도 자기 목숨을 돌보지 아니한 것은 나를 섬기는 너희의 일에 부족함을 채우려 함이니라"(빌 2:25, 30). (빌 4:14-20 참조)

그렇다면 출석하는 교회에 십일조를 하는 것은 그 교회의 사역자들이 복음 사역에 전념하도록 돕는 일의 하나가 될 수 있다는 점을 우리는 기억해야 한다. 하나님의 백성들의 기도와 물질적 지원이 없으면 말씀을 전하는 자들은 목회 사역에 전념하기 어렵기 때문이다.

**이 모든 것의 목적: 하나님의 집에서 예배드림**

우리는 히스기야 시대에 이스라엘이 십일조를 드린 목적은 '성전의 회복, 유월절 지킴, 정규 예배의 갱신'이라는 성전 예배의 회복이었다는 것을 기억해야 한다. 히스기야왕이 열방의 왕처럼 병마와 아내와 은금을 많이 두는 대신, "하나님의 전에 수종드는 일에나 율법에나 계명에나 그의 하나님을 찾고 한 마음으로" 행하는 일을 하자 하나님께서 군사적인 강력함을 선물로 주시고 가축과 국가 재산이 많아지게 하셨다는 사실을 명심해야 한다.

십일조는 이런 최종 목적을 달성하기 위한 일환에 불과한 것이다. 하나님을 찾고 "한 마음"으로 행하는 일, 즉 선과 정의와 진실함으로 행하는 것이 우리의 최종적인 관심사와 목적이 되어야 한다.

히스기야의 십일조 본문은 오늘날 왕 같은 제사장으로서의 그리스도인들이 무엇을 우선해야 하는지를 잘 보여 준다. 먼저 하나님께 나아가 그분 곁에 머물며 하나님의 일을 하는 제사장으로서의 직분을 잘 감당하는 것이 중요하다는 점을 기억해야 한다.

그때 비로소 하나님께서 은혜와 축복을 주셔서 세상에 나아가 사탄을 이기고 유혹을 이기고 승리하는 왕의 모습을 드러낼 수 있다. 또한 "한 마음"으로 하나님을 먼저 찾는 자만이 세상에 나아가 선과 정의와 진실함으로 살 수 있다.

### 적용을 위한 질문

1. 히스기야는 "하나님을 찾고 한 마음으로" 하나님 앞에 선과 정의와 진실함으로 행하면서 예배 회복과 함께 백성들에게 십일조를 드리게 했습니다. 여러분은 하나님을 찾고 "한 마음"으로 예물을 드립니까? 아니면 형식적인 의무로 드립니까?

2. 여러분은 하나님의 은혜에 반응하여 '풍성히' 드리는 사람입니까? 혹시 계산적으로 드리고 있지는 않습니까?

3. 히스기야는 예물과 십일조를 관리하고 분배할 사람들을 세워 투명하게 처리했습니다. 여러분은 교회의 헌금과 예물이 정직하고 공의롭게 쓰이도록 관심과 기도로 동참하고 있습니까?

# ⑧ 느헤미야서의 십일조
## 느 10, 12, 13장

### 하나님의 집(나라)을 위한 십일조

## 서론적 이야기

**세금 많은 현대 사회에 십일조는 이중과세인가?**

현대 사회에 들어서면서 십일조에 대한 부정적 비판이 거세지고 있는 것은 부인할 수 없는 사실이 되었다. 그러다 보니 거의 20년이 지났지만, 세금 부담이 점차 커지는 현대 국가에서 교회가 십일조를 거두는 것은 '이중과세'라고 주장하는 사람도 있었다.

> "그런 점에서 오늘날 우리 사회가 기독교 국가도 아니며 각종 세금으로 공동체적 요구를 해결하고 있는 마당에 성서의 십일조를 그대로 적용시키는 것은 현실적으로 문제가 있다. … 이런 상황에서 십일조를 강조하는 것은 자칫, 한국 사회의 각종 공동체적 책임을 힘겹게 지고 사는 평신도들에게 과도한 짐을 지우게 하는 결과를 가져온다. … 가난한 과부의 생활비까지

위협하는 십일조는 십일조가 아니다. 이미 세금을 통해서 한국 사회의 공동체적 책무를 하고 있는 상황에 십일조까지 부과하는 것은 이중의 세금이 될 수 있는 것이다."[1]

이런 주장은 매우 자비로워 보이며 성도들의 어려운 상황을 이해하는 목자적인 심정이 담긴 논리처럼 보인다. 따라서 적지 않은 사람들이 이런 류의 해석을 받아들이면서 십일조를 드리지 않는 것을 정당화하고 있다. 그리고 일부 설교자들은 경제적으로 어려운 시기에는 헌금을 드리지 않아도 하나님이 개의치 않으실 것 같다고 설교한다는 이야기도 들려온다.

### 느헤미야서가 해답의 단초

과연 십일조는 '이중과세'이며, 경제적으로 어려울 경우에는 십일조를 내지 않는 것이 더 성경적이고 성도들을 배려하는 바람직한 태도인가? 이런 질문에 대답하려고 할 때 중요한 성경책이 느헤미야서이다. 느헤미야서는 이런 질문에 대해 추상적이고 이론적인 대답을 해 주는 것이 아니라, 왕의 세금과 총독의 녹으로 유다 백성들의 부담이 적지 않았을 때 십일조를 어떻게 해야 하는지의 실제적 문제에 성경적인 답을 제시하고 있기 때문이다.

### 느헤미야 시대의 왕의 세금과 총독의 녹

느헤미야 시대에는 백성들의 삶이 매우 힘들었다. 자녀가 많거나 흉년과 많은 빚과 높은 이자로 고통을 당하는 사람들이 많았고, 자녀들을 종으

---

[1] 한종호, "십일조: 신앙의 원칙인가, 시대의 관습인가?" 『기독교사상 51』 (2007), 201–207.

로 팔 수밖에 없는 사람들도 있었다. 어떤 사람들은 왕에게 내는 세금 때문에 허덕이고 있었다.

> "어떤 사람은 말하기를 우리는 밭과 포도원으로 돈을 빚내서 왕에게 세금을 바쳤도다"(느 5:4).

구약에서 "왕에게 세금"(미다트 함멜렉)이라는 히브리어 표현은 느헤미야서 5장에만 단 한 번 쓰였다. 따라서 당시 유다 사람들이 정확하게 어떤 세금을 왕에게 냈는지는 알 수 없다. 당시 일상어였던 아람어로 "세금"을 가리키는 단어들이 사용된 에스라 4장 13, 20절을 보면 "조공과 관세와 통행세"를 바친 것으로 보인다.

그뿐 아니라 백성들은 왕을 대신하여 다스리는 "총독의 녹"도 부담해야 했던 것으로 보인다(느 5:14-15, 18). "총독의 녹"은 직역하면 "총독의 밥/떡"(the bread of the governor)이다. 성경이나 고대 근동의 자료를 보면 "총독의 밥(녹)"은 지배자의 일상적 필요를 채우기 위해 백성들이 드려야 하는 음식 공급을 포함한 다양한 의무를 가리키는 것이라고 학자들은 해석한다.

### 느헤미야의 십일조 요구

이처럼 느헤미야 시대에는 왕에게 내는 세금과 총독의 녹으로 인해 백성들의 부담이 컸다. 그럼에도 불구하고 느헤미야는 백성들에게 십일조를 드릴 것을 요구했다. 물론 느헤미야는 백성들의 고통에 동감하여 스스로 총독의 녹을 받지 않는 모습을 보였지만, 그렇다고 해서 십일조를 드리지 않아도 된다고는 하지 않았다.

게다가 백성들이 "레위 사람들이 받을 몫을 주지 아니하였으므로 … 각

각 자기 밭으로 도망하였"을 때(느 13:10), 느헤미야는 우리의 예상과는 달리 레위인들을 먼저 책망하지 않았다. 느헤미야는 "하나님의 전이 어찌하여 버린 바 되었느냐"라고 백성들의 리더들을 먼저 꾸짖었다. 그리고는 레위 사람들을 다시 불러 제자리에 앉혔다. 그러자 비로소 "온 유다가 곡식과 새 포도주와 기름의 십일조를 가져다가 곳간에 들이"게 되었다(느 13:11-12).

이때 이스라엘 백성들은 느헤미야의 십일조 요구에 '이중의 세금'이라고 반발했을까? 그렇지 않았다. 그렇다면 느헤미야는 왜 십일조를 요구했고, 당시 유다 백성들은 무엇 때문에 이 요구에 순순히 응했을까? 우리는 이런 질문에 느헤미야서의 십일조 본문들이 무엇이라고 답하는지 상세하게 살펴볼 필요가 있다.

## 십일조 본문으로서 느헤미야서의 중요성

십일조 연구에 있어서 느헤미야서는 중요한 본문이다. 통계적으로 보면 느헤미야서는 신명기(총 열 번) 다음으로 십일조와 연관된 명사와 동사가 가장 많이 나오는 책이기 때문이다. 구약에 '십일조'(마아세르)라는 명사는 총 서른 번, '십일조를 하다'(아사르)라는 동사는 아홉 번 사용되고 있다. 그런데 느헤미야서에서는 '십일조'라는 명사가 무려 여섯 번(느 10:37-38[2x], 12:44; 13:5, 12), '십일조 내다'라는 동사도 두 번(느 10:38-39)이나 나온다. 그만큼 느헤미야서의 십일조 본문은 중요하다.

그뿐 아니라 느헤미야서에 나오는 3개의 십일조 본문들(느 10:37-38;

12:44; 13:5-12)은 십일조에 대한 성경의 원리와 행습(行習; practice)[2]을 보여주는 구약의 마지막 본문이다. 구약의 십일조 이해의 최종적 완성을 위해서는 이 마지막 십일조 본문을 상세하게 들여다보아야 한다.

## 느헤미야서의 시대적 배경과 서술의 논리

### 시대적 배경

느헤미야서의 십일조 본문을 이해하려면 에스라·느헤미야서의 역사적 배경과 문예적 구조와 신학적 메시지를 먼저 알아야 한다. 일반적으로 국내 출간된 성경에서는 에스라서와 느헤미야서를 두 권으로 구분하지만, 학자들 사이에서는 이를 한 권으로 보는 것이 정설이다.

우선 역사적 배경부터 살펴보자. 바벨론 포로기가 끝나갈 무렵 페르시아 왕 고레스는 바벨론 유다 포로민들에게 예루살렘으로 돌아가서 여호와의 집을 건축할 것을 허락했다. 그러자 페르시아 제국 도처에 흩어져 살던 디아스포라 유대인들이 고토로 귀환했다. 이때 돌아온 포로 귀환민들의 명단이 에스라 2장과 느헤미야 7장에 반복되어 기술되고 있다. 이렇게 두 번이나 반복하는 것은 이들이 '하나님의 집'(여기서 하나님의 집은 성전만이 아니라 거룩한 백성과 거룩한 성 예루살렘과 그 성벽을 포함하는 더 큰 개념)을 건축한 주인공들이기 때문이다.

우선 스룹바벨의 인도로 바벨론에서 돌아온 포로 귀환민들은 여러 난관을 극복하고 주전 516년 예루살렘 성전을 재건하는 데 성공했다. 성전의

---

[2] 국립국어원 표준국어대사전에 의하면 행습의 의미는 (1) 버릇이 되도록 행동함. 또는 몸에 밴 버릇 (2) 집단이나 개인에게서 특징적으로 보이는 습성이나 습관이다.

완공으로 예배 장소가 마련됐고, 이로써 이스라엘은 예배 공동체로서의 정체성을 회복했다. 이것이 '하나님의 집'의 1단계 재건이었다(스 3-6장).

예배 장소가 확보되었지만 공동체의 영성은 좋은 편이 아니었다. 성전 건축 후 60년이 지나면서 이방 여인들과 결혼하는 등의 민족적·종교적 정체성의 위기가 생겼다. '하나님의 집'을 구성하는 세 요소 중 하나인 인간'이 거룩해지지 않고서는 하나님의 집을 거룩하게 만들 수 없다는 점이 드러났다. 따라서 하나님께서 주전 458년경에 에스라를 보내셔서 율법을 가르침으로 이스라엘을 거룩한 백성으로 회복시키셨다. 이것이 '하나님의 집'의 2단계 재건이었다(스 7-10장).

그러나 이것으로 에스라·느헤미야서가 그리고 '하나님의 집'의 재건이 완성된 것은 아니었다. 아직도 예루살렘 성은 훼파된 상태였기 때문에 예루살렘 성벽이 회복되어야 했다. 마침내 주전 445년 느헤미야는 페르시아 황제의 도움을 받아 총독으로 유다에 돌아와 수많은 적들의 반대에도 무너진 성벽을 재건하여 예루살렘을 명실상부한 "거룩한 성"으로 회복시켰다. 이것이 '하나님의 집'의 3단계, 마지막 재건이다(느 1-6장).

### 십일조 본문들의 위치와 의미

그렇다면 느헤미야서의 십일조 본문들은 과연 어디에 나오는가? 이것이 가장 중요한 질문이다. 정말 흥미로운 것은 느헤미야서의 십일조 본문은 하나님의 집을 만들기 위한 준비 단계나, 3단계에 이르는 중간 과정을 묘사하는 어떤 단락에도 등장하지 않는다는 점이다.

느헤미야서의 십일조 본문 3개(느 10:37-38; 12:44; 13:5-12)는 3단계의 하나님의 집이 완성된 후에, 그 완공을 축하하고 어떻게 지속적으로 회복과 갱신을 유지할 수 있는지를 다루는 결론 부분(느 8-13장)에서야 비로소 나타난다. 그러니까 십일조와 예물은 하나님의 집을 완성하기 위해 드려야 할 의무적인 헌금이 아니었다. 이미 하나님의 은혜로 하나님의 집이 완성되고 난 후에 기쁨으로 드린 감사의 예물이었다. 거룩한 성전이 재건되고, 거룩한 백성으로 회복되고, 거룩한 성 예루살렘이 세워진 것은 전적으로 하나님의 은혜였기 때문이다. 그러므로 느헤미야의 십일조는 다른 예물들과 함께 하나님께서 제2성전 공동체에게 베푸신 은혜에 감사하여 드린 보은의 반응이었다.

이는 우리가 지금까지 살펴본 구약의 모든 십일조들(아브라함, 야곱, 모세 율법, 히스기야의 십일조)과 그 정신이 동일하다. 이 모든 십일조들이 하나님의 선행적 은혜를 경험하고 드린 보은의 예물이었던 것처럼, 느헤미야서의 십일조 역시 하나님이 이미 베푸신 은혜에 대한 감사의 마음으로 하나님께 드린 자발적 예물이었다는 점에 주목해야 한다.

### 서술의 논리: 세 번씩이나 십일조 강조할까?

그런데 에스라·느헤미야서의 결론부(느 8-13장)에 나오는 십일조 본문은 하나가 아니라 3개이며 서로 떨어져 있다(느 10:37-38; 12:44; 13:5-12). 겉으로 보면 우연한 역사의 산물처럼 보일지 모르지만, 이 세 본문들은 일관된 서술의 논리 위에 세워진 정교한 신학적·문예적 구조물이다.

첫째, 유다 백성들은 하나님의 집 완공을 축하하는 가운데, 율법을 지키기로 언약 갱신을 하면서 십일조를 드리기로 맹세했다(느 10:37-38). 이것이 백성들이 드린 첫 번째 십일조였다.

둘째, 하나님의 집 완공의 마지막 단계로 예루살렘 성벽을 봉헌한 후에 유다 사람들은 십일조와 거제물 등을 성전 곳간에 즐거이 드렸다(느 12:44). 이것이 두 번째 나오는 십일조 본문이다.

셋째, 잠시 느헤미야가 바벨론을 다녀오는 동안 레위 사람들이 받을 몫을 받지 못해 각자 자기 밭으로 도망했는데, 이를 확인하고 민장들을 꾸짖고 레위 사람들을 제자리에 복귀시키자, 유다 백성들이 곡식과 새 포도주와 기름의 십일조를 드렸다(느 13:5-12). 이것이 마지막으로 등장하는 십일조 에피소드이다.

하나님의 집이 완공된 후에 그분의 집을 지속적으로 회복하고 부양할 필요가 있을 때마다 하나님의 백성들이 십일조를 드리기로 맹세하고 실제로 십일조를 드린 것이다. 이처럼 모든 십일조 본문은 앞뒤 문맥을 살펴보면 나름의 신학적 메시지와 실천적 함축을 지니고 있다. 이제 이 점을 염두에 두면서 느헤미야서의 십일조 본문들을 하나씩 살펴보자.

## 첫 번째 십일조 본문(느 10:37-38)

**언약 갱신**

느헤미야서의 첫 번째 십일조 본문(느 10:37-38)은 유다 백성들이 율법에 따른 갱신을 하는 스토리(느 8:1-10:40)의 결론부에 나온다. 바벨론 포로 귀환민들을 통해 성전과 하나님 백성의 회복과 예루살렘 성벽의 재건이 이루어지면서 비로소 하나님의 집이 완공되었다. 이 거대한 하나님의 집의 완공을 축하하면서 온 백성들이 모여, 율법을 낭독하고, 이를 삶에 적용하는 일이 연달아 세 번 일어났다(느 8:1-18). 그리고 마지막 세 번째 모임에서 십일조를 드리겠다는 맹세를 한 것이다.

첫 번째와 두 번째 모임에서 율법을 읽고 삶 속에 적용하는 가운데 기쁨을 경험한 이스라엘 백성들은 세 번째로 다시 모였다. 그런데 이번에는 기쁜 분위기가 아니라 "다 모여 금식하며 굵은 베 옷을 입고 티끌을 무릅쓰며 모든 이방 사람들과 절교하고 서서 자기의 죄와 조상들의 허물을 자복하"는(느 9:1-2) 엄숙한 분위기를 보였다.

이런 상황에서 레위인들이 일어나 아브라함 때부터 시작해서 출애굽과 광야 여행과 가나안 정복과 왕정 시대를 거쳐 포로기에 이르는 기나긴 역사 동안에 '하나님은 공의로우셨으나 자신들은 반복적으로 악을 행하여 끝내는 약속의 땅에서 종이 되었음을 고백하는 기도'를 드렸다(느 9:4-37). 이런 레위인들의 기도가 끝나자 드디어 공동체가 반응을 보였다.

"우리가 이 모든 일로 말미암아 이제 견고한 언약을 세워 기록하고 우리의 방백들과 레위 사람들과 제사장들이 다 인봉하나이다"(느 9:38).

따라서 이어지는 내러티브는 언약에 인봉한 사람은 누구며(느 10:1-27), 그리고 어떤 언약 규정(느 10:28-39)을 지키기로 했는지를 중심으로 전개되고 있다. 그리고 이 언약 규정 안에 첫 번째 십일조 본문(느 10:37-38)이 들어 있는 것이다.

유다 백성들은 먼저 자기 저주의 맹세를 하면서 "하나님의 종 모세를 통하여 주신 하나님의 율법을 따라 우리 주 여호와의 모든 계명과 규례와 율례를 지켜 행하"겠다(느 10:29)고 언약 규정의 일반 원칙을 선언했다. 그리고 당시의 상황에서 문제가 되고 있는 구체적인 이슈를 해결하기 위해 세 가지 '구체적인 언약 규정'을 정하고 이를 지키기로 맹세했다.

1) 통혼 금지 규정(30절)
2) 안식일과 안식년 규정(31절)

3) 하나님의 전 부양 규정(32-39절)

결국 느헤미야서에 나오는 십일조 규례는 제사장과 레위인의 생계를 위한 단순한 재정 부담 규정이 아니었다. 다시는 약속의 땅에서 이방의 종이 되지 않기 위해, 모세를 통해 주신 하나님의 율법과 계명과 규례와 율례를 지키겠다고 '자기 저주의 맹세'를 하며 세운 '구체적인 언약 규정'이었다. 따라서 느헤미야서의 십일조는 단순한 액수의 문제가 아니라, '하나님의 언약을 지킬 것이냐' 아니면 '이방의 종이 될 것이냐'를 가르는 자유의 문제였다.

### 하나님의 전을 부양하기로 맹세(느 10:32-39)

이스라엘 백성들은 다시는 '이방의 종이 되지 않기 위해' 모세의 율법을 지키려는 노력의 일환으로, 성전을 부양하기 위한 규례를 스스로 정하고 지키겠다고 맹세했다. 유다 백성들이 하나님의 전을 부양하겠다고 정한 첫 번째 규례는 삼분의 일 세겔과 나무를 바치기로 한 것이다(느 10:32-33).

유다 백성들이 하나님의 전을 부양하겠다고 스스로 정한 두 번째 언약 규례는 첫 열매와 초태생을 바치기로 한 것이다(느 10:35-36). 모세의 율법에서 곡식과 열매의 첫 소산과 초태생은 여호와께 속한 것이다. 따라서 백성들은 모세의 율법을 지키겠다고 총괄적으로 맹세한 후에 가장 먼저 초태생과 첫 열매를 하나님께 드리기로 서약한 것이다.

유다 백성들이 하나님의 전을 부양하겠다고 스스로 정한 세 번째 언약 규례는 거제물 등의 예물들과 십일조를 바치기로 한 것이다. 우리가 주목하는 십일조에 대한 언급은 하나님의 전에 여러 예물들을 바치는 가운데, 특별히 제사장들과 레위인들에게 돌아갈 몫을 언급할 때 나온다.

"또 처음 익은 밀의 가루와 거제물과 각종 과목의 열매와 새 포도주와 기름을 제사장들에게로 가져다가 우리 하나님의 전의 여러 방에 두고 또 우리 산물의 십일조(마아세르)를 레위 사람들에게 주리라 하였나니 이 레위 사람들은 우리의 모든 성읍에서 산물의 십일조를 받는 자(아사르)임이며 레위 사람들이 십일조를 받을 때에는 아론의 자손 제사장 한 사람이 함께 있을 것이요…"(느 10:37-38).

느헤미야 10장의 십일조 본문은 하나님의 백성들에게 강요된 율법의 규례가 아니다. 유다 백성들이 하나님의 전을 부양하겠다고 언약의 맹세를 하면서 그 일환으로 레위인들에게 십일조를 주겠다고 자원한 것이다.

그렇다면 유다 백성들이 하나님의 전에 대해 이런 다양한 헌신을 하기로 맹세한 이유는 무엇인가? "…그리하여 우리가 우리 하나님의 전을 버려 두지 아니하리라"(느 10:39). 느헤미야 10장을 보면 "우리 하나님의 전"이 모두 여덟 번 나오는데 반해, 제사장들과 레위인들은 각 네 번밖에 나오지 않는다. 다시 말해 느헤미야 10장의 관심과 강조점은 "하나님의 전"에 있는 것이다.

여러 예물들과 십일조를 제사장들과 레위인들에게 주었다는 것은 느헤미야서의 2차적인 관심이다. 물론 이들이 성전을 수종드는 자들이고, 십일조와 예물을 기업으로 받았기에 네 번씩 언급이 되고 있는 것이 사실이다. 그러나 가장 중요한 관심은 느헤미야 시대의 백성들이 '하나님의 전을 버려두지 않기로 결심'하고, 율법에 정한 대로 '여호와의 전에 필요한 모든 것을 드리기로 맹세한' 데 있다.

따라서 우리가 느헤미야서의 십일조를 이야기할 때 가장 주목해야 할 가치는 **하나님의 집**이다. 신약적으로 말하자면 모든 헌금이나 예물은 그리스도를 머릿돌로 하는 거룩한 하나님의 집, 거룩한 성전을 위해 하는 것이다. 그러니까 십일조는 목회자나 교회 전임 사역자나, 장로나 권사나 집사 같은 교회의 지도부를 위해서 하는 것이 아니다. 궁극적으로는 그리스도의 거룩한 몸인 교회를 위해 하는 것이다.

## 두 번째 십일조 본문(느 12:44)

### 성벽 봉헌 예식(느 12:27-13:3)

이제 하나님의 집을 봉헌할 모든 준비가 끝났다. 성전이 완공되고, 이 집을 채울 하나님의 거룩한 자손들이 바벨론에서 올라왔고, 예루살렘 성벽이 준공되었다. 그뿐 아니라 백성들이 다시 언약을 맺고 여호와의 율법과 하나님의 전에 헌신하기로 작정했다. 그리고 예루살렘 성 안에 살 방백들과 백성들과 제사장들과 레위인들이 결정되었다. 이제 남은 것은 '하나님의 집을 봉헌'하는 것뿐이었다.

이에 느헤미야 12장 27절-13장 3절은 온 이스라엘 백성이 에스라와 느헤미야를 중심으로 하나가 되어 하나님의 집의 마지막 단계인 '성벽을 봉헌하는' 의식을 치르는 모습을 그리고 있다. 이 단락 안에 십일조를 거두는 관리들을 임명하는 모습이 등장하는데, 여기에 느헤미야서의 두 번째 십일조 본문이 등장한다(느 12:44).

### '그 날에' 세 가지 일들

성벽 봉헌식이 있던 날에는 세 가지 일들이 있었다. 우선 성벽을 봉헌하는 "그 날에"(느 12:44) 이들은 기쁨의 제사를 드렸다(느 12:40, 42-43). 성벽 봉헌식은 성전과 거룩한 공동체와 예루살렘 성으로 구성된 '하나님의 집'이 온전히 세워졌음을 드러내는 '그랜드 오프닝'이었기에 기쁨과 즐거움이 넘쳐나는 대축제였다.

둘째, 성벽을 봉헌하는 "그 날에" 십일조를 거두는 관리들을 임명했다. 이렇게 십일조 관련 관리들을 임명하는 내용이 느헤미야서의 두 번째 십일조 본문이다.

"그 날에 사람을 세워 곳간을 맡기고 제사장들과 레위 사람들에게 돌릴 것 곧 율법에 정한 대로 거제물과 처음 익은 것과 십일조(마아세르)를 모든 성읍 밭에서 거두어 이 곳간에 쌓게 하였노니 이는 유다 사람이 섬기는 제사장들과 레위 사람들로 말미암아 즐거워하기 때문이라"(느 12:44).

성벽을 봉헌하는 날에 굳이 거제물과 초태생과 십일조를 관리하는 자들을 임명한 이유는 무엇일까? 그 이유는 다름 아닌 제사장들과 레위 사람들로 인한 '유다의 즐거움' 때문이었다.

여기서 십일조를 이중의 세금으로 보아 억지로나 혹은 마지 못해 내는 모습은 전혀 찾아볼 수 없다. 제사장들과 레위인들을 사랑하기에 유다 백성들이 기쁨으로 거제물과 초태생과 십일조를 드리고, 이 예물들을 보관하고 분배할 관리자들을 성벽 봉헌식에 임명한 것이다.

셋째, 성벽을 봉헌하는 "그 날에" 모세의 율법책을 낭독하고 실행에 옮겼다(느 13:1-3). 이렇게 에스라·느헤미야서 기자는 성벽을 봉헌하는 날에 백성들이 어떤 반응을 보였는지를 기록하면서, 하나님의 은혜에 감격하며 하나님의 전을 중심으로 사는 하나님의 백성들이 어떤 반응을 보여야 하는지를 종말론적 관점에서 보여 주고 있다.

이렇게 하나님의 집에 사는 자들은 예물과 십일조를 기쁨으로 드리며 사는 자들임을 느헤미야서는 분명히 보여 준다. 이는 하나님의 집이 완성된 신약 시대에 고린도 교회 성도들이 '가난과 환난과 시련 가운데서도 왜 힘에 넘치도록 기쁨의 풍성한 헌금을 했는지'도 설명해 준다(고후 8:1-5).

## 세 번째 십일조 본문(느 13:5-12)

**다시 죄의 나락으로**

이제 세 번째 십일조 본문(느 13:5-12)만 남았다. 느헤미야서를 읽다 보면 12장에 이르러서는 완벽한 하나님의 집의 회복이 이루어진 것처럼 보인다. 그러나 에스라·느헤미야서의 마지막 결론(느 13장)으로 들어가면 다소 낙담되는 모습이 나타난다. 느헤미야는 아닥사스다왕 20년에 유다 총독으로 임명을 받은 적이 있었는데, 이후 32년에 두 번째 임기를 위해 잠시 수산 궁으로 가서 재임명을 받았고, 다시 예루살렘으로 돌아오게 되었다.

느헤미야가 잠시 자리를 비운 사이에 10장에서 언약 갱신을 하면서 지키겠다고 한 세 가지 언약 규정들을 모두 어기는 일이 발생했다. 레위인들과 노래하는 자들이 하나님의 전을 버리고 도망하고(느 13:10-11), 안식일에 일을 하고 장사를 하면서 안식일을 범하고(느 13:15-16), 일반 백성은 물론 제사장마저도 이방인들과 통혼하는 일을 서슴지 않았다(느 13:23-29).

그러나 느헤미야는 자신이 부재한 사이에 벌어진 이런 일을 보고도 개혁의 실패로 생각하고 낙담하지 않았다. 이어지는 13장에서 느헤미야는 공동체가 직면한 세 가지 타락의 국면(성전 후원, 안식일, 이방 여인과의 통혼 문제)에서 다시 개혁을 시도하는 모습을 보인다.

### 성전 청결

우선 느헤미야는 자신의 부재 시에 있었던 성전 안의 악행을 제거하는 조치를 시행했다. 십일조와 거제물을 보관하는 성전의 방을 세속적으로 사용하는 일을 금지시킨 것인데, 이 부분에서 느헤미야서의 세 번째 십일조 본문(느 13:5-12)이 등장한다. 느헤미야는 성전이 세속적 용도로 사용되는 것을 보고 이것저것을 알아보는 가운데 "레위 사람들이 받을 몫을 주지 아니하였으므로 그 직무를 행하는 레위 사람들과 노래하는 자들이 각각 자기 밭으로 도망하였"다(느 13:10)라는 사실을 알게 되었다.

레위 사람들이 받을 몫이란 백성들이 내는 "거제물과 처음 익은 것과 십일조"(느 12:44)였다. 그런데 느헤미야가 부재한 시기에 레위인들이 받을 몫을 받지 못하게 되자 각기 자기 밭으로 도망했다. 레위인들에게 땅을 기업으로 주지 않았지만, 살 수 있는 공간과 가축을 키울 수 있는 밭이 필요했기에 들을 할당해 주었다. 아마도 레위인들은 이렇게 들에 있는 자기 밭으로 도망해서 노동 일로 생계를 유지하려고 한 것 같다.

십일조를 하지 않은 백성들도 문제지만, 주의 일을 하는 사람들이 생계의 어려움을 겪자 각자의 밭으로 도망한 것은 정말로 충격적이다. 그러나 느헤미야는 레위인들을 비난하지 않고 "하나님의 전이 어찌하여 버린 바 되었느냐"(느 13:11)라고 오히려 민장들을 꾸짖었다. 그리고 나서 레위인들을 불러모아 제자리로 돌려놓았다(느 13:11).

### 백성들이 십일조를 곳간에 들임

레위인들은 느헤미야의 조치에 성전 봉사의 직무로 복귀했다. 그러나 백성들이 이전처럼 레위 사람들이 받을 몫을 주지 않는다면 아무런 소용이 없는 일이었다. 그런데 백성들이 전과는 다른 반응을 보였다.

"이에 온 유다가 곡식과 새 포도주와 기름의 십일조를 가져다가 곳간에 들이므로"(느 13:12).

이 모든 조치는 레위인을 위한 것이 아니었다. 물론 일차적으로 "곡식과 새 포도주와 기름의 십일조"가 레위인의 몫으로 돌아가는 것은 사실이다. 그러나 이런 모든 예물은 궁극적으로는 하나님의 전을 위한 것이다. 하나님의 전은 그곳에서 섬기는 제사장들과 레위인들이 있어야 비로소 그 기능을 할 수 있다.

즉, 하나님의 전이 제대로 돌아가기 위해서는 백성들이 드린 곡식과 새 포도주와 기름의 십일조를 곳간에 보관하고 레위인들에게 분배하는 것이 무엇보다 중요한 일이 되었다. 따라서 느헤미야는 이 일을 담당할 최고위 관리와 그 밑의 부관을 임명했다.

"내가 제사장 셀레먀와 서기관 사독과 레위 사람 브다야를 창고지기로 삼고 맛다냐의 손자 삭굴의 아들 하난을 버금으로 삼았나니 이는 그들이 충직한 자로 인정됨이라 그 직분은 형제들에게 분배하는 일이었느니라 … 내 하나님이여 나를 기억하사 복을 주옵소서"(느 13:13, 31).

오늘날 교회도 마찬가지이다. 우리가 하나님의 전을 세우기 위해서는, 다시 말해 하나님의 나라를 이 땅에 세우기 위해서는 충성된 인물이 필요하다. 그러나 이보다 더 중요한 것은 하나님의 복이다. 하나님이 복을 주시지 않으시면 그 어떤 좋은 것도 우리에게 주어지지 않는다. 이에 느헤미야는 자신을 기억하고 복을 달라고 청원하는 것이다.

# 결론: 신학적 메시지와 현대적 적용

## 느헤미야서의 '하나님의 집'은 신약의 '하나님의 나라'

느헤미야서의 '하나님의 집'은 놀랍게도 신약에서는 '하나님의 나라'로 연결된다. 우리가 앞서 살펴본 대로 에스라·느헤미야서의 '하나님의 집'은 단지 "성전"만이 아니라 "거룩한 백성"과 "예루살렘 성"을 포함하는 광의의 개념이기 때문이다.

성전과 하나님의 백성과 예루살렘 성이 회복되어 하나님의 집이 완성되는 날을 기대하며 느헤미야가 지속적인 회복과 부흥을 꿈꾸었던 것처럼, 오늘날 우리도 이런 꿈을 꾸어야 한다. 새로운 성전이신 예수 그리스도를 본받아 거룩한 백성으로서 성전을 지어 가면서 예루살렘과 사마리아와 땅 끝까지 이르러 복음을 전하는 일을 맡은 우리 역시, 하나님의 나라가 지속적으로 회복되고 확장되는 비전을 가져야 한다.

하나님의 집을 위해서 느헤미야가 강조한 것은 무엇인가? 여호와의 율법을 지켜 여호와의 전이 버림을 받지 않도록 하고, 안식일을 회복하고, 이방인과의 통혼을 금하고, 예루살렘 성을 거룩한 성으로 만드는 것이었다. 그런 점에서 느헤미야서는 오늘날 우리에게 시사하는 바가 크다.

에스라·느헤미야서의 '하나님의 집'의 개념은 후에 신약 시대의 예수 그리스도의 '하나님 나라와 성전'의 이해로 나아가는 중요한 중간 다리 역할을 하기 때문이다. 신약학자 김세윤은 예수의 가르침에 나오는 하나님 나라는 하나의 '집'으로 그려져 있다고 주장한다.[3] 하나님은 보통 '아버지'로 칭해지고, 하나님 나라는 '대문'(마 7:13), '문'(눅 13:24), '열쇠'(마 23:13) 같은 이

---

3) S. Aalen, "'Reign' and 'House' in the Gospels," NTS(1961/62), 215-240 ; 김세윤, "신약에 있어서 예수의 죽음의 해석", 『예수와 바울』 (참말, 1993), 231-241.

미지로 묘사되고 '잔치'(식탁 교제)의 메타포를 사용한다는 것이다. 이에 하나님의 백성이 '자녀'들로서 '문'을 열고 '들어가' 그 '잔치'를 위해 음식을 차려 놓은 상에 둘러앉는 것이 하나님의 나라라는 것이다.

예수님은 하나님의 나라를 성전으로 인식하고, 그 성전을 구체적으로 자신이 세울 하나님의 백성의 공동체로 보셨다. 이런 사실은 '성전과 백성, 그리고 예루살렘 성벽'으로 이루어진 하나님의 '집'의 재건을, 하나님 나라의 회복으로 이해하는 에스라·느헤미야서 메시지의 연속선상에 있음을 잘 보여 준다.

예수님께서 죽으시고 부활하심으로 자기 백성들을 하나님의 자녀가 되게 하셨다. 그리고 하나님 아버지의 풍요함을 상속받아 자신을 머리로 하고 자녀들을 몸의 지체로 삼아 거룩한 새로운 성전을 지금도 지어 가시며, 하나님 나라를 확장하고 계신 것이다. 따라서 우리 역시 느헤미야처럼 교회를 회복시키고 예배를 부흥시키며, 다음 세대를 교육하고, 열방을 복음화하는 일에 최선을 다해야 한다.

### 하나님의 나라와 경제적 부담

만일 에스라·느헤미야서에서 3단계에 걸친 하나님의 집의 완공되었을 때, 이를 축하하며 하나님 나라의 유지와 부흥과 회복을 위해 경제적인 부담을 졌다면, 예수 그리스도의 몸인 교회를 위해 경제적인 부담을 지는 것을 힘들어하는 것이 과연 온당한가? 페르시아 제국의 통치를 받는 식민지 상황에서도, 왕의 세금과 총독의 녹까지 부담해야 하는 상황에서도, 하나님의 집을 버리지 아니하겠다고 맹세하도록 한 느헤미야의 조치는 도대체 어떻게 해석해야 할까?

그런데 오늘날 다수의 해석자들은 십일조 관련 성경 본문들을 원래의 역사적 상황과 문맥 안에서 이해하지 않고 자기 입맛에 맞는 본문들만 선택적으로 골라서 해석한다. 심지어 문자적 해석을 하지 않고 이념적 해석을 하면서 오늘날 세금 부담이 큰 상황에서 십일조를 거두는 것은 이중과세라며 반대하고 있다. 이런 주장은 매우 자비로워 보이며 백성들의 상황을 이해하는 목자적인 심장이 담긴 논리처럼 보인다. 그리고 실제로 어떤 상황에서는 충분히 자비로울 수 있고 목자적 심정의 표현일 수도 있다. 경제적으로 너무 핍절한 가운데서는 십일조를 드리지 못하는 상황이 될 수도 있다. 그러나 이런 인간적 요소만을 고려해서는 안 된다.

### 필자의 경험

필자는 중학교 때 등록금을 못 내 1년 휴학을 한 적이 있었다. 집안 상황이 너무 힘들어 2남 2녀 중 장남인 필자는 중 3때 휴학을 하고 집에서 쉬었다. 그런데 주변에서 왜 복학만 하려고 하느냐며 일을 하라고 종용하는 바람에 마대 공장을 다니기도 했다. 물론 두 달 만에 이 일도 접을 수밖에 없었다. 공장이 망했기 때문이다. 어찌되었든 그때 첫 월급을 탔다.

그때 필자는 무엇을 했을까? 성경 한 권을 사고, 어머니에게 설거지용 장갑을 하나 사드렸다. 그리고 십일조를 했다. 그때 필자는 십일조를 하면 복을 받는다고 생각했을까? 그래서 기복주의로 십일조를 한 것일까? 십일조를 드리지 않아도 하나님이 내 마음 다 아실 것이라고 생각할 수도 있는데 왜 그렇게 하지 않았을까?

그 이유가 정확히 무엇인지 당시 필자의 속내를 기억하기는 어렵다. 당시에 목사님들이 하나님께 십일조를 드리는 것이 당연하다고 강조했기에 순종하는 마음으로 드린 것 같다. 그런데 확실한 것 하나는 하나님께 드리면서 아깝다는 생각은 하지 않았다. 하나님께 대한 필자의 신뢰를 그렇게

라도 표현하고 싶었기 때문이었다.

물론 필자는 목회자로서 너무 가난한 교우들에게 십일조를 꼭 내야 한다고 강요하거나, 그렇게 해야만 복을 받는다고 말하고 싶지 않다. 그러나 어떤 상황에서도 하나님과의 신뢰 관계는 표현해야 한다는 점만은 가르치고 싶다. 그리고 성도들이 어떻게 할지는 각자의 신앙에 맡기고 싶다.

그렇지 않으면 "환난의 많은 시련 가운데서 그들의 넘치는 기쁨과 극심한 가난이 그들의 풍성한 연보를 넘치도록 하게 하였느니라"(고후 8:2)고 한 고린도 교회의 헌신과 바울의 권면을 이해할 길이 없는 것이다. 필자는 극한의 가난 속에서도 하나님께 드려야 한다고 가르친 믿음의 선배들에게 지금도 감사한다. 그분들을 통해 하나님을 신뢰하고 하나님만 의지하는 것이 무엇인지 배울 수 있었기 때문이다.

### 십일조는 이중과세가 아니다

이런 관점에서 본다면, 생활이 어려운 가난한 과부의 극단적 상황을 상정해서 생활비를 위협하는 십일조는 십일조가 아니며, 국가에 세금을 많이 내야 하는 현대 그리스도인들에게 십일조를 내라는 것은 '이중과세'라는 주장은, 비성경적일 뿐 아니라 위선적이다.

왜냐하면 십일조를 세금이라는 용어로 설명하는 것 자체가 성경의 십일조에 대한 오해 혹은 이해 부족에서 나온 것이기 때문이다. 성경은 십일조를 단 한 번도 세금으로 묘사한 적이 없다. 성경의 모든 십일조 본문들은 십일조를 하나님께 먼저 은혜를 받은 후에 감사의 고백과 함께 드리는 성물이라는 데 의견의 일치를 보이고 있다. 가이사에게 바치는 것은 '세금'인지 몰라도, 하나님께 바치는 것은 **세금이 아니다.**

그러나 백번 양보해서 십일조가 설령 '세금'이라고 하더라도 주님께서

"가이사의 것은 가이사에게, 하나님의 것은 하나님께 바치라"(눅 20:25)고 하셨다. 그럼에도 불구하고 가난한 자들을 위한다면서 십일조를 이중과세라는 이유로 드리지 않아도 된다는 논리는 그 어떤 성경적 근거도 갖지 못한 것이다.

가난한 자에 대한 배려를 이야기하면서 십일조가 이중의 세금이라고 주장하는 사람들은 스스로 얼마나 헌금 생활을 잘하고 있는지 먼저 성찰할 필요가 있다. 세금 등으로 경제적인 어려움이 있는 자들에게 십일조를 요구하는 것이 이중과세라고 주장하는 사람들은 말로만 그렇게 할 것이 아니라, 실제로 총독의 녹을 받지 않은 느헤미야처럼 자신의 이익을 포기하여 경제적인 약자들을 도와야 할 것이다. 개인적으로 이런 일은 하지 않으면서 말로만 가난한 자들을 위하는 척하며 하나님께 드리는 헌금을 하지 않아도 된다고 주장하는 것은 위선적일 수 있다.

### 적용을 위한 질문

1. 느헤미야 시대의 부흥은 말씀과 헌신에서 비롯되었습니다. 나는 지금 어떤 회복이 필요하며, 하나님의 집(교회)의 회복을 위해 무엇을 드리고 있습니까?
2. 느헤미야는 왕의 세금과 총독의 녹이라는 부담 속에서도 하나님의 전을 버리지 않기로 결단하고 십일조를 회복시켰습니다. 이처럼 경제적인 어려움이 찾아올 때 하나님과의 신뢰 관계를 표현하는 방식을 가지고 있습니까?
3. 느헤미야와 백성들은 세 번에 걸쳐 십일조를 회복하고 지속적인 관리와 분배 체계를 마련했습니다. 여러분은 하나님 나라의 회복과 확장을 위해 얼마나 지속적으로 기도하고, 계획하며, 실제로 헌신하고 있습니까?

십일조의 복음

⑨

# 아모스서의 십일조
## 암 4장

자기 탐닉의 십일조에 대한 경고

## 서론적 이야기

**선지서의 십일조 본문의 중요성**

십일조 본문들을 찾아 떠난 여행길에서 우리는 드디어 오경과 역사서를 지나 선지서에 도착했다. 선지자들은 하나님의 대언자로서 이스라엘의 다양한 종교 행습들에 대해 가차없는 비판과 장엄한 위로가 담긴 하나님의 말씀을 선포했기 때문에 십일조에 대해서도 강력한 많은 메시지를 전했을 것이라는 기대를 할 수 있다. 그런데 기대와는 달리 선지서에는 십일조에 관한 언급이 거의 없다. 십일조(마아세르)란 명사가 아모스서에 한 번(암 4:4-5), 그리고 말라기에 두 번(말 3:8-10) 언급된 것이 전부이다.

그렇다고 해서 선지서가 십일조를 중요하게 다루지 않은 것은 아니다. 십일조에 대한 언급 자체가 구약성경에 총 서른아홉 번(명사로 서른 번, 동사로 아홉 번)밖에 되지 않기에 십일조의 용례 횟수가 적다는 이유로 선지서에서 십일조를 중요하게 다루지 않았다고 결론 내려서는 안 된다.

오히려 선지서의 두 십일조 본문은 두 가지 이유 때문에 십일조 연구에 있어서 매우 중요하다. 첫째, 선지서의 십일조 본문들은 이스라엘의 일반 백성들이 매일의 삶 가운데 어떻게 십일조를 드렸는지에 대한 유일한 묘사이기 때문이다.

우리가 지금까지 살펴본 대로 이스라엘 백성들이 구체적으로 어떻게 십일조를 드렸는지에 대한 묘사는 역대하 31장과 느헤미야 10-13장이 전부이다. 그런데 이 두 본문들은 히스기야왕이나 느헤미야 총독 같은 백성의 지도자가 예배의 회복과 국가적 부흥을 위한 행정적·국가적 조치의 일환으로 십일조를 드릴 것을 권면하는 모습을 그리고 있다.

그러니까 범국가적인 종교 회복과 부흥의 프로젝트로 십일조가 어떻게 회복되고 정상화되었는지를 주로 다루고 있는 것이다. 따라서 일반 백성들이 어떻게 십일조를 드렸는지에 대해서는 제대로 알 수 없다. '이스라엘 대중들의 십일조에 대한 인식'을 살펴볼 수 있는 곳은 바로 아모스서 4장과 말라기 3장이 전부이다. 따라서 선지서의 십일조 본문들이 중요한 것이다.

둘째, 선지서의 십일조 본문은 단순히 선지자들의 의견이 아니라 이스라엘 백성들의 십일조 행습에 대한 '하나님의 직접 평가'를 담고 있기 때문에 중요하다. 두 십일조 본문에는 "주 여호와의 말씀이니라"(네움 아도나이 엘로힘, 암 4:5) 와 "만군의 여호와가 이르노라"(아마르 아도나이 체바오트, 말 3:7)는 공식이 나온다. 이 공식은 하나님의 말씀을 직접 인용할 때 등장하기에, 이 다음에 나오는 내용은 그만큼 무게가 실린다. 하나님께서 십일조에 대해 어떤 평가를 하시는지 직접 말씀하시는 것이기 때문이다.

하나님께서 이스라엘 백성들의 십일조 행위에 대해 직접 평가를 내리신이 두 본문을 분석하면 '십일조의 정신과 목적과 규범'을 더 명확하게 규정할 수 있다. 물론 하나님 말씀의 직접 인용이 아니라 하더라도 모든 성경은 하나님의 계시로서 규범성을 가지고 있는 것이 사실이다. 그러나 '하나님의 말씀의 직접 인용'은 '규범의 핵심'을 이룬다는 점에서 좀 더 세심하게 살펴보아야 한다.

### 선지서 십일조 본문들의 의도

선지서의 십일조 본문인 아모스 4장과 말라기 3장은 단순히 '하나님의 직접 평가'를 담고 있을 뿐만 아니라 이스라엘의 십일조 행습의 두 가지 왜곡 현상에 대한 하나님의 대조적 평가를 담고 있다. 그런 점에서 매우 독특하고 귀한 본문이다.

그렇다면 이스라엘의 십일조 행습의 대조적인 왜곡 현상은 무엇일까? 우리는 인간의 삶의 조건과 실존적 상황으로부터 그것이 무엇인지 충분히 추론할 수 있다. 재물에 대한 인간의 집착, 인간의 왜곡된 종교성, 그리고 주는 것보다 받는 것을 좋아하는 인간의 변치 않는 기본 성정을 염두에 두면, 십일조 제도와 풍습이 변질될 수 있는 가능성은 크게 두 가지이기 때문이다.

첫째는 종교적 행위로서 십일조 행위에 대한 지나친 열정이며, 둘째는 하나님께 드리는 십일조에 대한 의도적 무시이다.

아모스서와 말라기를 보면 십일조에 대한 인간 행습의 두 가지 변질 가능성이 실제 이스라엘 안에 나타났음을 잘 보여 준다. 아모스서는 신앙의 더 중요한 것들을 잃어버렸으면서 십일조 같은 종교 행위에만 매몰되는 왜곡된 모습을 보여 주고 있다. 반면에 말라기는 하나님께 마땅히 드려야 할 십일조를 드리지 않으면서도 아무런 문제의식도 갖지 못하는 왜곡 현상을 드러내고 있다.

결국 아모스와 말라기의 십일조 본문은 이런 부정적인 현상들에 대해 하나님께서 어떤 판단을 하시는지를 잘 보여 준다. 그런 점에서 두 십일조 본문은 오늘날 신약의 그리스도인들에게도 중요한 계시의 말씀이다. 이번 장에서는 아모스서의 십일조 본문을 다루고, 말라기의 십일조 본문은 다음 장에서 다루도록 하자.

## 아모스서의 배경과 핵심 주제

### 아모스서의 시대적 배경

우선 아모스서의 시대적 배경을 살펴보자. 아모스는 남방 유다 출신이었음에도 불구하고, 760-750년경에 북방 이스라엘에 가서 예언하도록 보냄을 받았다.

이 당시 북방 이스라엘은 자신들이 하나님의 선민이라고 굳게 믿고 있었다. 그러나 실제로는 불의와 탐욕, 부도덕과 향락을 추구하면서 거룩한 제사장 나라의 모습을 보여 주지 못했다. 이에 하나님은 아모스를 북방 이스라엘에 보내셨다. 아모스는 하나님의 심판을 선언하며 회개를 촉구했다. 그러나 북방 이스라엘은 아모스의 메시지에 귀를 기울이지 않았고, 결국 아모스가 선언한 대로 하나님의 심판이 임하고 말았다. 주전 746년 여로보암 2세 왕이 죽으면서 북방 이스라엘은 앗시리아의 거센 침략에 무방비로 노출되었고, 그로부터 25년이 지난 722/721년에는 왕국이 멸망당하면서 역사의 무대에서 완전히 사라지고 말았다.

## 아모스서의 핵심 주제: 정의와 공의

그렇다면 아모스가 선언한 하나님의 메시지는 무엇인가? 진정한 종교적 경건은 사회적 **정의와 공의** 가운데 드러난다는 것이 아모스서의 핵심적 주제이다. 구약에서 "정의와 공의"로 번역되는 관용어구는 히브리어로 '미쉬파트(정의)와 체데카(공의)'이다. 필자의 칼빈 신학교 은사인 존 스텍(John H. Stek) 교수는 두 단어의 용례를 살핀 후 이렇게 결론을 내린다.

> "정의와 공의란 여호와가 하시는 모든 일을 포괄할 뿐 아니라(창 18:19; 삼하 22:21, 25). 그분의 온갖 법도 망라한다(겔 18:19, 21; 33:14-19). 또한 정의와 공의란 여호와께서 자기 백성에게 기대하시는 것들이다(사 5:7). 게다가 '정의와 공의'를 행하는 사람은 의롭다고 하신다"(겔 18:5; 33:21-33.; 신 6:25; 24:13 참조).[1]

정의와 공의는 하나님의 성품이요, 하나님의 사역일 뿐 아니라, 자기 백성이 정의과 공의를 행할 것을 기대하면서 그런 자들을 의롭다고 하신다는 것이다. 그러니까 하나님과 그분의 백성의 관계를 가장 잘 보여 주는 개념이 바로 정의와 공의이다.

여호와께서 이렇게 '정의와 공의'를 기대하셨음에도 불구하고 아모스 시대의 이스라엘은 "정의(미쉬파트)를 쓸개로 바꾸며 공의(체데카)의 열매를 쓴 쑥으로 바꾸"고(암 6:12) 있었다. 이렇게 '정의와 공의'를 저버리면서도 이스라엘은 '절기와 제사'를 드린다는 이유로 자신들이 선민이며, 따라서 "흉한 날이 멀다"(암 6:3)라고 착각하고 있었다. 그러나 여호와께서는 이들의 기대

---

1) John H. Stek, "Salvation, justice and liberation in the Old Testament," Calvin Theological Journal (Nov 1978), 156-157.

와는 정반대로 "내가 너희 절기들을 미워하여 멸시하며 … 너희가 내게 번제나 소제를 드릴지라도 내가 받지 아니할 것"(암 5:21-22)이라고 선언하셨다. 그리고는 강력한 수사학을 동원해 "오직 정의를 물 같이, 공의를 마르지 않는 강 같이 흐르게"(암 5:24) 하라고 요청하셨다.

그렇다면 어떻게 해야 이처럼 흐르게 할 수 있을까? 그것은 바로 여호와를 찾는 것이다(암 5:4-6). 이것이 아모스서 전체의 핵심 메시지와 취지이다. 우리는 이런 아모스서 전체의 서술 논리와 신학적 메시지를 염두에 두고 십일조 본문을 해석해야 한다. 그렇지 않으면 아모스서의 십일조를 오해하거나 곡해할 수 있다는 점을 잊어서는 안 된다.

## 자기 탐닉의 십일조 행습

### 주 여호와의 말씀이니라: 선언 공식

아모스서의 십일조 본문은 여호와의 말씀을 직접 인용한 것이다. 이는 십일조 본문의 맨 마지막을 보면 알 수 있다.

"너희는 벧엘에 가서 범죄하며 길갈에 가서 죄를 더하며 아침마다 너희 희생을, 삼일마다 너희 십일조를 드리며 누룩 넣은 것을 불살라 수은제로 드리며 낙헌제를 소리내어 선포하려무나 이스라엘 자손들아 이것이 너희가 기뻐하는 바니라 주 여호와의 말씀이니라"(암 4:4-5).

"주 여호와의 말씀이니라"는 히브리어로 '네움 아도나이 엘로힘'인데, 선지자가 하나님의 말씀을 직접 인용할 때 사용하는 '선언 공식'이다. 아모스서 안의 "여호와의 말씀이니라"는 공식을 연구한 폴 노블(Paul R. Noble)의 말을 들어 보자.

"아모스서 안의 '네움 아도나이'(여호와의 말씀이니라)란 표현은 이 선언 공식 하에 전해진 내용에 특별한 주의를 기울여 달라는 요청의 기능을 갖는다. 때로는 단순히 강조를 하기 위해 쓰이기도 한다. 그러나 기대치 않았던 내용, 역설적인 것, 모호한 것들을 주의해 들으라는 의미로 쓰인다. 어떤 경우에는 깊은 의미가 들어 있다는 암시로 쓰이기도 한다."[2]

따라서 우리는 십일조 본문에 들어 있는 "여호와의 말씀이니라"를 통해 기대치 않았던 내용, 역설적인 말씀이 선포될 것임을 추론해 볼 수 있다.

### 벧엘에 가라, 길갈로 가라

여호와의 말씀의 첫 부분은 매우 익숙한 제사장의 권면처럼 들린다.

"너희는 벧엘에 가서 … 길갈에 가서…"(암 4:4).

이스라엘은 "너희는 벧엘에 가서"라는 말씀을 듣고, 벧엘에 가서 '십일조를 드리라'는 제사장들의 긍정적 권면을 기대했을 것이다. 벧엘은 야곱이 하나님을 만나는 꿈을 꾼 곳으로 하나님의 집으로 기름부은 곳이며, 십일조를 드리겠다고 서원한 장소였기 때문이다(창 28장).

이어서 여호와께서는 '길갈로 가라'고 하셨다. 아마도 이스라엘은 길갈

---

[2] Paul R. Noble, "The Function of n'm Yhwh in Amos," ZAW 108 (1996), 626.

로 가서 '제사를 드리라'는 말을 예상했을 것이다. 길갈은 가나안 정복 당시 가장 중요한 베이스캠프였고(수 4-5장), 후에 사울이 왕으로 기름부음 받은 곳으로 유명한 성소였기 때문이다(삼상 11:14-15).

이스라엘 백성들이 보통 벧엘과 길갈에 가서 무엇을 했는지는 이어지는 여호와의 말씀을 보면 알 수가 있다.

> "…아침마다 너희 희생을, 삼일마다 너희 십일조를 드리며 누룩 넣은 것을 불살라 수은제로 드리며 낙헌제를 소리내어 선포하려무나…"(암 4:4-5).

실제로 이스라엘 백성들은 벧엘과 길갈에 가서 분명 '희생과 십일조와 수은제와 낙헌제 제물'을 드렸을 것이다. 그들은 아마도 '벧엘에 가라' 그리고 '길갈에 가라'는 여호와의 첫 마디 말씀을 들었을 때, 희생과 십일조 같은 단어가 이어지리라 기대했을 것이다. '길갈에 가서 희생을 드려라. 벧엘에 가서 십일조를 바치라.' 이런 식으로 말이다.

### 범죄하라니, 도대체 무슨 의미인가?

그러나 하나님은 전혀 상상할 수 없는 말씀을 하셨다. "너희는 벧엘에 가서 범죄하며 길갈에 가서 죄를 더하며…"(암 4:4). 어떻게 벧엘과 길갈과 같은 성소로 가라는 권면 바로 뒤에 '범죄하며 죄를 더하라'는 말을 붙일 수 있을까? 이스라엘은 아마 충격을 금할 수 없었을 것이다. 이들은 벧엘에 가서 희생과 십일조와 수은제와 낙헌제 제물을 드리는 행위가 범죄가 될 것이라는 생각은 꿈에도 하지 못했을 것이다.

이스라엘은 성소를 찾아 화목제를 드리고 함께 식사함으로 하나님과의 화목한 관계를 확인하기 위해 길갈로 갔을 것이다. 이스라엘은 야곱의 십일조를 기억하고, 하나님이 주신 축복에 감사하며 미래의 축복을 기대하는 마음으로 벧엘로 갔을 것이다. 그런데 어떻게 이런 경건한 종교 행위가 하나님께 대한 범죄일 수 있을까?

### 십일조 사랑과 제사 사랑이 범죄

그런데 놀랍게도 여호와께서는 이런 행위가 범죄일 수 있다고 직격하신다. 그렇다면 그 이유는 무엇일까?

"…이스라엘 자손들아 이것이 너희가 기뻐하는 바니라"(암 4:5).

"기뻐하는"이라고 번역된 히브리어는 직역하면 "사랑하는"이다. "이것이 너희가 사랑하는 바니라." 결국 이런 모든 행습은 종교 행위와 경건한 풍습을 '사랑한 데서' 나온 것이기에 범죄가 된다는 것이다. 하나님을 사랑하는 것이 아니라 종교 행위를 사랑한다면, 결국 하나님을 예배하는 것이 아니라 '자기 탐닉'이 되기 때문이다.

그렇다면 하나님은 이들이 어느 정도로 제사 행위와 십일조 드림을 사랑한다고 생각하셨을까? 이를 이해하려면 "아침마다 너희 희생을, 삼일마다 너희 십일조를 드"려라(암 4:4)에서 "아침마다"와 "삼일마다"라는 표현을 집중적으로 살펴볼 필요가 있다.

하나님께서 "아침마다" 너희 희생을 드리고 "삼일마다" 너희 십일조를 바치라고 말씀하시는 데는 당시의 풍습이 반영된 것으로 보인다. 모든 학자들이 다 동의하는 것은 아니지만 순례자들이 성소를 방문하면 순례 첫날 아침에 성소에서 희생을 드리고, 제3일에는 '매년 십일조'를 드리는 풍습이 있었을 것으로 본다. 만일 이런 풍습이 사실이라면 '아침마다 희생을 드리고, 삼일마다 십일조를 드리라'는 것은 그동안의 풍습과는 비교도 안 될 정도로 더 큰 열정을 한 번 보이라는 것이다.

그래도 그렇지 어떻게 매일 "아침마다" 희생을 드리고, 어떻게 "삼일마다" 십일조를 드릴 수 있을까? 당연히 이런 반문이 나올 수 있다. 그러나 여호와께서는 '그렇게 한 번 해 보라'고 하신다. 여기에는 '이것이 너희들이 사랑하는 것'이 아니냐는 의미가 담겨 있다. 즉 이것들을 너희가 사랑하니까, 아침마다 희생제사를 드리고 삼일마다 십일조를 바칠 수 있지 않느냐고 하시는 것이다. 우리는 이 말투 속에서 여호와의 '조롱과 빈정거림' 마저 느낄 수 있다.

### 여호와의 조롱

만군의 여호와께서는 조롱을 끝까지 끌고 가신다.

"누룩 넣은 것을 불살라 수은제로 드리며 낙헌제를 소리내어 선포하려무나…"(암 4:5).

수은제(酬恩祭)는 축복과 기도 응답에 대해 감사하여 하나님께 드리는 일종의 화목제물이며, 낙헌제(樂獻祭)는 하나님께 감사하여 헌신하겠다고 선언하는 자원 예물을 가리킨다. 수은제나 낙헌제 모두 제사를 드리는 자가 예물의 일부를 먹을 수 있는 화목제물이다. 이스라엘은 이렇게 거룩한 제물을 가지고 수은제와 낙헌제를 드리고 하나님 앞에서 식사함으로, 그분과의 화목한 관계를 확인하고 유지하기 위해 벧엘과 길갈을 찾았을 것이다. 언뜻 보면 이런 행동이 어디가 그리 큰 잘못인가라는 생각이 든다.

그런데 이어지는 여호와의 말씀을 보면 이런 행동 안에 자랑하고 싶어

하는 동기가 숨어 있었다. "낙헌제를 소리내어 선포하려무나"에서 "소리내어 선포하려무나"라는 원문을 보면 '소리지르라'와 '공포하라'는 2개의 동사로 이루어져 있다. 핵심은 자신의 제사를 다른 사람들이 볼 수 있도록 떠들고 자랑하고 공포하고 다니라는 것이다. 겉으로는 하나님의 은혜에 대한 감사로 제사와 십일조를 드린다고 이야기하지만, 속으로는 자신들이 매일 "아침마다" 제사를 드리고 "삼일마다" 십일조를 드린다면서 자랑하며 공포하고 싶은 동기가 숨어 있지 않느냐는 것이다.

예배와 제사를 조롱하시는 하나님의 말씀의 어조는 불과 두 절 안에 무려 7개의 동사가 명령형으로 나오면서 크게 강조되고 있다. '가라', '범죄하라', '죄를 더하라', '십일조를 드리라', '누룩넣은 것 불살라라', '낙헌제 한다고 소리질러라', '제사 드린다고 선포하고 다녀라'는 명령형 동사는 하나님께서 너무 심하다 싶을 정도로 이스라엘의 종교 행위를 조롱하시는 모습을 분명히 보여 주고 있다.

### 자기 탐닉의 종교로 전락

하나님께서 왜 이렇게까지 조롱하시는지 이해하기 어려울 수도 있다. 그리고 이런 조롱이 사실일까라는 생각도 든다. 그러나 아모스는 하나님께서 실제로 이렇게 조롱하시는 분임을 우리에게 보여 준다. 그 이유가 무엇일까? 여호와의 종교가 하나님을 섬기는 것이 아니라 자기 자신을 섬기는 '자기 탐닉의 종교'로 전락했기 때문이다.

하나님이 베푸신 은혜에 감사하여 드리는 예물이 아니라 자기 만족을 위해 그리고 끝내는 자기 자랑을 하기 위해 드리는 예물로 타락한 것이다. 따라서 이 예배는 여호와께 드리는 예배가 아니었다. 자기 자신을 위한 예배요 자기 자신에 대한 예배였던 것이다. 한마디로 하나님 숭배가 아니라 자기 숭배였다. 궁극적으로는 자신들의 내적인 종교적 욕구를 만족시키는 자기 탐닉의 행위에 불과하기에 여호와께서 "이스라엘 자손들아 이것이 너희가 기뻐하는[사랑하는] 바니라"고 일갈하신 것이다.

놀랍게도 '사랑하다'라는 동사는 아모스서에 두 번 나온다. 그런데 한 번은 현재 십일조 본문이고 다른 한 번은 아모스 5장 15절이다.

"너희는 악을 미워하고 선을 사랑하며 성문에서 정의를 세울지어다 만군의 하나님 여호와께서 혹시 요셉의 남은 자를 불쌍히 여기시리라."

이스라엘은 "선을 사랑"해야 하는데, '자신의 종교적 행위를 사랑하는' 자들이 되었다. 하나님께 예배하는 가운데, 하나님을 찾고 선을 사랑하고 정의나 공의를 추구해야 했지만, 오히려 자신을 사랑하고, 자기 탐닉에 빠져 있었다. 이에 하나님께서 "길갈에 가서 삼일마다 십일조 드리고 매일같이 낙헌제 바친다"라고 떠들고 다니라며 조롱하시는 것이다.

## 하나님께서 제시하신 해결책

### 그동안 여호와께 돌아오지 아니함

놀랍게도 이스라엘은 이런 하나님의 조롱을 듣고도 문제의 본질이 무엇인지 알지 못했다. 이스라엘은 제사를 드리고 십일조를 바치면서 하나님을 만나고 있다고 확신했기 때문이다. 그러나 실제로 이들은 하나님께 돌아오지도 않았고, 하나님을 만나지도 못하고 있었다. 십일조 본문 뒤에 이어지는 단락(암 4:6-11)을 보면 "너희가 내게로 돌아오지 아니하였느니라"

의 후렴구가 무려 다섯 번이나 반복되고 있다.

1) 굶주림: "또 내가 … 너희의 각 처소에서 양식이 떨어지게 하였으나 **너희가 내게로 돌아오지 아니하였느니라**"(6절).
2) 기근: "또 추수하기 석 달 전에 내가 너희에게 비를 멈추게 하여 … 두세 성읍 사람이 어떤 성읍으로 비틀거리며 물을 마시러 가서 만족하게 마시지 못하였으나 **너희가 내게로 돌아오지 아니하였느니라**"(7-8절).
3) 흉년: "내가 곡식을 마르게 하는 재앙과 … 팥중이로 … 포도원과 무화과나무와 감람나무를 다 먹게 하였으나 **너희가 내게로 돌아오지 아니하였느니라**"(9절).
4) 전염병: "내가 너희 중에 전염병 보내기를 애굽에서 한 것처럼 하였으며 … 너희 진영의 악취로 코를 찌르게 하였으나 **너희가 내게로 돌아오지 아니하였느니라**"(10절).
5) 전쟁: "내가 너희 중의 성읍 무너뜨리기를 하나님인 내가 소돔과 고모라를 무너뜨림 같이 하였으므로 … **너희가 내게로 돌아오지 아니하였느니라**"(11절).

그렇다면 앞으로 무슨 일이 생길까? 굶주림, 기근, 흉년, 전염병, 전쟁을 보내도 이스라엘이 돌아오지 않는다면, 이제 남은 것은 이보다 더 큰 재앙이 될 것이 분명했다. 이에 하나님은 "네 하나님"을 만날 준비를 하라고 선언하신다.

"그러므로 이스라엘아 내가 이와 같이 네게 행하리라 내가 이것을 네게 행하리니 이스라엘아 네 하나님 만나기를 준비하라"(암 4:12).

왜 하나님을 만날 준비가 필요한가? 여호와 하나님은 "산들을 지으며 바람을 창조하며 자기 뜻을 사람에게 보이며 아침을 어둡게 하며 땅의 높은 데를 밟는"(암 4:13) 분이시기 때문이다. 또한 이스라엘이 하나님을 만날 준비를 하지 않으면 이스라엘은 멸망당하고 포로가 되어 다메섹으로 잡혀가는 끔찍한 미래를 맞게 될 것이기 때문이다(암 5:2, 27).

**해결책: 여호와를 찾으라**

그렇다면 해결책은 무엇인가? 여호와께서는 아모스 5장 4-6절에서 해결 방안을 제시하신다.

"여호와께서 이스라엘 족속에게 이와 같이 말씀하시기를 너희는 나를 찾으라 그리하면 살리라 벧엘을 찾지 말며 길갈로 들어가지 말며 브엘세바로도 나아가지 말라 길갈은 반드시 사로잡히겠고 벧엘은 비참하게 될 것임이라 하셨나니 너희는 여호와를 찾으라 그리하면 살리라 그렇지 않으면 그가 불 같이 요셉의 집에 임하여 멸하시리니 벧엘에서 그 불들을 끌 자가 없으리라."

이스라엘의 진정한 해결책은 여호와를 찾는 것이다. 무엇 때문에 여호와를 찾아야 하는가? 그래야 비로소 살 수 있기 때문이다. 그렇다면 '여호와를 찾는다'라는 것은 구체적으로 무슨 의미인가?

"너희는 살려면 선을 구하고 악을 구하지 말지어다 만군의 하나님 여호와께서 너희의 말과 같이 너희와 함께 하시리라 너희는 악을 미워하고 선을 사랑하며 성문에서 정의를 세울지어다 만군의 하나님 여호와께서 혹시 요셉의 남은 자를 불쌍히 여기시리라"(암 5:14-15).

'선을 구하고 악을 구하지 않는 것', '악을 미워하고 선을 사랑하며 성문에서 정의를 세우는 것', 바로 이것이 바로 여호와를 찾는 것이다.

"나를 찾으라 그리하면 살리라"고 하신 하나님은 그 다음에 이스라엘이 그렇게 좋아하는 성소인 "벧엘을 찾지 말며 길갈로 들어가지 말"라고 명령하신다. 진정으로 하나님을 찾지 않는다면 벧엘을 찾아 삼일마다 십일조를 드려도, 길갈을 찾아가 아침마다 희생제물을 드려도 아무런 효용이 없다는 것이다.

이어서 하나님은 "브엘세바로도 나아가지 말라"고 하신다. 앞선 하나님의 조롱에는 나오지 않았던 장소인 브엘세바가 갑자기 등장한다. 왜 뜬금없이 브엘세바인가? 브엘세바는 유다 남쪽 끝에 있는 성소이다. 그러니까 그렇게 먼 곳까지 찾아간들 아무 효력이 없다는 것이다. 왜냐하면 여호와를 찾는 것만이 유일하게 살 수 있는 길이기 때문이다.

게다가 이스라엘이 진심으로 여호와를 찾지 않으면 그토록 사랑하는 성소인 길갈은 사로잡히고 벧엘은 비참하게 될 것이라고 단언하신다. 여호와께서는 단순히 성소에서 그들의 제의를 조롱만 하신 것이 아니라, 예배 성소들이 파괴될 것이라고 무서운 심판을 선포하셨다.

## 결론: 신학적 메시지와 현대적 적용

### 십일조 자체의 무용론은 아님

지금까지 아모스서의 십일조 본문을 주해했고, 이제 신학적 사색을 하도록 하자. 아모스서의 십일조 본문을 가지고 십일조와 제사 제도 자체의 무용론을 주장하는 사람들이 있는데, 이는 성경 본문의 의미를 오해했다는 것이 학계의 정설이다.

아모스는 십일조와 제사 제도 자체가 무용하다고 이야기하는 것이 아니다. 정의와 공의는 추구하지 않으면서 십일조 같은 종교 행위에만 매몰되어 있는 왜곡된 모습을 비판하고 있는 것이다. 하나님께서 절기들과 성회들과 번제와 소제와 희생의 화목제물과 찬양을 받지 않으시는 이유는 무엇인가? "정의를 물 같이, 공의를 마르지 않는 강 같이 흐르게"(암 5:24) 하지 않기 때문이라는 것이다.

따라서 '십일조인가, 아니면 정의인가?'라는 이분법으로 해석해서는 안 된다. 만약에 십일조 자체가 무용하다면, 아모스서의 십일조 본문에 언급된 다른 제물들, 즉 희생제사나 수은제나 낙헌제의 무용론도 주장해야 한다. 그러나 아모스 시대나 그 이후에도 십일조나 희생제사나 화목제물은 그대로 성전에서 거행되었다. 심지어는 예수님께서도 십자가에 자신을 드려 모든 제사를 단번에 그리고 영원히 성취하시기 전까지는 예루살렘 성전의 제사를 폐지하거나 무효화하지 않으셨다. 따라서 아모스서의 십일조 본문을 문자적으로 해석하여 십일조의 무용론을 주장하는 것은 성경 본문을 왜곡하는 것이다.

## 십일조를 드리는 자들은 '자기 탐닉의 위험'을 직시해야

그렇다고 해서 아모스서의 강조점을 약화시켜서는 안 된다. 아모스서는 십일조를 드리는 일이 항상 칭찬할 만한 일이 아닐 수도 있음을 강력하게 경고하고 있다. 따라서 십일조 유지론자들은 십일조를 드리는 일이 범죄가 될 수 있다는 여호와의 말씀에 귀를 기울여야 한다. 십일조를 드리는 일이 자기 자랑이나 자기 탐닉이나 자기 사랑이 된다면 이는 여호와 앞에 범죄이다. 또한 매일 아침마다 희생을 드리고 삼일마다 십일조를 드린다 하더라도, 정의와 공의가 없으면 여호와께 죄를 더하는 것일 수 있다. 여호와를 찾지 않는다면, 선을 사랑하지 않는다면, 정의와 공의를 추구하지 않는다면, 아무 소용이 없는 정도가 아니라 범죄라는 선언을 잊어서는 안 된다. 따라서 십일조를 드리는 사람들은 자신의 삶 속에 정의와 공의가 살아 있는지 끊임없이 성찰해야 한다.

앞으로 신약에서 살펴보겠지만, 박하와 회향과 근채의 십일조를 드리면서도 가난한 과부의 가산을 삼키는 바리새인들과 서기관들에 대해서 여호와께서 화있을진저 외식하는 바리새인이라고 저주하신 이유가 무엇인가? 율법의 더 중한 바 "정의와 긍휼과 믿음"을 저버렸기 때문이다.

오늘날 경제가 가장 중요한 삶의 원동력이요, 돈이 가장 큰 힘으로 작용하는 자본주의 사회에서 아모스서의 십일조 본문이 던지는 메시지는 매우 크다. 경제적으로 가난한 자들을 착취하고, 사법 제도를 악용해 약한 자들을 누르면서, 십일조나 예배나 기도 같은 경건한 종교적 행습에 열중하는 모습은 결코 여호와를 찾는 것이 아니며 재앙을 피할 수 없는 길임을 보여 준다. 정의와 공의의 삶이 수반되지 않는 십일조와 예배 행위는 범죄가 될 수 있다.

### 정의와 공의의 중요성

우리가 오늘날 십일조에 대한 논의를 할 때도 놓치지 말아야 하는 것이 바로 이 부분이다. 아모스서에서 "오직 정의를 물 같이, 공의를 마르지 않는 강 같이 흐르게 할지어다"(암 5:24)라고 강조하는 이유는 무엇인가? 하나님 백성의 삶의 이상은 궁극적으로 정의와 긍휼과 믿음이기 때문이다. 따라서 우리는 이 점을 놓쳐서는 안 된다.

그렇다면 구약에서는 왜 그렇게 정의와 공의를 강조하는가? 한마디로 하나님께서 정의롭고 공의로우시기 때문에, 구약에서 가장 중요한 핵심 가치로 제시하는 것이다. 따라서 아모스서에서는 하나님을 찾으라고 촉구하며 "악을 미워하고 선을 사랑하며 성문에서 정의를 세울지어다"(암 5:15)라고 선포하는 것이다.

### 수직적으로 하나님을 먼저 찾고, 수평적으로 정의와 공의를 추구해야

그렇다면 정의와 공의만으로 모든 것이 완벽한가? 아니다. 어떤 해석자들은 아모스서의 일부분만을 해석하면서 정의와 공의가 가장 큰 가치라고 주장한다. 우리가 살펴본 대로 아모스서의 가장 중요한 핵심 주장은 "여호와를 찾으라"는 것이다. 여호와를 찾아야 살 수 있다는 것이다.

그 이유가 무엇인가? 하나님을 찾지 않는다면 정의와 공의를 실천할 초월적 힘을 공급받지 못하기 때문이다. 하나님을 찾고 만나지 못한다면 인간은 '자기 탐닉의 종교'에서 벗어날 힘이 없다. 하나님을 만나지 못한다면 '자기 자랑과 과시'에서 벗어날 수가 없다. 하나님의 초월적 은혜와 능력이 부어지지 않으면 제사와 희생제물을 드리며 자랑을 하거나, 자신의 힘과 능력으로 공의와 정의를 행하면서 자기 의를 드러내게 마련이다.

그런데 오늘날 정의와 공의를 강조하는 사람들이 예배와 기도와 헌금 같은 종교적 행위나 풍습을 경시하는 풍조를 보이고 있다. 이들은 정의와 공의만 행하면 다 된다고 생각한다. 그러나 정의와 공의를 행할 힘은 도대체 어디서 얻을 수 있을까? 우리는 이런 근원적 질문을 던져야 한다.

하나님께서 굳이 "나를 찾으라"고 하신 이유는 무엇인가? 정의와 공의를 행할 힘은 오직 하나님께 있기 때문이다. 따라서 하나님을 찾으면 하나님께서 함께하시고 정의와 공의를 행할 힘을 주신다. 하나님과의 친밀한 관계없이 중요한 성소를 찾는 것이나, 거룩한 시간을 지키는 것이나, 거룩한 예물을 드리는 것은 아무 의미가 없다.

공평과 정의가 이스라엘을 구하는 것이 아니다. 하나님께서 이스라엘을 구하신다. "선을 구하고 악을 구하지 말"아야 하는 이유는 무엇인가? 그래야 정의로우신 하나님께서 우리와 함께하시기 때문이다. 우리가 "악을 미워하고 선을 사랑하며 성문에서 정의를 세"워야 하는 이유는 무엇인가? "여호와께서 혹시 요셉의 남은 자를 불쌍히 여기"실지 모르기 때문이다(암 5:14-15).

정의와 공의 자체가 절대 선이거나 절대 가치가 아니다. 하나님만 절대 선이고, 하나님이 의로우신 분이라는 것만이 절대 가치이다. 그러니까 구원의 주는 하나님 한 분뿐이시며, 문제의 모든 해결책은 만군의 여호와이신 하나님을 찾는 것이다.

인격적인 하나님을 찾고 인격적인 하나님을 의지하고 인격적인 하나님만을 바라고 소망하는 것만이 유일한 해결책이다. 이런 하나님과의 지속적인 관계를 위해서 그분께서 베푸신 은혜에 감사하여 희생과 십일조와 낙헌제와 수은제를 드리는 것이고, 그분의 뜻을 따라 선을 사랑하고 정의를 세우는 것이다.

따라서 정의와 공의를 행하는 것만으로는 문제를 해결할 수 없다. 인간의 내재적 자원과 선한 의지는 무한하지 않기 때문에 하나님의 초월적 공급이 없이는 지속적으로 정의와 공의를 행할 수 없다.

그동안 교회사를 보더라도 초월적인 하나님의 은혜를 찾지 않고 정의와 공의라는 윤리적 목표를 향해 달려온 진보적 교회들이 어떤 모습을 보이고 있는가? 진보적 교회는 하나님의 초월적 은혜를 의지하지 않고 인간의 내적 자원과 선한 의지를 중심으로 달려오다가 성도들의 수가 급감하고 사회적 영향력이 축소되는 모습을 보여 주고 있다.

왜냐하면 인간의 자원은 제한적이며, 인간의 선한 의지 역시 고갈될 수밖에 없기 때문이다. 무한하신 하나님의 능력과 자원을 의지하고 초월적 하나님을 끊임없이 찾을 때 비로소 우리는 공평과 정의의 삶도 살아낼 수 있는 것이다.

### 적용을 위한 질문

1. 여러분은 지금 '하나님을 사랑'하여 십일조를 드립니까, 아니면 '종교 행위 자체'를 사랑하며 안심하고 있습니까?
2. 오늘 나는 하나님을 정말로 '찾고' 있습니까? 아니면 신앙생활이라는 종교 시스템 안에 머무르고 있을 뿐입니까?
3. 하나님 앞에서 진실한 예배와 헌신을 회복하기 위해서, 나는 지금 당장 무엇을 멈추고, 무엇을 시작해야 합니까?

## ⑩ 말라기의 십일조
### 말 3장

과연 하나님을 도둑질할 수 있을까?

## 서론적 이야기

**설교자에게 매력적인 본문**

십일조 본문의 메시지를 찾아 떠난 긴 여정 가운데 우리는 드디어 구약에서 가장 유명한 말라기 3장에 도달했다. 그리스도인들 중에 말라기 3장의 십일조 본문을 모르는 사람은 거의 없을 것이다. 동서고금을 막론하고 많은 설교자들이 십일조를 강조할 때 가장 많이 언급하는 본문이기 때문이다.

그렇다면 과거에 설교자들이 십일조를 독려할 때 말라기 3장을 설교 본문으로 가장 쉽게 택했던 이유는 무엇일까? 먼저 본문을 읽어 보자.

"사람이 어찌 하나님의 것(히브리어로 하나님)을 도둑질하겠느냐 그러나 너희는 나의 것을[나를] 도둑질하고도 말하기를 우리가 어떻게 주의 것을[당신을] 도둑질하였나이까 하는도다 이는 곧 십일조와 봉헌물이라 너희 곧 온 나라가 나의 것을 도둑질하였으므로 너희가 저주를 받았느니라 만군의 여호와가 이르노라 너희의 온전한 십일조를 창고에 들여 나의 집에 양식이 있게 하고 그것으로 나를 시험하여 내가 하늘 문을 열고 너희에게 복을 쌓을 곳이 없도록 붓지 아니하나 보라 만군의 여호와가 이르노라 내가 너희를 위하여 메뚜기를 금하여 너희 토지 소산을 먹어 없애지 못하게 하며 너희 밭의 포도나무 열매가 기한 전에 떨어지지 않게 하리니 너희 땅이 아름다워지므로 모든 이방인들이 너희를 복되다 하리라 만군의 여호와의 말이니라"(말 3:8-12).

말라기의 십일조 본문을 보면, 십일조 유지론자들에게는 가장 강력한 지지 근거임을 알 수 있다.

1) 십일조를 드리지 않는 것은 하나님의 것을 도적질하는 것으로 직격하고 있다.
2) "온전한 십일조를 창고에 들"이라는 명령은 가장 강력한 성경적 증거처럼 보인다. 일부 미국 교회에서는 십일조를 출석 교회에 내야 한다는 소위 '곳간(창고) 십일조'(storehouse tithing)를 주장하며 그 근거를 여기서 찾는다. '창고'란 '성전의 십일조 보관소'인데 현대에는 그 창고를 '출석 교회'로 간주해야 한다는 것이다.
3) 십일조를 드리면 복을 주시는지 '하나님을 시험해 보라'는 도전만큼 강력한 지지 근거는 없어 보인다.
4) 십일조를 드리면 '하늘의 문을 열어 비를 내려 주시고', '토지 소산을 메뚜기가 먹지 못하도록' 하시고, '포도나무가 열매를 맺도록 도와주시겠

다'라는 삼중 약속이 들어 있기에 매력적인 본문이다.

이런 이유 때문에 십일조를 옹호하는 많은 설교자들이 말라기 3장을 좋아했다. 또한 하나님을 사랑하고 경외하는 성도라면, 이런 해석을 듣고 크게 반발하지 않았다.

그러나 2000년대에 들어서면서 직접적인 십일조 권면이 성도들에게 부담이 된다고 생각하는 설교자들이 많아졌다. 따라서 말라기 3장으로 설교하는 것을 힘들어하게 되었고, 이제는 전처럼 설교 강단에서 말라기 3장의 십일조 본문이 자주 들리지 않고 있다.

### 십일조 반대론자들의 해석

이런 상황에서 또 다른 해석자들은 말라기 3장을 십일조를 내라는 지지 근거로 삼아서는 안 된다고 주장하기 시작했다. 문자적으로 보면 매우 명시적으로 보이는 십일조 독려 본문을 오히려 정반대로 해석하는 사람들의 논거는 무엇일까?

그 주장은 다음과 같다.

1) 구약 시대와는 달리 신약 시대에는 하나님은 십일조를 내지 않는다고 하나님의 것을 도둑질한 것으로 생각하지 않으신다.
2) 말라기 3장의 주요 목적은 회개의 요청과 하나님의 신실성에 대한 강조이지, 십일조와 예물을 드리라는 것이 아니다.
3) 말라기 본문에서 하나님을 시험하라고 했지만, 하나님을 시험하는 것은 위험한 일이다. 여기서는 '보편적이고 일반적' 의미로 시험해 보라는 것이 아니라, 당시의 특별한 상황에서만 시험해 보라고 허락하신 것이

기에 '한시적'인 것이다.

4) 십일조를 하면 주시겠다는 하나님의 '삼중 축복' 역시 당시 농업 사회와 연관되어 있고, 이스라엘의 유업인 땅과 관련되어 있기에 한시적으로 보아야 한다. 말라기 당시는 회의주의와 무관심이 팽배한 시기이기 때문에 특별히 믿음의 불길을 불러일으키기 위해 제시하는 '일회성 축복 보장'이지, 십일조를 내면 누구나 물질적 축복을 주시겠다는 '일반적이며 무제한적인 약속'이 아니다.

5) '곳간(창고) 십일조'와 관련해서 말라기 3장의 "창고"라는 것은 실제 곡식이나 가축을 보관하는 창고로서 오늘날 지역 교회를 가리키지 않는다. 따라서 출석하는 교회에 십일조를 하라는 것은 옳지 않다. 오늘날 목회자는 레위인이나 제사장이 아니기에 굳이 출석 교회가 아니라도 공의와 정의를 강조하는 NGO 단체에 십일조를 내도 된다.

이런 주장을 하는 사람들을 우리는 주변에서 흔히 볼 수 있다.

## 문제 제기

이렇게 보면 말라기 본문만큼 오해가 많은 십일조 본문도 없다고 할 수 있다. 그렇다면 이렇게 다양한 해석이 나오는 이유는 무엇인가? 지금까지 살펴본 것처럼 해석자들이 정경적·신학적 문맥 안에서 말라기의 십일조 본문의 디테일들을 상세히 연구하며 읽기보다는 너무 빨리 자기 생각(교리적, 이념적, 실천적인 선이해)을 본문 안에 넣어 읽기 때문이다.

따라서 우리는 이런 선이해에 매몰되지 말고, 먼저 말라기 3장 6-12절의 본문을 역사적 배경과 문예적 구조 안에서 이해한 후에 본문의 디테일들을 상세하게 주석해 보아야 한다. 이렇게 문맥 안에서 문자적 의미를 찾게 되면 성경 전체의 구속사적인 정경적 흐름과 자연스럽게 연결되기 마련이다. 교리적으로 말하면, 성경의 저자는 성령님 한 분이시며 성경의 정경적 문맥은 궁극적으로 상호 보완적이며 종합적이다. 그러므로 성경의 의미는 다층적이면서도 일관된 메시지를 제공한다.

따라서 먼저 말라기의 역사적 배경과 문예적 문맥을 들여다보고, 본문의 문자적 의미와 정경적 함축을 들여다보도록 하자. 그러면 자연스럽게 성경 전체의 문맥 안에서 말라기의 메시지를 통합적으로 이해하게 될 것이다.

## 역사적 배경과 문예적 문맥

### 말라기의 전체 배경

말라기는 하나님께서 바벨론에서 돌아온 포로 귀환민들을 통해 성전을 재건하시고, 율법을 회복시키시고, 예루살렘 성벽을 재건하시던 느헤미야 통치(BC 445-407) 시기의 선지자로서 활동한 것으로 보인다. 이런 회복과 재건에도 불구하고 말라기 시대에는 지속적으로 유대인들을 낙망하게 하는 요소들이 남아 있었다.

첫째, 유대 공동체는 정치적으로 페르시아라는 대제국의 변방에 놓인 초라한 일개 속주에 불과했다. 둘째, 학개와 스가랴 같은 '포로 후 선지자들'이 예언한 영광스런 미래가 아직 실현되지 않고 있었다. 셋째, 열방들이 보는 가운데 하나님께서 권능과 영광으로 예루살렘 성전에 임하시는 일이 일어나지 않고 있었다.

그러다 보니 이스라엘의 영성은 심각하게 약화되기 시작했다. 말라기 선지자는 아마도 느헤미야와 같은 시기에 등장하여 이스라엘에 하나님의 말씀을 전하게 된 것으로 보인다.

### 말라기에서 본 이스라엘의 상태

말라기를 보면 당시 이스라엘의 상태가 어떤지 짐작해 볼 수 있다.

첫째, 이스라엘은 하나님의 사랑을 의심하게 되었고(말 1:2-5) 더 이상 하나님의 공의를 신뢰하지 않게 되었다. 둘째, 제사장들은 여호와께 병들고 흠 있는 짐승을 드리는 백성들을 보고도 이를 잘못이라고 생각하지 않았고(말 1:6-14), 율법을 제대로 가르치지 않을 뿐만 아니라 스스로도 율법에서 벗어나는 행동을 했다(말 2:1-9). 셋째, 일반 백성들도 마찬가지로 거짓을 행하고 이방신의 딸과 결혼할 뿐만 아니라 이혼을 손쉽게 생각했다(말 2:10-16).

### 말라기의 핵심 주제

그렇다면 이런 일들이 일어난 이유는 무엇일까? 당시 백성들의 심리 상태를 말라기 2장 17절이 보여 준다.

> "…이는 너희가 말하기를 모든 악을 행하는 자는 여호와의 눈에 좋게 보이며 그에게 기쁨이 된다 하며 또 말하기를 정의의 하나님이 어디 계시냐 함이니라."

이처럼 당시에는 하나님을 섬겨도 아무 소용이 없다는 생각이 널리 퍼져 있었다. 더 나아가 악을 행하는 자들이 오히려 축복을 받고 번성하는 듯 보이면서 "정의의 하나님이 어디 계시냐"라는 질문이 팽배해진 것이 가장 심각한 문제였다.

결국 "여호와께서 진정으로 정의의 하나님인가?"라는 질문에 대해 '위대하신 하나님이 언젠가 성전에 홀연히 임하셔서 그분의 백성을 심판하시고 그들을 구원'하시게 될 터인데, 그때가 되면 '그분이 진정으로 정의의 하나님이심이 드러나리라'는 것이 말라기의 핵심 주제이다(말 3:1).

그렇다면 여호와께서 어떤 모습으로 임하시는가? 여호와께서 금을 연단하는 자의 불과 같이 임하실 것이기에 누구도 여호와의 임하심을 능히 감당하지 못하리라는 것이 말라기의 핵심 선언이었다.

혹시 여호와께서 자기 백성이 아니라 열방부터 심판하지 않으실까 하는 기대가 생기지만, 그분의 심판은 그 기대와 정반대였다. 여호와께서는 먼저 레위 자손들과 제사장들을 심판하시며(말 3:3), 술수하는 자들과, 간음하는 자들과 거짓 맹세하는 자들과 품꾼을 괴롭히는 자들과 고아와 과부를 압제하는 자들을 심판하실 것이라고 선언하신다(말 3:5).

그렇다면 이제 문제는 '주께서 임하시는 날에 임할 무서운 심판을 피하려면 어떻게 해야 하는가?'이다. 이에 대한 답은 '여호와께로 돌아와야 한다'라는 것이다. 그때 여호와께서도 비로소 이스라엘 백성들에게 돌아가시리라는 것이다(말 3:6-7).

### 십일조는 '하나님께 돌아가는 방법' 중 하나

그렇다면 어떻게 해야 하나님께로 돌아갈 수 있는가? 하나님께 십일조를 드리는 것이 '여호와의 심판의 날을 대비해 하나님께로 돌아갈 수 있음을 보여 주는 첫 번째 해결책'이라는 것이 바로 말라기의 십일조 본문이다.

실제로 아래 도식을 보면 시각적으로 알 수 있듯이 말라기의 십일조 본문(X: 말 3:6-12)은 '여호와의 날의 임함'을 예언하는 단락(A: 말 3:1-2)과 '최종적 심판'을 선언하는 단락(A': 말 4:1-6) 사이에 놓여 있다.

A. 여호와의 심판의 날을 준비하라: 여호와가 갑자기 임하시리라(말 3:1-2)
X. 어떻게 돌아갈까: 온전한 십일조를 드리라(말 3:6-12)
A'. 여호와의 날을 준비하라: 그렇지 않으면 심판 받으리라(말 4:1-6)

이렇게 여호와의 날이 임할 것을 믿고 '아버지에게로 돌아가는 방법의 일환'으로 **온전한 십일조를 드리라**는 것이 십일조 본문의 역할이다.

십일조 본문은 단순히 얼마만큼의 액수를 드릴 것인가의 문제를 다루는 것이 목적이 아니다. 여호와의 심판의 날이 다가오고 있는데, 어떻게 이 날을 준비할 것인지를 묻는 질문에 대해 여호와께서 주신 답이다. 그러니까 십일조를 하나님께 드리게 되면 하늘 아버지께로 돌아갈 수 있다는 것이다.

그러므로 십일조는 단순히 **돈의 문제**가 아니라 **하나님과의 관계** 문제이다. 즉, 단순히 액수의 문제가 아니라 하나님의 심판을 어떻게 피할 것이냐의 문제이다. 또한 단순히 경제적 문제가 아니라 하나님께 어떻게 돌아가느냐의 문제인 것이다.

오늘날 벌어지고 있는 말라기 본문의 대중적 논쟁들은 이런 깊은 신학적 함축을 놓치고 있다.

이런 말라기의 역사적 배경과 문예적 구조와 신학적 메시지를 염두에 두면서 말라기의 십일조 본문인 3장의 디테일들을 분석해 보면, 이 본문이 가지고 있는 신학적 풍성함을 깨달을 수 있다. 이제 이런 분석을 시작해 보도록 하자.

## 하나님을 도둑질하다니, 그게 가능한 일인가!

### 하나님의 선언: 나 여호와는 변치 않았다!

말라기의 십일조 본문은 "나 여호와는 변치 아니하나니"(말 3:6)라는 선언으로 시작한다. 하나님은 왜 이런 선언을 하실까? 백성들이 '하나님은 변하셨고 자신의 말에 신실하지 않으시다'라고 의문을 제기하고 있기 때문이다(말 1:2).

그렇다면 "나 여호와는 변치 아니하나니"라고 하시는데, 여호와는 도대체 무엇이 변하지 않으시는 것인가? 한마디로 **하나님의 사랑이 변하지 않았다**는 것이다. 그 근거는 무엇인가? 야곱의 자손들이 아직 소멸되지 않은 것을 보면 하나님의 사랑은 변하지 않았음을 알 수 있다.

이런 선언에 대해 이스라엘 백성들은 "만일 하나님의 사랑에 변함이 없다면, 이스라엘이 지금 당하고 있는 고통의 이유는 무엇인가?"라는 질문을 하지 않을 수 없었다. 이스라엘의 질문에 하나님은 어떻게 답하셨을까? 이스라엘이 조상 때부터 여호와의 규례를 지키지 않고 먼저 떠났기 때문에, 여호와께서도 떠나지 않으실 수 없었다는 것이다(말 3:7). 그렇다면 해결책은 무엇인가? 원인 속에 해결책이 들어 있다. 이스라엘이 떠났기에 여호와께서 떠나신 것이라면, 이스라엘이 여호와께로 돌아오면 된다. "…그런즉 내게로 돌아오라 그리하면 나도 너희에게로 돌아가리라…"(말 3:7). 이것이 문제 해결의 유일한 열쇠이다.

### 하나님의 질문: 사람이 어찌 하나님을 도둑질하겠느냐?

이제 이스라엘이 여호와께 돌아가기만 하면 될 것 같다. 그런데 이스라엘은 엉뚱하게도 "우리가 어떻게 하여야 하나님께 돌아가리이까"(말 3:7)라고 묻는다. 하나님의 백성이 하나님께 돌아가는 법을 모른다니 대체 말이 되는가? 솔직히 잘 이해가 가지 않는다.

그러나 하나님은 "너희가 어떻게 돌아오는 법도 모르느냐?"라고 질책하지 않으시고, 전혀 엉뚱한 질문을 던지신다.

"사람이 어찌 하나님의 것을 도둑질하겠느냐…"(말 3:8).

개역개정과 달리 히브리어 원문은 직역하면 "사람이 어찌 하나님을 도둑질하겠느냐"이다. 게다가 거의 모든 영어 성경들이 목적어를 하나님(God)으로 번역한다. "Will a man rob God"(ESV; KJV; NASB; NET; NIV; NRSV; RSV 등). 따라서 우리도 원문대로 "사람이 어찌 하나님을 도둑질하겠느냐"로 번역하는 것이 좋다. "하나님의 것"을 도둑질하는 것과 "하나님"을 도둑질하는 것은 천양지차이다.

"하나님의 것"이란 하나님께 속한 대상이나 물건으로 거의 대부분 피조물이다. 피조물인 사람이 같은 피조물인 물건이나 대상을 도둑질하는 것은 그리 어렵지 않다. 따라서 "사람이 어찌 하나님의 것을 도둑질하겠느냐"라고 번역하면 그리 충격적이지 않다. 실제로 인간은 이 세상에 존재하는 모든 것을 도둑질하는 존재들이기 때문이다.

그러나 과연 "하나님"을 도둑질할 수 있을까? 언뜻 보기에 하나님을 도둑질하는 것은 상상할 수 없는 일 같다. 따라서 "사람이 하나님을 도둑질 할 수 있느냐"라는 질문은 "아닙니다. 사람이 하나님을 절대 도둑질 할 수 없습니다"라는 답을 예상하고 던진 것이기에 '수사학적 질문'(rhetorical question)이라고 할 수 있다. 아마도 이스라엘 백성들 역시 하나님의 질문에 '사람이 하나님을 도둑질 할 수 없습니다'라고 생각했을 것이다.

### 하나님의 기소: 너희가 나를 도둑질하였다

그러나 하나님께서 이스라엘이 하나님을 도둑질했다고 직격탄을 날리신다.

"…그러나 너희는 나의 것을 도둑질하고도 말하기를 우리가 어떻게 주의 것을 도둑질하였나이까 하는도다…"(말 3:8).

여기서도 앞의 절과 마찬가지로 원문은 "나"와 "당신"이다. 그러니까 직역하면 "그러나 너희는 나를 도둑질하고도 말하기를 우리가 어떻게 당신을 도둑질하였나이까 하는도다"이다.

어떻게 보면 여호와께서 괜한 트집을 잡는 것처럼 느껴진다. "어떻게 사람이 하나님을 도적질할 수 있느냐? 그것은 불가능한 것이다"라고 하시고는 갑자기 "그러나 너희는 나를 도둑질하였다"고 기소하신다. "너희가 나를 도둑질하였다!" 이것이 가장 큰 죄악이다. 여기서 "도둑질하고도"는 '능동 분사 남성 복수형'이다. '분사'는 '지속적이고도 반복적인 행동'을 가리키기에, 학자들은 이스라엘 백성들이 '지속적이고도 반복적으로' 하나님을 도둑질한 것으로 본다.

### 하나님을 도둑질하는 것의 의미

그렇다면 이스라엘 백성들은 전능하신 하나님을 어떻게 습관적으로 도둑질할 수 있을까? 이에 하나님은 정면으로 대답하신다.

"…이는 곧 십일조(마아세르)와 봉헌물(테루마)이라"(말 3:8).

이스라엘 백성들은 이 말을 듣고 정말로 황당했을지 모른다. 십일조나 예물을 드리지 않는 것을 '하나님을 도둑질하는 것'으로는 상상도 하지 못했을 가능성이 크다. 물론 다른 사람의 것을 도둑질하는 것은 심각한 죄임을 이스라엘도 알고 있었다. 십계명은 다른 사람을 도적질하거나 다른 사람의 물건을 도둑질하는 것을 금하고 있기 때문이다.

그런데 십일조와 봉헌물을 드리지 않았다고 해서, 이를 하나님을 도둑질한 것으로 보는 것은 너무 심하다는 느낌을 지울 수 없다. 이는 당시 이스라엘 백성들은 물론 현대 독자들인 우리도 마찬가지다. 그러나 하나님은 이를 두고 말라기 선지자를 통해 이스라엘 백성들이 '하나님을 도둑질하였다'(robbing God)라고 비판하신다.

### 왜 하필 십일조와 봉헌물인가?

그렇다면 왜 하필 "십일조와 봉헌물"을 하나님을 도둑질하는 예로 드셨을까? 우선 십일조부터 살펴보자. 십일조의 경우는 우리가 레위기 27장에서 보았듯이 **원래부터 하나님의 소유**이며, **여호와의 성물**이었다. 처음부터 여호와의 성물이기에 그냥 드려야 하는 것이었다. 따라서 원래부터 하나님의 소유인 십일조를 드리지 않는 것은 하나님을 도둑질하는 것이 되는 것이다.

그렇다면 봉헌물은 어떤가? 봉헌물은 히브리어로 '테루마'인데, 흔히 "거제"로 번역된다.[1] '테루마'는 구약성경의 총 63절 안에 일흔여섯 번 사용되었는데 용례를 분석하면 다음과 같다.

---

1) 지금까지는 하나님께 들어올리는 행위가 동반되는 제사로 보고 주로 "거제"(擧祭; heave-offering; elevation offering)라고 번역했다. 그러니까 테루마를 일종의 제사 방식을 가리키는 것으로 해석한 것이다. 그러나 최근에는 제사 방식으로 보지 않고 하나님께 드리는 특정한 제사로 해석하기도 한다.

A. 성전과 관련해서는 드리는 예물

1) 성전 건축(출 25:2-3; 35:5, 21, 24; 36:3, 6)

2) 성전의 유지와 후원(대하 31:10, 12, 14; 스 8:25; 느 10:37, 39; 13:5)

3) 성전에 드려야 하는 반세겔 속전(출 30:11-16)


B. 여호와께 구별하여 드리는 예물: 여호와께 처음부터 속한 것들

1) 땅(겔 20:40; 44:30; 45:1, 6-7, 13, 16; 48:8-10, 12, 18, 20-21)

2) 첫 열매(민 15:19-21)

3) 전리품(민 31:19, 41, 52)

4) 십일조(민 18:24[이스라엘 백성], 29[레위인])


C. 제사장과 레위인의 분깃

1) 양의 허벅지 같은 제사장 분깃(출 29:28; 레 7:14, 32, 34; 10:14-15; 22:12; 민 5:9; 6:20; 18:8, 11, 19, 28-29; 겔 44:30)

2) 십일조 같은 레위인 분깃(민 18:24, 26-28)


결국 '테루마'는 '원래부터 여호와께 속한 성물'이나 '성전을 유지하고 운영하며 거룩하게 지키기 위해서 드려야 하는 예물', '제사장들과 레위인들의 분깃'을 가리키는 것이다. 이 세 가지 예물은 하나님의 전과 그 전을 섬기는 자들을 부양하기 위한 것이다. 결국 십일조와 '테루마'를 드리지 않으면 하나님의 전이 버림을 받는 일이 생기게 된다. 느헤미야가 레위 사람들이 받을 몫을 제대로 주지 않자 각기 자기 밭으로 도망했다는 사실을 알게 되었을 때, 백성의 지도자들을 꾸짖으며 "하나님의 전이 어찌하여 버린 바 되었느냐"(느 13:11)라고 비판한 것은 이런 이유에서다.

### 하나님을 도둑질한 결과

그렇다면 십일조와 봉헌물을 드리지 않아 하나님을 도둑질하게 되면 어떤 일이 생기는가?

"너희 곧 온 나라가 나의 것을[나를] 도둑질하였으므로 너희가 저주를 받았느니라"(말 3:9).

우리는 하나님께서 직접 1인칭 화법을 사용하셔서 이스라엘을 2인칭 복수로 "너희"라고 거명하시는 데 주목해야 한다. "너희"들이 그것도 "온 나라가 나를 도둑질하였"다. 습관적이면서도 지속적인 도둑질은 개인이나 몇 그룹이 저지른 죄가 아니라 전국가적으로 행해진 죄였다. "어떻게 너희들이, 그것도 온 나라가 반복적으로 나를 도둑질할 수 있는가!" 하나님의 탄식 소리가 지금도 들리는 것 같다.

## 온전한 십일조를 창고에 들이라

### 온전한 십일조는 모든 것의 십일조

이스라엘 백성들은 말라기 3장 7절에서 "우리가 어떻게 하여야 돌아가리이까"라고 질문했다. 이에 여호와께서 아주 구체적으로 이스라엘이 하나님께로 돌아가는 법을 알려 주신다.

"만군의 여호와가 이르노라 너희의 온전한 십일조(콜 함마아세르)를 창고에 들여 나의 집에 양식이 있게 하고 그것으로 나를 시험하여 내가 하늘 문을 열고 너희에게 복을 쌓을 곳이 없도록 붓지 아니하나 보라"(말 3:10).

여호와께서는 "너희의 온전한 십일조"를 창고에 들이는 것이 '자신에게 돌아오는 길'이라고 명시하신다. 여기서 "온전한 십일조"(콜 함마아세르)란 원문으로는 직역하면 "모든 십일조"(all the tithe)이다. 우리가 지금까지 살펴본 대로 구약의 중요한 십일조 본문들은 전부 "모든"과 "십일조"란 2개의 단어들을 사용하고 있다. **모든 십일조**란 십일조의 일부를 **빼놓지** 말고 '모두 다 드린다'라는 의미도 물론 가지고 있다.

그러나 '모든 십일조'란 우리가 앞서 살핀 대로 '모든 것의 십일조'(tithe of everything), '모든 것으로부터의 십일조'(tenth from everything)이다. '모든 것'을 대표하는 의미로서의 십분의 일을 드리라는 것이다. 이것이 모든 십일조의 가장 핵심적인 개념이다. 단지 계산상으로 십분의 일을 드리는 것이 아니라 '전체를 드린다는 상징적 토큰(symbolic token)'임을 우리는 지금까지 누누이 살펴보았다. 이는 말라기에서도 살펴볼 수 있는 사실이다.

### 왜 하필 창고에: 십일조 창고는 하늘 창고와 연결

하나님은 모든 것의 십일조를 "창고"에 들이라고 명령하신다. 그렇다면 "창고"란 무엇인가? 여기서 "창고"(베트 하오차르)란 문자적으로는 '저축의 집'(the house of storing)이다(대하 11:11; 겔 28:4). 결국 "창고"(오차르)는 성전의 전체 단지 안에 있는 '저장 공간용 부속 건물'일 가능성이 크다.

실제로 히스기야와 느헤미야 시대 때 십일조를 '성전에 속한 창고'에 저축한 기록이 있다(대하 31:11; 느 10:38). 특별히 느헤미야 10장 38절에서는 '오차르'란 단어가 사용되고 있다. 그렇다면 문자적으로는 "창고"에 들이라는 것은 십일조를 내어 '성전에 속한 창고'에 들이라는 것이다.

그러나 "온전한(모든) 십일조를 창고에 들"이라는 것은 단지 이런 일차적 의미만을 가지는 것이 아니다. 성전의 창고에 십일조를 저축하려면 모든 것의 십일조를 '풍성하게' 드려야 가능한 것이다. 실제로 구약성경에서 십일조와 예물들을 창고에 쌓는 장면이 등장하는 곳은 십일조를 풍성하게 드린 히스기야왕과 느헤미야 시대이다(대하 31:11; 느 12:44). 흥미로운 것은 느헤미야 본문을 보면 말라기 3장의 중요한 핵심 단어들이 다 나온다.

"그 날에 사람을 세워 곳간(오차르)을 맡기고 제사장들과 레위 사람들에게 돌릴 것 곧 율법에 정한 대로 거제물(테루마, 봉헌물)과 처음 익은 것과 십일조(마아세르)를 모든 성읍 밭에서 거두어 이 곳간에 쌓게 하였노니 이는 유다 사람이 섬기는 제사장들과 레위 사람들로 말미암아 즐거워하기 때문이라"(느 12:44).

바로 "곳간"이란 히브리어 '오차르', "거제물"(테루마, 말라기에서는 봉헌물), "십일조"(마아세르)라는 핵심 단어를 여기서도 볼 수 있다. 거제물과 십일조를 거두어 곳간에 쌓은 것은 느헤미야 시대의 백성들이 풍성하게 십일조와 봉헌물을 가져왔기 때문에 심지어 이를 관리할 사람들까지 임명할 수밖에 없었던 것이다. 따라서 말라기에서 "모든 것의 십일조를 창고에 들"이라는 것은 **하나님을 도둑질하지 말고 십일조와 봉헌물을 풍성하게 바치라**는 것이다.

### 나의 집에 양식이 있게 하고

그렇다면 모든 것의 십일조를 창고에 들이는 목적은 무엇인가? 여호와께서는 "나의 집에 양식이 있게 하"는 것이 목적이라고 하신다. 이런 헌물들이 부족하다는 것은 '양식의 부족'을 의미한다. 물론 여기서는 레위인들과 제사장들의 생계를 위한 음식을 가리킨다(겔 44:29-31 참조). 또한 "나의 집"은 여호와의 집, 즉 성전과 동일하다(사 56:5, 7; 렘 23:11; 학 1:9; 슥 1:16; 3:7). 결국 모든 것의 십일조를 풍성하게 드리면 여호와의 전에 양식이 풍성하게 되고 하나님의 집이 버림을 받지 않게 되는 것이다.

## 하나님을 시험해 보라

### 매우 특별한 초청

하나님은 이렇게 그분께 돌아오는 길의 일환으로 온전한 십일조를 창고에 들이라고 권면하신 다음, 드디어 자신을 시험하는 모험을 걸어보라고 초청하신다.

"…그것으로 나를 시험하여 내가 하늘 문을 열고 너희에게 복을 쌓을 곳이 없도록 붓지 아니하나 보라"(말 3:10).

이런 하나님의 초청은 해석하기 어려운 난제 가운데 하나이다. 따라서 많은 해석자들이 하나님을 시험하는 것은 옳지 않으며, 십일조를 내면 복을 받는지 여부를 시험하는 것도 옳지 않다고 주장한다. 물론 인간이 하나님을 시험하는 것은 옳은 일이 아닐 수 있다. 시편 기자는 므리바에서 백성들이 하나님을 시험한 것을 "마음이 미혹된" 행동, "마음을 완악하게 하"는 모습으로 묘사하고 있다(시 95:8-11). 이처럼 인간이 하나님을 시험하는 것이 구약에서는 옳은 행동이 아닐 수도 있다. 그럼에도 불구하고 하나님께서 자신을 시험해 보라고 하시는 이유는 무엇일까?

## 일부 해석자들의 오해

일부 해석자들은 백성들이 무감각해졌기에 하나님께서 백성들에게 자신을 시험하라고 하신 것이라고 본다. 그리고 이것은 매우 비정상적이라고 본다. 게다가 말라기는 이 시험을 보편적 용어로, 다시 말해 일반적 원칙으로 제시한 것이 아니라고 주장한다. 즉, "그것으로 나를 시험하여"에서 "그것으로"란 표현이 이 시험을 '현재 상황에만 제한'하고 있는 것으로 본다.

어떤 해석자들은 '하나님을 시험하지 않으면서도 하나님을 믿는' 것이 성경의 이상이라고 주장하면서 어떤 경우에도 하나님을 절대 시험해서는 안 된다고 해석한다. 그리고 말라기에서도 실제로는 하나님을 시험하라고 한 것이 아니라고 주장한다.

그러나 본문을 보면 하나님은 '부탁이니까 한번 자기를 시험해 보라'고 간곡히 초청하신다. '시험하다'라는 동사의 명령형에 '명령을 부드럽게 만드는 히브리어 불변화사'인 '나'(na')가 연결되어 있기 때문에 필자가 간곡한 초청으로 해석한 것이다. 그러니까 "제발 나를 시험해 보라"는 식으로 번역할 수 있다. 즉, '백성들이 무감각해져 있든, 믿음이 사라졌든, 약속을 믿기 어렵든 간에 제발 한번 나를 시험해 보라'는 것이다. 심지어 간절하게 시험해 보라고 하나님께서 먼저 권면하신다.

성경을 보면 하나님을 시험하는 것이 절대 해서는 안 되는 일은 아니다. 실제로 하나님은 자신의 약속이 신실한지 여부를 확인하기 원한다면 얼마든지 스스로를 시험의 대상으로 허락하시는 분이다. 예를 들어 기드온의 양털 뭉치 시험이 대표적이다(삿 6:39-40).

더 나아가 하나님은 아하스왕에게 "하나님 여호와께" 징조를 구하라고 초청하셨다.

"너는 네 하나님 여호와께 한 징조를 구하되 깊은 데에서든지 높은 데에서든지 구하라 하시니"(사 7:11).

여호와를 믿는 것이 언제나 쉬운 일은 아니기에 여호와께서는 이적적 표징을 통해 아하스의 믿음을 굳건하게 해 주시겠다고 먼저 제안하셨다. 그런데 아하스는 "나는 구하지 아니하겠나이다 나는 여호와를 시험하지 아니하겠나이다"(사 7:12)라며 뒤로 물러선다. 아하스의 말은 매우 경건해 보인다. 그러나 겉으로 보기에만 경건할 뿐 실제로는 이를 핑계로 하나님을 신뢰하지 않으려고 한 것뿐이다. 징조를 구했는데 이루어지지 않으면 어쩌나 하는 두려움과 불신 때문에 구하지 않은 것이었다.

이는 말라기의 십일조 도전에도 해당된다. 십일조를 하면 하나님께서 복을 주시는지 시험해 보라는 하나님의 권면을 겉으로 보기에 경건한 핑계를 대면서 무시하는 것은 불신앙일 수 있다.

### 그렇다면 무엇을 시험하라는 것인가?

하나님은 십일조를 창고에 들여 자신을 시험해 보라고 하신다. 그렇다면 무엇을 시험하라는 것인가?

"…내가 하늘 문을 열고 너희에게 복을 쌓을 곳이 없도록 붓지 아니하나 보라"(말 3:10).

하나님께서 하늘의 창고가 텅 비도록 하늘 창문을 여시고 복을 쏟아부어 주신다고 상상해 보라. 모든 것의 십일조(온전한 십일조)를 창고에 들이면, 하늘의 창고가 텅 비도록 하늘 창문을 여시고 복을 쏟아부어 주신다니 이보다 더 강력한 축복의 선언이 있을 수 있을까?

두 번째 시험의 기준은 '땅의 열매로 축복하시는지'의 여부이다.

"만군의 여호와가 이르노라 내가 너희를 위하여 메뚜기를 금하여 너희 토지 소산을 먹어 없애지 못하게 하며 너희 밭의 포도나무 열매가 기한 전에 떨어지지 않게 하리니"(말 3:11).

하나님의 백성이 온전한 십일조를 내면서 하나님께로 돌아오면, 하나님께서 자기 백성에게로 돌아가게 될 것이고 이때 하나님은 땅의 소산과 연관하여 두 가지 축복을 베푸실 것이다. 우선 토지 소산을 먹어 치우는 메뚜기 떼를 진멸하실 것이며, 둘째 밭의 포도나무 열매가 익기 전에 떨어지지 않게 하실 것이다. 실제로 이런 일이 일어나는지 시험해 보라는 것이다.

마지막으로 여호와께서는 최종적인 시험의 기준을 선포하신다.

"너희 땅이 아름다워지므로 모든 이방인들이 너희를 복되다 하리라 만군의 여호와의 말이니라"(말 3:12).

주변의 모든 열방들이 이스라엘을 복된 자들이라고 선언하리라는 것이다. 그 이유는 "너희 땅이 아름다워"질 것이기 때문이다. 모든 것의 십일조를 드렸을 때 얻게 될 가장 큰 기쁨이 무엇인가? 모든 이방인들이 하나님의 백성을 복된 사람들이라고 선언하는 것이다(시 72:17). 결국 "땅의 모든 족속이 너로 말미암아 복을 얻을 것이라"(창 12:3)고 하시며 아브라함에게 주신 소명이 비로소 완성되는 것이다.

## 결론: 신학적 메시지와 현대적 적용

### 십일조는 하나님과의 관계의 표지

하나님께서 "내게로 돌아오라 그리하면 나도 너희에게로 돌아가리라"고 말씀하신 후에, 십일조를 하나님께로 돌아오는 방식의 하나로 제시하신다는 사실을 우리는 주목해야 한다. 다시 말해 십일조는 하나님과의 인격적이고 언약적 관계의 표지인 것이다. 십일조는 단지 헌금을 얼마나 하느냐의 문제가 아니다. 하나님과의 관계가 올바른지를 확인할 수 있는 표지이다. 따라서 십일조를 하지 않는 것은 단지 '하나님의 것을 도둑질하는' 것이 아니라, '하나님을 도둑질하는' 것이다. 십일조는 돈의 문제가 아니라, 관계의 문제이기 때문이다. 이는 말라기에서 처음 언급된 것이 아니다. 십일조는 처음부터 하나님과 그분의 백성 간의 관계의 문제였다.

### 하나님을 시험하라는 초청에 믿음으로 응답할 필요

말라기 3장 15절에 보면 악한 사람들이 "하나님을 시험하는 자가 화를 면한다"라고 하는데, 하나님은 이런 말을 싫어하신다고 분명히 밝히셨다. 이는 하나님께서 '하나님을 시험하는 자에게 화를 내리시는 분'이라는 뜻이다. 그럼에도 불구하고 하나님은 **너희의 온전한 십일조를 창고에 들임으로 내가 복을 주는지 아닌지 나를 시험하여 보**라고 하셨다. 한 번은 하나님을 시험하는 자는 화를 면한다는 말을 싫어하신다고 했다가, 이제는 자신이 복을 주는지 아닌지 시험해 보라고 하시는 것이 잘 이해가 되지 않을 수도 있다.

그러나 이 본문은 십일조를 드리지 않는 이스라엘 백성들에게 하신 말씀이다. 십일조를 드리지 않고 있다면 한번 시험해 보라는 것이다. 십일조와 봉헌물을 드리지 않는 것은 여호와를 도둑질하는 것인데, 과연 자신이 하나님을 도둑질하고 있는 것인지 성찰해 보라는 것이다. 하나님을 도둑질하는 것은 그분을 떠난 것이고, 현재 공의가 사라지고 저주를 받는 것은 혹시 하나님을 도둑질하고 있기 때문은 아닌지 돌아보라는 것이다. 그리고 저주를 받는 이유가 하나님을 떠났기 때문이라는 생각이 든다면 그분께 돌아오라는 것이다. 하나님께로 돌아오는 일의 일환으로 십일조를 드리라는 것이다. 이런 말씀이 믿기지 않는다면 한번쯤 하나님을 시험해 보는 것이 좋다는 의미이다.

### 십일조와 복의 관계는 구약이나 신약이나 동일

흔히 독자들은 십일조에 대한 말라기 3장 6-12절 같은 본문을 보면 "구약 시대에서처럼 신약 시대에도 동일하게 적용되느냐?"라고 묻는다. 만약 구약에서 십일조를 드리지 않는 것이 하나님을 도둑질하는 죄라고 해 보자. 그렇다면 예수 그리스도의 피로 죄 용서함을 받은 신약 시대의 성도들은 십일조 이하를 드리면서도, 은혜 시대에 십일조는 의무가 아니기에 드릴 필요가 없다면서 그 이하로 헌금하는 것이 과연 적절한 행위일까?

다수의 비평적 해석자들은 이런 질문을 던지며 자신을 성찰하기보다는 '십일조를 드리면 물질적으로 복을 받는다'라는 원칙은 일반 원리가 아니라고 주장한다. 그러면서 신약 시대에는 유효하지 않은 원리라고 주장한다. 특별히 불신과 회의주의가 만연한 상태에만 해당하는 한시적 원리로 보아야 한다고 말한다.

만약 일반 원리를 한 번의 예외도 없이 모두 적용되는 규칙이라고 했을 때, 십일조를 드리면 복을 받는다는 것은 일반 원리가 아니다. 실제적으로 십일조를 드리는 삶을 살고 있음에도 물질적으로 복을 받지 못하는 사람들이 많기 때문이다. 그리고 실제로 구약성경 어디에도 복을 받기 위해 십일조를 하라는 본문은 찾을 수가 없다.

우리는 지금까지 구약의 십일조 본문들을 다 살펴보았다. 하나님께 은혜와 축복의 약속을 받은 후에 야곱처럼 십일조 서원을 하기도 하고, 아브라함이나 히스기야나 느헤미야 시대의 백성들이 십일조를 하기도 했다. 하지만 복을 받기 위해 십일조를 했고, 실제로 복을 받았다고 직설적으로 묘사한 본문은 단 한 군데도 없다.

단지 '매 삼 년 십일조'를 다루고 있는 신명기 14장과 26장의 십일조 본문만 예외이다. 신명기 14장에서는 매 삼 년 십일조를 드리면 "…그리하면 네 하나님 여호와께서 네 손으로 하는 범사에 네게 복을 주시리라"(29절)고 약속하신다.

또한 신명기 26장에서 매 삼 년 십일조를 드리고 공적인 고백문을 낭독한 다음에 "원하건대 주의 거룩한 처소 하늘에서 보시고 주의 백성 이스라엘에게 복을 주시며 우리 조상들에게 맹세하여 우리에게 주신 젖과 꿀이 흐르는 땅에 복을 내리소서"(15절)라고 기도하라는 것이 십일조 본문들 가운데 복을 달라고 요청한 유일한 대목이다. 따라서 성경은 먼저 하나님의 은혜와 축복을 받은 후에, 이에 감사하여 신앙의 고백으로 드리는 예물이 십일조라고 일관되게 가르치고 있다.

이런 성경의 일관된 가르침과는 달리, 말라기에서는 십일조와 봉헌물을 드리지 않음으로 하나님을 도둑질을 했으면서도 이를 깨닫지 못하고 있기에 '온전한 십일조를 창고에 들여 하나님께서 복을 주시는 아니신지를 시험해 보라'고 하신 것이다. 본문을 압축하면 하나님께 십일조를 드리면 복을 받는다고 하신 것으로 볼 수도 있다. 그러나 이를 지나치게 확대하여 '십일조 하면 반드시 복을 받는다, 100배로 축복을 받는다'라고 강조하는 것은 성경 전체의 가르침을 오해하는 것이다.

그러나 이와는 반대로 '십일조를 드리면 물질적으로 복을 받는다'라는 원칙은 일반 원리가 아니라 한시적 원리라고 주장하는 것 역시 너무 멀리 나간 것이다. 말라기의 말씀은 십일조를 드리지 않는 자들에게 십일조를 드리면 축복을 받는지 아닌지 한번 나를 시험해 보라고 하신 것이 분명하다. 왜냐하면 십일조는 액수의 문제가 아니라 관계의 문제이기 때문이다.

따라서 여호와께서는 '내가 살아 있는지, 과연 너의 삶의 주인인지, 역사에 개입하시는 만왕의 왕이신지' 시험해 보라고 하신 것이다. 그런 점에서 '온전한 십일조를 창고에 들이면 하나님께서 복을 주시는지 아니신지를 시험해 보라'는 말씀은 액수의 문제가 아니라 관계의 문제로 봤을 때, 얼마든지 일반 원리라고 할 수 있다.

만일 그렇지 않다면 과연 성경에는 일반 원리가 몇 개나 있는가? 예를 들어 "의인에게는 어떤 재앙도 임하지 아니하려니와 악인에게는 앙화가 가득하리라"(잠 12:21)는 말씀은 일반 원리인가, 아닌가?

의인에게는 어떤 재앙도 임하지 않는다면, 욥에게 임한 재앙은 무엇인가? 의인들도 무고하게 받는 고난이 있다. 전도서를 보면 우리가 일반적으로 생각하는 원리와 상반되는 현상이 일어날 수 있음을 인정한다.

"내 허무한 날을 사는 동안 내가 그 모든 일을 살펴 보았더니 자기의 의로움에도 불구하고 멸망하는 의인이 있고 자기의 악행에도 불구하고 장수하는 악인이 있으니"(전 7:15).

"세상에서 행해지는 헛된 일이 있나니 곧 악인들의 행위에 따라 벌을 받는 의인들도 있고 의인들의 행위에 따라 상을 받는 악인들도 있다는 것이라 내가 이르노니 이것도 헛되도다"(전 8:14).

그럼에도 불구하고 우리는 아래와 같은 잠언의 교훈을 일반 원리라고 가르치는 것이다.

"의인은 포식하여도 악인의 배는 주리느니라"(잠 13:25).

"악인은 쫓아오는 자가 없어도 도망하나 의인은 사자 같이 담대하니라"(잠 28:1).

만일 이것조차 '일반 원리'가 아니라면, 교회에서는 그저 '상황 윤리' 외에는 가르칠 것이 없다. 예외적이거나 하나님의 깊은 섭리가 개입된 특수한 상황이 있는 것이 사실이다. 그럼에도 불구하고 '일반적인 상황에서의 규범성을 가진 원리'를 우리는 '일반 원리'라고 말하고 자녀들에게 가르친다.

'정직이 최선의 정책이다.' 이것이 일반 원리인가? 정직해서 손해 본 적이 한 번도 없는가? 어떤 때는 정직해서 손해 볼 수도 있다. 그럼에도 불구하고 정직이 최선의 정책이라고 말하는 이유는 무엇인가? 이것이 일반 원리이기 때문이다. 일반적인 상황에서의 규범성을 가진 원리는 단 한 번도 예외가 없는 원리가 아니다.

그런 점에서 말라기의 십일조 본문은 오늘날 우리에게 그리스도 안에서

'지금도 유효한 일반 원리'인 것이다. 십일조를 드린다고 해서 항상 복을 받는 것은 아닐 수 있다. 그러나 하나님께 십일조를 드리지 않으면서 그분이 과연 우리를 사랑하시는지, 하나님은 공의로우신 분인지 의심이 든다면, 얼마든지 지금도 하나님의 초청을 받아들여 십일조로 그분을 시험할 수 있는 것이다.

물론 우리는 성부께서 우리를 위해 아들 그리스도를 내어 주심으로 그분이 얼마나 우리를 사랑하시는지를 이미 알기에 꼭 시험할 필요가 있는 것은 아니다. 그러나 믿음이 연약해서 십일조를 드리지 못하고 있다면 (말라기서의 약속의 말씀을 받아들여) 하나님을 시험하라는 초청을 받아들이는 것도 좋은 방법일 수 있다. 하나님의 말씀은 한 번 영원하신 하나님의 입에서 나온 이상 영원토록 변함없는 말씀이기 때문이다.

### 적용을 위한 질문

1. 십일조를 드리지 않는 것은 정말로 '하나님의 것'이 아니라 '하나님을' 도둑질하는 것이라고 생각합니까?
2. 물질에 대한 내 신앙의 태도를 점검해 봅시다. 나는 내 삶과 물질에 대해 하나님께 우선순위를 드리고 있습니까?
3. 여러분은 하나님의 약속을 신뢰하고 있습니까? 그렇다면 하나님의 축복에 대한 약속을 믿고 실제로 '시험해 볼' 용기를 가지고 있습니까?

⑪

# 마태복음의 십일조
## 마 23장

십일조의 정신: 정의와 긍휼과 믿음

## 서론적 이야기

**신약의 십일조 본문들**

우리는 마침내 구약의 십일조 산맥의 여러 능선을 넘어 최정상인 신약의 십일조 본문들에 도착했다. 이렇게 말하는 이유는 오늘날 교회와 그리스도인들에게 가장 결정적인 최종 계시가 신약이기 때문이다. 신약을 보면 예수님께서 직접 십일조를 언급하신 것이 세 번인데, 십일조의 정신이 무엇인지를 결정적으로 보여 준다는 점에서 심혈을 기울여 해석해야 한다.

게다가 우리의 십일조 여행은 마지막으로 십일조가 언급되는 히브리서 7장에서 대단원의 막을 내린다. 아브라함이 왕이요 제사장인 멜기세덱에게 십일조를 드린 것을 근거로, 예수님이 멜기세덱의 반차를 좇은 불멸의 영원한 대제사장이요 왕이심을 웅장하게 선포하는 것이다. 이로써 성경의 십일조 본문의 대하 드라마가 종결된다.

### 예수님께서 바리새인을 비판하신 평행 본문

예수님은 십일조를 세 번 다루시는데, 그 내용을 들여다보면서 각각의 십일조 본문의 중요성을 살펴보자.

예수님께서 서기관과 바리새인들의 외식을 비판하시면서 한 예로 그들의 십일조 행습을 두 번 언급하셨다. 바리새인들이 아주 사소한 채소까지 십일조를 하지만 "율법의 더 중한 바 정의와 긍휼과 믿음"(마 23:23) 혹은 "공의와 하나님께 대한 사랑"(눅 11:42)을 버렸다고 비판하시는 내용이 한 번씩 나온다. 이 두 평행 본문은 예수님께서 직접 십일조를 평가하고 계시기에 가장 중요한 십일조 본문들로 알려져 있다.

이 두 본문은 내용상 거의 같기에 평행 본문이라고 부른다. 그러나 표현상 꽤 많은 차이가 있을 뿐 아니라 나름대로의 독특한 메시지와 신학적 통찰을 다루고 있기 때문에 따로 다루는 것이 좋다.

한편 세 번째 십일조 본문은 누가복음 18장에 나오는 '바리새인과 세리의 기도에 관한 비유'이다. 비유 중에 성전에 올라가서 기도하는 바리새인이 자신이 행한 자랑스러운 일을 열거하면서 십일조를 드린다고 고백하는 내용이 세 번째 십일조 본문이다.

"나는 이레에 두 번씩 금식하고 또 소득의 십일조를 드리나이다"(눅 18:12).

그동안 학계나 교계를 보면 처음 두 평행 본문은 매우 중요하게 생각하는 반면에 세 번째 본문은 대수롭지 않게 넘어갔다. 그러나 세 번째 본문 역시 그렇게 단순한 것이 아니다. 이 본문은 단순히 바리새인의 십일조 행습을 묘사하는 것이 최종 목적이 아니기 때문이다. 예수님의 비유의 최종 목적은 '누가 의로운가'이다. "내가 너희에게 이르노니 이에 저 바리새인이 아니고 이 사람이 의롭다 하심을 받고 그의 집으로 내려갔느니라…"(눅 18:14). 여기서 바로 칭의의 문제가 십일조와 연관해서 다루어지고 있다는 점이 오늘 우리에게 중요한 것이다.

흥미롭게도 예수님께서 직접 어떤 사람을 의롭다고 하신 것은 복음서에서 이 부분이 유일하다. '칭의'에 대해서는 주로 바울 서신들을 중심으로 논의를 하는 경향이 있지만, 누가복음 18장의 기도 비유는 '칭의에 대한 예수님의 유일한 언급'이기 때문에 매우 중요하게 다루어야 한다. 따라서 세 번째 십일조 본문도 심도 있게 다룰 필요가 있다.

이제 이런 점들을 염두에 두면서 신약의 십일조 본문들을 하나씩 상세히 살펴보도록 하자.

## 마태복음 23장 십일조 본문의 문맥

### 마태복음의 전체 문맥

마태복음의 십일조 본문은 23장 23-24절인데, 신약에 처음 나오는 십일조에 대한 언급이다. 예수님께서 서기관과 바리새인들에게 일곱 번 "화 있을진저"로 시작되는 저주를 선포하셨는데(마 23:13-36), 이 가운데 네 번째 "화 있을진저" 저주가 십일조 본문이다. 그렇다면 예수님은 왜 서기관과 바리새인들에게 일곱 번이나 "화 있을진저"라고 저주하신 것일까? 원접 문맥부터 살펴보자.

마태복음은 예수 그리스도의 생애를 탄생부터 시작해서 공생애 사역을 통해 죽음과 부활에 이르는 이야기를 담고 있는데, 절정이 십자가의 죽으심이고 대단원이 부활과 승천이다. 그렇다면 예수 그리스도를 십자가에

못 박아 죽이게 만든 결정적인 갈등은 무엇인가? 바로 종교 지도자들과의 충돌이다.

공생애 초기에는 예수께서 가르치고 전파하고 치유하는 사역을 주로 하셨기에 유대 종교자들과 충돌하지 않으셨다. 그러나 중풍병자에게 "네 죄 사함을 받았느니라"(마 9:2)고 선포하시고 안식일에 손 마른 병자를 고치는 것이 옳으냐고 물었을 때 "안식일에 선을 행하는 것이 옳으니라"고 하시자, 그때부터 "바리새인들이 나가서 어떻게 하여 예수를 죽일까 의논하"기 시작했다(마 12:12-14).

이런 갈등이 증폭되어 예수께서 예루살렘에 입성하시자, 당시의 모든 종교 지도자들이 예수님을 공격했다. 예수께서 상황의 변화를 인식하시고 "예루살렘에 올라가 장로들과 대제사장들과 서기관들에게 많은 고난을 받고 죽임을 당하고 제삼일에 살아나야 할 것을"(마 16:21) 나타내셨다.

아니나 다를까 예수께서 예루살렘에 입성하신 지 불과 2일 안에 모든 유대 종교 지도자들이 연합하여 예수님을 공격하기 시작했고, 예수께서 포도원 비유를 통해 대제사장들과 바리새인들의 악과 죄를 정면으로 지적하시자(마 21:33-44) 예수를 잡으려고 시도할 마음을 품었다(마 21:46). 마태복음 23장의 십일조 본문은 이런 상황에서 나온 것이다.

## 근접 문맥

마태복음 22장에서는 여러 번의 논란이 있었지만 끝내 예수께서 승리하셨다.

"한 마디도 능히 대답하는 자가 없고 그 날부터 감히 그에게 묻는 자도 없더라"(마 22:46).

바로 이런 상황에서 예수님은 마태복음 23장에서 대제사장들과 서기관들과 바리새인들의 잘못을 직접적으로 꾸짖기 시작하신 것이다.

십일조 본문 바로 앞의 마태복음 21-22장을 보면 예수님은 주로 비유를 통해 간접적으로 바리새인들을 비난하셨다. 포도원 비유로 대제사장들과 바리새인들의 악과 죄를 지적하셨고(21:33-46), 혼인 잔치 비유로 종교 지도자들이 천국의 청함을 받았으나 이를 거부함으로 인해 택함을 받지 못했음을 지적하셨다(22:1-14).

그런데 23장에 들어오면 대제사장들과 서기관들과 바리새인들의 잘못을 직접적으로 언급하기 시작하신다. 모세의 자리에 앉아 자신은 하지도 않을 행위를 하는 자들(2-4절)이요, 사람에게 보이려고 외적으로 경건한 행위를 하며(5절), 선생이라 칭함 받기를 좋아하고 상석에 앉기를 원하는 자들(6-7절)이라고 조목조목 비판하셨다. 그리고는 이렇게 최종적으로 권고하셨다.

"누구든지 자기를 높이는 자는 낮아지고 누구든지 자기를 낮추는 자는 높아지리라"(12절).

그리고 이어지는 13절부터 예수님은 바리새인을 향해 "화 있을진저 외식하는 서기관들과 바리새인들이여"로 시작하는 '저주'를 일곱 번 선언하셨다.

결국 이 "화 있을진저" 시리즈는 예수님과 서기관과 바리새인들의 갈등이 절정에 달했을 때 행한 것으로, 예수님께서 보시기에 서기관과 바리새인들이 왜 저주를 당해야 하는지를 단적으로 드러내는 말씀이다.

## 일곱 번의 "화 있을진저"

### "화 있을진저" 시리즈의 공통점

여기서 살펴보는 십일조 본문은 네 번째 "화 있을진저"에 해당한다. 그런데 일곱 번이나 "화 있을진저"를 반복하며 저주를 선언하시는 예수님의 말씀에 대해, 놀랍게도 유대 종교 지도자들의 반응은 전혀 나타나지 않는다. 일곱 번의 "화 있을진저"의 논리가 너무 완벽하기에 논쟁해서 이길 가능성이 없는 데다가, 예수를 잡아 죽이기로 이미 결심했기 때문이다.

우리가 예수님의 십일조 본문인 마태복음 23장 23-24절을 제대로 이해하려면, "화 있을진저" 시리즈의 형식과 서술의 논리와 수사법을 이해해야 한다.

첫째, 이 시리즈는 "화 있을진저"라는 공식으로 시작된다. 그렇다면 이 공식의 의미는 무엇인가? 마태복음 23장에 나오는 일곱 번의 "화 있을진저"(헬라어로 우아이)라는 공식은 마태복음 5장 3-12절에서 볼 수 있는 아홉 번의 "복이 있나니"(헬라어로 마카로이)와 대조되는 공식이다. 그러니까 '팔복'이 '하나님이 기뻐하시는 삶의 방식'이라고 한다면, 일곱 번의 "화 있을진저"는 '하나님이 저주하시는 삶의 방식'이라고 할 수 있다.

둘째, "화 있을진저" 시리즈의 두 번째 공통점은 저주 공식 뒤에 바로 그 대상이 등장한다는 점이다. 저주의 대상으로는 "외식하는 서기관들과 바리새인들여"가 여섯 번 등장하는 반면에, "눈 먼 인도자여"는 한 번 등장한다. 우리가 다 아는 대로 외식한다는 것은 겉과 속이 다르다는 것이다.

한편 처음 네 번의 "화 있을진저"에는 나오지 않다가 다섯 번째와 여섯 번째의 "화 있을진저"(25, 27-28절)에 나오는 요소가 있는데, 바로 "겉으로는"과 "안으로는"[안에는]이란 단어를 대조적으로 사용하는 것이다. "겉으로는" 깨끗하고 아름답고 옳게 보이지만, "안으로는" 탐욕과 방탕, 죽은 사람의 뼈와 모든 더러운 것, 외식과 불법이 가득한 자들이라는 것이다.

또한 주님은 바리새인들이 '눈 먼 어리석은 인도자'로서 저주 받아 마땅하다고 말씀하신다. 그렇다면 바리새인들은 왜 '눈 먼 어리석은 자들'인가? 십일조 본문인 네 번째 "화 있을진저"에서 서기관들과 바리새인들은 "율법의 더 중한 바"가 무엇인지 모르는 자들로 묘사된다.

박하와 회향과 근채의 십일조는 드리면서도 "율법의 더 중한 바 정의와 긍휼과 믿음"은 버렸기 때문이다. 율법의 선생이라는 자들이 율법에서 무엇이 더 중요하고 무엇이 덜 중요한지 모르기 때문에 이들은 눈 먼 인도자인 것이다.

셋째, "화 있을진저" 시리즈의 세 번째 공통적 요소는 무엇인가? 앞부분은 서기관들과 바리새인들의 장점을 지적하며 추켜세우는 것 같은데, 바로 이어서 이들의 장점을 오히려 조롱하는 내용으로 반전을 꾀하는 수사법을 사용한다는 점이다.

1) 너희들은 천국 문을 여닫을 권리를 가지고 있으나, 천국 문을 닫고 들어가지 못하게 한다(마 23:13).
2) 너희들은 교인 한 사람을 얻기 위해 온 천하를 다니나, 배나 더 지옥 자식을 만든다(마 23:15).
3) 너희들은 맹세의 효력에 관한 율법을 만드나, 하나님의 권리를 존중하지 않는다(마 23:16–22).
4) 너희들은 작은 것의 십일조를 철저하게 드리나, 율법의 더 중한 바는 무시한다(마 23:23).
5) 너희들의 대접은 겉은 아름다우나, 속은 탐욕과 방탕으로 더럽다(마

23:25-26).

6) 너희들의 겉은 아름답지만, 안은 외식과 불법이 가득하다(마 23:27-28).

7) 너희들은 죽은 선지자들의 무덤을 만들지만, 실제론 선지자를 죽인 살인자들의 후손이다(마 23:29).

예수님의 "화 있을진저" 시리즈를 보면 앞부분에서 서기관들과 바리새인들의 말이나 행동을 칭찬하신다. 그 이유는 바로 그들의 말과 행동을 통해 바리새인 스스로를 정죄하도록 하기 위해서이다. 결국 일곱 번의 "화 있을진저"는 겉으로 보기에 훌륭해 보이는 서기관들과 바리새인들의 모습을 사용해 오히려 가장 통렬하고 신랄한 비판을 가하는 탁월한 수사법이라 할 수 있다.

따라서 우리는 "화 있을진저"로 시작하는 예수님의 말씀을 해석할 때 서기관들과 바리새인들의 말과 행동을 모두 비판하고 있다고 생각하면 안 된다. 예수님은 그들이 하는 행위는 본받지 말되, "무엇이든지 그들이 말하는 바는 행하고 지키"라고(마 23:3) 바로 앞 단락에서 말씀하셨다. 바리새인들은 모세의 자리에 앉아 율법을 해석하고, 율법을 지키기 위해 여러 작은 규정들과 규례들을 만들었다.

다시 말해 그들의 행동은 본받지 않더라도, 그들이 하는 말은 지키라는 것이다. 결국 바리새인들의 문제는 율법을 행동화하고 내면화하고 철저화하는 데 실패한 데 있다.

이는 네 번째 "화 있을전지"에서도 마찬가지이다. 예수님은 유대인들처럼 철저하게 십일조 생활을 할 필요가 없다고 하신 것이 아니다. 서기관들과 바리새인들처럼 사소한 것들의 십일조를 드리되, 율법에서 더 중요하게 여기는 정의와 긍휼과 믿음도 버려서는 안 된다는 것이다. 십일조라는 율법 규정의 형식이 가리키는 실질적인 내용을 드러내라는 것이다. 다시 말해 십일조의 정신을 행동화하고 철저화하라는 것이다.

이런 문맥과 "화 있을진저" 시리즈의 서술 논리를 이해하지 못한 일부 해석자들이 마태복음 23장의 십일조 본문을 가지고 너무 쉽게 십일조 폐지론을 이야기하는 것은 안타깝기 그지없다. 따라서 성경을 해석할 수 있는 기본적인 문예적 소양이나 해석학적 지식이나 주해의 경험 없이 함부로 성경을 해석하는 것은 조심해야 한다.

## 서기관과 바리새인의 십일조 행습

### 박하와 회향과 근채까지 십일조를 하는데

이번 장의 십일조 본문 안에는 하나님이 미워하시는 삶의 방식의 네 번째 행태로 '서기관들과 바리새인들의 십일조 행위에 대해 저주'를 선언하시는 내용이 나온다.

> "화 있을진저 외식하는 서기관들과 바리새인들이여 너희가 박하와 회향과 근채의 십일조는 드리되…"(마 23:23).

예수님은 도대체 왜 바리새인들의 십일조 행위를 미워하실까? 이를 알기 위해서는 우선 바리새인들이 드리는 십일조의 대상으로 밝히신 구체적인 항목이 무엇인지 알아볼 필요가 있다. 그것은 바로 "박하와 회향과 근채"였다. 바리새인들이 드리는 십일조의 대상이 많이 있을 텐데, 굳이 이 세 가지를 밝히신 이유는 무엇일까?

"박하와 회향과 근채"는 한국인들에게 그리 익숙하지 않지만, 지금도 이스라엘이나 근동 아시아에 가면 대부분의 음식과 요리에 넣는 향료나 의료용으로 사용되는 채소를 가리킨다.

구약에 나오는 십일조 대상 품목으로는 "땅의 십분의 일 곧 그 땅의 곡식이나 나무의 열매는 그 십분의 일"(레 27:30), "토지 소산의 십일조"(신 14:22)가 포함된다. 따라서 "박하와 회향과 근채" 역시 채소로서 토지의 소산이니까 십일조의 대상이라고 할 수도 있다. 하지만 이런 대상들은 집의 텃밭에서 키우는 작은 식물들이기에 굳이 십일조를 드리지 않아도 될 것 같은 채소들이다.

그러나 서기관들과 바리새인들은 십일조를 매우 중요하게 생각했을 뿐 아니라, 복잡한 프로그램을 만들어 십일조를 실행에 옮겼다. 한 학자는 "하스모네안 왕조나 로마 시대에 바리새인들은 음식에 대한 십일조를 자신들의 '개혁 프로그램'의 결정적 항목으로 만들었다"고 본다.[1]

예수님께서 "박하와 회향과 근채"의 십일조를 예로 드신 것은 그분께서 지나치게 비판적인 데서 나온 것이 아니다. 실제로 당시 바리새인들과 서기관들은 집 안의 텃밭에서 키우는 작은 식물의 향신료 열매나 이파리나 줄기에 대해서도 십일조를 낼만큼 애를 쓴 것이다.

그렇다면 이런 십일조 행위는 잘못된 것인가? 많은 해석자들이 예수님께서 이런 십일조 행습을 거부하신 것이라고 해석한다. 그러나 이런 해석은 너무 쉽게 자신의 생각을 본문 안에 대입하여 읽는 잘못된 선택을 한 것이다.

---

1) Anthony J. Saldarini, "Delegitimation of Leaders in Matthew 23," CBQ 54 (1992), 675, footnote 45.

### 율법의 더 '중'(重)한 바는 버림

앞서 지적한 대로 '화 있을진저 시리즈'를 보면 앞부분에서 서기관들과 바리새인들의 장점을 칭찬하는 패턴을 모두 보이고 있다. 따라서 여기서도 예수님께서 서기관들과 바리새인들의 십일조 행습은 인정하고 칭찬하시는 것으로 볼 수 있다. 또한 뒤에서 "이것도 행하고 저것도 버리지 말지니라"고 덧붙이신 것을 보면 다음과 같이 칭찬하신 것이 분명하다.

"텃밭에서 키우는 박하나 회향이나 근채에서 나오는 씨앗과 이파리와 줄기에 대해서도 십일조를 드린 것은 잘한 것이다."

그러나 이렇게 칭찬을 하신 후에 예수님은 이런 십일조 행위로는 채울 수 없는 심각한 결함이 있다고 지적하신다. 이것도 '화 있을진저 시리즈'의 공통적인 반전 패턴이다.

"…율법의 더 중(重)한 바 정의와 긍휼과 믿음은 버렸도다…"(마 23:23).

여기서 서기관들과 바리새인들이 "율법의 더 중한 바"인 **정의와 긍휼과 믿음**을 버렸다는 것이 핵심이다.


## 율법의 더 중한 것이란?

### 중(重)한 것인가? 아니면 중요(重要)한 것인가?

우선 우리가 예수님의 말씀을 잘 이해하려면 한 가지를 주목해야 한다.

그것은 개역개정과 개역한글은 "중한"이라고 번역되어 있는 반면, 대부분의 다른 한글 성경들은 "중요한"이라고 번역하고 있다는 점이다.

"…너희가 박하와 회향과 근채의 십일조는 드리되 율법의 더 중한 바 정의와 긍휼과 믿음은 버렸도다…"(개역개정), (개역한글 참조)

"…너희는 박하와 회향과 근채에 대해서는 십분의 일을 바치라는 율법을 지키면서 정의와 자비와 신의 같은 아주 중요한 율법은 대수롭지 않게 여긴다…"(공동 번역), (새번역, 바른, 현대인, 쉬운 말, 쉬운, 우리말, 가톨릭 참조)

그런데 흥미로운 것은 "율법의 더 중요한 것들"(the more important matters of the law)이라는 번역도 몇 개(NIV; NET) 있기는 하지만, 영어 번역본들은 대부분은 "율법의 더 무거운 것들"(the weightier matters of the law: KJV; NASB; ESV; NRSV; NJB)로 번역한다는 점이다.

다시 한글 번역으로 돌아와서 개역개정은 율법의 더 "중한 바"라고 번역했는데 '중하다'라는 것은 무슨 의미인가? 반면에 다른 한글 성경들은 한결같이 "중요한"으로 번역하는데, 십일조보다 정의와 긍휼과 믿음이 더 '중요하다'라는 것은 무슨 뜻인가? 또한 영어 성경들은 "율법의 더 무거운 것들"로 번역하는데 정의와 긍휼과 믿음이 십일조 보다 '더 무겁다'라는 것은 무슨 의미인가?

이런 문제를 해결하기 위해서 우리는 헬라어 원문으로 돌아가야 한다.

### 원어(바루스)의 의미

개역개정에서 "중한"으로 번역된 헬라어 원어는 '바루스'인데 신약성경에서 총 여섯 번 사용됐다(마 23:4, 23; 행 20:29; 25:7; 고후 10:10; 요일 5:3). 『바우어 헬라어 사전』[2]에 의하면 '바루스'의 1차적 의미는 '무거움'이지만[3] 2차적(비유적)으로 네 가지의 의미로 쓰인다고 본다.

A. '(계명, 규칙이) 억누르거나, 이행하기 어렵거나, 짐이 된다'는 의미
1) "그들의 말이 그의 편지들은 무게가 있고(바루스) 힘이 있으나 그가 몸으로 대할 때는 약하고 그 말도 시원하지 않다 하니"(고후 10:10).
2) "무게가 있고 힘이 있으나"는 영어 번역본에서는 weighty and strong으로 번역했다. 그러니까 규정이나 규칙 같은 것이 '부담스럽고 강력해서' 순종하기 어려운 것을 가리킬 때 '바루스'란 단어를 사용한 것이다.

B. '무거운, 중대한 일'의 의미
1) "그가 나오매 예루살렘에서 내려온 유대인들이 둘러서서 여러 가지 중대한(바루스) 사건으로 고발하되 능히 증거를 대지 못한지라"(행 25:7).
2) 일의 성격상 무겁거나 중대한 것을 가리킬 때 사용된다.

C. '괴로운, 힘드는'의 의미
성경의 용례는 없지만 헬라 문헌에서는 '…에게 괴로움을 끼치다'라는 의미로 사용된다고 한다.

D. '격렬한, 사나운, 잔인한'의 의미

---

2) 발터 바우어, 『바우어 헬라어 사전: 신약성경과 초기 기독교 문헌의 헬라어-한국어 사전』, 이정의 옮김 (생명의 말씀사, 2017), 253-254.
3) Timothy Freiber(eds.)의 Analytical Lexicon of the Greek New Testament도 마찬가지이다.

1) "내가 떠난 후에 사나운(바루스) 이리가 여러분에게 들어와서 그 양 떼를 아끼지 아니하며"(행 20:29).
2) 양 떼를 잡아먹는 이리의 사납고 잔인한 성격을 바루스라는 단어를 사용한다.

**'무거움'을 핵심으로 하는 다중적인 의미**

위의 사전적 분석은 우리에게 매우 중요한 가이드가 된다. 그러니까 '바루스'의 핵심 의미는 '무거움'이다. 대부분의 한글 성경들이 "중요하다"로 의역한 반면에 영어 성경들은 주로 "무겁다"로 번역하는 이유가 여기에 있다. '바루스'라는 단어가 '중요하다'라는 의미를 포함하는 것은 사실이지만, 이보다 훨씬 더 의미가 다중적이고 다층적이다. 따라서 "중하다"라고 번역하는 것이 "중요하다"보다 좋은 번역어라고 할 수 있다. 왜냐하면 표준국어대사전에 의하면 '중요'란 단어는 '귀중하고 요긴함'으로 단순한 의미이지만, '중하다'라는 용어는 아래처럼 다중적 의미를 가지기 때문이다.

1) 매우 소중하다.
2) 병이나 죄 따위가 대단하거나 크다.
3) 책임이나 임무 따위가 무겁다.

따라서 "중하다"라고 번역을 해야 그 안에 '중요하다'라는 의미뿐 아니라, '규정이나 규칙 같은 것이 부담스럽고 강력해서 순종하기 어려운'이란 비유적 의미도 포함할 수 있는 것이다. 실제적으로 요한일서 5장 3절을 보면 이 단어가 사용되었는데 '(계명이) 순종하기 어려운'이란 의미로 사용되고 있기 때문이다.

"우리가 하나님을 사랑하고 그의 계명들을 지킬 때에 이로써 우리가 하나님의 자녀를 사랑하는 줄을 아느니라 하나님을 사랑하는 것은 이것이니 우리가 그의 계명들을 지키는 것이라 그의 계명들은 무거운(바루스) 것이 아니로다"(요일 5:2-3).

하나님의 계명들은 '지키기가 힘든 것', 즉 '무거운 것'이 아니라고 요한 사도는 지적한다. 이를 보면 계명들은 지키기가 쉬운 것도 있고 힘든 것도 있는 것이다. '지키기가 힘들고 무거운'이란 '바루스'의 의미를 예수님의 말씀에 적용해 보면 새롭고 강력한 메시지가 드러나는데, 간략하게 정리해 보면 다음과 같다.

박하와 회향과 근채의 십일조를 내는 계명은 지키기가 쉬운 것이다. 반면에 "정의와 긍휼과 믿음"은 지키기가 더 '무거운/힘든' 계명이다.

그런데 흥미롭게도 예수께서는 십일조 본문의 바로 앞부분인 마태복음 23장 2-4절에서 '바루스'를 '지고 가기 어려운' 무거운 짐을 가리킬 때 사용하셨다.

"서기관들과 바리새인들이 모세의 자리에 앉았으니 그러므로 무엇이든지 그들이 말하는 바는 행하고 지키되 그들이 하는 행위는 본받지 말라 그들은 말만 하고 행하지 아니하며 또 무거운 짐(바루스)을 묶어 사람의 어깨에 지우되 자기는 이것을 한 손가락으로도 움직이려 하지 아니하며"(마 23:2-4).

바리새인들과 서기관들은 무거운 짐을 묶어 다른 사람의 어깨에 지우지만 자신은 손가락 하나 움직이려 하지 않는 위선자들이라고 예수님은 지적하신다. 예수님이 말씀하시는 무거운 짐은 바리새인들이 말하는 것들이다. 바리새인들이 말하는 것은 행하고 지키기가 힘든(무거운) 것들이기 때문에 바리새인들이 말만 하고 행하지 않는다는 것이다.

이렇게 본다면 '바루스'는 율법에서 '더 중요한' 것들이라는 의미일 수도 있지만, 동시에 율법의 '더 순종하기 어려운, 부담스러운' 것들을 가리킬 수 있다. 예수님께서 지키기 쉬운 십일조의 계명은 지키고, 지키기가 어려운 정의와 긍휼과 믿음은 지키지 않았다고 지적하셨을 가능성이 더 커 보인다.

예수님은 십일조보다 율법에 더 무거운 것이 있다고 지적하신다. 이는 누구나 다 인정하는 것이다. 율법의 모든 조항이 동일하게 무거운 것은 아니다. 율법 안에는 지키기 쉬운 것들도 있고 어려운 것들도 있다. 정의, 긍휼, 믿음이 십일조보다 지키기 어렵다. 박하와 회향과 근채의 십일조를 드리는 것은 기계적이고 수학적이기에 지키기가 쉽다. 그러나 정의와 긍휼과 믿음을 지키는 것은 더 어려운 일이다.

그렇다고 해서 '중요한'이란 의미를 포기하는 것은 아니다. 다만 작은 토지 산물의 십일조를 드리는 것보다 정의와 긍휼과 믿음이 율법에서 훨씬 중요한 것이다.

필자는 '율법의 더 무거운 것들'이란 표현에는 첫째 '순종하기 어려운', 둘째 '더 중요한'의 의미가 다 포함되어 있다고 본다. 따라서 '율법의 더 중요한 것들'보다는 개역개정처럼 "율법의 더 중한 바"로 번역하거나, NASB처럼 율법의 "더 무거운 규정들"(the weightier provisions of the law)이라고 번역하는 것이 더 좋아 보인다.

## 정의와 긍휼과 믿음이 율법의 더 중한 것

그렇다면 율법의 '더 무거운(순종하기 힘든, 그리고 중요한) 계명'이 어떤 점에서 "정의, 긍휼, 믿음"인가? "정의, 긍휼, 믿음"이란 용어들이 구약에서 어떤 단어들과 상응하는지 살펴본다면, 이 세 가지 개념이 율법의 요체요 핵심적인 계명임을 금방 알 수 있다.

"사람아 주께서 선한 것이 무엇임을 네게 보이셨나니 여호와께서 네게 구하시는 것은 오직 정의(미쉬파트)를 행하며 인자(헤세드)를 사랑하며 겸손하게 네 하나님과 함께 행하는 것이 아니냐"(미 6:8).

"다윗의 장막에 인자함으로 왕위가 굳게 설 것이요 그 위에 앉을 자는 충실함(에메트)으로 판결하며 정의를 구하며 공의(체데크)를 신속히 행하리라"(사 16:5).

위의 선지서의 글에 나오는 정의(미쉬파트)와 인자(헤세드), 충실함(에메트)과 공의(체데크)는 구약에서 하나님의 성품과 구원 사역뿐만 아니라 하나님의 뜻을 담은 율법의 가장 중요한 핵심 개념들이다.

예수님은 서기관들과 바리새인들이 향신료인 "박하와 회향과 근채"의 십일조는 드리되, 율법에서 더 중대하며 지키기 어려운 요구인 "정의와 긍휼과 믿음"은 저버린 것을 날카롭게 지적하셨다.

### 그러나 이것도 행하고 저것도 버리지 말라

예수님의 이어지는 말씀을 보면 서기관들과 바리새인들이 십일조를 행하는 것을 금지하신 것이 아니다.

"…너희가 박하와 회향과 근채의 십일조는 드리되 율법의 더 중한 바 정의와 긍휼과 믿음은 버렸도다 그러나 이것도 행하고 저것도 버리지 말아야 할지니라"(마 23:23).

이것은 무엇이고 저것은 무엇일까? '행하다'라는 동사는 '십일조 드리다'라는 행위 동사와 연관되는 반면에, '버리지 말라'(아피에미)는 동사는 앞에서 '정의와 긍휼과 믿음을 버렸다'(아피에미)라고 했을 때의 동사와 동일한 단어이다. 그렇다면 이것은 '십일조 드리는 것'이고, 저것은 "정의와 긍휼과 믿음"을 가리킨다. 그렇다면 '십일조도 행하고 정의와 긍휼과 믿음도 버리지 말라'는 의미로 해석해야 한다.

우리는 여기서 "박하와 회향과 근채"의 삼중 십일조는 "정의와 긍휼과 믿음"이란 율법의 삼중 핵심 요체와 상응한다는 점에 주목할 필요가 있다. 다시 말해 "박하와 회향과 근채"의 삼중 십일조는 십일조의 형식이고, "정의와 긍휼과 믿음"의 삼중 원리는 십일조의 핵심 정신이다. 그러니까 십일조를 드릴 때 핵심 정신을 잊어서는 안 된다는 것이며, 또한 십일조 정신을 버리고 형식만 지켜서도 안 된다는 것이다. 드리고 싶다면 심지어 "박하와 회향과 근채"와 같이 사소한 것들에도 십일조를 드릴 수가 있다. 그러나 이럴 때에 십일조 정신을 잊어서는 안 된다는 것이 예수님의 가르침의 핵심이다.


## 하루살이는 걸러 내고 낙타는 삼키는도다

### 하루살이와 낙타

예수님은 네 번째 "화 있을진저"를 마치면서 비유 하나를 드셨다.

"맹인 된 인도자여 하루살이는 걸러 내고 낙타는 삼키는도다"(마 23:24).

그렇다면 왜 하루살이와 낙타인가? 제의적으로 부정한 짐승들 가운데 하루살이는 가장 작은 곤충이고, 낙타는 가장 큰 동물이기 때문이다(레 11:4, 20-23 참조).

일부 학자들은 바리새인들이 부정한 곤충인 하루살이를 삼키지 않으려고 음료수를 헝겊으로 걸러낸 후에 마셨다고 한다. 그런데 이런 자들이 부정한 짐승 중 가장 큰 낙타는 삼키고 있다는 것이다.

### 과장법의 진리

어떻게 이럴 수 있을까? 하루살이는 삼키려고 하지 않는 자들이 낙타를 삼키다니, 도무지 상상할 수 없는 일이다. 학자들은 이를 '과장법'이라고 부른다. 흔히 과장법은 진실이 아니라고 말하는 사람들이 있다.

그러나 이런 사람들은 하나는 알고 둘은 모른다. 과장법은 허위나 진실이 아닌 것을 날조하려는 것이 아니라, 전달하려는 개념이나 사실을 강조하려는 데 목적이 있다. 즉 표면적 의미로는 거짓이나, 함축적 의미로는 우리의 눈에 안 보여 잊어버리기 쉬운 것의 중요성을 되새기게 하는 진실의 언어적 장치이다. 또한 과장법은 말하는 이의 숨은 저의와 감정을 파악하는 데 도움이 되기도 한다.[4]

하루살이와 낙타의 대조를 통해 예수님은 서기관들과 바리새인들의 행위가 얼마나 우스꽝스러운지 보여 주신다. 표면적 의미로 봤을 때, 인간은 그 누구도 낙타를 삼킬 수는 없기에 거짓이라고 할 수 있을지 모른다.

---

4) 김지찬, 『언어의 직공이 되라』 (생명의 말씀사, 1996), 307-329.

그러나 서기관들과 바리새인들이 "박하와 회향과 근채"의 십일조는 드리면서도 율법에서 지키기 어려운, 그러면서도 더 중요한 정신인 "정의와 긍휼과 믿음"을 버리는 어리석으면서도 위선된 맹인의 모습을 이보다 더 잘 보여 줄 수는 없다. 그러므로 인간의 눈에 안 보여 잊어버리기 쉬운 진실을 볼 수 있게 한다는 점에서, 예수님의 하루살이·낙타의 비유는 '진실의 언어적 장치'인 것이다.

## 결론: 신학적 메시지와 현대적 적용

### 한국 교회의 전통

우리는 예수님의 말씀을 어떻게 현대에 적용할 수 있을까? 박윤선 박사의 "주일성수와 십일조 헌금 문제"란 소논문은 거의 40년 전에 쓰여진 글이지만, 세월을 넘어 오늘날 우리에게 마태복음 23장의 십일조 본문을 어떻게 적용해야 하는지 잘 보여 주고 있다.

박윤선 박사는 "신약 교회의 신자들도 십일조 헌금을 반드시 실행해야 하는가?"란 질문을 던진다면 마태복음 23장 23절을 해석함으로 이 문제를 해결할 수 있다고 본다.

"이 말씀은 십일조 헌납도 실행해야 한다는 것이 제외되지는 않았다. 특히 예수님이 여기서 강조하신 것은 십일조 헌납보다 더 중요한 것이 십일조 헌납과 함께 지켜져야 한다는 것이다. 그것은 헌납자의 실생활에 있어서, 의와 인과 신이란 것이다. 이와 유사한 경건은 미 6:8; 렘 9:24에도 강조되었다.

그런데 이에 대하여 신학적 사색이 필요하다. 신약 교회의 신자들의 물질적 봉사가 구약 교회의 십일조 보다 더욱 풍성해져야 한다는 것은 구원사의 성숙에 따라 자동적으로 요청된다. 우리가 명심할 것은 구약의 제도가 신약에 와서는 더 풍부한 예언 성취의 형태로 실행되어야 한다는 것이다. 그러므로 신약시대의 신자들은 십일조 헌금을 하나님께 바치는 것의 최소량으로 알고 그 이상 더 풍성히 바쳐야 할 입장이다. 즉 신약 교회의 신자들은 물질 뿐 아니라 자기 자신까지도 주님의 소유라고 생각하므로 무엇이든지 자원하는 마음으로 하나님 앞에 기쁘게 드릴 수 있다: (롬 14:8) 우리가 살아도 주를 위하여 살고 죽어도 주를 위하여 죽나니 그러므로 사나 죽으나 우리가 주의 것이로다."[5]

예수님께서 바리새인의 십일조에 대해 비판하신 것은 사실이지만, 그렇다고 해서 십일조 자체를 무효화시킨 것은 아니다.

### 정의와 긍휼과 믿음의 중요성

그러나 동시에 우리는 바리새인의 십일조 행습에 대한 예수님의 비판에 귀를 기울여야 한다. 십일조만 드린 채, 정의와 긍휼과 믿음을 저버리는 행위는 화를 부르는 무서운 위선이요 눈먼 행위이기 때문이다.

또한 예수님은 십일조보다 더 지키기 힘들고 까다로운 것이 바로 정의와 긍휼과 믿음임을 지적하셨다. 십일조는 원래 정의와 긍휼과 믿음의 가시적 표현인데, 정의와 긍휼과 믿음의 내용물은 사라지고 십일조라는 형식만 남아 있다면 이는 바로 "하루살이는 걸러 내고 낙타는 삼키는" 우스

---

[5] 박윤선, "주일 성수와 십일조 헌금 문제"「신학정론 6」(1988), 146-151, 특히 148.

꽝스런 꼴이 된다는 것이다. 결국 예수님의 말씀은 정의와 긍휼과 믿음을 저버리지 말고 십일조도 행하라는 것이다.

그렇다면 더 중요하고 무거운 율법인 "정의와 긍휼과 믿음"은 무엇을 가리키는가? 예수께서는 바로 앞장인 마태복음 22장 35-40절에서 이렇게 말씀하셨다.

> "그 중의 한 율법사가 예수를 시험하여 묻되 선생님 율법 중에서 어느 계명이 크니이까 예수께서 이르시되 네 마음을 다하고 목숨을 다하고 뜻을 다하여 주 너의 하나님을 사랑하라 하셨으니 이것이 크고 첫째 되는 계명이요 둘째도 그와 같으니 네 이웃을 네 자신 같이 사랑하라 하셨으니 이 두 계명이 온 율법과 선지자의 강령이니라."

결국 예수님의 가르침은 "정의와 긍휼과 믿음"의 정신인 '하나님 사랑과 이웃 사랑'을 버리지 말고 '십일조도 행하라'는 것이다. 아니 십일조뿐 아니라 교회를 섬기고, 세상 일을 하고, 개인적으로나 교회적으로 하는 모든 일을 '정의와 긍휼과 믿음의 정신', 즉 '하나님 사랑과 이웃 사랑'으로 하라는 것이다. 루터가 무엇이라고 했는가? 믿음으로 하는 모든 일이 소명이라고 하지 않았는가?

우리는 앞에서 구약의 십일조 본문들을 살피는 가운데 구약의 십일조 정신이 "정의와 긍휼과 믿음"임을 여러 번 볼 수 있었다.

아브라함의 십일조에서 우리는 아브라함이 정의의 사람, 긍휼의 사람, 믿음의 사람임을 보았고, 하나님이 베푸신 승리의 은혜에 감사하여 고백했음을 살펴보았다. 민수기와 신명기의 십일조 본문들을 다시 떠올려 보자. 여기서 레위인에게 기업을 준 십일조 안에서는 '정의'의 정신을, 절기에 예루살렘을 찾아가 하나님께 드리는 십일조와 예물 안에서는 '믿음'의 고백을, '매 삼 년 마다' 성읍에 비축하는 십일조 안에서 가난한 자에 대한 '긍휼'의 마음이 표현되는 것임을 살펴보았다.

또한 역대하 기자는 히스기야와 백성들이 드린 십일조를 묘사하면서 히스기야가 여호와의 전을 수종드는 일에 있어서 "하나님 여호와 보시기에 선과 정의와 진실함으로 행하였"다라고 평가하는 것도 알게 되었다(대하 31:20-21).

그리고 아모스서의 십일조 본문에서는 제사와 십일조보다 "정의와 긍휼과 믿음"을 하나님이 원하시는 것도 살펴보았다. 예수님께서 십일조의 정신이 "정의와 긍휼과 믿음"이라고 하신 것은 구약과 상관없는 새로운 이야기를 하신 것이 아니다. 구약의 십일조의 모든 역사와 핵심 정신을 한마디로 요약하셨다. 단지 바리새인들과 서기관들이 이런 정신을 버리고 사소한 채소의 십일조를 드리는 형식에만 치우쳐 본질을 잃은 것을 지적하신 것이다.

### 남에 대한 비난으로 읽어서는 안 됨

우리는 바리새인에 대한 예수님의 비판을 들을 때 남의 이야기로만 치부하는 우를 범할 수 있다. 나는 바리새인이 아니라는 생각에 우리 자신에 대한 비판의 가능성을 완전히 배제하고, 남을 비판하는 일에 예수님의 비판을 사용하는 것이 얼마나 큰 죄인지를 영국의 신약학자인 톰 라이트가 잘 지적하고 있다.

"이번에도 마찬가지로 바리새인들에 대한 이러한 공격은 마태가 그리고 있는 더 큰 그림 속에서 보아야 이해된다. 진정 예수님은 언약을 갱신하러 가시는 길이다(26:28을 보라). 그 일은 바리새인들이 아무리 토라를 강화해도 할 수 없었던 일이다. 예수님은 이 세상의 모든 악을 몸소 지기 위해 길을 가신다. … 예수님은 그 악의 힘을 온전히 감당하셔서 다 소진시켜 버리고자 길을 가신다. 그렇다면 이번 장 (필자: 마23장)과 같은 내용을 단순히 도덕적 비난으로만 읽는 것은 심각한 잘못이다. 그리고 이것은 다른 사람에 대한 도덕적 비난으로 읽는 것은 더 심각한 잘못이다. 그렇게 되면 이 본문에서 공격하는 바로 그 잘못을 이미 절반은 저지른 것이다."[6]

톰 라이트의 말은 십일조를 드리는 사람이 나는 혹시 정의와 긍휼과 믿음을 저버리는 것은 아닌지 자문해 보아야 하는 것이지, 십일조를 하지도 않으면서 다른 사람들에 대해 도덕적 비난을 하는 것은 심각한 죄를 저지르는 것이라는 의미이다. 다시 말해 자신은 이런 삶을 살지 않으면서, 게다가 십일조도 하지 않는다고 한다면, 이는 바리새인보다 못한 삶을 살고 있는 것이다.

"내가 너희에게 이르노니 너희 의가 서기관과 바리새인보다 더 낫지 못하면 결코 천국에 들어가지 못하리라"(마 5:20).

어찌되었든 십일조를 드리는 사람들은 자신은 율법의 더 중한 바인 "정의와 긍휼과 믿음"의 삶을 살고 있는지 솔직하게 들여다보아야 한다. 십일조만 드리고 있으면서 이에 만족하고 "정의와 긍휼과 믿음"의 모습을 보이지 못하고 있다면 정신차리고 회개해야 한다.

---

6) 톰 라이트, 『모든 사람을 위한 마태복음』 II부, 양혜원 옮김 (IVP, 2010), 157.

이는 십일조를 드리지 않으면서 다른 사람을 비난하는 사람들에게도 동일하게 적용되어야 한다. 십일조를 드리지 않는 사람 역시 자신은 바리새인보다 "정의와 긍휼과 믿음"의 삶을 살고 있는지 솔직하게 자문해 보아야 한다. 십일조도 드리지 않고 "정의와 긍휼과 믿음"의 삶도 살지 않고 있다면, 과연 다른 사람을 비난할 자격이 있을까?

### 적용을 위한 질문

1. 여러분은 십일조를 드릴 때, 정의와 긍휼과 믿음의 정신을 함께 실천하고 있습니까? 단순히 경제적 순종입니까, 아니면 하나님과의 관계를 나타내는 신앙고백입니까?

2. 예수님이 비판하신 '겉과 속이 다른 바리새인의 모습'이 나의 삶 속에서도 발견되지는 않습니까? 오늘 내가 회복해야 할 십일조 정신은 어떤 것입니까?

3. 예수님의 '하루살이는 걸러내고 낙타는 삼킨다'라는 말씀은 오늘날 교회와 나 자신에게 어떤 경고로 들립니까? 신앙생활에서 본질보다 사소한 것에 더 몰두하고 있는 부분은 없습니까?

십일조의 복음

12

# 누가복음의 십일조
## 눅 11장

구제와 정결, 십일조와 하나님 사랑

## 서론적 이야기

**마태복음과 누가복음의 십일조 본문**

예수님의 십일조에 대한 신약의 두 번째 언급은 누가복음 11장 42절에 나온다. 그런데 누가복음의 십일조 본문은 마태복음 23장처럼 예수님께서 바리새인의 십일조를 비판하는 내용으로, 두 본문의 취지가 거의 같아 보인다.

"화 있을진저 외식하는 서기관들과 바리새인들이여 너희가 박하와 회향과 근채의 십일조는 드리되 율법의 더 중한 바 정의와 긍휼과 믿음은 버렸도다 그러나 이것도 행하고 저것도 버리지 말아야 할지니라 맹인 된 인도자여 하루살이는 걸러 내고 낙타는 삼키는도다"(마 23:23-24).

"화 있을진저 너희 바리새인이여 너희가 박하와 운향과 모든 채소의 십일조는 드리되 공의와 하나님께 대한 사랑은 버리는도다 그러나 이것도 행하고 저것도 버리지 말아야 할지니라"(눅 11:42).

학계에서는 이런 경우를 보통 '평행 본문들'(parallel texts)이라고 부른다. 일반 독자들이 피상적으로 읽게 되면, 이 두 본문은 같은 사건을 묘사하는 것으로 보일 수 있다.

많은 해석자들이 같은 사건에 대한 2개의 버전으로 간주하여 하나는 주요 본문으로, 나머지는 부연 설명처럼 여긴다. 그러나 두 십일조 본문은 각자 나름의 서술 논리와 독특성을 지니기 때문에 하나를 다른 하나의 부연 설명 정도로 생각해서는 안 된다.

### 평행 본문의 유사점과 차이점

이 두 평행 본문을 비교해 보면 매우 유의미한 유사점들과 차이점들이 있다. 중요한 부분만 언급하면 다음과 같다.

첫째, 두 본문 다 "화 있을진저"라는 공식으로 시작하고 있다. 마태복음에서는 일곱 번의 "화 있을진저" 시리즈 중 네 번째에 십일조가 나오는 반면에, 누가복음에서는 여섯 번의 "화 있을진저" 시리즈의 첫 번째에 십일조가 등장한다. 이런 시리즈의 순서에 따른 의미의 차이와 서술의 논리는 깊이 연구할 필요가 있다.

둘째, 십일조의 대상에 대해 마태복음은 "박하와 회향과 근채"를 언급하는데, 누가복음은 "박하와 운향과 모든 채소"를 언급한다. 박하만 동일하고 나머지는 다르다. 그렇다고 큰 차이가 나는 것은 아니다.

셋째, 바리새인들이 저버린 것에 대해 마태복음은 "정의와 긍휼과 믿음"

을 지적한다. 반면에 누가복음은 "공의와 하나님께 대한 사랑"을 버렸다고 비판한다.

"정의/공의"는 두 본문이 동일하다. 마태복음은 긍휼과 믿음의 두 가지를 더 언급하는 반면 누가복음은 하나님께 대한 사랑만을 언급한다. 그렇다면 누가복음에서는 "긍휼과 믿음" 대신 "하나님께 대한 사랑"을 언급하는데, 이 둘 사이에는 의미상 어떤 연관이 있을까? 그리고 문맥으로 볼 때 누가복음이 "하나님께 대한 사랑"을 언급하는 데는 어떤 중요한 메시지가 있을까?

넷째, 바리새인들이 저버린 것을 언급하면서 마태복음은 "율법의 더 중한 바"란 수식어를 사용하는 반면 누가복음은 이런 표현이 나오지 않는다.

다섯째, "맹인 된 인도자여 하루살이는 걸러 내고 낙타는 삼키는도다"라는 예수님의 마지막 비판이 마태복음에는 나오지만, 누가복음에는 나오지 않는다.

이런 유사점들과 차이점들을 보면, 상당히 유의미한 부분들이 많기 때문에 이 두 본문을 거의 똑같은 것으로 취급하면 안 된다. 어쩌면 두 번 이상 있었던 사건일 수도 있고, 설령 한 사건의 두 가지 버전이라고 하더라도, 따로 분석하고 해석할 필요가 있다.

### 문맥의 차이

이런 필요성은 문맥의 차이를 보면 더 분명히 드러난다. 마태복음의 십일조 본문은 예수님께 감히 묻는 자가 더 이상 없어진 상태에서 예루살렘에 입성한 후에 대제사장들과 서기관들과 바리새인들의 잘못을 직접적으로 꾸짖기 시작하시는 상황 가운데 나온다.

반면 누가복음의 십일조 본문은 예수께서 유대 지역에서 가르치시는(눅

11:1-13:21) 중에 바리새인의 식사 초청을 받고서 손을 씻지 않고 앉으시는 것을 보고 이상히 여기자, 이에 바리새인의 위선을 지적하시며 행하신 가르침 가운데 나온다. 특별히 누가복음의 십일조 본문(눅 11:42) 바로 앞에 십일조 본문을 해석할 수 있는 단서가 들어 있다는 점에서 크게 주목해야 한다.

"주께서 이르시되 너희 바리새인은 지금 잔과 대접의 겉은 깨끗이 하나 너희 속에는 탐욕과 악독이 가득하도다 어리석은 자들아 겉을 만드신 이가 속도 만들지 아니하셨느냐 그러나 그 안에 있는 것으로 구제하라 그리하면 모든 것이 너희에게 깨끗하리라"(눅 11:39-41).

이런 '탐욕과 악독, 그리고 구제와 깨끗해짐'에 관한 예수님의 말씀은 누가복음의 십일조 본문의 의미를 제대로 들여다볼 수 있는 가이드 라인이 된다. 만약 이런 가이드 라인이 없었다면, 예수님께서 "화 있을진저 너희 바리새인이여 너희가 박하와 운향과 모든 채소의 십일조는 드리되 공의와 하나님께 대한 사랑은 버리는도다"라고 질타하신 이유를 알기가 어려웠을 것이다.

이런 가이드라인 덕분에 우리는 바리새인들이 작은 것까지도 십일조를 드리는 경건의 모양은 있으나 실제로는 구제와 같은 이웃 사랑의 모습을 보이지 않았고, 이는 결국 그들 안에 하나님에 대한 사랑이 없음을 드러낸 것이라는 점을 알 수 있다. 더 자세한 해석은 뒤에서 다루기로 하고, 먼저 앞의 문맥을 살펴본 후에 누가복음의 십일조 본문을 상세히 들여다보도록 하자.

## 바리새인과의 논쟁

### 손 씻지 않으시는 예수님과 바리새인의 이상히 여김

예수께서 유대에서 말씀을 가르치시던 중에 한 바리새인이 예수님을 점심 식사에 초청했다. 그런데 식사하시기 전에 손을 씻지 않으셨다(눅 11:37-38). 이를 보고 그 바리새인이 이상하게 여겼다. 이에 예수님은 그릇을 씻는 메타포를 동원하여 손 씻지 않는 자신의 행위를 방어하셨다.

> "주께서 이르시되 너희 바리새인은 지금 잔과 대접의 겉은 깨끗이 하나 너희 속에는 탐욕과 악독이 가득하도다 어리석은 자들아 겉을 만드신 이가 속도 만들지 아니하셨느냐"(눅 11:39-40).

예수께서는 바리새인들이 그릇의 외부 정결에만 집착하는 일은 어리석은 짓이라고 지적하셨다. 속에는 "탐욕과 악독"이 가득한데 왜 겉의 정결에만 신경을 쓰느냐는 비판이었다.

여기서 "탐욕"(헬라어로 하르파게스)은 '폭력으로 소유물을 움켜쥐거나 다른 사람의 소유를 약탈하는 것, 아니면 약탈한 물건'을 의미한다. 칠십인경에서는 약탈자를 '자신의 사회적 힘이나 군사적 폭력을 이용하는 자'와 동일시한다. 탐욕이란 단어는 단순히 강도질이 아니라 '약탈'을 가리킨다. 이 단어는 외적인 행위뿐 아니라, '욕심, 욕망, 탐욕 등의 마음의 상태'도 가리킨다.

또한 "악독"(헬라어로 포네리아스)은 '악한 의도'나 '악한 행위'를 가리킨다. 즉 예수님은 바리새인들에게 그들의 마음속에 악한 의도와 폭력으로 남의 것을 약탈하려는 생각이 가득하면서, 왜 손을 씻는 일에만 신경을 쓰느냐고 말씀하신 것이다.

**구제하라! 그리하면 깨끗하리라**

이미 속에 "탐욕과 악독"이 가득하기에 아무리 많이 씻어도 정결하게 되지 못한다면 도대체 바리새인들은 어떻게 하란 말인가? 정결할 방법은 전혀 없단 말인가? 이런 의문이 생기지 않을 수 없다. 이런 의문을 생기게 하시고 주님은 갑자기 엉뚱한 말씀을 하셨다.

> "그러나 그 안에 있는 것으로 구제하라 그리하면 모든 것이 너희에게 깨끗하리라"(눅 11:41).

도대체 구제를 하라니, 구제가 '깨끗하게 되는 것'과 무슨 상관이 있다는 말인가? 구제를 하면 마음속에 있는 "탐욕과 악독"이 사라지고, 결국 정결하게 되는 것인가? 게다가 "안에 있는 것으로" 구제하라니 대체 무슨 의미인가? 바리새인들의 "안에 있는 것"이 "탐욕과 악독"인데 어떻게 구제가 '안에 있는 탐욕과 악독의 표현일 수 있는가'라는 의문도 생긴다.

이에 일부 학자들은 "안에 있는 것으로 구제하라"를 '안에 있는 것을 표현하기 위해 구제하라'로 해석한다. 물론 이렇게 번역하려면 '중간에 회개가 있을 것'을 전제해야 한다고 학자들은 인정한다. '회개한 후에 마음을 바꾸고', '마음이 변했다는 것을 보여 주기 위해 구제하라'는 뜻으로 해석하는 것이다. 구제하면 그동안 쌓아 놓은 '약탈과 악독'을 희석시키면서 정결하게 될 수 있기 때문이라고 보는 것이다.

실제로 신약성경에도 이와 유사한 해석을 볼 수가 있다고 학자들은 말한다. 고넬료의 불결함은 그의 구제와 기도로 인해 극복이 되었음을 보여 주는 단서가 있다는 것이다.

"그가 경건하여 온 집안과 더불어 하나님을 경외하며 백성을 많이 구제하고 하나님께 항상 기도하더니"(행 10:2).

학자들은 하나님께서 베드로에게 "하나님께서 깨끗하게 하신 것을 네가 속되다 하지 말라"(행 10:15)고 말씀하신 것은 이런 근거에서라고 본다.

## 바리새인의 십일조에 대한 예수님의 평가

어찌되었든 예수님은 바리새인들의 "탐욕과 악독"이 "구제"로 인해 "깨끗하"게 될 수 있음을 선언하셨다. 그리고 나서 바리새인들에게 십일조와 관련된 그들의 행습에 대해 "화 있을진저"를 선포하신 것이다.

"화 있을진저 너희 바리새인이여 너희가 박하와 운향과 모든 채소의 십일조는 드리되 공의와 하나님께 대한 사랑은 버리는도다 그러나 이것도 행하고 저것도 버리지 말아야 할지니라"(눅 11:42).

앞서 살펴보았듯이 마태복음은 십일조의 대상으로 "박하와 회향과 근채"를 언급하는데, 누가복음은 "박하와 운향과 모든 채소"를 언급한다. 박하만 동일하고 나머지는 다르다.

누가복음에만 나오는 "운향"은 쓴 맛이 나는 강한 향기의 채소이다. 일부 학자들은 운향은 십일조에서 면제되는 채소이며, 박하는 랍비 문헌에 십일조 대상으로 언급된 적이 없기 때문에 예수님께서 과장법을 쓰신 것이라고 주장한다. 그러나 마태복음의 십일조 본문과 마찬가지로 이를 과장법으로 볼 이유는 없다. 실제로 바리새인들은 이렇게 집의 뒤뜰에서 키우는 사소한 채소에까지 십일조를 드렸을 가능성이 크다.

예수님은 바리새인들이 이렇게 엄격한 십일조를 드렸음에도 불구하고 "공의와 하나님께 대한 사랑은" 버렸다고 선언하신다. 그렇다면 바리새인들은 어떤 점에서 "공의와 하나님께 대한 사랑은" 버린 것일까?

## 하나님께 대한 사랑을 버리다니

### 하나님께 대한 사랑은 이웃 사랑과 하나

우선 바리새인들이 어떤 점에서 "하나님께 대한 사랑"을 버린 것인지 살펴보자. 누가복음의 문맥에서 이를 알려면 '하나님의 사랑'이 언급된 예수님과 율법사의 대화(눅 10:25-28)를 먼저 살펴보아야 한다. 한 율법사가 "선생님 내가 무엇을 하여야 영생을 얻으리이까"(눅 10:25)라고 질문하자, 예수께서 "율법에 무엇이라 기록되었으며 네가 어떻게 읽느냐"(눅 10:26)라고 되물으셨다. 이에 율법사가 율법으로 답했다.

"대답하여 이르되 네 마음을 다하며 목숨을 다하며 힘을 다하며 뜻을 다하여 주 너의 하나님을 사랑하고 또한 네 이웃을 네 자신 같이 사랑하라 하였나이다"(눅 10:27).

그러자 예수께서 "네 대답이 옳도다 이를 행하라 그러면 살리라"(눅

10:28)고 하셨다. 예수께서 옳다고 하신 율법사의 대답을 보면 "사랑하라"는 하나의 명령형 동사(개역개정은 "사랑하라"가 두 번 나오지만, 원문은 한 번 나옴)에 사랑의 대상이 2개 나타난다.

"사랑하라"
1) 네 마음을 다하며 목숨을 다하며 힘을 다하며 뜻을 다하여 **주 너의 하나님**을
2) 또한 **네 이웃**을 네 자신 같이

"사랑하라"는 명령이 한 번 나오는 것은 무엇을 의미하는가? 네 마음을 다하며 목숨을 다하며 힘을 다하며 뜻을 다하여 하나님을 사랑하는 것과 이웃 사랑은 '하나의 명령'이라는 것이다. 하나님을 사랑하라는 것과 이웃을 사랑하라는 것은 별개의 명령이 아니다. 사랑의 대상은 궁극적으로 하나이다.

다시 말해 하나님을 사랑하는 것은 이웃을 내 자신처럼 사랑하는 것이다. 즉 이웃을 내 자신처럼 사랑하지 않았다면, 하나님을 사랑하지 않은 것이다. 이것이 예수님의 논리이다.

### 하나님께 대한 사랑을 저버린 이유

그렇다면 바리새인이 이웃을 자신처럼 사랑하지 않은 이유는 무엇일까? 하나님을 사랑하지 않았기 때문이다. 그렇다면 왜 하나님을 사랑하지 않았을까? 예수님의 말씀에 단서가 들어 있다.

"집 하인이 두 주인을 섬길 수 없나니 혹 이를 미워하고 저를 사랑하거나

혹 이를 중히 여기고 저를 경히 여길 것임이니라 너희는 하나님과 재물을 겸하여 섬길 수 없느니라"(눅 16:13).

예수께서는 하나님과 재물을 둘 다 사랑하거나, 하나님과 재물을 둘 다 섬길 수 없다고 말씀하셨다. 그러니까 재물을 사랑하면 하나님을 미워하는 것이고, 하나님을 사랑하면 재물을 미워하게 된다는 것이다. 또한 하나님을 중히 여기면 재물을 경히 여기게 되고, 재물을 중히 여기면 하나님을 경히 여기게 된다는 것이다. 그러니까 한마디로 하나님과 재물을 겸하여 섬길 수 없다는 것이다.

그렇다면 이제 예수님께서 누가복음 11장 42절에서 바리새인이 하나님께 대한 사랑을 버렸다고 말씀하신 뜻이 무엇인지 이해할 수 있다. 바리새인들이 하나님께 대한 정서적인 애정을 보이지 않았다는 뜻이 아니다. 하나님께 대한 사랑을 보여 주는 구체적인 행동, 즉 '이웃을 자신처럼 사랑하는' 모습을 보이지 않았다는 것이다. 특별히 '부를 사용하는 영역'에서 이웃을 사랑하지 않았고, 이것이 "하나님께 대한 사랑"을 '버린' 증거라는 것이다.

### 앞의 문맥의 구제와의 연관성

예수님은 재물을 어떻게 사용하는지에 따라서 하나님께 대한 사랑의 여부를 알 수 있다고 보신 것이다. 이 점은 '구제를 명령하고 탐욕을 비난하는' 십일조 본문을 포함한 다음의 세 구절을 보면 금방 알 수 있다.

"주께서 이르시되 너희 바리새인은 지금 잔과 대접의 겉은 깨끗이 하나 너희 속에는 탐욕과 악독이 가득하도다 어리석은 자들아 겉을 만드신 이가 속도 만들지 아니하셨느냐 그러나 그 안에 있는 것으로 구제하라 그리하면 모든 것이 너희에게 깨끗하리라 화 있을진저 너희 바리새인이여 너희가 박하와 운향과 모든 채소의 십일조는 드리되 공의와 하나님께 대한 사랑은 버리는도다 그러나 이것도 행하고 저것도 버리지 말아야 할지니라"(눅 11:39-42).

바리새인들은 가난한 자들을 구제하지 않고, 탐욕과 악독으로 재물을 탐하는 자였다. 따라서 예수님은 마음에 탐욕과 악독이 가득한 상태로 살면서 손을 씻는 외적 정결에만 신경을 쓰지 말라고 하신 것이다. 대신 "그 안에 있는 것으로 구제하라 그리하면 모든 것이 너희에게 깨끗하리라"(눅 11:41)고 권면하셨다. 그 이유는 무엇일까? "구제"를 하는 이웃 사랑을 보이면 그것이 하나님께 대한 사랑이 되고, 그로 인해 모든 것이 깨끗하게 된다는 것이다.

그런데 바리새인들은 작은 것까지도 십일조를 드리는 경건의 모양은 있으나, 실제로는 구제와 같은 이웃 사랑의 모습을 보이지 않았다. 이웃 사랑이 없는 것은 하나님께 대한 사랑이 없음을 드러낸 것이기에 예수께서는 "화 있을진저 너희 바리새인이여 너희가 박하와 운향과 모든 채소의 십일조는 드리되 공의와 하나님께 대한 사랑은 버리는도다"라고 질타하신 것이다.

이렇게 본다면 마태복음에서는 이웃에 대한 긍휼과 하나님께 대한 믿음을 저버렸다고 비판한 반면, 누가복음에서는 하나님께 대한 사랑을 저버렸다고 한 것은 사실상 '같은 내용'이라고 할 수 있다. 하나님께 대한 사랑은 약한 자에 대한 긍휼과 하나님께 대한 믿음으로 나타나기 때문이다.

## 공의를 버리다니

### 공의를 버렸다는 것의 의미

지금까지 바리새인들이 하나님께 대한 사랑을 버렸다는 의미가 무엇인지 살펴봤다. 이제 바리새인들이 "공의"를 버렸다는 것의 의미를 살펴보자.

왜 예수님은 바리새인의 십일조와 연관해서 하필 "공의"를 버렸다고 구체적으로 지적하고 있는가? 구약성경을 보면 하나님의 백성에게 제사와 예물, 그리고 삶과 윤리는 불가분리의 관계를 맺고 있기 때문이다. 하나님께 십일조를 드리는 자라면 마땅히 삶 가운데서 공의를 실행하는 것이 전제되어 있기 때문이다. 미가 6장 6-8절에 보면 하나님께서 원하시는 바는 수많은 번제나 맏아들을 드리는 것보다 정의를 행하고 인자를 사랑하는 것이라고 강조하셨다.

이렇게 강조하시는 이유가 무엇일까? 하나님의 백성들이 불의와 부정, 강포와 거짓이 넘치는 삶을 살면서도 하나님께 제물과 예물을 드리는 일을 아무렇지 않게 행하고 있었기 때문이다(미 6:10-12). 물론 하나님께서 제물과 제사를 아예 받지 않으신다는 것이 아니다. 불의와 부정과 거짓과 강포가 넘치는 삶을 살면서 드리는 제물과 제사를 받지 않으신다는 것이다.

하나님께서 원하시는 것은 정의와 인자(긍휼)와 하나님과의 동행이다. 따라서 이런 삶이 없다면, 심지어 천천의 수양이나 만만의 강물 같은 기름, 자녀들이나 몸의 열매를 제물로 바친다고 해도 결코 받으실 수 없다는 것이다.

### 공의를 실천하지 못한 이유

그렇다면 이들이 하나님께서 원하시는 공의와 긍휼의 삶을 살지 못한 이유는 무엇일까? 불의한 재물을 축적하고 부자가 되려고 했기 때문이다. 그러다 보니 하나님의 백성들이 불의한 재물과 가증한 에바와 부정한 저울과 거짓 저울추를 가지고 부를 축적할 뿐 아니라, 거짓을 입에 달고 살게 된 것이다. 이에 하나님은 스가랴 선지자를 통해 정의와 인애와 긍휼의 삶을 살라면서, 무엇보다 과부와 고아와 나그네와 궁핍한 자를 압제하지 말고 해하려는 마음조차 갖지 말라고 하신 것이다.

"만군의 여호와가 이같이 말하여 이르시기를 너희는 진실한 재판을 행하며 서로 인애와 긍휼을 베풀며 과부와 고아와 나그네와 궁핍한 자를 압제하지 말며 서로 해하려고 마음에 도모하지 말라 하였으나"(슥 7:9-10).

그런데 바리새인들이 대부분이었던 서기관들은 "과부의 가산을 삼키"는 자들이었다.

"모든 백성이 들을 때에 예수께서 그 제자들에게 이르시되 긴 옷을 입고 다니는 것을 원하며 시장에서 문안 받는 것과 회당의 높은 자리와 잔치의 윗자리를 좋아하는 서기관들을 삼가라 그들은 과부의 가산을 삼키며 외식으로 길게 기도하니 그들이 더 엄중한 심판을 받으리라 하시니라"(눅 20:45-47). (막 12:40 참조)

바리새인들이 과부의 가산을 삼키며 정의와 하나님께 대한 사랑의 삶을 살지 않으면서, 박하와 운향과 모든 채소의 십일조를 드리는 것을 본 예수님은 "화 있을진저 외식하는" 자라고 저주를 선언하실 수밖에 없었다.

## 결론: 신학적 메시지와 현대적 적용

### 구제와 정결

누가복음은 마태복음의 십일조 본문과는 달리 바리새인이 왜 "하나님께 대한 사랑"을 버렸는지를 문맥 가운데 보여 준다. 바리새인이 하나님께 대한 사랑을 저버린 이유가 돈을 사랑하고 재물을 섬겼기 때문이라는 것이다. 재물을 사랑하니까 마음속에 탐욕과 악독이 가득하고, 돈을 좋아하니까 이웃을 구제하는 사랑의 모습을 보이지 못한 것이라고 예수님은 지적하셨다. 그리고 이웃 사랑의 부족은 하나님께 대한 사랑의 결핍을 반증한다는 것이 예수님의 논리이다. 따라서 십일조 본문 직전에 '네가 가지고 있는 것으로 구제하라', '돈으로 이웃에 대한 사랑을 보이라' 그러면 '모든 것이 깨끗하게 될 것'이라고 하신 것이다.

결국 십일조는 단순히 '액수의 문제'를 논할 대상이 아니라, '돈을 사랑하는지 하나님을 사랑하는지'를 가르는 시금석임을 보여 준다. 그렇기 때문에 탐욕과 악독이 마음에 가득한 바리새인들에게 하나님을 사랑하고, 돈을 구제하는 데 사용하라고 한 것이다. 예수님은 십일조를 드리는 것으로만 만족하지 말고, 돈을 사랑하는 삶을 버리고 이웃 사랑과 구제로 나아가야 한다고 강조하신다. 그래야 비로소 우리가 성결한 삶을 살 수 있다는 것이다.

### 바리새인들의 치명적 약점: 돈을 사랑함

그렇다면 이들이 이렇게 외식하며 산 이유는 무엇일까? 한마디로 바리새인들은 돈을 좋아하는 자들이기 때문이다.

"집 하인이 두 주인을 섬길 수 없나니 혹 이를 미워하고 저를 사랑하거나 혹 이를 중히 여기고 저를 경히 여길 것임이니라 너희는 하나님과 재물을 겸하여 섬길 수 없느니라 바리새인들은 돈을 좋아하는 자들이라 이 모든 것을 듣고 비웃거늘 예수께서 이르시되 너희는 사람 앞에서 스스로 옳다 하는 자들이나 너희 마음을 하나님께서 아시나니 사람 중에 높임을 받는 그것은 하나님 앞에 미움을 받는 것이니라"(눅 16:13-15).

바리새인들은 돈을 사랑했기에 정의와 긍휼을 베풀 수 없었다. 정의와 긍휼은 하나님께 대한 사랑의 표현이었는데, 돈을 사랑하는 바람에 하나님을 사랑할 수 없었고, 결국 정의와 긍휼을 보일 수 없었던 것이다.

이는 오늘날 우리에게 심각한 교훈이 되어야 한다. 겉으로는 정통이지만 속으로는 탐욕으로 물든 것은 아닌지 자신을 돌아보아야 한다. 필자가 대학에 다닐 때부터 늘 마음에 새긴 경구가 있었다. '비정통의 교리'보다 '정통의 탐욕'이 무섭다. 한글로는 이것이 얼마나 통렬한 진리인지 덜 드러난다.

영어 단어를 써서 '언올소독스 크리드'(unorthodox creed)보다 '올소독스 그리드'(orthodox greed)가 더 무섭다라고 하면 비교와 대조가 분명히 드러난다. 교리는 영어로 '크리드'(creed)인데 탐욕은 '그리드'(greed)이다. 비정통의 교리도 심각한 문제이다. 그러나 비정통이기 때문에 위험하다는 것을 금방 안다. 그래서 생각만큼 덜 위험할 수도 있다.

그러나 정통의 탐욕은 비정통의 교리보다 더 위험하다. 왜냐하면 정통으로 탐욕을 위장하여 가리고 있어서 다른 사람이 알아차리지 못하기 때문이다. 그리고 스스로도 자신은 정통이니까 이 정도의 탐욕은 허용될 것이라고 생각할 수도 있다. 따라서 십일조를 내는 정통 그리스도인들은 혹시 작은 십일조에 집착하면서 더 큰 탐욕을 가리고 위장하고 있는 것은 아닌지 자신을 성찰해야 한다.

왜냐하면 바리새인은 속으로는 돈을 좋아하고 과부의 가산을 탐하면서도, 겉으로는 "박하와 운향과 모든 채소"의 십일조를 드리면서 경건한 척, 정통인 척하기 때문이다. 바리새인들은 하나님을 사랑하기보다 돈을 좋아하기에 구제하는 대신 마음에 약탈과 악독이 가득하게 되었다. 따라서 주님께서는 손을 씻는 것을 중요시 여기는 바리새인들에게 구제함으로 내면의 약탈과 악독을 제거하고 정결하게 되라고 권면하신 것이다.

바리새인들의 문제는 그뿐만이 아니었다. 바리새인들은 하나님을 사랑하기보다는 잔치에서 상석을 차지하기를 좋아했다. "화 있을진저 너희 바리새인이여 너희가 회당의 높은 자리와 시장에서 문안 받는 것을 기뻐하는도다"(눅 11:43). 즉, 바리새인들은 정통을 가장하여 세상에서도 명예와 지위를 원한 것이다.

### 하나님을 사랑하지 않는 것이 가장 큰 문제

우리는 이제 정결이나 십일조 같은 종교적 규례를 엄격히 지키는 바리새인들이 어떻게 '정의와 하나님께 대한 사랑' 같은 성경의 가장 중요한 가치를 무시할 수 있었는지를 이해하게 되었다. 바리새인들이 종교적 계율을 엄격하게 준수한 것은 자신들이 사는 지역 사회에서 존경과 명예와 특권을 얻고 싶은 열망에서 나왔다. 부를 얻는 것과 잔치에서 상석에 앉는 것 역시 이런 열망에서 나왔다고 볼 수 있다.

하나님보다 돈과 명예를 사랑한 결과, 정의와 하나님께 대한 사랑을 버릴 수밖에 없게 된 것이다. 그리고 이 때문에 엄격한 십일조를 드림에도 불구하고 의롭다 함을 받기는커녕 오히려 저주를 받게 된 것이다.

오늘날 현대 사회에서 종교인들은 돈과 명예의 유혹을 받기 쉽다. 특별히 정통 신학자들과 목회자들은 정통이라는 이유로 얼마든지 돈과 명예가 따라올 수 있기 때문이다. 그럴 때마다 나는 정말 하나님을 사랑하는지 돌아보아야 한다. 하나님을 사랑할 때에 비로소 "정의와 긍휼과 믿음"의 삶을 살 수 있는 것이다. 따라서 우리는 구제로 우리 자신을 정결하게 하고, 하나님께 대한 사랑을 먼저 보이며 살아야 한다. 그래야 비로소 우리는 돈을 섬기지 않게 되고, 하나님께 십일조도 드리고 이웃을 위해 구제를 할 수 도 있는 것이다. 그럴 때 주님의 말씀대로 우리는 모든 것이 깨끗하게 될 것이다.

### 적용을 위한 질문

1. 여러분은 십일조를 드릴 때, 하나님을 사랑하는 마음과 삶의 정결함도 함께 드리고 있습니까?
2. 혹시 겉으로는 헌신하면서 돈과 명예를 사랑함으로 하나님께 대한 사랑을 놓친 적은 없습니까?
3. 하나님을 사랑한다는 말이 내 삶에 어떤 구체적 행동으로 드러납니까? 시간, 재정, 구제, 용서, 봉사로 드러납니까?

십일조의 복음

⑬

# 예수님의 비유 안의 십일조
## 눅 18장

십일조와 칭의(의롭다 하심)의 관계

## 서론적 이야기

**그동안의 낮은 관심**

예수님께서 십일조에 관해 언급하신 신약의 세 번째 본문은 누가복음 18장 9-14절이다. 우리는 앞서 두 신약의 십일조 본문을 통해, 예수님께서 외식하는 바리새인들이 박하와 회향과 근채의 십일조는 하는데 "율법의 더 중한 바 정의와 긍휼과 믿음"(마 23:23)과 "공의와 하나님께 대한 사랑"(눅 11:42)을 버렸다고 비판하는 내용을 살펴보았다. 그렇다면 신약의 세 번째 십일조 본문은 과연 어떤 내용일까? 호기심이 생긴다.

그런데 이번에는 바리새인들의 십일조 행습을 정면으로 비판하는 지적이 아니라, 예수님께서 비유를 베풀면서 바리새인이 "소득의 십일조를 드리나이다"(눅 18:12)라고 기도하는 모습을 묘사한 것이 전부이다. 헬라어 원문으로 총 네 자에 불과하기에 많은 해석자들은 이 비유를 심도 있는 연구가 필요한 '십일조 본문'으로 받아들이지 않는다. '하나님 앞에 예배할 때 자기 의를 내세우면 안 된다'라는 정도로 받아들이고 그냥 넘어간다.

## 중요한 십일조 본문

그러나 이 비유는 매우 중요한 십일조 본문이다. 왜냐하면 단순히 바리새인의 기도의 태도나 자세를 비판하는 내용이 전부가 아니라, 누가 하나님 앞에서 '의롭다 함을 받느냐'와 연결되어 있기 때문이다.

"[9]또 자기를 의롭다고 믿고 다른 사람을 멸시하는 자들에게 이 비유로 말씀하시되 [10]두 사람이 기도하러 성전에 올라가니 하나는 바리새인이요 하나는 세리라 [11]바리새인은 서서 따로 기도하여 이르되 하나님이여… [12]나는 이레에 두 번씩 금식하고 또 소득의 십일조를 드리나이다 하고 [13]세리는 멀리 서서 감히 눈을 들어 하늘을 쳐다보지도 못하고 다만 가슴을 치며 이르되 하나님이여 불쌍히 여기소서 나는 죄인이로소이다 하였느니라 [14]내가 너희에게 이르노니 이에 저 바리새인이 아니고 이 사람이 의롭다 하심을 받고 그의 집으로 내려갔느니라 무릇 자기를 높이는 자는 낮아지고 자기를 낮추는 자는 높아지리라 하시니라"(눅 18:9-14).

이 비유에서 바리새인은 자신을 의롭다고 생각하였으나, 놀랍게도 예수님께 의롭다 함을 받은 자는 세리였다. 더욱 흥미롭고 놀라운 것은 예수님께서 "의롭다"라는 말을 누군가에게 하신 것은 사복음서에서 여기가 유일하다. 다시 말해 예수님의 '칭의론'을 알 수 있는 유일한 부분이 누가복음 18장의 십일조 본문이라 할 수 있다.

그동안 학계나 교계에서는 주로 바울 서신을 근거로 칭의론을 다룬 것이 사실이다. 그런 점에서 누가복음 18장의 바리새인과 세리의 기도에 관한 비유는 예수님의 칭의론을 알 수 있는 유일한 본문이다. 특별히 금식과 십일조를 금과옥조처럼 여겼던 바리새인이 아니라, 죄인이라 멸시받던 세리를 의롭다고 칭하신 이유가 무엇인지 반드시 알아야 한다. 그래야 오늘날 우리가 십일조에 관한 예수님의 시각을 이해할 수 있고, 십일조에 관한 총체적이면서도 균형 잡힌 성경적 견해를 가질 수 있기 때문이다. 이제 이런 점을 염두에 두면서 예수님의 비유를 등장인물과 플롯, 그리고 서술의 논리를 따라 살펴보자.

## 비유의 등장인물들

### 비유의 의도

예수님은 누가복음 18장에서 '불의한 재판관과 과부의 비유'를 끝내시고 이어서 두 번째 비유를 행하셨다. 또한 예수님은 비유를 베푸시면서 처음부터 의도가 무엇인지 밝히셨다.

> "또 자기를 의롭다고 믿고 다른 사람(원문은 다른 사람들)을 멸시하는 자들에게 이 비유로 말씀하시되"(눅 18:9).

"자기를 의롭다고 믿고"는 믿는 대상이 무엇이냐 따라 두 가지 해석이 가능하다. 첫째, 개역개정처럼 "자기를 의롭다고 믿고"라고 번역할 수 있다. 그러나 둘째, "자기가 의롭기 때문에 자신을 믿고"라고 번역할 수도 있다(고후 1:9 참조). 이렇게 되면 믿는 대상이 자기 자신이 되고, 그 이유는 자기가 의롭기 때문이라고 보는 것이다. 이를 근거로 한 학자는 바리새인은 하나님을 믿기보다는 자신을 믿는 자라고 해석한다. 물론 큰 차이가 있는 것은 아니지만, 필자는 둘째 해석이 더 좋아 보인다. 예수님의 비유의 적용 대상은 '자기가 의롭기 때문에 자신을 믿고 다른 사람들을 멸시하는 자들'이다. 여기서 '의롭다'라는 것은 '하나님이 받으실 만한 존재'라는 의미로 해석하면 된다.

그렇다면 이들이 누구인가? 예수님은 당장 이들이 누구인지를 명시적으로 밝히시지 않고, 비유를 전개하면서 차츰 누구인지 드러나게 하신다.

### 두 사람이 기도하러 성전에 올라감

예수님은 이렇게 비유의 적용 대상을 언급하시고, 이어서 비유를 시작하신다.

"두 사람이 기도하러 성전에 올라가니…"(눅 18:10).

두 사람이 언제 기도하러 올라간 것인지는 비유에 나오지 않는다. 당시 성전에는 오전 9시와 저녁 3시에 하루 두 번 상번제(이스라엘 백성들이 매일 아침과 저녁에 하나님께 드렸던 번제로 하나님의 임재 앞에서 전적인 헌신을 보이는 제사)를 드리는 시간이 있었고, 이때가 공적인 예배 시간이었다. 따라서 대부분의 해석자들은 이 시간에 두 사람이 기도하러 간 것으로 해석한다.

그렇다면 왜 하필 두 사람일까? 비유를 시작할 때 예수님께서 **"자기를 의롭다고 믿고 다른 사람을 멸시하는 자들"**이라고 하셨기에, "자기"와 "다른 사람"이라는 비교 대상이 전제되어 있다. 그렇다면 최소한 두 사람이 있어야 비교하고 대조할 수 있기 때문이다.

## 바리새인의 등장

그렇다면 예수님이 등장시키시는 두 사람은 누구일까?

"…하나는 바리새인(헬라어로 파리사이오스)이요 하나는 세리(헬라어로 텔로네스)라"(눅 18:10).

예수님은 성전에 올라간 두 사람 중 첫 번째 사람으로 바리새인을 소개하셨다. 바리새인(헬라어로 파리사이오스)이란 '구별된 사람'이란 히브리어 '파루쉬'에서 파생한 단어로 이들은 스스로를 '구별된 사람'으로 간주했다. 그러기에 기도하러 성전에 올라가는 인물로 최적격이 아닐 수 없다.

## 세리의 기대 밖 등장

그렇다면 두 번째 등장하는 인물은 누구일까? 존경받는 바리새인이 첫 등장인물이기에 그와 유사하거나 크게 차이가 나지 않는 인물이 등장하리라고 기대할 수 있다. 그러나 우리의 기대와는 정반대로 두 번째 인물은 세리(헬라어로 텔로네스)였다. 세리가 창기와 함께 죄인으로 언급되던 시절이기에 비유를 듣던 청중들은 세리가 바리새인과 함께 나오리라고는 전혀 예측하지 못했을 것이다.

그렇다면 도대체 역사적으로 세리는 어떤 인물들이기에 죄인 취급을 받았을까? 학자들은 세리는 단지 백성들을 속이고 이방인들과 어울렸기에 죄인으로 본 것만은 아니라고 한다. 직업 자체가 이스라엘 백성들로 하여금 '십일조'보다는 '세금'을 내도록 강요하기 때문에 죄인으로 보았다고 해석한다. 다시 말해 세리는 로마에 세금을 바치도록 하여 성전의 수입을 빼앗는 일을 했기 때문이라는 것이다. 반면에 바리새인이 드리는 '십일조'는 성전의 필요를 채우는 것이었다. 따라서 바리새인들이 볼 때 세리는 성전 중심의 하나님 통치보다는 로마의 세속 통치를 지지하는 자들이었기에 그야말로 죄인이었다는 것이 학계의 정설이다.[1]

## 바리새인의 기도

### 바리새인의 위치와 자세

예수님은 비유에서 바리새인의 기도 모습을 묘사하기 시작하신다.

"바리새인은 서서 따로[홀로] 기도하여 이르되…"(눅 18:11).

바리새인은 성전 구역 안의 '이스라엘의 뜰'까지 갔을 것이다. 당시에 정상적인 기도 방식은 "서서" 기도하는 것이었다. 따라서 예수님의 비유에 나오는 바리새인의 기도 모습은 당시로는 전혀 어색한 것이 아니었다.

여기서 핵심은 "따로"에 있다. "따로"라고 번역된 헬라어 어구는 두 가지로 해석이 가능하다. 첫째, 다른 사람과는 떨어져서 "홀로"(by himself: ESV; NIV; 개정; 쉬운 말)라고 번역할 수 있다. 그렇다면 바리새인은 자신의 의로움을 "따로" 서 있는 모습으로 시각화하고 있는 것이다. 일부 한글 번역본은 "보라는 듯이 서서"(공동번역), "꼿꼿이 서서"(가톨릭)로 의역한다.

둘째, "자기 자신에게"(to/with him self: NASB; NJB; 바른; 우리말)라고 번역할 수 있다. 새번역은 "혼자 말로" 그리고 새한글은 "속으로"라고 번역하고

---

1) Timothy A. Friedrichsen, "The Temple, a Phaisee, a Tax Collector, and the Kingdom of God: Rereading a Jesus Parable (Luke 19:10-14a)," JBL 124 (2005), 89-119을 참조하라.

있다. 이렇게 본다면 '자기가 의롭기 때문에 자신을 믿는' 바리새인은 이렇게 기도를 할 때도 '자기 들으라'고 하는 것으로 해석할 수도 있다.

### 다른 사람들과 같지 않다고 생각

아니나 다를까, 바리새인의 기도를 들어 보면 자신이 군계일학처럼 다른 사람들과 구별된 자임을 의식하고 있었다. 우선 바리새인은 자신이 "다른 사람들"과 같지 않다고 기도하고 있다.

> "하나님이여 나는 다른 사람들 곧 토색, 불의, 간음을 하는 자들과 같지 아니하고 이 세리와도 같지 아니함을 감사하나이다"(눅 18:11).

여기서 "다른 사람들"을 직역하면 "인류의 다른 이들"이다. 자신은 다른 인간들과는 종(種)이 다르다는 것이다. 바리새인은 그저 구체적인 몇몇 인간들과 다르다고 한 것이 아니라, '다른 인간들'과는 '종(種) 자체가 다른 존재'라고 믿고 있었다.

그렇다면 도대체 바리새인은 어떤 점에서 인류의 다른 이들과 다르다는 것인가? 바리새인은 구체적으로 이를 두 부류로 나누어 다름을 설명한다.

첫째, "나는 토색, 불의, 간음을 하는 자들"과 같지 않으며, 둘째, "이 세리와도 같지" 않다.

첫 번째 부류에서 '토색을 하는 자'란 '강도'(robber)를 가리키고, '불의한 자'란 '사기꾼'을 가리킨다. 흥미로운 것은 "토색"(하르파게스), "불의"(아디코이)는 보통 '세리의 죄'로 여겨지는 것이라는 점이다.

한편 "토색"과 "불의"에 이어 세 번째 악인 "간음"(모이코이)이 등장하는 이유는 세리와 같이 쌍으로 자주 등장하는 창기를 염두에 둔 것으로 보인다.

어떤 학자들은 바리새인들이 덤으로 세리에게 간음자라고 덤탱이를 씌운 것일 수도 있다고 본다. 바리새인들이 볼 때 세리는 강도들, 사기꾼들, 간음자들과 다를 바 없는 악인들이었다.

이처럼 바리새인은 일반적인 용어들로 자신은 다른 사람들과 다르다고 기도하는 것만으로 만족할 수 없었다. 이에 두 번째 부류에서 구체적인 대상을 언급하며 "이 세리와도 같지 아니함을 감사하나이다"라고 기도했다.

"…이 세리와도 같지 아니함을 감사하나이다"(눅 18:11).

"이 세리"라는 표현 안에서 경멸을 느낄 수 있다고 학자들은 말한다. 누가복음에 보면 바리새인들이 세리와 죄인을 묶어서 사용함으로 세리를 얼마나 경멸했는지 잘 알 수 있다(5:30; 7:34; 15:1).

### 자칭 의로움의 근거1: 금식

바리새인들은 자기를 의롭다고 생각하고 자신을 믿는 사람들이었다. 그들이 자신은 의롭고 다른 사람들은 다르다면서 경멸한 근거는 무엇일까? 이어지는 기도의 내용을 보면 그 이유를 알 수 있다. 바리새인은 자신이 행한 두 가지의 종교적 행위를 자랑스럽게 열거한다.

"나는 이레에 두 번씩 금식하고…"(눅 18:12).

이레(일주일)에 두 번 금식하는 것은 율법의 요구를 넘어서는 매우 경건한 행위였다. 구약의 율법에서 금식은 오직 속죄일에만 요구되었다(레 16:29-34; 23:27-32; 민 29:7-11). 그러나 주후 1세기에는 부림절과 그 외 국가적인 절기에 금식이 포함되면서 금식을 요구하는 날 수가 늘어났다.

게다가 금식은 회개와 애통을 보여 주는 종교적 미덕이요 공로로 간주되었다. 금식은 예배를 준비할 때나, 하나님과의 만남을 준비할 때 주로 행했다. 그러다 보니 바리새인은 일주일에 두 번을 금식하기에 이르른 것이다. 대부분의 학자들은 월요일과 목요일에 두 번 금식한 것으로 본다. 이 두 날이 안식일과 바로 연결되지 않고 서로 가능한 한 멀리 떨어져 있기 때문이다.

이런 금식은 제대로 시행한다면 확실히 의의 요소가 되는 것이 사실이다. 요엘 선지자는 금식하고 여호와께 돌아오라고 권면했다(욜 2:12). 예수님께서도 공생애를 시작하시면서 40일간 금식하셨다(마 4:2). 초대 교회는 사울과 바나바를 교회의 지도자로 세우기 전에 금식하고 기도했다(행 13:2-3). 그렇다면 바리새인이 금식을 자신의 의로움의 근거로 드는 것은 나름의 이유가 있는 것이다.

### 자칭 의로움의 근거2: 십일조

또한 바리새인은 의무를 넘어서는 풍성한 십일조를 드렸음을 강조한다. 이것이 자칭 의로움의 두 번째 근거이다.

> "…또 소득의 십일조를 드리나이다"(눅 18:12).

개역개정을 보면 바리새인이 '의무를 넘어서는 풍성한' 십일조를 드렸다는 점을 이해하기 어려울 것이다. 십일조란 원래 "소득의 십일조"를 드리는 것이 아닌가라는 생각이 들기 때문이다. 그러나 원문을 직역하면 "소유하게 된 모든 것의 십일조"인데 개역개정이 "소득의 십일조"라고 축소해서 번역했기 때문에 풍성한 십일조란 느낌이 들지 않는 것이다.

첫째, "모든"이란 단어가 개역개정 번역에서 빠졌다. 우리가 지금까지 살펴본 대로 구약에서 십일조를 언급할 때에는 대부분 "모든"이란 단어가 함께 쓰이고 있다. 바리새인은 그가 소유하게 된 "모든" 것의 십일조를 드린 것이고, 그런 점에서 정확하게 구약의 풍성한 십일조 정신을 이어받고 있는 것이다.

둘째, 개역개정이 "소유하게 된 모든 것"의 십일조란 원문을 단순히 "**소득의 십일조**"라고 번역한 것은 결과적으로 의미를 축소시킨 것이다. "**소득의 십일조**"라고 하면 내가 노력해서 얻은 소득의 십분의 일을 드린 것으로 해석하기 때문이다. 그러나 "소유하게 된 모든 것"에 쓰인 헬라어 동사 '크타오마이'는 단순히 '소득으로 얻다'가 아니라, '소유하다, 획득하다, 얻다'라는 광의의 의미를 가진다. 이 동사의 용례를 살펴보면 단순히 노력으로 얻게 된 소득만이 아니라, '돈을 주고 산 것'도 가리킨다.

"베드로가 이르되 네가 하나님의 선물을 돈 주고 살(크타오마이) 줄로 생각하였으니 네 은과 네가 함께 망할지어다"(행 8:20).

"천부장이 대답하되 나는 돈을 많이 들여 이 시민권을 얻었노라(크타오마이) 바울이 이르되 나는 나면서부터라 하니"(행 22:28).

그러니까 바리새인은 단순히 자신이 일해서 얻은 소득의 십일조만이 아니라 '돈을 주고 산 모든 것'의 십일조를 드렸다고 자랑하고 있는 것이다.

실제로 바리새인들은 시장에서 산 물건에 대해서도 십일조를 드렸다. 그 이유는 생산자나 판매자가 십일조를 드리지 않았을 가능성이 있기 때문이었다. 그래서 학자들은 바리새인들은 단지 '정결한 음식'(clean food)만 먹은 것이 아니라, '십일조 낸 음식'(tithed food)만 먹기 위해 극도록 조심했다고 주장하기도 한다. 따라서 이 바리새인은 자신이 일해서 얻은 것이든, 시장에서 산 것이든 '그가 소유하게 된 모든 것의 십일조'를 드렸다고 자랑스럽게 기도하고 있는 것으로 볼 수 있다.

## 세리의 기도

### 세리의 위치

예수님의 비유 가운데 드디어 바리새인과 함께 성전에 기도하러 올라온 다른 등장인물인 세리에 대한 묘사가 등장한다.

"세리는 멀리 서서…"(눅 18:13).

세리는 바리새인처럼 서서 기도한다. 당시에 기도할 때는 서서하는 것이 보편적이었기 때문이다. 그러나 세리는 '멀리 서 있었다.' 세리는 성전 영역 안으로 들어갔지만, 거룩한 장소인 지성소와 성소로부터 멀리 떨어져 있었다. 감히 그곳 근처에는 다가갈 수 없었던 것 같다.

그러나 "멀리"라는 부사는 단순히 공간적 거리만이 아니라 심리적 거리를 가리키기도 한다. 아마도 세리는 다른 사람들로부터도 멀리 서 있었을 것이다. 더욱이 같이 성전에 들어온 것으로 보이는 바리새인 근처에는 있고 싶지 않았을 것이다. 그래서 바리새인과 다른 사람들로부터 "멀리" 떨어져 있었을 것이다. 어쩌면 일부 학자들이 주장하는 대로 유대인의 뜰에도 들어가지 못하고 이방인의 뜰에 머물렀을지도 모른다.

### 세리의 자세

게다가 세리가 기도하는 모습은 바리새인과 너무나도 달랐다.

"…감히 눈을 들어 하늘을 쳐다보지도 못하고 다만 가슴을 치며…"(눅 18:13).

당시에는 서서 눈과 손을 들고 하늘을 향해 기도할 수도 있었다. 예수께서도 눈을 들어 우러러 보시며 여러 번 기도하셨다(막 6:41; 7:34; 요 11:41; 17:1). 그러나 세리는 손을 들기는커녕 눈을 들어 하늘을 쳐다보길 원하지 않았다. "감히 눈을 들어 하늘을 쳐다보지도 못하고"를 직역하면 "감히 눈을 들어 하늘을 쳐다보길 원하지 않았다"이다.

그렇다면 세리가 하늘을 향해 쳐다보길 '원하지 않은' 이유는 무엇일까? 청원의 대상인 하나님을 향해 눈을 들기를 원하지 않은 이유는 죄책감으로 인한 수치 때문일 가능성이 크다. 더욱이 세리는 손을 드는 대신, 자신의 손으로 가슴을 칠 뿐이었다.

그렇다면 왜 가슴을 치는가? 가슴은 한 사람의 가장 깊은 의도와 동기가 담긴 곳이기 때문이다. 또한 모든 악과 죄가 가슴으로부터 나오기 때문이다. 멀리 떨어진 위치와 하늘을 바라보길 원하지 않고 가슴을 치는 자세는, 세리가 자신이 누구이며 어떤 자리에 있는지 스스로 잘 알고 있었음을 보여 준다. 이런 세리의 위치와 제스처는 그가 드린 기도의 내용과 정확하게 상응한다.

**불쌍히 여기소서**

드디어 세리가 입을 열어 기도하기 시작했다.

"…이르되 하나님이여 불쌍히 여기소서 나는 죄인이로소이다 하였느니라"(눅 18:13).

"하나님이여"라는 도입은 바리새인의 기도와 동일하다. 세리 역시 청원의 대상이 하나님이라는 점에서 바리새인과 다르지 않다. 그러나 바리새인의 기도가 헬라어로 총 29개의 단어로 되어 있는데 반해, 세리의 기도는 6개 단어에 불과하다. 그렇기 때문에 내용으로만 보면 초라해 보일 수밖에 없다.

하나님을 부른 다음에 나온 첫 두 단어는 "불쌍히 여기소서"와 "나를"이다. 바리새인의 기도는 처음부터 끝까지 자신이 무엇을 했는지에 대한 내용으로 가득 찬 데 반해, 세리의 기도는 자신이 무엇을 했는지에 대해서는 한마디도 언급하지 않는다. 칭찬 받을 만한 일을 했다는 감사도 없고, 무슨 잘못을 저질렀다는 회개도 전혀 없다. 그냥 바로 하나님께 자신을 불쌍히 여겨달라고 청원한다. 이것이 세리가 드린 기도의 전부이다.

## 예수님의 판결

이제 바리새인과 세리의 기도에 대한 묘사가 끝났다. 청중들은 예수께서 이런 비유를 통해 어떤 판결을 내리실지 궁금했을 것이다.

"이에 저 바리새인이 아니고[2] 이 사람이 의롭다 하심을 받고 그의 집으로 내려갔느니라…"(눅 18:14).

예수님은 청중들의 기대와는 달리 바리새인이 아니고 세리가 의롭다 하심을 받았다고 선언하신다. 이는 청중들이 예상한 것과는 정반대이다. 바리새인이 경멸했던 "이 세리"가 의롭다 하심을 받았다고 예수께서는 선언하신다.

여기서 "의롭다 하심을 받"았다(헬라어로 데디카이오메노스)는 '의롭게 하다'(디카이오오)라는 동사의 '완료 수동 분사형'(perfect passive participle)이다. 의롭게 하는 주체가 명시적으로 언급되어 있지 않지만, 이런 경우는 주로 하나님이 주체이기에 학자들은 '신적 수동형'(divine passive)이라고 부른다. 그러니까 세리는 자신의 능동적인 행위로 의로워진 것이 아니라, 하나님에 의해 수동적으로 의롭게 된 것이다.

이 "의"를 얻기 위해 세리가 능동적으로 한 것은 아무 것도 없고 그저 하나님께 나아와 "불쌍히 여기소서 나는 죄인이로서이다"라고 한 것이 전부이다. 그럼에도 불구하고 하나님은 세리를 "의롭다"라고 하신 것이다. 그러기에 세리의 "의"는 철저히 '수동적 의'이다. 종교 개혁자 마르틴 루터는 이 의를 '외부에서 주어진 의' 즉 '낯선 의'라고 말한다. 칭의란 하나님의 은혜를 얻으리라는 기대를 가지고 행하는 경건한 행위에 근거한 것이 아니

---

[2] 개역개정 외 한글 성경(바른, 현대인, 쉬운, 우리말 성경 포함)은 비교급으로 해석했다. "내가 너희에게 이르노니 이 사람이 저보다 의롭다 하심을 받고 집에 내려 갔느니라 무릇 자기를 높이는 자는 낮아지고 자기를 낮추는 자는 높아지리라 하시니라." 전치사 '파라'를 '비교'를 나타내는 아람어 '민'(min)을 번역한 것으로 본 것이다. 그러나 여기서는 비교급이라고 하더라도 '배타적인 의미'의 비교로 보아야 한다. 다시 말해 "rather than the former"(저 사람이라기보다는)의 의미보다는 "and not the former"(저 사람이 아니고)라고 번역하는 것이 좋다. 개역개정은 배타적 의미로 해석하여, 바리새인이 아니고 이 세리가 의롭다 하심을 받았다로 번역한 것이다.

다. 칭의란 철저하게 용서를 비는 자를 향한 하나님의 전적인 자비하심에 근거한 것이다.

이어서 예수님은 왜 바리새인이 의롭다 함을 받지 못했는지에 대해 명백히 밝히신다.

> "…무릇 자기를 높이는 자는 낮아지고 자기를 낮추는 자는 높아지리라 하시니라"(눅 18:14).

세리처럼 겸손히 자신이 죄인임을 인정하고 하나님의 자비를 구할 때만 '외부에서 주어지는 의', 즉 '하나님의 의'를 얻게 된다는 것이다. 바리새인처럼 행위로 말미암은 의를 근거로 자신이 의롭다고 생각하며 이웃을 멸시하면, 하나님 앞에서 의롭다 함을 받지 못하고 낮아지게 될 것이라고 가르쳐 주신 것이다.

## 결론: 신학적 메시지와 현대적 적용

### 십일조만으로는 의의 충분한 조건이 안 됨

바리새인이 스스로 의롭다고 여긴 이유는 일주일에 두 번 하는 금식과 그가 소유하게 된 모든 것의 십일조를 드린다는 것이었다. 금식은 하나님 앞에서 스스로 겸비하고 하나님을 두려워하며 하나님께 은밀히 나아가 간구하는 것이다(대하 20:3; 스 8:21; 마 6:18). 따라서 금식은 하나님의 백성들이 보이는 의로운 행위임에 분명하다. 그러나 금식이라는 종교적 행습만으로는 진정한 의를 드러내 보일 수 없다. 따라서 하나님은 "내가 기뻐하는 금식은 흉악의 결박을 풀어 주며 멍에의 줄을 끌러 주며 압제 당하는 자를 자유하게 하며 모든 멍에를 꺾는 것이 아니겠느냐"(사 58:6)라고 하신 것이다. 즉, 종교적 행위로서의 금식만으로는 진정한 의를 얻을 수가 없는 것이다.

물론 십일조를 드리는 것도 제대로 한다면 "의"와 연관된 것이다. 십일조를 드리는 것은 하나님의 은혜에 감사하여 원래부터 하나님께 속한 것을 그분께 드림으로, 자신이 하나님의 백성이요 하나님은 자신의 하나님이심을 인정하는 고백이기 때문이다. 그뿐 아니라 '각자에게 각자의 몫을 주는 것'이 "정의"의 한 부분이라고 한다면, 하나님의 것을 하나님께 드리는 것이 십일조이기에, 십일조를 드리는 것은 정의로운 일일 수 있다. 따라서 바울은 "율법은 거룩하고 계명도 거룩하고 의로우며 선하도다"(롬 7:12)라고 한 것이다.

그러나 십일조를 드린다는 이유만으로 그를 의롭다고 할 수는 없다. 왜냐하면 예수께서 박하와 회향과 근채의 십일조를 드리는 바리새인들에게 율법의 더 중한 바 "정의와 긍휼과 믿음"(마 23:23)을 버렸다고 지적하셨기 때문이다. 결국 자신을 의롭다 여기고 다른 사람을 멸시하며 긍휼을 보이지 않는 자는 의롭다 함을 받을 수 없는 것이다.

## 참된 의로움의 유일한 근거

십일조나 금식은 하나님과의 관계를 보여 주는 신앙의 지표이다. 그렇다면 하나님과의 관계가 정상적이지 않으면서 십일조와 금식을 하는 것만으로는 결코 의롭다 칭함을 받을 수 없다. 자기를 의롭다 여기고 다른 사람들을 경멸하는 사람이 어떻게 하나님과의 관계가 옳다고 할 수 있는가? 이것이 결정적으로 바리새인이 의롭다 함을 받지 못한 이유이다.

그렇다면 참된 의롭다 함을 받을 수 있는 근거는 무엇인가? 그것은 단 한 가지이다. 하나님 앞에서 불쌍히 여김을 받아야만 살 수 있는 존재임을 인정하는 것이다. 다시 말해 자신이 죄인임을 인정하는 것이다. 이것이 의롭다함을 받을 수 있는 유일한 근거이다. 우리는 여기서 "의롭다"라는 단어를 예수님의 생전에 입에 올리신 것은 이 비유가 유일하다는 점을 주목해야 한다. '이신칭의'는 바울 서신에는 많이 나오지만, 복음서에는 명시적으로 의롭게 하다는 언급은 단 한 번, 바리새인과 세리의 비유에만 나온다. 즉, 복음서에서 예수님이 의롭다고 칭하신 인물은 세리밖에 없다.

우리가 의롭다 함을 받는 것은 자기 의나, 행위로 말미암은 의나, 율법에 의한 의로 인한 것이 아니다. 하나님의 긍휼하심만이 우리를 의롭게 하시는 근거이다.

> "우리를 구원하시되 우리가 행한 바 의로운 행위로 말미암지 아니하고 오직 그의 긍휼하심을 따라 중생의 씻음과 성령의 새롭게 하심으로 하셨나니"(딛 3:5).

### 가장 중요한 것

누가복음 18장의 비유는 십일조 이슈가 단지 '돈의 문제'만이 아님을 보여 준다. 십일조든 기도든 모든 경건한 행습과 행위는 결국 '의롭다함을 받느냐, 받지 못하느냐'와 연관되어 있는 것이다. 십일조를 드림에도 불구하고 자신이 스스로 의롭다고 생각하고 다른 사람들을 멸시한다면 결코 의롭다 함을 받을 수 없다. 십일조의 문제는 겉으로 보면 단순히 '헌금의 문제'일지 모르지만, 조금만 깊이 들여다보면 바로 '구원론과 칭의론의 핵심'임을 주님께서 우리에게 알려 주신 것이다.

십일조를 드리며 그렇지 못한 사람을 긍휼이 여기는 마음이 있어야 하나님께서 그를 의롭다 하시는 것이다. 우리는 그저 십일조를 드린다고 자랑만 하는가? 아니면 하나님께 나아와 긍휼만을 바라는가? 우리는 십일조를 드리면서 그렇지 못한 사람을 무시하는가? 아니면 십일조를 드리면서도 자신이 긍휼히 여김을 받아야 함을 인정하고 "나를 불쌍히 여기소서"라고 기도하는가? 아니면 이와는 정반대로 자신은 금식도 하지 않고, 십일조도 드리지 않으면서, 십일조를 내는 다른 사람들을 바리새인이라고 멸시하고 있는 것은 아닌가? 우리는 끊임없이 자문하고 자신의 내면을 깊이 들여다볼 줄 알아야 한다.

## 우리는 어떻게 해야 하는가?

여기서 우리가 바리새인과 세리 중 하나를 선택할 수 없다는 점을 기억해야 한다. 우리 중의 어느 누구도 바리새인과 세리의 모습 중 하나만을 갖고 있는 사람은 없기 때문이다. 우리는 이러한 두 모습을 모두 가지고 있다. 이따금 우리는 바리새인이 된다. 신실한 기도가 자화자찬으로 변하며, 좋은 의도에서 시작한 기도가 하나님께 드리는 기도인지 자신이나 듣는 자들을 위한 기도인지 모르게 될 때 우리는 바리새인이 된다. 엄격하게 금식과 십일조를 하나님께 드리기로 시작한 일이 세리를 멸시하는 순간 바리새인이 된다.

또한 우리는 때로 세리의 심정으로 하나님 앞에 선다. 금식도 안 하고 십일조도 안 했음에도 불구하고 하나님 앞에 서서 그분의 긍휼만을 의지할 때 풍성한 은혜를 받고 돌아가기도 한다. 그때 우리는 세리가 된다.

그럼에도 불구하고 우리에게는 희망이 있다. 바리새인이든 세리든 하나님의 긍휼과 자비가 있다면 누구나 의로워질 수 있기 때문이다. 예수님은 우리 속에 있는 세리가 우리 속에 있는 바리새인보다 더 의롭다고 말씀하신 것이 아니다. 우리 속에 있는 이 두 가지 양면성을 직시할 것을 요구하시는 것뿐이다. 하나님이 보실 때 우리는 바리새인인 동시에 세리이다. 나는 "세리지 바리새인이 아니야"라고 말하는 순간, 우리는 은연중에 바리새인이 되고 만다. 우리는 바리새인과 세리를 섞어 놓은 합성인이기 때문이다.

우리는 삶의 순간순간 자신이 어떤 모습을 보이고 있는지 돌아보고 반성해야 한다. 의로운 삶을 살았으나 세리와 비교하여 교만해지는 바리새인의 모습을 보일 때는 없는가? 그러나 아무리 의로운 삶을 살았다 하더라도 교만한 이상 하나님 앞에서 의롭다 함을 얻을 수는 없다. 오히려 의롭게 살지 못한 세리가 더 의롭다 함을 얻게 된다. 하나님의 의는 우리가 애써 얻는 것이 아니라 선물로 주어지는 것이기 때문이다.

혹시 의로운 삶을 살지 못한 채 그저 주일마다 하나님께 나아와 "하나님이여 불쌍히 여기소서 나는 죄인이로소이다"(눅 18:13)라는 기도만 반복적으로 늘어놓는 모습을 보일 때는 없는가? 물론 하나님의 의롭다 칭하시는 은혜는 값없이 주어지는 선물이지만, 이제 세리는 은혜를 받아 의롭게 살아야 하는 것이다. 금식도 하고 십일조도 해야 하는 것이다.

선물은 그 자체를 누리도록 그냥 주어지는 것이 아니다. 선물은 과업을 함축하고 있다. 세리 같은 우리를 의롭다 칭하셨다면, 이제 우리는 실제로 하나님이 주시는 능력으로 의롭게 살아야 할 것이다. 바리새인처럼 남과 비교하며 스스로 의롭다 하는 것이 아니라, 의롭다 칭한 하나님의 은혜에 감사하면서, 이제는 의로운 삶을 통해 하나님의 은혜에 보답해야 한다.

주님은 말씀하신다. "너희 의가 서기관과 바리새인보다 더 낫지 못하면 결코 천국에 들어가지 못하리라"(마 5:20). 그렇다면 우리 의가 바리새인보다 나으려면 어떻게 해야 할까? 주님의 말씀을 기억하며, 금식도 하고 십일조도 할 뿐만 아니라 하나님께 나아가 "하나님이여 불쌍히 여기소서 나는 죄인이로소이다"라고 기도도 해야 하는 것이다.

### 적용을 위한 질문

1. 나의 신앙 행위를 자랑하며 다른 사람들을 판단한 적은 없습니까? 혹시 하나님 앞에서 스스로 의롭다고 여긴 적은 없습니까? 있다면 그 근거는 무엇입니까? (예: 십일조, 교회 봉사, 금식 등)

2. 여러분은 십일조를 통해 하나님의 긍휼에 반응하고 있습니까, 아니면 자신의 신앙적 자산처럼 여깁니까? 십일조를 드리지 않는 이들을 판단하거나, 반대로 십일조를 드리는 이들을 바리새인으로 몰아간 적은 없습니까?

3. 예수님의 비유에서 세리의 겸손한 기도는 내 기도의 본이 되고 있습니까? 하나님께 진심으로 "불쌍히 여기소서"라고 간절히 부르짖은 적이 있습니까?

(14)

# 히브리서의 십일조
## 히 7장

십일조와 그리스도의 영원한 대제사장직

## 서론적 이야기

**창세기 14장은 알파 텍스트, 히브리서 7장은 오메가 텍스트**

　십일조에 관련된 성경 본문들을 정경적 순서대로 따라가다 보니 드디어 히브리서의 십일조 본문에 도달하게 되었다. 이제 긴 십일조 여행의 대단원에 도달하게 된 것이다.

　히브리서 7장의 십일조 본문을 보면 아브라함이 멜기세덱에게 십일조를 드린 내용이 상세하게 언급되어 있다. 성경의 십일조 본문들을 나열해 보면 아브라함의 십일조에서 시작하여 아브라함의 십일조로 끝이 나는 모습을 보게 된다. 이보다 더 흥미롭고 감동적인 이야기가 어디 있을까?

　하나님의 나라는 창세기 14장에서 아브라함이 전쟁에서 승리한 뒤, 살렘 왕이자 지극히 높으신 하나님의 제사장인 멜기세덱에게 십일조를 드린 이야기로 시작된다. 그리고 히브리서 7장에서는, 예수께서 아론계 제사장이 아닌 멜기세덱의 반차를 좇은 영원한 대제사장이요 왕이시며, 죽은 자가 아니라 산 자들에게 십일조를 받으시는 분, 곧 하늘보다 높으신 분으로 언급된다. 우리는 바로 이 점에 주목해야 한다.

창세기 14장의 아브라함의 십일조 스토리가 십일조의 '알파 텍스트'라면, 히브리서 7장의 아브라함의 십일조 언급은 십일조의 '오메가 텍스트'이다. 성경은 정경의 순서에 따라 우리에게 주어졌고, 그 순서와 배열에는 이렇게 중요한 의미가 있는 것이다. 따라서 왜 아브라함의 십일조가 성경의 알파와 오메가 지점에 나오는지 심각하게 들여다보아야 한다. 정경적인 문맥 안에서 창세기 14장의 신학적 메시지를 염두에 두면서 히브리서 7장을 읽으면, 구속사의 구원론적이고 종말론적인 차원이 드러날 뿐 아니라 그리스도의 영원한 제사장직이 무엇을 의미하는지, 그리고 우리는 그런 그리스도에게 어떤 반응을 보이며 살아야 하는지가 드러난다.

### 신약에서 십일조 연관 단어들이 최다로 등장

히브리서 7장은 설교자들도 현대적 적용점을 잘 찾지 않는 십일조 본문이기에 낯선 독자들이 많으리라 생각한다. 이번 기회에 히브리서 7장 본문을 꼼꼼하게 읽어 보면 큰 도움이 될 것이다. 먼저 십일조라는 단어가 집중적으로 나오는 부분인 1-11절을 살펴보자.

"[1]이 멜기세덱은 살렘 왕이요 지극히 높으신 하나님의 제사장이라 여러 왕을 쳐서 죽이고 돌아오는 아브라함을 만나 복을 빈 자라 [2]아브라함이 모든 것의 십분의 일(데카텐, 형용사)을 그에게 나누어 주니라 그 이름을 해석하면 먼저는 의의 왕이요 그 다음은 살렘 왕이니 곧 평강의 왕이요 [3]아버지도 없고 어머니도 없고 족보도 없고 시작한 날도 없고 생명의 끝도 없어 하나님의 아들과 닮아서 항상 제사장으로 있느니라 ⁴이 사람이 얼마나 높은가를 생각해 보라 조상 아브라함도 노략물 중 십분의 일을 그에게 주었느니라 ⁵레위의 아들들 가운데 제사장의 직분을 받은 자들은 율법을 따라 아브라함의 허리에서 난 자라도 자기 형제인 백성에게서 십분의 일을 취하라(아포데카토오, 동사)는 명령을 받았으나 ⁶레위 족보에 들지 아니한 멜기세덱은 아브라함에게서 십분의 일을 취하고(데카토오, 동사) 약속을 받은 그를 위하여 복을 빌었나니 ⁷논란의 여지 없이 낮은 자가 높은 자에게서 축복을 받느니라 ⁸또 여기는 죽을 자들이 십분의 일(데카타스, 형용사)을 받으나 저기는 산다고 증거를 얻은 자가 받았느니라 ⁹또한 십분의 일을 받는 레위도 아브라함으로 말미암아 십분의 일을 바쳤다고 할 수 있나니 ¹⁰이는 멜기세덱이 아브라함을 만날 때에 레위는 이미 자기 조상의 허리에 있었음이라 ¹¹레위 계통의 제사 직분으로 말미암아 온전함을 얻을 수 있었으면 (백성이 그 아래에서 율법을 받았으니) 어찌하여 아론의 반차를 따르지 않고 멜기세덱의 반차를 따르는 다른 한 제사장을 세울 필요가 있느냐"(히 7:1–11).

위 본문을 읽다 보면 신약 전체에서 십일조에 관련된 용어가 가장 많이 나오는 곳이 히브리서 7장이라는 사실을 금방 알게 된다. 신약에는 십일조와 연관된 단어들이 겨우 열 번 등장하는데, 히브리서 7장에만 동사로 세 번, 형용사(명사적 용법)로 네 번, 이렇게 총 일곱 번 등장하기 때문이다.

히브리서 7장에 십일조 관련 단어들이 신약에서 가장 많이 나오는 이유가 무엇일까? 히브리서 7장에서 그리스도의 영원한 제사장직을 논의할 때, 가장 중요한 신학적 근거가 바로 창세기 14장의 아브라함의 십일조이기 때문이다. 히브리서의 기독론이 '대제사장 기독론'인데, 아브라함이 십일조를 제사장이요 왕인 멜기세덱에게 드린 데서 그 근거를 찾는다. 그러니까 아브라함의 십일조가 그리스도의 기독론의 핵심 근거인 것이다. 이제 히브리서 7장의 십일조 본문이 얼마나 중요한지 염두에 두고 히브리서 전체를 살펴보자.

## 히브리서 7장의 히브리서 안에서의 위치

히브리서의 전체 구조를 알아야 십일조 본문을 잘 해석할 수 있기에 히브리서 7장이 히브리서 전체에서 어떤 위치에 있는지부터 먼저 살펴보도록 하자. 히브리서는 옛날 선지자들을 통한 계시보다는 하나님의 아들이신 예수 그리스도의 계시가 우월하며 최종적이라는 것을 강조하면서 시작한다(히 1:1-4).

우선 예수 그리스도는 하나님의 아들이시지만 잠시 천사보다 낮아지셔서 우리와 같은 인간이 되시고, 우리와 동일하게 고난과 시험을 받으심으로, 우리를 구원하신 창시자가 되셨다는 것을 히브리서는 강조한다(히 1:5-7:28). 하나님이자 인간이신 예수님은 완전한 중보자이자 대제사장이시기에 고난과 시험을 받는 자를 도우신다는 것이다(히 2:18). 그리고 이런 중보자요 대제사장이신 예수 그리스도가 어떤 의미에서 대제사장으로 우리를 도우시는지를 설명한다(히 4:14-16). 그리고는 예수님은 레위 계열이 아니라 멜기세덱의 반차를 따른 제사장이심을 선언한다(히 5:6-10).

그리고는 히브리서 십일조 본문이 나오는 7장에서 아주 상세하게 왜 예수께서 멜기세덱의 반차를 따른 영원한 대제사장이신지를 설명한다. 히브리어 원문으로 이 장에만 멜기세덱이라는 단어가 무려 다섯 번, 십일조와 관련한 용어가 일곱 번 나온다. 왕이자 제사장인 멜기세덱에 근거하여, 그리스도는 왕직과 제사장직을 동시에 가지신 멜기세덱 반차의 영원한 대제사장이심을 논증하기 위해 이렇게 반복하는 것이다. 그리하여 레위 계열 제사장처럼 짐승을 제물로 드리는 것이 아니라, 자신의 몸을 희생제물로 단번에 그리고 영원히 속죄 제사로 드리셨다는 점에서 영원한 대제사장이심을 입증한다.

이어서 히브리서 8장 1절-10장 18절에서는 예수께서 "그들의 죄와 불법을 … 사하셨은즉 다시 죄를 위하여 제사 드릴 것이 없느니라"(10:17-18)고 선언하면서 영원한 언약을 맺으셨음을 선포한다. 마지막으로 히브리서는 충성과 인내로 그리스도를 따를 것을 권면하는 대목으로 끝이 난다(10:19-12:29).

즉, 히브리서 7장에서 아브라함의 십일조는 단순히 예수께서 멜기세덱보다 우월하신 영원한 대제사장이시라는 점을 강조하기 위한 역사적 근거로만 제시된 것이 아니다. 히브리서 7장은 '우리가 왜 예수께 죽기까지 순종해야 하는지'를 보여 주는 '신학적 근거'를 제시하고 있는 것이다. 다시 말해 예수께서 동물로 제사를 드린 레위 계열의 제사장이 아니라, 멜기세덱의 반차를 좇아 왕이시지만 자신의 몸을 속죄 제물로 드린 영원한 대제사장이시라는 신학적 근거를 제시하는 것이다. 그리하여 우리에게 충성할 것을 요구하기 위해 아브라함의 십일조를 언급하고 있다.

## 레위 제사장보다 뛰어난 멜기세덱(히 7:1-10)

### 멜기세덱: 의의 왕이요 평강의 왕으로서 메시아의 모형

히브리서 기자는 히브리서 5장 6-11절에서 처음으로 예수님이 "영원히 멜기세덱의 반차를 따르는 제사장"(6절)이시라고 소개했다. 그리고 청중의 둔한 상황을 고려하여 나중에 설명하겠다고 하다가, 6장 20절에서 "앞서 가신 예수께서 멜기세덱의 반차를 따라 영원히 대제사장이 되어 우리를 위하여 들어 가셨느니라"고 서두를 연 후에 7장에 들어서면서 멜기세덱에 관해 상세히 설명하기 시작한다.

"이 멜기세덱은 살렘 왕이요 지극히 높으신 하나님의 제사장이라 … 그 이름을 해석하면 먼저는 의의 왕이요 그 다음은 살렘 왕이니 곧 평강의 왕이요"(히 7:1-2).

멜기세덱을 소개하면서 히브리서 기자는 그가 '왕이요 동시에 제사장'이라는 점을 처음부터 강조한다. 예수께서 멜기세덱의 반차를 좇은 제사장이라는 의미가 바로 여기에서 나오는 것이다. 예수님 역시 왕이요 제사장이시기 때문이다.

히브리서 기자는 멜기세덱이 히브리어로 '나의 왕은 의로우시다'라는 뜻이기에 "의의 왕"이라면서 멜기세덱의 왕직을 먼저 소개한다. 그가 "살렘 왕"이라는 것은 1차적으로 예루살렘의 왕이란 의미이다. 그러나 여기서는 2차적으로 "의의 왕"이라는 이름과 함께 "평강의 왕"으로서의 멜기세덱의 특성을 가리킨다고 보는 것이 좋다.

그렇다면 멜기세덱을 '의의 왕과 평강의 왕'으로 제시하는 이유는 무엇일까? 메시아의 시대는 '의와 평강'이 특징이기에, 멜기세덱을 메시아의 모형으로 삼기 위해서다. 시편 72편을 보면 '의와 평강'이 왜 이상적인 왕의 자격인지를 잘 알 수 있다. 여기서 "의"는 단순히 정의만이 아니라 백성들을 궁핍과 압박과 강포에서 건져내는 "구원"을 가리킨다.

"그의 날에 의인이 흥왕하여 평강의 풍성함이 달이 다할 때까지 이르리로다 … 그는 궁핍한 자가 부르짖을 때에 건지며 도움이 없는 가난한 자도 건지며 그는 가난한 자와 궁핍한 자를 불쌍히 여기며 궁핍한 자의 생명을 구원하며 그들의 생명을 압박과 강포에서 구원하리니 그들의 피가 그의 눈 앞에서 존귀히 여김을 받으리로다"(시 72:7, 12-14).

이렇게 '의의 왕이요 평강의 왕'인 멜기세덱이 백성의 구원과 복지에 관심이 많은 메시아 왕의 모형이기에, 히브리서 7장 1절에서 멜기세덱이 "여러 왕을 쳐서 죽이고" 조카 롯과 소돔 사람들을 구원하고 평강을 제공한 "아브라함을 만나 복을" 빌었다고 선언하는 것이다.

이렇게 멜기세덱의 왕직을 강조한 이유는 무엇인가? 예수님은 레위 지파 출신이 아니라 유다 지파 출신이기 때문이다. 즉, 예수님은 단순히 레위의 반차를 따른 대제사장이 아니라 멜기세덱의 반차를 따른 왕적인 대제사장이라는 점을 강조하기 위해서이다.

### 멜기세덱: 지극히 높으신 하나님의 제사장

히브리서 7장의 가장 중요한 관심은 예수님의 대제사장직이다. 따라서 히브리서 기자는 멜기세덱이 단순히 왕만이 아니라 "지극히 높으신 하나님의 제사장"(1절)이라고 소개한다. 멜기세덱이 왕일 뿐 아니라 지극히 높으신 하나님의 제사장이기에 예수님의 모형이 된다. 왜냐하면 예수님 역시 하나님의 도성의 왕인 동시에 하늘 예루살렘의 영원한 대제사장이시기 때문이다. 히브리서 12장 22절을 보면 "너희가 이른 곳은 시온 산과 살아계신 하나님의 도성인 하늘의 예루살렘"이라고 되어 있다.

그렇다면 지극히 높으신 하나님의 제사장으로서 멜기세덱이 한 일은 무엇인가? 창세기 14장에는 멜기세덱이 왕의 골짜기에 마중 나와 떡과 포도주를 제공하고 아브라함을 축복한 것으로 묘사되어 있다. 반면에 히브리서 기자는 복을 빌었다고 간략히 요약하고 있다.

"…여러 왕을 쳐서 죽이고 돌아오는 아브라함을 만나 복을 빈 자라"(히 7:1).

제사장의 기능이 여러 가지 있지만 그중에서 가장 중요한 기능은 백성을 위해 축복하는 것이다. 창세기 14장에서는 멜기세덱이 행한 축복의 말을 상세히 묘사하고 있다. "천지의 주재이시요 지극히 높으신 하나님이여 아브람에게 복을 주옵소서 너희 대적을 네 손에 붙이신 지극히 높으신 하나님을 찬송할지로다…"(19-20절). 그러나 히브리서 기자는 이 모든 내용을 언급하지 않고 한마디로 '복을 빌었다'고만 기록하고 있다.

### 십일조를 드린 아브라함

그렇다면 왕이요 제사장인 멜기세덱의 축복을 받자 아브라함이 보인 반응은 무엇일까?

"아브라함이 모든 것의 십분의 일을 그에게 나누어 주니라…"(히 7:2).

히브리서 기자는 창세기 14장의 기사에 근거해 아브라함이 멜기세덱에게 십일조를 드렸다고 명시하고 있다. 그런데 여기서 매우 흥미로운 것은 아브라함이 "모든 것의 십분의 일"을 주었다고 한 점이다.

"모든 것의 십분의 일"이란 표현은 매우 중요하다. 이는 최초의 십일조 본문인 창세기 14장에서 정확히 인용한 것으로 십일조의 정신을 가장 잘 드러낸 표현이다. 따라서 구약에서 십일조를 가리킬 때 가장 많이 사용되는 용어이다. 여기서 히브리서 7장의 십일조 본문은 구약의 십일조의 핵심 정신과 가치를 잘 드러내고 있다고 볼 수 있다.

십일조란 아브라함이 멜기세덱의 축복을 받고 자신이 소유한 모든 것의 십분의 일을 하나님께 드리는 표시로, 지극히 높으신 하나님의 제사장인 멜기세덱에게 준 것이다. 멜기세덱은 믿음의 조상 아브라함이 하나님께 드린 첫 번째 십일조를 받은 제사장이다. 따라서 레위 반차를 좇은 구약의 제사장 제도가 있기 오래 전에 아브라함이 십일조를 드린 제사장이 바로 멜기세덱이라는 점이, 히브리서의 기독론에 중요한 것이다. 예수님께서 멜기세덱의 반차를 좇은 제사장이시라는 점이 히브리서 기독론의 핵심이기 때문이다.

### 멜기세덱의 신비함

그렇다면 과연 멜기세덱은 누구인가? 여기서 히브리서 기자는 멜기세덱의 신비한 정체성을 강조하고 있다.

"아버지도 없고 어머니도 없고 족보도 없고 시작한 날도 없고 생명의 끝도 없어 하나님의 아들과 닮아서 항상 제사장으로 있느니라"(히 7:3).

사실상 위 본문은 가장 난해한 성경 구절 가운데 하나이다. "아버지도 없고 어머니도 없고 족보도 없고 시작한 날도 없고 생명의 끝도 없"는 존재가 하나님 외에 누가 있는가? 그렇다면 멜기세덱은 신이란 말인가? 이런 의문이 생기는 것은 당연하다.

이에 대해 양용의 교수는 "아버지도 없고 어머니도 없고 족보도 없고"라는 의미는 "토라 (모세 오경)에 없는 것은 세상에 존재하지 않는다"라는 원리에 따른 것으로 해석한다.[1] 다시 말해 멜기세덱은 창세기에서 아버지나 어머니나 족보에 대한 언급이 없기에 "아버지도 없고 어머니도 없고 족보도 없고"라고 했다는 것이다.

그렇다면 왜 성경은 멜기세덱의 부모나 족보, 그리고 그의 출생과 죽음에 대해 언급하지 않는 것인가? 양용의 교수는 멜기세덱을 영원한 제사장이신 '하나님의 아들'의 모형으로 제시하기 때문으로 해석한다. 물론 "실제로 영원 전부터 영원까지 영원히 존재하시는 분은 멜기세덱이 아니라 하나님의 아들"(16-17절, 21절, 24-25절)이시라고 강조한다.[2] 양용의 교수는 멜기세덱이 하나님의 아들 예수와 닮은 것은 바로 '역사적 인물인 동시에 천상적 존재'이기 때문으로 본다. 천상적 존재인 천사나, 지상적 존재인 레위적 제사장들은 하나님이자 인간으로서의 예수의 이중 신분의 모형으로서 그 기준에 부합하지 못한다는 것이다.

### 멜기세덱은 레위 계열 제사장보다 높음

히브리서 기자는 멜기세덱의 왕적 제사장직이 예수님의 왕적 제사장직의 모형임을 강조하기 위해 더 상세하게 십일조를 기준으로 논의를 전개한다.

"이 사람이 얼마나 높은가를 생각해 보라 조상 아브라함도 노략물 중 십분의 일을 그에게 주었느니라"(히 7:4).

---

1) 양용의, 『히브리서 어떻게 읽을 것인가: 위기에 처한 교회에 주는 간곡한 권면』 (성서유니온, 2014), 199.
2) 양용의, 『히브리서 어떻게 읽을 것인가』, 200.

멜기세덱이 얼마나 높은지를 증명하기 위해 히브리서 기자는 조상 아브라함이 십분의 일을 그에게 주었음을 근거로 둔다. 레위 제사장들도 십일조를 취하라는 명령을 받았지만 형제에게서 받은 것에 불과하다. 그러나 멜기세덱은 형제에게서 십일조를 받은 것이 아니라 이스라엘의 조상 아브라함에게서 십분의 일을 취했다는 것이다(히 7:6). 이것이 멜기세덱의 우월성에 대한 첫 번째 근거이다.

멜기세덱이 레위 계열 제사장들보다 우월한 두 번째 근거는 아브라함이 멜기세덱에게 축복을 받았다는 것이다(히 7:6-7). 축복을 받은 아브라함은 축복을 베푼 멜기세덱보다 낮은 자라는 것이다. 따라서 멜기세덱은 아브라함 보다 높은 자이다.

세 번째 근거는, 레위 계열 제사장들은 죽을 자들이나 멜기세덱은 산다고 증거를 얻은 자이기 때문에 멜기세덱이 우월하다는 것이다. "또 여기는 죽을 자들이 십분의 일을 받으나 저기는 산다고 증거를 얻은 자가 받았느니라"(히 7:8).

율법 안에서 십일조는 죽을 자들인 레위 계열 제사장들이 받았지만, 아브라함이 드린 십일조는 산다고 증거를 얻은 자인 멜기세덱이 받았다. 결국 아브라함이 드린 십일조는 모형론적으로 볼 때, 궁극적으로 살아 계신 영원한 대제사장인 예수 그리스도께 드린 십일조인 것이다.

히브리서 기자는 마지막으로 십일조를 자기 형제에게서 받는 레위 계열 제사장들도 아브라함을 통해 십분의 일을 멜기세덱에게 바쳤다는 것을 최종적인 근거로 든다(히 7:9-10). 아브라함과 그의 후손인 레위 지파 제사장들은 역사적으로 수백 년 차이가 나는 세대인데, 어떻게 레위 지파가 멜기세덱에게 십일조를 바칠 수 있는가? 멜기세덱이 아브라함을 만날 때에 레위는 이미 자기 조상의 허리에 있었기 때문이라는 것이다.

# 멜기세덱과 같은 별다른 제사장(히 7:11-28)

## 온전한 대제사장 예수(히 7:11-19)

히브리서 기자는 아브라함이 멜기세덱에게 십일조를 바친 것을 근거로 예수님께서 멜기세덱의 반차를 따른 영원한 대제사장이시라고 선언한다. 그리고 나서 히브리서 7장 11-19절에서는 예수께서 왜 레위 계열 반차의 제사장들보다 우월하신지를 "온전함"의 개념으로 입증한다.

히브리서 기자는 레위 계통의 제사 직분으로는 온전함을 얻을 수 없다고 선언한다(11절). 왜냐하면 율법으로는 아무 것도 온전하게 할 수 없기 때문이다(19절).

따라서 율법에 의한 제사 직분은 연약하고 무익하므로 폐할 수밖에 없었고(18절), "육신에 속한 한 계명의 법을 따르지 아니하고 오직 불멸의 생명의 능력을 따라"(16절) 예수님을 영원한 대제사장으로 세우셨다는 것이다. 물론 율법도 나름의 기능을 감당했으나, 율법 자체만으로 생명을 부여할 수 없고 온전함을 주지 못하기 때문에 결국은 폐지될 수밖에 없다는 것이다.

따라서 레위 지파와는 아무 상관없는 유다 지파에서 "멜기세덱과 같은 별다른 한 제사장"을 세우셨고(14-15절), 결국 유다 지파 다윗왕의 자손으로 이 땅에 오신 예수 그리스도만이 멜기세덱과 같은 왕적 제사장직을 담당하실 수 있다는 것이다.

그리고 나서 히브리서 기자는 불멸의 생명의 능력을 베푸시는 왕이요 제사장이신 예수 그리스도로 인해 "더 좋은 소망이 생기니 이것으로 우리가 하나님께 가까이"(19절) 갈 수 있다고 권면한다.

### 맹세에 근거한 영원한 대제사장(히 7:20-26)

그렇다면 예수께서 제사장이 되신 근거는 무엇인가? 레위인들은 율법에 근거하여 세습을 통해 제사장이 되었다. 반면에 예수께서는 '맹세로 말미암아 더 좋은 언약의 보증'이 되셨다(히 7:20-22).

더 나아가 예수께서는 영원히 살아 계시므로 구약의 레위 계열 제사장들처럼 죽은 후에 아들이 세습해야 할 필요가 없다(히 7:23-24). 그러므로 예수께서는 "항상 살아 계셔서 그들을 위하여 간구하"시기에 "자기를 힘입어 하나님께 나아가는 자들을 온전히 구원하실 수 있"다는 것이다(히 7:25).

죽음을 면할 수 없는 레위 반차를 따른 제사장들과는 달리 예수께서 영원히 살아 계셔서 우리를 위해 중보하시는 제사장이 되신다면, 이보다 더 큰 구원의 소망은 없는 것이다.

### 자신의 몸을 드린 대제사장(히 7:27-28)

이런 차이 외에도 결정적인 차이가 하나 더 있다고 히브리서 기자는 언급한다. 레위 계열 대제사장들은 그들 역시 죄인이기에 제사를 드릴 필요가 있는 자들이었다.

따라서 먼저 자신의 죄를 위해 제사를 드리고 다음에 백성들의 죄를 위해 제사를 드려야 했다. 그것도 매일 같이 제사를 드려야 했다. 왜냐하면 대제사장이나 백성들 모두 매일 같이 죄를 범하는 자들이었기 때문이다.

그러나 예수께서는 단번에 영원한 제사를 드리셨다. 그것도 동물이 아니라 자신의 몸을 제사로 드리셨다. 다시는 반복할 필요가 없는 영원한 단번의 제사로 예수께서 우리 죄를 사하신 것이다(히 7:27).

## 히브리서 기자의 실천적 권면

이처럼 예수님은 멜기세덱의 반차를 따라 단번의 영원한 제사를 통해 살아 계신 하나님의 영원한 대제사장이 되셨다. 이로 인해 구원을 받은 우리는 어떻게 살아야 하는가? 히브리서 기자는 적용적 권면 단락을 통해 몇 가지 권면을 하고 있다.

첫째, 생명의 근원이신 하나님께로 나아가는 새로운 살 길이 열렸기에 담대함과 믿음으로 그분께 나아가야 한다(히 10:19-22).

둘째, 소망을 가지고 사랑과 선한 일로 서로 격려하며, 모임을 폐하지 말고 열심을 내어 모이기를 힘써야 한다(히 10:23-25).

셋째, 비방과 환난을 당하고 재산을 빼앗기는 것도 기쁨으로 감수하며, 장차 하나님께서 보상해 주실 것을 바라보며 담대해야 한다(히 10:32-39).

넷째, 인내로 믿음의 경주를 해야 한다(히 12:1-3).

다섯째, 형제 사랑하기를 계속하고 손님 대접하기를 잊지 않아야 한다(히 13:1-2).

여섯째, 결혼을 귀하게 여겨야 한다(히 13:4).

일곱째, 돈을 사랑하지 말고 있는 바를 족한 줄로 알아야 한다(히 13:5).

여덟째, 늘 하나님께 찬양의 예물을 드려야 한다(히 13:15).

아홉째, 선행과 나눔을 소홀히 해서는 안 된다. 이런 제물은 하나님이 기뻐하신다(히 13:16).

열째, 지도자들에게 복종하고 그들을 위해 기도해야 한다(히 13:17-18).

우리는 실천적 권면 단락을 통해 직접적으로 히브리서 기자가 십일조를 해야 한다고 명시적으로 권면한 것은 아님을 알 수 있다. 당시 히브리서의 수신자들이 처한 상황이 오늘처럼 각 지역에 있는 조직 교회가 아니었기에 우리가 상상하는 그런 십일조를 드려야 하는 상황은 아니었다. 그러나 히브리서의 적용점들을 보면 십일조를 드리는 것을 권면하는 것으로 얼마든지 해석할 수 있다.

사랑과 선한 일로 서로 격려하고, 모임을 폐하지 않고 열심히 섬기고, 돈을 사랑하지 않고 족한 줄로 여기고, 늘 하나님께 찬양의 예물을 드리고 선행과 나눔의 제물을 드리는 일을 하려면 교회에 십일조와 헌금을 해야 하기 때문이다.

그동안 교회에서 십일조와 헌금은 예배를 지속적으로 드릴 수 있도록 공간을 유지 보수하고, 교회를 섬기는 자들의 생계를 지원하며, 다음 세대의 교육을 담당하고, 가난한 자들과 약자들을 돌보고 구제하며, 선교 사업을 위해 헌신하고, 성도들 간의 교제를 위해 사용되어 왔다. 물론 각 교회마다 십일조와 헌물을 사용하는 일에 있어서 부족하거나 적절하지 못한 일이 있을 수 있다. 그럼에도 불구하고 십일조는 하나님께 드리는 것이기에 중세와 근대 교회에서는 성도들이 십일조를 드리는 것을 당연하게 생각했다.

그러나 계몽주의 시대에 들어서면서 교회가 십일조를 사용하는 데 있어서 문제가 있다는 것을 근거로 유럽에서부터 십일조 자체를 하지 않게 되었다. 그리고 오늘날 미국에서는 평균 소득의 3퍼센트만을 헌금하는 것으로 알려져 있다. 결국 십일조보다 못한 헌금을 하는 것이 현대 교회의 현실이다. 그뿐 아니라 히브리서가 권면하는 대로 살지 못하면서 현대 교회가 약화되고 있는 것이다.

하나님께 믿음으로 나아가는 일, 모이기를 힘쓰며 찬양하는 일, 재산을 잃는다 해도 담대하게 사는 일, 형제 사랑과 손님을 대접하는 일, 돈을 사랑하지 말고 족한 줄로 여기는 일, 선행과 나눔에 애쓰는 일, 지도자들에게 복종하며 돕는 일 등을 히브리서 기자가 권면하고 있는데, 이를 잘 감당하려면 각자의 신앙생활을 제대로 해야 할 뿐 아니라 십일조를 통해 교회 예배와 목회자들의 생계와 구제와 선교와 교육이 활성화되도록 도와야 한다.

## 결론: 신학적 메시지와 현대적 적용

**현대적 실천 적용점**

히브리서는 그리스도가 누구이신가라는 매우 교리적인 이야기를 하는 '교리 서신'이 아니다. 거의 모든 히브리서 학자들이 말하듯이 히브리서는 권면이 핵심이기에, '권면적 설교'라고 하는 사람들이 많다.

히브리서는 구약의 옛 장막보다 더 우월한 새 장막, 대제사장들을 대치하는 한 분 위대한 대제사장, 매일 드리는 제사와는 비교할 수 없는 한 번의 영원한 제사, 동물의 피가 아닌 그리스도의 거룩한 피, 양심을 온전케 하지 못하는 옛 제사와는 전혀 다른 양심을 정결케 하는 그리스도의 흠 없는 속제 제사의 엄청난 은혜를 우리가 받았음을 선포한다(히 9장). 다시 말해 옛 언약과는 달리 이제 그리스도는 새 언약의 중보자로 이미 그리스도인들을 거룩하게 하였고 온전하게 만드셨다는 것이다(히 10장).

그리스도는 온 세상을 다스리시는 왕이시요 자신의 몸을 제물로 드린 영원한 대제사장이시다. 이렇게 왕이심에도 불구하고 이 땅에 종으로 오셔서 십자가에 못 박혀 죽으시고 영원한 대속 제물로 드리신 예수 그리스도는 오늘날 우리 그리스도인들에게 왕 같은 제사장직을 돌려주셨다. 구약에서 왕 같은 제사장으로 부름 받은 이스라엘은 지속적인 불순종과 마음의 완악함으로 이 소명을 감당하지 못했다. 이에 그리스도께서 하나님과 동등됨을 취할 것으로 여기지 않으시고 이 땅에 오셔서 진정한 왕이요 대제사장이 어떤 존재인지 보여 주시고 율법을 완성하신 후에 우리를 다시 왕 같은 제사장으로 불러 주신 것이다.

"사람에게는 버린 바가 되었으나 하나님께는 택하심을 입은 보배로운 산 돌이신 예수께 나아가 너희도 산 돌 같이 신령한 집으로 세워지고 예수 그리스도로 말미암아 하나님이 기쁘게 받으실 신령한 제사를 드릴 거룩한 제사장이 될지니라 … 그러나 너희는 택하신 족속이요 왕 같은 제사장들이요 거룩한 나라요 그의 소유가 된 백성이니 이는 너희를 어두운 데서 불러 내어 그의 기이한 빛에 들어가게 하신 이의 아름다운 덕을 선포하게 하려 하심이라"(벧전 2:4-5, 9).

히브리서 기자는 왕이요 대제사장이신 그리스도께서 우리에게 베푸신 은혜가 어떤 것인지를 구약을 근거로 멋지게 설명했다. 그리고 이를 근거로 고난과 핍박을 당하는 그리스도인들에게 왕 같은 제사장으로 살 것을 권면한 것이다. '재산을 빼앗기는 것도 기쁨으로 감수하며, 장차 하나님께서 보상해 주실 것을 바라보며 담대하라'(히 10:32-39), '돈을 사랑하지 말고 있는 바를 족한 줄로 알라'(히 13:5), '늘 하나님께 찬양의 예물을 드리고'(히 13:15), '선행과 나눔을 소홀히 해서는 안 된다'(히 13:16).

따라서 우리는 십일조가 '율법이냐 아니냐, 구약 시대에 속한 것이냐, 지금도 유효하냐, 액수를 얼마로 해야 하는냐'라는 식의 협소하기 그지없는 논의에서 벗어나야 한다. 영원한 왕이시요 참 대제사장이신 그리스도를 모시고 사는 왕 같은 제사장인 우리가 어떻게 살아야 하는지, 거대한 구속의 대하 드라마의 관점에서 바라보고 실행해야 하는 것이다.

### 존 파이퍼 목사의 히브리서에 근거한 권면

마지막으로 십일조에 관련한 글을 마무리하면서, 미국의 유명한 복음적 목사인 존 파이퍼(John Piper)의 글을 인용하려고 한다. "존 파이퍼 목사에게 물어보세요"(Ask Pastor John)라는 프로그램의 에피소드 62에서 "그리스도인에게 십일조는 명령된 것인가?"라는 질문에 대해 존 파이퍼는 매우 성경적인 대답을 한다.[3] 존 파이퍼 목사의 대답은 복음적 그리스도인이라고 한다면, 신학적 논리나 신학적 체계가 다르다고 하더라도, 누구나 고개를 끄덕일 수밖에 없을 것이다. 이에 전문을 싣고자 한다.

"구약의 율법과 오늘날 그리스도인의 관계가 무엇인가라는 질문은 매우 중요한 질문입니다. 레위기, 신명기, 민수기에서 십일조는 구약의 모든 언약 백성들의 의무라고 가르치고 있음을 우리는 압니다. 따라서 제게 던진 질문은 '모세의 율법은 오늘날 새 언약 안의 우리와 어떻게 관련되는가?' 입니다. 정말 거대한 질문이 아닐 수 없습니다. (이와 관련된 책들이 계속 쓰여지고 있지만) 나는 그저 성경 본문을 제시하고 가능한 간단하게 견해를 말하고 질문에 답을 하겠습니다."

존 파이퍼 목사는 로마서 7장 4-6절, 갈라디아서 2장 19절, 에베소서

---

[3] https://www.youtube.com/watch?v=T-MB2nbzL3w&list=PLPPUiDqeJVmeuI12uE7KhER25Zsoma H6-&index=1, 2025년 2월 2일 접속.

2장 15절, 로마서 6장 15절을 읽은 후에 "내 대답은 이것입니다"라며 자신의 견해를 밝힌다.

"내 대답은 이것입니다. 새 언약 안에서, 우리를 위해 율법을 완성하신 메시아로 인해 하나님과 우리는 새로운 관계를 맺게 되었습니다. 그리고 그 안에서 우리는 더 이상 율법 아래 있지 않습니다. 율법은 우리가 하나님을 대하는 주된 방법이 아니며 율법은 무엇이 하나님을 기쁘시게 하는지 분별하고 행할 수 있는 힘을 제공하는 주된 방법도 아닙니다. 바울은 두 번이나 그 대신 그리스도의 법 아래 있다고 강조합니다.

너희가 짐을 서로 지라 그리하여 그리스도의 법을 성취하라(갈 6:2).

율법 없는 자에게는 내가 하나님께는 율법 없는 자가 아니요 도리어 그리스도의 율법 아래에 있는 자이나 율법 없는 자와 같이 된 것은 율법 없는 자들을 얻고자 함이라(고전 9:21).

이는 우리가 향방 없는 자와 같이 되어도 된다는 게 아닙니다. 그리스도가 우리의 나아갈 방향을 보여 주십니다. 그가 어떤 분이셨는지, 그가 가르치시고 말씀하신 것이 무엇인지가 우리의 방향 지시등입니다. 이 모든 것이 그리스도의 법이 무엇인지 알려 주며, 그리고 결국 그리스도의 법은 사랑의 법이며 구약의 계명들을 성취합니다.

피차 사랑의 빚 외에는 아무에게든지 아무 빚도 지지 말라 남을 사랑하는 자는 율법을 다 이루었느니라(롬 13:8).

우리가 하나님과 그리스도와 성령과 관계를 맺는 가장 중요하고 결정적이며 주요한 방식은 율법을 지키는 것이 아닙니다. 성령의 새로운 방식으로 나아가야 합니다."

이렇게 구약과 신약의 관계를 설명한 후에 존 파이퍼 목사는 십일조에 적용한다.

"그렇다면 '구약과 신약의 이런 관계를 볼 때 십일조는 어디에 들어맞는가?', '십일조를 단지 율법의 구체적인 한 규례로 본다면, 이것은 어떻게 신약에 들어맞는가?' 이런 질문을 할 수밖에 없습니다.
십일조는 레위인의 생계를 지원하는 방법이었습니다. 레위인들은 땅이 없었고 기업을 받지 않았습니다. 다른 이들에게 걷은 것으로 레위인들을 먹고살게 한 것입니다. 즉, 사람들이 소득의 십분의 일을 내면 레위인들이 그것으로 먹고산 것입니다. 일반적으로 말하면 그것은 그 시대의 언약적 종교 시스템을 지원하는 한 방식이었습니다.
따라서 우리가 질문해야 할 것은 '그것이 오늘날의 언약적 교회 시스템을 지원하는 방법이어야 하느냐?'는 것입니다. 왜냐하면 신약성경은 목회자의 생계를 지원해야 한다고 말씀하고 있기 때문입니다.

잘 다스리는 장로들은 배나 존경할 자로 알되 말씀과 가르침에 수고하는 이들에게는 더욱 그리할 것이니라 성경에 일렀으되 곡식을 밟아 떠는 소의 입에 망을 씌우지 말라 하였고 또 일꾼이 그 삯을 받는 것은 마땅하다 하였느니라(딤전 5:17-18).

바울은 복음을 위해 전 생애를 바치는 목회자들이 보수를 받아야 한다고 생각하며, 따라서 우리가 십일조를 내야 한다는 것이라고 말하고 있습니다. 또한 바울은 목회자를 후원하는 방식에 대해 이렇게 말합니다.

각각 그 마음에 정한 대로 할 것이요 인색함으로나 억지로 하지 말지니 하나님은 즐겨 내는 자를 사랑하시느니라(고후 9:7).

바울은 헌금을 낼 때 강요나 억지가 아니라 기꺼이 내게 하려고 애쓰는 것 같습니다. 결국 가장 중요한 것은 돈 카슨(Don A. Carson)이 말한 것처럼 우리가 그리스도 안에 있는 우리의 부요를 소중히 여기고 새 언약의 관계를 매우 귀하게 여긴다면, 그리고 죄로부터의 자유와 복음을 매우 귀하게 여긴다면, 당연히 기꺼이 내고 싶을 것입니다. 주님께서는 주는 것이 받는 것보다 복되다고 하셨습니다(행 20:35).
이렇게 되면 우리는 물질에 대한 사랑과 의존에서 벗어나게 되고, 결국은 율법 아래 살았던 자들보다 더 많이 드리게 될 것입니다. 왜냐하면 우리에게는 더 좋은 언약과 더 좋은 약속이 있으니까요. 그리스도와 함께하면 모든 것이 더 큰데, 어찌 헌금을 더 크게 하지 않겠습니까?"

여기까지 존 파이퍼 목사의 생각을 들어 보면, 복음적이고 경건한 목사와 신자들의 생각은 존 파이퍼 목사의 견해와 크게 다르지 않음을 알게 된다. 그리고 나서 존 파이퍼 목사는 아주 간략하게 히브리서를 염두에 두면서 이렇게 결론을 내린다.

"나는 33년 동안 베들레헴 교회에서 십일조 설교를 두세 번 정도 한 것 같습니다. 물론 헌금과 희생에 대한 늘 이야기했지만, 십일조에 관해선 그렇게밖에 안 했다는 것입니다. 내가 했던 십일조 설교의 요지는 '형제자매들이여, 왜 우리가 더 적게 하려 합니까?'였습니다. 그러니까 '십일조를 해야 하나요?'라고 말하는 사람은 처음부터 잘못된 것입니다. 히브리서의 말씀처럼, 우리에게는 더 좋은 약속, 더 좋은 언약이 있습니다. 그렇다면 더 좋은 희생, 더 좋은 헌금이 있으면 안 될 이유라도 있나요?"

## 십일조는 신약에도 감사함의 제사와 찬양의 제사

죽을 자들인 레위 제사장들이 구약에서 십일조를 기업으로 받았다면, 살아 계시는 예수님께 십일조를 드려야 하는 것은 너무나 당연한 것이다. 이것이 히브리서의 중요한 함축 의미이다.

우리는 왕 같은 제사장이다. 그렇다면 왕 같은 제사장들이 교회로 모였을 때 교회는 복음을 선포하고, 성찬을 집행하고, 권징을 행사해야 한다. 이 세 가지가 교회의 표지이기 때문이다. 그렇다면 오늘날 우리가 교회로 모였을 때는 당연히 영원한 대제사장이신 주님께서 왕의 골짜기에서 떡과 포도주를 가지고 우리를 축복하시는 것을 경험해야 한다. 왕의 골짜기인 교회에서 초월의 하나님으로부터 성령과 은사와 능력과 권세와 힘을 공급받아야 한다.

그리고 이것을 가지고 세상으로 나아가 사탄과 귀신들을 이기고 죄와 유혹을 이겨내야 한다. 그리고 나서 주일에 다시 왕 같은 제사장으로서 교회로 모이면 왕의 골짜기(교회)에서 영원한 대제사장인 예수 그리스도께서 우리를 위해 성찬을 준비하시고 기다리신다. 이에 우리는 교회로 모일 때 우리를 축복하시는 주님께 우리가 가진 모든 것을 감사함으로 드려야 한다. 십일조는 감사함의 제사와 찬양의 제사 중에 하나인 것이다.

죽을 자들인 레위 제사장들이 십일조를 받았다면 살아 계시는 주님께 십일조를 포함하여 우리의 과거의 열매와 현재의 존재 자체와 미래의 가능성까지 묶어 헌물로 드려야 하는 것은 너무나 당연하지 않은가? 히브리서 기자는 "또 여기는 죽을 자들이 십분의 일을 받으나 저기는 산다고 증거를 얻은 자가 받았느니라"(히 7:8)고 전한다. 여기서 "산다고 증거를 얻은 자"는 누구인가? 예수 그리스도가 아니신가? 그렇다면 우리가 영원한 대제사장이신 주님께 우리의 모든 존재와 모든 소유를 대표하는 십분의 일을 십일조로 드리는 것은 너무나 당연한 것이다.

우리는 십일조뿐 아니라 우리가 가진 모든 것을 감사함과 찬양의 제사로 하나님께 드려야 한다. 그런 점에서 십일조는 목표점이 아니라, 시작점에 불과하다. 왕 같은 제사장인 우리들도 아브라함을 본받아 우리의 왕이요 영원한 대제사장인 예수님에게 십일조를 드려야 한다. 이렇게 주장하는 것이, 과연 시대착오적이거나 율법의 구습이라고 할 수 있을까?

### 적용을 위한 질문

1. 오늘날 우리가 드리는 십일조는 단순한 종교적 의무입니까, 아니면 살아 계신 주님께 대한 인격적 반응입니까?
2. 예수님께서 '영원한 대제사장'이시라는 사실이 나의 고백이 될 수 있습니까? 그렇다면 이런 고백은 나의 삶과 헌신을 어떻게 변화시킵니까?
3. 지금 나는 '왕 같은 제사장'으로서 삶과 물질을 어떻게 드리고 있습니까? 십일조가 '시작점'이라면, 그 이후의 삶(선행, 나눔, 사랑, 섬김)에서도 계속 드려지고 있습니까?

십일조의 복음

# 결론 십일조의 복음, 십일조의 율법

## 복음과 율법의 관계의 중요성

### 구약의 십일조가 신약 시대에도 유효한가?

이제 우리는 성경의 모든 십일조 본문들을 주해하고 현대적 적용의 가능성을 탐색하는 일을 마치고, 드디어 결론에 도달하게 되었다. 이 지점에서 우리가 발견한 주해의 결과와 현대적 적용에 근거해 종합적인 '신학적 사색'을 해 보려고 한다. 이것이 우리의 십일조 여행을 마무리하는 데 도움이 되리라 기대한다. 이 부분에서 이해가 힘들면, 그에 해당하는 앞부분 본론의 주해와 현대적 적용 단락을 살펴보길 바란다.

십일조 문제가 나오면 현대의 신학자들과 목사들과 성도들은 "구약의 십일조가 신약 시대에도 유효한가?"라는 질문을 가장 먼저 던진다. 이 질문에 즉각적인 대답을 하는 것은 지혜롭지 않다. 왜냐하면 이 질문에 답을 하기 위해서는 먼저 해결해야 할 문제가 있기 때문이다. 이 문제가 선결되지 않으면 어떤 대답도 충분하지 않다.

여기서 우리가 다루어야 하는 선결 과제는 '구약과 신약의 관계'이다. 구약과 신약의 관계가 성경적으로 제대로 설정되고 논의 대상자들 사이에 합의가 되어야 "구약의 십일조가 신약 시대에도 유효한가?"라는 질문에 설득력 있는 답을 할 수 있기 때문이다.

### 구약과 신약의 관계에 대한 대중적 해석

그렇다면 '구약과 신약의 관계'에 대해 우리가 가장 흔히 들을 수 있는 대중적 해석은 '구약은 율법 시대'이고 '신약은 은혜(복음) 시대'라는 것이다. '대중적 해석'이라고 해서 일반 성도들만이 이런 이해를 하고 있는 것은 아니다. 놀랍게도 목회자들이나 신학자들 가운데서 이런 이분법적 도식을 가지고 있는 분들이 상당수 있다. 그러기에 십일조 논쟁이 쉽게 가라앉지 않는 것이다.

게다가 정말 흥미로운 것은 십일조 폐지론자들이나 십일조 유지론자들 모두 이런 도식으로 자기 주장을 펼친다는 점이다. 십일조 폐지론자들은 이분법적 구조를 근거로 십일조는 율법 시대에만 유효한 것이기에 신약 시대에는 폐지됐다고 주장한다. 반면 십일조 유지론자들은 십일조가 비록 율법 시대에 속했으나, 의식법과 제사법은 폐지된 것이고 도덕법은 남아 있는 상황에서 십일조는 도덕법에 속하기 때문에 신약 시대에도 유효하다고 반론을 편다. 아니면 아브라함은 율법 시대 이전 사람인데 십일조는 아브라함으로부터 기원했기에 신약 시대에도 유지된다고 주장하기도 한다.

### '구약은 율법, 신약은 은혜'라는 도식은 오해

그러나 구약은 율법이고 신약은 은혜라는 이분법적 사고는 성경을 제대로 이해하지 못한 심각한 오해이다. 이 부분에 대해서는 2,000년간 교회가 간직해 온 성경의 두 부분을 가리키는 명칭만 봐도 금방 알 수 있다. 성경의 전반부는 구약(Old Covenant)이고 후반부는 신약(New Covenant)이다. 그러니까 구약과 신약의 관계는 '옛'(old) 언약과 '새'(new) 언약의 관계이다.

구약과 신약 모두 '하나님이 인간과 맺은 언약'을 담고 있기에 연속성(동일성)이 있지만, 구약은 옛 언약이고 신약은 새 언약이기에 불연속성(차이)이 있다는 것이다. 하나님은 인간을 대하실 때 항상 언약 관계를 맺으신다. 구약과 신약은 하나님께서 은혜로 맺은 언약, 그러니까 '나는 네 하나님이 되고, 너는 내 백성이 되리라'는 아브라함과 맺은 언약에 기초해 있다. 이때 하나님의 백성이 되는 것은 오직 하나님의 은혜와 인간의 믿음으로만 가능하다. 그런 면에서 교회는 구약과 신약 안에 나오는 하나님은 한 분이시고, 하나님의 백성도 하나이며, 은혜도 하나이고, 믿음도 하나라고 고백하는 것이다.

그런데 역사 가운데 이런 언약을 실제로 집행할 때에는 차이가 있다. 따라서 구약 시대에는 모세 언약으로 신약 시대에는 새 언약으로 아브라함과 맺은 언약을 집행하셨다. 모세 언약에서는 동물의 피로 이스라엘의 죄를 용서하셨지만, 새 언약에서는 예수님의 피로 단 한 번의 영원한 제사를 드림으로써 인류의 모든 죄를 용서하셨다. 구약에서는 할례를 언약의 징표로 주셨지만, 신약에서는 세례와 성찬을 언약의 표징으로 주셨다.

하나님께서 인간을 대하실 때 언약 관계를 맺으신다는 점에서 구약과 신약 사이에 연속성이 있는 것이다. 그러나 구약은 동물의 피로 맺은 '옛' 언약으로서 하나님의 아들의 피로 맺은 '새' 언약인 신약에 의해 초월되고 완성되었다는 점에서 불연속성이 있는 것이다.

결국 구약과 신약은 율법과 은혜의 관계가 아니다. 이게 옳다면 성경의 명칭을 구약과 신약이 아니라 '율법'(Law)과 '은혜'(Grace)로 바꾸어야 한다. 구약과 신약은 옛 언약과 새 언약의 관계이다.

## 언약이란 점에서 연속성

구약과 신약은 옛 언약과 새 언약의 관계라는 점을 연속성과 불연속성을 가지고 조금 더 논의해 보자. 가장 중요한 것은 구약과 신약은 하나님과 하나님의 백성이 맺은 언약이라는 점에서 연속성이 있다는 것이다.

그렇다면 언약이 무엇인가? 성경에서 언약이란 하나님께서 먼저 베푸신 '은혜/복음'에 감사하여 '율법/계명'을 지키겠다고 '하나님 앞에서 피로 맹세하는 자기 저주의 약속'을 가리킨다. 하나님께서 은혜와 복음을 먼저 베푸시면, 이에 대해 하나님의 백성이 그분의 뜻으로 제시된 율법과 계명을 지키지 않으면 피를 볼 것이라고 맹세하는 것이 언약 관계이다. 그러니까 언약 안에는 '은혜/복음'과 '율법/계명'이 동시에 있어야 하는 것이다.

은혜만이 있는 언약이나 율법만이 있는 언약은 하나님과 인간과의 관계에서는 상상할 수가 없다. 따라서 구약도 율법과 은혜가 들어 있는 언약이고 신약도 율법과 은혜가 들어 있는 언약이다.

구약에서도 하나님은 출애굽의 은혜를 베푸신 후에, 이스라엘 백성들에게 "그를 사랑하고 그의 계명을 지키는 자에게는 천 대까지 그의 언약을 이행하시며 인애를 베푸"신다(신 7:9)라고 밝히셨다. 신약에서도 예수님은 죽기까지 인간을 사랑하신다는 사실을 보여 주시면서 "너희가 나를 사랑하면 나의 계명을 지키리라"(요 14:15)고 분명히 밝히신다. 구약이나 신약 모두 하나님이 사랑을 베푸시는 것은 복음이고, 이에 감사하여 하나님을 사랑한다면 계명을 지켜야 한다는 것이 율법이다.

언약에는 하나님이 베푸신 선물(Gabe: 독일어로 선물)이 먼저 나오고 인간이 해야 할 과업(Aufgabe: 독일어로 소명, 과업)이 나중에 나온다. 언약의 이런 이중 구조는 성경을 이해할 때 놓쳐서는 안 된다. 그러니까 구약 시대에도 복음(모세의)과 율법(계명)이 있는 것이고, 신약 시대에도 복음(그리스도의)과 율법(새 계명)이 있는 것이다.

그런데 어떻게 율법만 있는 언약이 있고, 은혜만 있는 언약이 있을 수 있겠는가? 어떻게 율법만 있는 시대가 있고, 은혜만 있는 시대가 있을 수 있겠는가? 따라서 신약에는 율법은 없고 복음만 있다고 말하는 것은 성경의 기본을 이해하지 못하고 있는 것이다.

### 불연속성은 '옛' 언약이 아니라 '새' 언약이라는 데 있음

그러나 새 은혜(그리스도의 복음)는 옛 은혜(모세의 복음)와는 비교할 수 없을 정도로 큰 은혜이다. 이것이 불연속성이다. 옛 은혜는 모세의 복음인 반면에, 새 은혜는 성자 그리스도의 복음이기 때문이다. 모세는 하나님의 집의

'종'인 반면에, 그리스도는 '하나님의 아들'이시다. 히브리서의 말씀에 의하면 구약 시대에 베푼 하나님의 은혜는 모세의 복음인 반면에 신약 시대에 베푼 하나님의 은혜는 그리스도의 복음인 것이다.

구약: 옛 은혜(하나님의 종인 모세의 복음) 옛 계명(덜 철저하고 엄중함)
신약: 새 은혜(하나님의 아들이신 그리스도의 복음) 새 계명(더 철저하고 엄중함)

위의 도식이 보여 주듯이 신약에 베푸신 은혜가 구약 시대에 베푸신 은혜보다 훨씬 크기에, 구약의 계명보다 신약의 계명이 훨씬 더 철저하고 중대할 수밖에 없는 것이다.

어떤 사람들은 신약에는 율법이 없고 은혜만 있다고 주장하면서, 신약의 헌금 원리는 율법이 아니고 은혜라고 말한다. 그러나 이런 식의 이분법은 성경 어디에서도 찾아볼 수 없다. 신약에도 사방에 율법이 있다. 심지어 "서로 사랑하라"는 말씀도 율법이요 계명이다.

"새 계명을 너희에게 주노니 서로 사랑하라…"(요 13:34).

이와 같이 새 계명과 옛 계명이 동일하나, 새 계명은 옛 계명과 비교해 볼 때 그 엄중함과 철저함이 비교하기 어려울 정도로 큰 차이가 난다.

"…내가 너희를 사랑한 것 같이 너희도 서로 사랑하라"(요 13:34).

단지 이웃을 사랑하라는 것이 아니라, 주님이 우리를 사랑하신 것 같이 서로 사랑하라는 것이 새 계명이다. 그렇다면 주님이 우리를 어떻게 사랑하셨는가? 십자가 위에서 우리를 위해 자신의 몸을 내어 주시기까지, 그러니까 죽기까지 사랑하셨다. 따라서 주님께서는 "사람이 친구를 위하여 자기 목숨을 버리면 이보다 더 큰 사랑이 없나니"(요 15:13)라고 명시적으로 밝히신 것이다.

이뿐만이 아니다. 예수께서 산상수훈에서 제자들에게 지켜야 할 계명을 주셨는데, 새 계명은 옛 율법과 비교해 보면 천양지차이다. 구약에서는 '살인하면 심판을 받게 된다' 정도이지만 신약의 율법은 '노하기만 해도 심판을 받고, 형제를 향해 미련한 놈이라고 하면 지옥불에 들어가게 된다'라고 선언하셨다(마 5:21-22). 또한 단순히 간음하지 말라는 것이 아니라 음욕을 품지 말라고 권고하신다(마 5:27-28). 이렇게 예수께서는 율법의 요구를 외면에서 안으로 내면화시키시고 율법의 취지와 의미를 철저화하신다.

## 구약과 신약 안에는 모두 복음과 율법의 양면이 있다

이렇게 우리는 복음과 율법의 관계를 살펴보았다. 구약에도 복음과 율법이 있고, 신약에도 복음과 율법이 있다. 따라서 구약의 모든 요소들은 동전의 양면처럼 복음과 율법의 양면이 있다. 신약의 모든 항목들도 복음과 율법의 양면이 있다.

이에 구약의 십일조는 율법뿐이고, 신약의 소위 '은혜 헌금'(grace giving)은 복음이라고 구분하는 것이 잘못이라는 결론을 내릴 수 있다. 여기서 '은혜 헌금'이란 고린도후서 8-9장의 헌금 정신을 담은 신약의 헌금 원리를 가리키는 대중적 용어로서 주로 십일조 폐지론자들이 선호한다. 그동안 '은혜 헌금'이란 용어가 십일조 폐지론자들에 의해 오염되어 왔기에 성경적으로 새롭게 정의하여 긍정적으로 사용해야 한다고 생각한다. 어찌되었든 십일조는 율법 시대인 구약에만 유효하고 은혜 시대인 신약에는 폐지되었다는 주장은 성경에 근거가 없다.

십일조는 신약에서 폐지된 것이 아니라, 그리스도 안에서 완성되었다. 그리스도 안에서 사랑으로 완성된 '은혜 헌금'의 요구는 구약 시대의 십일조보다 훨씬 크다. 신약을 들여다보면, 그리스도의 십자가 안에 나타난 하나님의 사랑을 경험한 이들에게 요구되는 물질적 헌신과 은혜 헌금은 구약의 십일조와 예물과는 비교할 수 없을 정도로 강력하고 과격하다.

## 십일조의 복음, 은혜 헌금의 복음

### 구약의 십일조도 복음

지금까지 우리는 구약과 신약의 관계는 율법과 복음의 관계가 아니라 옛 언약과 새 언약의 관계임을 알아보았다. 언약에는 은혜와 율법이 항상 들어 있기에 구약 시대의 십일조는 물론 신약 시대에 '은혜 헌금' 역시 복음이자 율법이라는 점을 조금 더 상세하게 살펴보도록 하자.

우선 십일조가 왜 복음인지부터 살펴보자. 우리는 그동안 구약의 십일조 본문들을 살펴보면서 십일조란 하나님이 주신 축복(바라크)에 감사하여 하나님께서 주신 모든 것에서 십분의 일을 그분께 드림으로 하나님을 찬양(축복: 바라크)하는 예물임을 확인할 수 있었다.

우선 아브라함의 십일조를 보면 십일조는 확실히 복음이다. 아브라함이 하나님의 축복으로 왕들을 쳐서 이기고 돌아오자 왕의 골짜기에 멜기세덱이 떡과 포도주를 가지고 나와 아브라함을 축복(바라크)하면서 하나님을 찬양(축복: 바라크)하라고 권면하자, 아브라함이 십일조를 멜기세덱에게 주었다. 그러니까 멜기세덱은 떡과 포도주(성찬의 모형)의 잔치를 베풀면서 하나님의 축복에 하나님을 찬양(축복)하라고 예배로 초청하고, 이 초청에 아브라함이 십일조를 드렸으니 십일조는 예배의 예물인 것이다. 하나님의 승리의 축복과 은혜에 감사하여 그분께 가장 소중한 것을 드릴 수 있으니, 십일조는 처음부터 (아브라함 시대부터) 복음인 것이다.

이는 야곱도 마찬가지이다. 야곱이 도망자가 되어 루스에서 돌베개를 베고 누워 있을 때, 사닥다리의 꿈을 통해 하나님께서 먼저 하늘의 초월적 세계 안으로 야곱을 초청하셨다. 그리고는 야곱과 함께하실 것이고, 조상들에게 주신 약속의 땅을 주실 것이며, 가는 길에 보호하시고, 먹을 것과 입을 것을 주시며, 약속의 땅으로 돌아오게 해 주시겠다고 축복하셨다.

야곱은 하나님을 만난 후 그곳을 "하나님의 집이요 이는 하늘의 문"(창 28:17)이라 칭하고, 하나님의 약속이 이루어지면, 아브라함의 하나님이 야곱의 하나님이 될 것이며(신앙고백), 베고 잔 돌기둥이 하나님의 집이 될 것이며(예배), 하나님이 주신 모든 것의 십분의 일을 드리겠다고 맹세(서원)했다. 하나님의 약속이 이루어질 그날을 기대하며 십일조 서원을 할 수 있다는 것이 복음이 아닌가?

신명기 12장 17-19절의 십일조 본문 역시 복음을 담고 있다. 이스라엘이 약속의 땅에 들어가면 십일조를 포함한 총 일곱 가지 예물을 가지고 하나님께서 택하신 곳인 예루살렘에 나아가 그분 앞에 얼굴을 보여야 한다. 왜 굳이 예루살렘까지 가야 하는가? 하늘에서 왕으로 다스리시는 여호와께서 예루살렘 성전에 계시기 때문에, 신하인 이스라엘은 그곳으로 가서 여호와 앞에 얼굴을 보이고 봉헌 예물을 드려야 하는 것이다.

이때 "여호와께서 너희의 손으로 수고한 일에 복"을(신 12:7) 주셨기 때문에 십일조와 예물을 하나님께 드리고 가족과 노비와 레위인과 함께 먹고 즐거워하라는 것이다. 신명기의 십일조는 하나님의 축복에 즐거워하며 드리는 '기쁨의 예물'이다.

따라서 구약의 십일조는 법으로 정해진 세금인 반면에 신약의 헌금은 은혜로 드리는 것(grace giving)이라는 이분법으로 해석해서는 안 된다. 이미 구약의 십일조도 충분히 기쁨을 드리는 '은혜 헌금'인 것이다.

구약의 헌금과 십일조 정신을 가장 잘 드러내는 성경 구절은 여호와의 성전 준비를 위해 백성들이 자원하여 풍성히 예물을 드렸을 때 다윗이 한 기도이다.

"나와 내 백성이 무엇이기에 이처럼 즐거운 마음으로 드릴 힘이 있었나이까 모든 것이 주께로 말미암았사오니 우리가 주의 손에서 받은 것으로 주께 드렸을 뿐이니이다"(대상 29:14).

이 다윗의 봉헌 기도를 듣고도, 과연 구약의 헌금은 율법에서 나온 의무 규정이요 강요된 예물이라고 말할 수 있을까?

### 신약의 예물도 복음

신약에서도 마찬가지로 하나님께 예물을 드릴 수 있다는 것 자체가 복음이요 은혜이다. 하나님은 우리를 사랑하시기에 은혜로 선물을 주신다.

"하나님이 세상을 이처럼 사랑하사 독생자를 주셨으니 이는 그를 믿는 자마다 멸망하지 않고 영생을 얻게 하려 하심이라"(요 3:16).

하나님이 우리를 사랑하시기 때문에 독생자를 주셨다는 것이 복음의 핵심이 아닌가? 이처럼 복음이란 사랑하기 때문에 자신의 가장 소중한 것을 주는 것이다. 그런데 자신의 소유 중 가장 소중한 것이 생명 아닌가? 따라서 하나님은 자신의 독생자의 생명을 우리에게 주신 것이다. 즉, 우리가 받은 구원은 하나님의 은혜로 말미암아 자기 아들을 우리에게 대속물로 주신 선물인 것이다.

"너희는 그 은혜에 의하여 믿음으로 말미암아 구원을 받았으니 이것은 너희에게서 난 것이 아니요 하나님의 선물이라"(엡 2:8).

이것은 인간들도 마찬가지이다. 하나님의 사랑과 희생, 그리고 그분의 선하심과 선물을 경험한 사람들은 하나님을 예배하길 원하고 하나님께 예물을 드리고 싶어한다. 그 이유가 무엇인가? 하나님을 사랑하게 되었기에 하나님께 자신의 가장 소중한 것, 예물은 물론 심지어 생명까지도 드리길 원하는 것이다.

따라서 예배 시간에 우리가 하나님에 대한 우리의 사랑과 찬양을 드리는 표지로 헌금을 드리는 시간을 따로 정하고 봉헌을 하는 것이다. 계좌에서 자동 이체로 헌금을 할 수 있음에도 주일 예배 시간에 따로 헌금 순서를 갖는 이유는 무엇인가? 교회에서 우리의 돈을 필요로 하거나 혹은 교회 운영비가 필요하기 때문인가? 아직도 이런 식으로 생각한다면 하나님께서 우리에게 주신 은혜와 선물을 모르는 것이다. 우리가 귀하게 여기는 물질을 하나님께 드리는 봉헌 시간을 따로 둔 것은, 하나님을 향한 우리의 사랑과 헌신을 표현하는 기회를 주기 위해서이다.

교회가 우리의 돈이 필요해서 예배에 초청한 것인가? 그렇게 생각하는 사람은 아직 진정한 그리스도인이라고 말하기 어렵다. 우리가 하나님께 경배하고 자신의 가장 소중한 것을 하나님께 드리고 싶은데, 그 일을 하도록 주일 오전 예배에 초청을 받은 것이다. 따라서 신약 시대에도 헌금은 복음인 것이다.

## 십일조의 율법, 은혜 헌금의 율법

**구약의 십일조는 율법**

하나님의 축복을 받아 하나님이 주신 모든 것에서 십분의 일을 드릴 수 있는 기회란 점에서 십일조는 복음이다. 그러나 동시에 십일조는 원래부터 하나님의 것이요 하나님의 성물로 당연히 드려야 한다는 점에서 율법이다.

레위기 27장에 보면 초태생과 함께 십일조는 따로 구별하여 드리는 서원 예물과는 달리 처음부터 여호와의 성물이기에 당연히 드려야 한다. 십일조를 드리지 않으면 여호와의 전이 버림을 받게 된다. 따라서 당연히 십일조는 드려야 하는 것이다.

우선 십일조를 드리지 않으면 십일조를 기업으로 받은 레위인들이 여호와의 율법을 연구하여 백성들을 가르칠 수가 없을 뿐 아니라 제사장을 도와 회막의 일을 할 수가 없다. 이렇게 되면 결국 여호와의 전이 버림을 받게 되는 것이다. 다시 말해 느헤미야 시대에 백성들이 레위인들의 몫을 주지 않음으로 그들이 각자의 밭으로 도망하는 일이 일어나게 되었다. 이에 느헤미야가 "하나님의 전이 어찌하여 버린 바 되었느냐"(느 13:11)라고 지도자를 꾸짖고 레위인들을 불러모아 제자리로 돌려놓은 것이다. 이후 백성들이 전과 달리 "곡물과 새 포도주와 기름의 십일조를 가져다가 곳간에 들"인(느 13:12) 것이다. 이처럼 하나님의 전이 버림받지 않기 위해서 어떻게 해야 할까? 제사장을 위해서는 봉헌물을, 레위인들을 위해서는 십일조를 드려야 하는 것이다.

더 나아가 십일조는 원래 여호와의 소유이기에 드리지 않으면 이는 하나님의 것을 도둑질하는 것이다. 여호와께서는 봉헌물과 십일조를 드리지 않은 것이 하나님을 도둑질하는 것라고 선언하신 후에 "너희 곧 온 나라가 나를(원문; 개역개정은 나의 것을) 도둑질하였으므로 너희가 저주를 받았느니라"(말 3:9)고 직격하셨다. 그리고는 하나님께로 돌아오려면 '너희의 온전한 십일조를 창고에 들임으로 내가 복을 주는지 아닌지 나를 시험하여 보라'고 하신 것이다.

### 신약의 은혜 헌금도 자발적으로 드려야 할 의무

이는 구약만 그런 것이 아니라 신약도 마찬가지이다. 헌금의 정신은 구약과 신약이 동일하지만, 신약의 헌신 요구가 구약보다 훨씬 엄중하고 심각하다는 점을 명심해야 한다. 모든 것이 주께로부터 왔기에 하나님께 드리며 살아야 한다는 점에서 신약의 헌금 역시 율법의 측면이 있다.

구약에서는 명백히 십일조를 하나님께 드릴 것으로 의무화되었으나, 신약에서는 그런 최소한의 헌금 액수를 명시적으로 정하지 않았다고 많은 해석자들이 주장한다. 필자는 마태복음 23장이나 누가복음 11장에서 예수님께서 "너희가 박하와 회향과 근채의 십일조는 드리되 율법의 더 중한 바 정의와 긍휼과 믿음은 버렸도다 그러나 이것도 행하고 저것도 버리지 말아야 할지니라"(마 23:23)고 하셨기에 십일조를 행할 것을 요구한 것으로 본다(눅 11:42 참조). 그러나 다른 해석자들은 이를 두고 바리새인들의 행습을 언급하는 대목에서 한 것이지, 명시적으로 신약 시대의 그리스도인들에게 명령한 것은 아니라고 본다.

따라서 신약에서 십일조가 의무화되었느냐 아니냐의 여부를 가지고 논란을 벌여서는 안 된다. 신약 시대의 십일조에 초점을 맞추면 신약의 헌금 정신을 놓칠 수 있다. 왜냐하면 예수님은 십분의 일 정도를 요구하시는 것이 아니라, 우리가 가진 존재와 소유의 전부를 포기할 것을 요구하실 수도 있기 때문이다.

영생에 관심이 있어 찾아온 부자 관리에게 "네게 아직도 한 가지 부족한 것이 있으니 네게 있는 것을 다 팔아 가난한 자들에게 나눠 주라 그리하면 하늘에서 네게 보화가 있으리라 그리고 와서 나를 따르라"고 하셨다. 이에 그 사람이 큰 부자였으므로 심히 근심하자, "재물이 있는 자는 하나님의 나라에 들어가기가 얼마나 어려운지 낙타가 바늘귀로 들어가는 것이 부자가 하나님의 나라에 들어가는 것보다 쉬우니라"고 하셨다. 예수께서는 어려서부터 모든 계명을 지킨 부자 관리에게 십분의 일을 요구하지 않으셨다. 전 재산을 요구하셨다(눅 18:22-25).

실제로 초대 교회 신자들은 "재산과 소유를 팔아 각 사람의 필요를 따라 나눠 주"었다(행 2:45). 게다가 "밭과 집 있는 자는 팔아 그 판 것의 값을 가져다가 사도들의 발 앞에 두매 그들이 각 사람의 필요를 따라 나누어 줌"으로(행 4:34-35) 제자들 가운데 가난한 사람이 없었다.

부자에게뿐만 아니라 모든 제자들에게 하나님과 재물 사이에서 선택을 할 것을 요구하셨다.

"한 사람이 두 주인을 섬기지 못할 것이니 혹 이를 미워하고 저를 사랑하거나 혹 이를 중히 여기고 저를 경히 여김이라 너희가 하나님과 재물을 겸하여 섬기지 못하느니라"(마 6:24).

예수님은 하나님을 90퍼센트 섬기고, 재물을 10퍼센트 섬길 수 있다고 하지 않으셨다. 하나님께 10퍼센트를 드리면, 나머지는 원하는 대로 재물을 사용할 수 있다고도 하지 않으셨다. 한마디로 하나님과 재물을 동시에 섬길 수 없다는 것이다. 하나님을 사랑하면 재물을 미워하는 것이고, 재물을 사랑하면 하나님을 미워하는 것이라는 논리이다. 즉, 하나님과 재물 사이에는 적정 비율이 있을 수 없다. 하나님께 십분의 일을 드리면 재물을 섬길 수 있는 것이 아니라는 말이다. 재물을 중히 여기면 하나님을 경히 여긴다는 것이다. 여기에 10퍼센트가 들어갈 여지가 어디에 있는가? 심지어는 50대 50도 불가능하다.

물론 그렇다고 해서 예수님께서 모든 그리스도인들에게 전 재산을 팔아 당장 가난한 자들에게 나눠 주라고 하신 것은 아니다. 예수님은 만나는 모든 사람들에게 가족과 재산을 버리고 자기를 따르는 제자가 되라고 하지 않으셨다. 이런 식으로 예수님이 제자로 부른 사람들은 12명이었다.

그런 점에서 신약 시대에는 구약의 율법처럼 정해진 비율이나 액수가 명문화되어 있거나 규정으로 정해져 있는 것은 아니었다. 왜냐하면 예수님이 요구하시는 것은 십일조의 정신을 내면화하고 철저화하시는 것이기 때문이다.

예수님은 왜 부자 관리에게는 모든 소유를 팔라고 하신 반면에, 부자 삭개오에게는 소유의 반만 파는 것에 만족하셨을까? 신약 시대에는 일정한 비율이나 정한 액수라는 외적 원리를 가지고 모든 사람에게 요구하는 방식이 아니었기 때문이다. 신약 시대에는 구약의 율법을 내면화하고 철저화하는 원리를 택하셨기 때문이다. 하나님은 내면을 감찰하시는 분이기에 신약 시대에는 각 사람들이 자신의 마음 가운데서 자발적으로 율법을 따라 행하는 율법의 내면화를 철저하게 시행하기로 하신 것이다.

이런 율법의 내면화와 철저화의 시대인 신약 시대에 그리스도의 십자가 안에 나타난 하나님의 사랑을 받은 그리스도인들이라면, 최소한 십일조 이상은 드려야 하지 않을까? 소위 사람들이 '율법 시대'라고 하는 구약 시대에도 히스기야 시대의 하나님의 백성들이 "풍성히" 십일조와 예물을 드린 것을 잊어서는 안 된다.

만약 구약에서 십일조를 드리지 않는 것이 하나님을 도둑질하는 죄라면, 예수 그리스도의 피로 죄 사함을 받은 신약 시대의 성도들이 십일조보다 적게 드리는 것은 어떻게 이해해야 할까? 은혜의 시대이기 때문에 더 이상 의무가 아니라 드릴 필요가 없다고 말할 수 있을까?

모든 것이 주께로부터 온 것이기에 주께 풍성하게 드리며 사는 것은 당연한 의무 아닌가? 헌금은 율법이 아니라 은혜이니까, 풍요로운데도 하나님께 십분의 일을 드리지 않아도 되는 것인가? 미국의 저명한 존 파이퍼 목사는 신약의 성도들이 십일조만을 드리는 데 머문다면 "하나님의 것을 도적질하는 것"이라고 비판하기도 한다.

자신이 다니는 교회의 운영과 유지와 복음 사업을 위해서 성도들은 마땅히 헌금을 내야 한다. 물론 교회는 헌금을 내라고 강요하지 않으며, 헌금을 내라고 강요하거나 의무화해서도 안 된다. 따라서 정통 교회에서는 헌금을 내지 않으면 교회를 다닐 수 없는 곳은 (필자가 아는 한) 거의 없다.

그럼에도 불구하고 성도들은 자신이 다니는 교회의 등록 교인으로서 예배와 교육과 선교 등의 운영비와 건물 유지비, 목회자들의 사역비와 교회 직원 인건비 등을 위해 헌금을 해야 한다. 미국 교회에서는 등록 교인이 되면 교회 지도자와 교인이 만나 1년에 어느 정도의 헌금을 할지를 결정하며, 이럴 때에 교회의 등록 교인으로서 권리를 누리게 된다. 이는 정식 등록 교인의 경우이다. 교회에 등록하여 정식 교인이 되지 않아도 교회에 참여하는 것은 누구도 방해하지 않는다.

그러나 정식 교인이 되면 교회를 위해 헌금을 하게 되고, 이것은 어떻게 보면 '율법적인 헌금'이라 할 수 있다. 물론 강제적으로 시행하는 것은 아니며, 그렇게 해서도 안 된다. 그러나 성도들의 최소한의 의무로서 개인의 양심에 따라서 하나님께 드리기 때문에 이를 '율법의 헌금'이라고도 부를 수 있는 것이다.

이렇게 교회의 구성원으로서 내야 하는 최소한의 의무적 헌금을 넘어서 하나님이 베푸신 은혜에 감격하여 기쁨으로 자발적인 헌금을 한다면, 이는 율법의 헌금을 넘어 '복음의 헌금'이 되는 것이다. 만일 우리가 하나님의 사랑에 감동을 받아 마음으로 드린다면, 우리를 사랑하시는 하나님을 향한 헌신의 마음으로 드린다면, 그것이 자발적이든 의무든 큰 상관은 없어 보인다. 어차피 우리는 율법을 넘어 복음으로 나아가야 하기 때문이다.

## 구약이나 신약의 헌금 원리는 동일

### 구약의 십일조 원리 = 고린도후서 8-9장

구약의 십일조 원리와 십일조 폐지론자들이 신약의 헌금 원리가 담겨 있다고 보는 고린도후서 8-9장을 살펴보면, 둘 사이에 원리상 큰 차이가 나지 않는다.

십일조 폐지론자들은 보통 어떻게 헌금 생활을 해야 하는지에 대해서는 구체적인 대안이나 실천 계획을 제시하지 않는다. 하더라도 고린도후서 8-9장을 신약의 헌금 원리로 제시하는 것이 전부이다.

"할 마음만 있으면 있는 대로 받으실 터이요 없는 것은 받지 아니하시리라"(고후 8:12).

"그러므로 내가 이 형제들로 먼저 너희에게 가서 너희가 전에 약속한 연보를 미리 준비하게 하도록 권면하는 것이 필요한 줄 생각하였노니 이렇게 준비하여야 참 연보답고 억지가 아니니라 이것이 곧 적게 심는 자는 적게 거두고 많이 심는 자는 많이 거둔다 하는 말이로다 각각 그 마음에 정한 대로 할 것이요 인색함으로나 억지로 하지 말지니 하나님은 즐겨 내는 자를 사랑하시느니라"(고후 9:5-7).

위 본문을 근거로 율법 폐지론자들을 비롯해서 많은 해석자들이 아래의 네 가지 일반적인 원칙을 신약의 헌금 원리로 제시한다.

1) 현재 가지고 있는 데서 하라(있는 대로 받으실 터이요, 고후 8:12)
2) 미리 준비하여 하라(고후 9:5; 고전 16:2)
3) 마음에 정한대로 하라
4) 인색함이나 억지가 아니라 즐거움으로 드리라

십일조 폐지론자들도 동의하는 신약의 이 네 가지 원리를 꼼꼼히 들여다보면, 구약성경의 십일조 본문들의 원리와 동일하다는 점을 알 수가 있다. 또한 이런 원리는 십일조 유지론자들의 헌금 원리와도 다르지 않다.

1) 현재 가지고 있는 데서 하라는 원칙도 구약과 신약이 다르지 않다. 고린도후서 8장 12절의 "있는 대로 받으실 터이요"에서 "있는 대로"는 직

역하면 "네가 가지고 있는 것으로부터"이다. 그러니까 '현재 가지고 있는 것에서 내면' 하나님께서 받으신다는 원리이다. 바울은 가진 것이 없는데도 불구하고 빚을 내서라도 내라고 한 것이 아니다. 이것은 구약의 십일조와 다르지 않다. 십일조란 '하나님이 주신 모든 것에서 십분의 일'을 드리는 것이다. 현재 가지고 있지 않은 것에서 십일조를 하는 것이 아니다. 물론 십일조 서원을 할 때 현재 상황에서 가지고 있지 않은 것을 하겠다고 할 수 있다. 그러나 야곱의 십일조 서원에서 보듯이 그런 경우에도 앞으로 "하나님께서 내게 주신 모든 것에서 십분의 일"(창 28:22)을 드리겠다는 것이다.

2) 미리 준비하여 하라(고후 9:5)는 원칙도 구약이나 신약이 다르지 않다. 고린도전서 16장 2절에는 "매주 첫날에 너희 각 사람이 수입에 따라 모아 두"라고 권면한다. "수입에 따라" 드린다는 것은 직역하면 "하나님께서 형통하게 하신"(축복하신) 대로이다.[1] 십일조는 하나님께서 주신 것에서 십분의 일을 드리는 것이기 때문이다. 주일에 모일 때마나 "하나님께서 형통하게 하신"(축복하신) 대로 모아 두라는 바울의 원리와 하나님께서 주신 모든 것에서 십분의 일을 예배 때 드리는 십일조의 원리는 같다. 그렇지 않은가? 십일조를 드리는 사람들은 자신의 수입을 계산하고 그중에 십분의 일을 드리는 것이기에 즉흥적으로 하지 않는다. 십일조만큼 미리 준비해서 드리는 헌금은 없다.

3) 인색함이나 억지가 아니라 즐거움으로 드리라는 원칙도 구약과 신약이 다르지 않다. 구약의 십일조 본문들을 모두 살펴보았지만 인색함이나

---

1) 한글 성경은 대부분 "수입에 따라"로 번역하거나(개정, 새번역, 바른, 현대인, 쉬운 말, 쉬운, 우리말), 일부 역본은 "형편에 따라"로 더 의역을 한다(공동, 가톨릭). "수입에 따라"란 표현은 신학적 의미라기 보다는 객관적이고 경제적인 의미가 강해 보이기 때문이다. 또한 "형편에 따라"는 본문에서 너무나 멀리 간 의역인데다가, 마음 내키는 대로 해도 된다고 해석할 가능성이 크다.

억지로라도 드려야 한다는 언급은 단 한군데도 없었다. 오히려 십일조는 기쁨의 선물이라는 것이 기본 원리다.

이는 성경의 원리일 뿐 아니라 실제 십일조 생활을 해 보면 알 수 있는 실천적 원리이기도 하다. 십일조를 지속적으로 드리는 사람들의 이야기를 들어 보면 행복하다고 말한다. 물론 억지로 하는 사람들도 있겠지만, 그런 사람들은 십일조를 드리지 않는 것이 좋다. 아마도 십일조 폐지를 주장하는 사람들이 인색함으로 인해 십분의 일도 못 드릴 가능성이 높지 않을까? 액수는 상관이 없고 마음이 중요하다는 원리가 과연 더 높은 원리인가? 액수가 작기에 즐거움으로 드린다고 한다면 과연 그것이 고린도후서 8-9장의 원리인가? 고린도후서 9장 7절에서는 "하나님께서는 즐겨 내는 자를 사랑하"신다고 선언한다.

4) 단지 "마음에 정한 대로" 한다는 원칙은 겉으로 보면 다를 수 있다. 그러나 이것도 상세히 살펴보면 수입에 비례해서 십분의 일을 드린다는 기준점이 있느냐 없느냐만 다르다. 다시 말해 "십분의 일"을 드리느냐 아니면 "마음에 정한 대로" 드리느냐의 차이다. 그런데 만일 마음에 십분의 일을 정한다면 아무런 차이도 나지 않는다.

## 풍성함과 넘침도 구약과 신약의 동일 원리

게다가 "마음에 정한 대로" 한다는 것이 '액수를 마음대로 정하는' 것이 아니다. '액수가 중요하지 않고 마음이 중요하다'라는 율법 폐지론자들의 주장은 하나는 알고 둘은 모르는 것이다. 왜냐하면 십일조 폐지론자들이 근거로 제시하는 고린도후서 8-9장을 보면 '풍성함'이 헌금할 때에 가장 큰 원리이기 때문이다.

"환난의 많은 시련 가운데서 그들의 넘치는 기쁨과 극심한 가난이 그들의 풍성한 연보를 넘치도록 하게 하였느니라 내가 증언하노니 그들이 힘대로 할 뿐 아니라 힘에 지나도록 자원하여 … 오직 너희는 믿음과 말과 지식과 모든 간절함과 우리를 사랑하는 이 모든 일에 풍성한 것 같이 이 은혜에도 풍성하게 할지니라"(고후 8:2-3, 7).

고린도후서 8장에서는 많은 시련과 극심한 가난 가운데서도 넘치는 기쁨으로 풍성한 연보를 넘치도록 했다고 바울은 증언한다. 마게도냐 교회는 힘대로 할 뿐 아니라 힘에 지나도록 자원했다고 덧붙인다. 그러면서 고린도 교회에게 사랑하는 일에 '풍성할' 뿐만 아니라 헌금하는 은혜에도 '풍성할' 것을 요청한다.

바울은 더 나아가 아예 "적게 심는 자는 적게 거두고 많이 심는 자는 많이 거둔다"(고후 9:6)라고 명시한다. 문맥을 보면 "마음에 정한 대로" 한다는 것은 작든 많든 알아서 하면 된다는 뜻이 아니다.

"…인색함으로나 억지로 하지 말지니 하나님은 즐겨 내는 자를 사랑하시느니라"(고후 9:7).

결국 마음을 정할 때 인색함으로나 억지로 하지 말라는 것이다. 이어지는 말씀을 보면 '넘침, 넉넉함, 너그러움'이라는 용어들이 넘쳐나고 있다.

"하나님이 능히 모든 은혜를 너희에게 넘치게 하시나니 이는 너희로 모든 일에 항상 모든 것이 넉넉하여 모든 착한 일을 넘치게 하게 하려 하심이라 … 너희가 모든 일에 넉넉하여 너그럽게 연보를 함은 그들이 우리로 말미암아 하나님께 감사하게 하는 것이라 이 봉사의 직무가 성도들의 부족한 것을 보충할 뿐 아니라 사람들이 하나님께 드리는 많은 감사로 말미암아 넘쳤느니라"(고후 9:8, 11-12).

그러니까 고린도후서 8-9장의 정신은 십일조 원리 이하로 해도 된다는 이야기가 아니다. 그렇게 본다면 신약의 헌금 정신이나 구약의 십일조 정신은 본질적으로 같으나, 오히려 신약의 요구가 구약의 요구보다 훨씬 큰 것이다.

우리가 지금까지 구약과 신약의 모든 십일조 본문들을 주해했는데, 둘 사이의 헌금과 십일조의 정신에서 어떤 큰 차이도 찾아볼 수 없었다. 다시 말해 십일조의 정신에는 복음과 율법이 구약이나 신약에 동일하게 나온다. 그런데 구약의 헌금 정신보다 신약의 헌금 정신이 훨씬 엄중하고 철저하다. 예수님께서 구약의 십일조 정신을 철저하게 지킬 것을 요구하셨음을 확인할 수 있었다. 그리고 신약 시대에 그리스도의 십자가 안에 나타난 하나님의 사랑을 경험한 사람은 더 엄중하고 철저한 신약의 물질적 요구를 감당할 수 있는 능력이 생기는 것이다.

## 그리스도 안에서 십일조 완성의 '한 방식'

### 십일조를 드림이 그리스도 안에서 완성의 한 방식일 수 있음

이렇게 본다면 신약에서 이야기하는 그리스도 안에서의 십일조의 완성이란 꼭 십일조를 없애는 방식만 있는 것이 아니다. 십일조를 사랑의 정신으로 드리는 것도 십일조 완성의 한 방식일 수 있다(이런 통찰은 상당히 오래 전에 에스라 성경 대학원대학교의 양용의 교수와 대화하는 가운데 양 교수에게서 얻은 것이다). 물론 십분의 일이란 제한이나 규정 없이 내가 가진 모든 것을 사랑으로 드리는 것이 신약의 헌금 정신의 목표이다.

이렇게 본다면 신약의 헌금 정신의 목표는 십분의 일 이상을 드리는 것이 아닐까? 그렇다면 십분의 일을 드리기 시작하는 것도 십일조 완성의 한 형식일 수 있는 것이다.

### 십일조보다 '제도적으로' 더 공정한 방식은 찾기 힘듦

교회가 제도적으로 접근할 때 현실적으로 십일조보다 더 공정한 헌금 방식은 없다고 본다. 각자의 수입에 비례해 교회를 재정적으로 지원하는 방법이기 때문이다. 우리가 다 알다시피 바울은 고린도 교회에게 비례와 균등의 원리를 헌금의 원칙으로 제시하고 있다.

"이는 다른 사람들은 평안하게 하고 너희는 곤고하게 하려는 것이 아니요 균등하게 하려 함이니 이제 너희의 넉넉한 것으로 그들의 부족한 것을 보충함은 후에 그들의 넉넉한 것으로 너희의 부족한 것을 보충하여 균등하게 하려 함이라 기록된 것 같이 많이 거둔 자도 남지 아니하였고 적게 거둔 자도 모자라지 아니하였느니라"(고후 8:13-15).

바울이 말하는 균등의 원리는 '각자에게 각자의 몫을'이라는 분배의 정의와 공평의 원리를 의미한다. 각자가 얻은 모든 것의 십분의 일을 드리는 것은 하나님께 받은 만큼 드리는 것이기 때문에 정의로운 것이다. 뿐만 아니라 교회를 섬기는 데 있어서도 능력에 따라 헌신하는 것이기에 공평한 기준이 될 수 있다.

물론 십일조는 이상적인 목표는 아니다. 그러나 이상적인 출발점이 될 수는 있다. 하나님께 받은 것, 즉 현재 가지고 있는 데서 십분의 일을 드리기로 마음에 정하고 미리 준비하여 즐거움으로 드린다면 십일조 폐지론자들이 주장하는 원리, 즉 고린도후서 8-9장의 헌금 원리와 다를 바가 없다. 이렇게 하면 되는데, 굳이 십일조는 율법 시대에 속한 것이기에 신약 시대에는 폐지되었다는 말을 할 필요가 있을까?

## 그리스도의 장성한 분량까지

초신자들에게는 십일조를 물질적 헌신의 단기적 목표로 제시하고, 기신자들에게는 물질적 헌신의 출발점으로 제시할 수 있다. 십일조 폐지론자들이 십분의 일이 아니라 전부를 드리는 것이 성경의 가르침이라고 주장하면서 십분의 일도 드리지 못한다면, 이는 위선이요 자기 속임수이다.

모든 것이 주님의 것이라면서도 실제로 십분의 일을 드리지 않는 사람을 주변에서 종종 볼 수가 있다. 이런 위선과 자기 속임수가 오랜 시간에 걸쳐 지속되면 결국은 십분의 일도 드리지 못하는 결과가 발생할 수 있다. 왜냐하면 욕망자본주의 시대에서 살다 보니 욕망을 부추기는 물건들과 상품들이 많아지면서, 십분의 일을 하나님께 먼저 떼어 드리기가 점차 힘들어질 것이기 때문이다.

그러니까 이를 감추기 위해 더더욱 고상한 논리를 개발하고 유포하는 것은 아닐까라는 생각마저 든다.

결국 구약이나 신약 모두 십일조 이상으로 드려야 우리가 그리스도의 장성한 분량, 그리스도인의 온전함으로 나아갈 수 있다고 가르친다. 따라서 십일조를 드려야 한다고 강조하면서 십분의 일을 드리는 것만으로 만족하거나, 십일조는 폐지되었다고 주장하면서 실제로 십분의 일도 드리지 않는 것은 모두 성경의 가르침에서 크게 벗어난 것이다.

## 결국 '액수'가 아니라 '사람'이 중요

**십일조가 아니라 '거룩한 사람'이 되는 것이 중요**

성경의 십일조 본문을 연구하면 하나님은 십일조가 아니라 십일조를 드리는 사람을 중요게 여기신다는 점을 확인할 수 있다. 십일조는 하나님의 백성이 목표로 하는 삶이 무엇인지를 보여 주는 비전으로 제시된 것이다. 다시 말해 십일조는 하나님의 백성이 어떻게 해야 거룩한 사람이 될 수 있는지를 보여 주는 비전인 것이다. 핵심은 '거룩한 사람'이지 '십일조 자체'가 아니다. 하나님께서 원하시는 삶은 그분께서 모든 것을 주셨으므로, 다시 나의 모든 것을 드린다는 고백과 함께 십일조를 드리는 것이다. 그리고 바로 그런 사람이 거룩한 사람이라는 것이다.

예를 들어 아브라함을 살펴보자. 아브라함의 스토리에서 그가 십일조를 했다는 사실 자체보다 중요한 것은 아브라함이 어떤 사람이냐이다. 아브라함은 십일조를 하면서도 율법의 더 중한 바 정의와 긍휼과 믿음도 버리지 말라는 예수님의 십일조 정신을 최초로 구현한 사람이다. 아브라함의 내러티브를 읽어 보면 그는 정의와 긍휼과 믿음의 삶을 산 사람이었다. 아브라함의 십일조는 세상에서 승리하고 돌아와 왕의 골짜기에서 지극히 높으신 하나님께 드리는 승리의 예물이었다.

정확히 소득의 얼마를 드리냐는 숫자의 문제가 십일조의 핵심은 아니다. 십일조의 핵심은 우리가 삶 가운데 왕 같은 제사장으로서 영적 전쟁에서 승리하고 있느냐에 있다.

신약의 그리스도인들인 우리 역시 세상에 나아가 영적 전쟁에서 마귀와 유혹을 이기고 주일에 왕의 골짜기인 교회로 돌아와, 진정한 왕이신 그리스도께서 베푸시는 떡과 포도주의 잔치에 참여하고, 이에 감사하여 하나님께 자신이 소유한 모든 것을 승리의 예물로, 십일조를 드릴 수 있다면 어떨까? 이보다 더 감격스러운 일이 있을까?

### 예수님은 '돈'이 아니라 '사람'에 관심을 가지신다

예수님께서 서기관들과 바리새인들이 사소한 것들의 십일조는 드리되 율법에서 더 지키기 힘들고 중요한 정신인 "정의와 긍휼과 믿음"을 버렸다고 강조하신 이유는 무엇일까? 바로 돈보다 사람에 더 관심을 가지셨기 때문이다. 예수님은 돈과 재물에 대해 여러 번 이야기하셨지만 돈을 모금하신 적은 단 한 번도 없으셨다. 그럼에도 자주 돈에 대해 말씀하신 이유는 돈을 어떻게 쓰는지가 그 사람의 미래를 결정하기 때문이다. 작은 채소들의 십일조를 드리는 자가 아니라 "정의와 긍휼과 믿음"의 사람이 되는 것이 더 중요하고 더 힘든 일임을 알려 주신 것이다.

그러나 "정의와 긍휼과 믿음"이 십일조의 정신이라는 것은 예수님이 처음 말씀하신 것이 아니다. 아브라함의 십일조에서 우리는 아브라함이 정의의 사람, 긍휼의 사람, 믿음의 사람임을 보았고 이를 십일조로 드러낸 것임을 살펴보았다. 민수기와 신명기의 십일조 본문에서 레위인에게는 정의를, 절기에 예루살렘을 찾아가는 것에서 믿음을, 매 삼 년 십일조에서 가난한 자에 대한 긍휼을 보았다.

또한 역대하의 히스기야가 십일조와 연관하여 "하나님 여호와 보시기에 선과 정의와 진실함으로 행하였"음(대하 31:20)도 들여다보았다. 또한 아모스서의 십일조 본문에서는 제사와 십일조보다 "정의와 긍휼과 믿음"을 하나님이 원하시는 것도 살펴보았다. 예수님께서 십일조의 정신이 "정의와 긍휼과 믿음"이라고 하신 것은, 구약의 십일조의 모든 역사와 핵심 정신을 한마디로 요약하신 것이다.

예수님의 말씀을 들으면 십일조의 폐지냐 유지냐의 논쟁 자체가 자칫하면 십일조 정신에 어긋나는 방향으로 흐를 수밖에 없음을 깨닫게 된다. 왜냐하면 십일조 폐지론자나 십일조 유지론자 모두 율법의 더 중요한 바 "정의와 긍휼과 믿음"은 버리고, 십일조가 신약 시대에 유효하냐 아니냐의 해석에 목숨을 걸 수 있기 때문이다. 따라서 십일조 폐지론자나 유지론자가 되기보다는, 십일조도 드리고 "정의와 긍휼과 믿음"의 삶을 사는 온전한 그리스도인이 되는 것이 가장 중요한 것이다.

십일조를 드리는 사람들은 스스로 율법의 더 중한 바인 "정의와 긍휼과 믿음"의 삶을 살고 있는지 솔직하게 들여다보아야 한다. 십일조를 드리는 것에 만족하고 "정의와 긍휼과 믿음"의 모습을 보이지 못하고 있다면 회개해야 한다. 십일조를 드리지 않는 사람 역시 바리새인보다 "정의와 긍휼과 믿음"의 삶을 더 잘 살고 있는지 자문해 보아야 한다. 십일조도 드리지 않고 "정의와 긍휼과 믿음"의 삶도 살지 않으면서 십일조 유지론자들을 몽매한 자들이라고 비난할 자격이 있을까?

### 궁극적으로는 '헌금'이 아니라 '즐겨 내는 자'를 사랑하신다

하나님은 '헌금'을 사랑하시는 것이 아니라, "즐겨 내는 자"를 사랑하시는 것이다.

> "각각 그 마음에 정한 대로 할 것이요 인색함으로나 억지로 하지 말지니 하나님은 즐겨 내는 자를 사랑하시느니라"(고후 9:7).

고린도후서 말씀에서 볼 수 있듯이, 하나님은 '십일조'를 "사랑하시느니라"고 하지 않으셨다. "즐겨 내는 자를 사랑하시느니라"고 하신 것이다. 하나님께서 원하시는 것은 우리가 즐겨 내는 자가 되는 것이다.

따라서 우리의 질문은 "내가 수입의 십분의 일을 교회에 반드시 바쳐야 하나요?"가 되어서는 안 된다. 이는 율법 폐기론자들이 좋아하는 단어를 쓰면, 아직도 '율법의 사람'의 수준에 머물러 있는 질문이다. "나는 과연 수입의 십분의 일을 기쁨으로 하나님께 바치는 거룩한 하나님의 사람일 수 있는가?"라는 질문이 더 성숙한 질문이다. 이렇게 되어야 '복음의 사람'이 되는 것이다.

성경에 나오는 십일조를 연구해 보면, 십일조 규례는 일종의 '정책'이지 구체적인 법 규정들(regulations or rules)이 아니라는 사실을 알 수 있다. 이는 십일조뿐 아니라 구약의 모든 율법들에도 마찬가지이다. 정책이란 장기적인 목표를 달성하기 위한 일반적인 가치들을 담은 것이라고 한다면, 법 규정들은 법을 집행하는 기관이 정책 달성을 하기 위한 구체적인 행동 규칙이라고 할 수 있다.

그런데 십일조는 구약과 신약을 통틀어 우리를 온전하게 만들어 주는 '율법 규정'으로 제시된 적이 없다. 십일조는 하나님의 백성이 목표로 하는 삶이 무엇인지를 보여 주는 정책으로 제시되었다. 다시 말해 십일조의 목표는 거룩한 사람을 만드는 것이지 십일조를 거두어 들이는 데 있는 것이 아니다. 탁월한 신앙의 선배들을 보면 십일조의 이런 정책적 목표가 어떻게 그들의 삶 가운데 성취되었는지 알 수 있다.

**교회사의 선배들**

젊은 청년이었을 때 존 웨슬리는 첫 번째 직업에서 30파운드를 벌었다고 전해진다. 그런데 웨슬리는 28파운드로 생활하고 2파운드는 헌금이나 구제로 사용했다고 한다. 후에 그의 봉급이 두 배가 되어 60파운드가 되었을 때도, 28파운드만 생활비로 취하고 32파운드를 하나님께 드리거나 다른 이들에게 주었다. 최종적으로 120파운드를 벌었을 때도 웨슬리는 28파운드로만 생활하고 나머지는 하나님과 이웃에게 돌렸다고 한다.

재정과 관련된 웨슬리의 모토는 우리가 다 아는 내용이 아닌가? "벌 수 있을 만큼 벌어라, 저금할 수 있을 만큼 저금하라, 줄 수 있을 만큼 주어라"(Gain all you can, save all you can, give all you can). 여기서 우리는 웨슬리가 얼마를 헌금했느냐에 감동을 받는 것이 아니다. 웨슬리가 어떤 사람이었는지를 보고 감동을 받는 것이다.

탁월한 신앙의 선배인 마르틴 루터는 인간은 세 번의 회심을 경험할 필요가 있다고 말했다. 바로 "마음의 회심, 지성의 회심, 지갑의 회심"(conversions of heart and mind and purse)이다. 마음과 지성만이 아니라 지갑이 회심해야 한다는 것이다. 십일조는 지갑의 회심을 보여 주는 최소한의 증거가 아닐까? 우리는 십일조의 예물을 통해 우리의 사랑과 하나님께 대한 헌신을 단순하지만 명확한 방식으로 표현할 수 있다. 그리고 나서 하나님께서 감동하시는 대로 더 많은 것을 드릴 수 있는 것이다.

따라서 오늘날 수많은 그리스도인들이 십일조를 하면서도 이를 부담스러워하지 않는 것이다. "나는 십일조 내면서 행복하지 않은 사람을 본 적이 없다"라는 신앙의 선진들의 말은 공허한 말이 아니다.

그 이유가 무엇일까? 보물을 땅에 쌓든 하늘에 쌓든 '자기를 위한 것'이기 때문이다(마 6:19-20). 보물을 하늘에 쌓는 것은 하나님을 위한 것도 교회를 위한 것도 아니다. 이렇게 자기를 위하여 보물을 하늘에 쌓는다면 행복하지 않을 리가 없는 것이다.

### 개인적 간증

한 교회에서 설교를 하면서 '영끌 아파트, 아파트 갭 투자, 부동산 투기, 주식 투기, 암호 화폐' 같은 것은 위험하다고 지적한 적이 있었다. 그런데 주일이 지난 후에 한 성도님이 필자에게 긴 이메일을 보냈다. '경제를 아시느냐? 주식이 꼭 나쁜 거냐? 재테크도 필요한 것 아니냐?'라는 내용이었다. 보통은 필자가 행한 설교에 대한 평가나 질문에 대해서는 답을 하지 않는 것이 원칙이지만, 오해할 소지가 있기에 짧게 답을 하기로 했다.

"네, 맞습니다. 저는 경제에 대해 잘 모릅니다. 그렇지만 성경이 무엇이라고 말씀하시는지는 압니다. 하나님과 맘몬을 동시에 섬길 수 없다고 하신 예수님의 말씀은 압니다. 돈을 사랑하는 것이 일만 악의 뿌리가 된다는 것도 압니다. 먹을 것과 입을 것이 있은 즉 족한 줄로 알라고 하신 권면도 압니다. 부하려 하는 자들은 시험과 올무와 여러 가지 어리석고 해로운 욕심에 떨어지나니 곧 사람으로 파멸과 멸망에 빠지게 하는 것이라고 경고하신 것도 압니다."

이렇게 답 메일을 보냈고 그 후로 별달리 강력한 반박을 받지는 않았다. 필자는 경제를 몰라도 너무 모른다. 솔직하게 평생 주식이나 부동산 투자를 단 한 번도 한 적이 없다. 신문이나 언론에 나오는 주식이나 경제 용어의 의미를 어떤 때는 감도 잡지 못한다. 집은 한 번 아파트를 분양받아 샀다가 팔고, 현재 사는 단독 주택을 구입한 것이 유일하다. 그 외에는 땅을 단 한 평도 사거나 소유한 적이 없다. 그저 저축할 여유가 생기면 정기 예금에 넣은 것 외에는 다른 경제적 행동을 한 적이 없다. 젊은 세대인 자녀들이 볼 때는 경제적으로 어리석다고 할 수도 있다.

필자가 이렇게 살고 있는 이유는 간단하다. 필자에게는 경제적인 이득보다는 자유가 더 귀중하기 때문이다. 즉 '탐욕으로부터의 자유, 물질의 노예로부터의 자유'가 더 소중하고, '주가의 등락에 따라 일희일비하는 감정의 노예로부터의 자유', '하나님을 사랑하는 자유'가 더 고귀하기 때문이다. 필자가 특별히 경건하거나 거룩하다는 뜻이 아니다. 그저 "진리를 알지니 진리가 너희를 자유케 하리라"(요 8:32)고 하신 주님의 말씀을 삶 가운데 경험하길 원하는 것뿐이다.

이것은 십일조도 마찬가지였다. 필자가 아주 가난했을 때도 십일조는 그리 강압적인 율법 규정이 아니었다. 옛날 신앙의 선배이신 목사님들께서는 어떤 동기에서인지는 모르지만 1970-1990년대에는 십일조를 하라고 강하게 권면하셨다. 그리고 이 권고에 순종하다 보니 십일조를 통해 탐욕과 욕망으로부터 자유를 맛볼 수 있었다. 가난할 때도 십일조를 낸다고 더 비참한 삶을 사는 것이 아니었고, 부할 때도 십일조를 낸다고 덜 행복한 삶을 사는 것이 아니었기 때문이었다. 바울과 비교하는 것이 적절하지 않지만, 성경의 진리를 맛본 것이기에 인용해 보려고 한다.

> "내가 궁핍하므로 말하는 것이 아니니라 어떠한 형편에든지 나는 자족하기를 배웠노니 나는 비천에 처할 줄도 알고 풍부에 처할 줄도 알아 모든 일 곧 배부름과 배고픔과 풍부와 궁핍에도 처할 줄 아는 일체의 비결을 배웠노라 내게 능력 주시는 자 안에서 내가 모든 것을 할 수 있느니라"(빌 4:11-13).

이전 목사님들의 가르침이 '성경의 진리가 실존적으로 옳다'라는 사실을 확인시켜 주었고, 자족과 자유의 원리를 깨닫게 해 주었기에 필자는 한국 교회의 전통에 대해 지금도 감사한 마음을 갖고 있다.

### 십일조는 '관계의 문제'이자 '자유의 문제'

십일조는 '나는 진정 진리에 의해 자유롭게 된 자인가?' '나는 돈의 노예로부터 자유로운가?'를 스스로 확인해 보는 중요한 성찰의 기회가 된다. 그러기에 소중한 한국 교회의 전통인 것이다. 그렇다면 십일조는 단지 돈의 액수의 문제가 아니다. 십일조는 하나님과의 관계의 문제이다. 십일조는 단지 신약 시대에 유효하냐 폐지되었느냐는 이론적 논쟁의 문제가 아니다. 십일조는 우리에게 하나님의 라이벌로 등장하는 맘몬으로부터 과연 자유로운지를 물으며 다가오는 '자유의 문제'이다.

앞서 말했듯이 십일조가 하나님과의 관계 문제인 이유는, 돈과 재물이 있던 없던 간에 자족하며 하나님만 의지하는 마음으로 십분의 일을 드리는 것이 그분과의 관계를 시작하는 출발점이 될 수 있기 때문이다. 이 출발점이 의무적인 출발점이어야 하는지, 의무적인 출발점이 되어서는 안 되는지의 논쟁은 순종의 삶을 살다 보면 사실상 큰 차이가 나지 않는다.

십일조가 의무적 출발점이 되면 안 된다는 주장이 원리적으로 맞는 것은 사실이다. 사랑의 관계에서 의무적 출발점이라는 것은 없기 때문이다. 그러나 과연 의무와 자발성이 그리 엄청난 차이가 나는 것일까? 십일조가 하나님과의 관계를 보여 주는 표지라고 한다면, 하나님의 은혜에 감사하여 드리는 예물인 십일조가 의무 규정이든 자발적 규정이든 큰 차이가 나지 않는다. 의무라고 해도 자발적으로 그리고 기쁨으로 드릴 수는 없을까?

굳이 십일조라는 단어를 쓰기를 원치 않는다면, 하나님을 신뢰하는 법을 배우고 진정한 자유를 경험하기 원한다면, 하나님께서 주신 모든 것에서 일정한 부분을 드리는 훈련을 해 볼 것을 권장한다. 당장 십분의 일이 아니라면, 그보다 적은 비율에서부터 시작해 보는 것이다. 십일조는 영적 훈련이기도 하기 때문이다.

### 미국 교회의 한 실천 방식

이런 맥락에서 미국 교회의 십일조 실천 방식의 예를 살펴보자. 미국 CRC 교단에 속한 허드슨 빌의 힐크레스 교회의 판더웰 목사(Dr. Howard Vanderwell)는 1997년 2월 9일에 "십일조는 영적 모험"(Tithing is a Spiritual Adventure)이라는 설교를 했다.[2] 판더웰 목사는 미국의 평범한 시민들이 자선으로 쓰는 돈은 전체 수입의 1.6퍼센트이며, 그리스도인은 이보다 조금 높은 2.0퍼센트이고, 많은 사람이 3.0퍼센트라고 한다. 십일조를 한다고 말하는 사람은 그리스도인의 삼분의 일밖에 되지 않는다는 통계를 제시한다. 이를 근거로 판더웰 목사는 처음에 3퍼센트를 헌금하는 것으로 시작해서 매년 1퍼센트씩 올려서 십일조를 드릴 때까지 헌금하는 것이 어떻겠냐고 독려하고 있다.

## 십일조 율법과 십일조 복음의 선순환 원리

### '십일조의 율법'을 가르쳐야 할 필요성

이제 우리는 마지막으로 십일조와 헌금에 대해 교회가 어떻게 성도들과 다음 세대들을 가르쳐야 하는지의 문제를 살펴보아야 한다.

우리는 십일조에 대해 이야기할 때, 액수의 문제가 아니라 더 큰 가치와

---

[2] http://www.barnabasfoundation.com:8080/index.jsp?pageID=229, 2021년 3월 5일 접속.

이상을 가지고 접근해야 한다. 단순히 상대방을 공격하기 위해 프레임 전쟁을 해서는 안 된다. 우리는 성경 본문을 잘 설명하고, 성경이 우리에게 주는 통찰과 지혜와 교훈을 감동적으로 전해야 한다. 우리는 십일조의 율법을 무시해서는 안 된다. 그러나 십일조의 복음을 가르치고 성도들이 십일조의 복음을 경험하는 데 더 큰 관심을 기울여야 한다.

십일조를 단순히 내야 하느냐 마느냐의 문제로 접근하는 것은 십일조의 율법이다. 십일조를 그저 그리스도인의 의무로 제시하는 것 역시 십일조의 율법이다. 십일조를 내지 않는 것을 너무 쉽게 정죄하는 것도 십일조의 율법이다. 십일조를 교회에 내느냐, 아니면 선교 단체나 자선 단체나 NGO에 내도 되느냐는 것도 십일조의 율법이다. 세전 수입(pre-tax income)의 십분의 일을 내느냐, 세후 수입(after-tax income)의 십분의 일을 내느냐는 것도 십일조의 율법이다. 십일조를 내면 과연 교회에 유익한 것이냐, 하나님 나라를 위해 더 넓은 곳에 쓸 수 있지 않느냐라는 생각도 십일조의 율법이다.

물론 십일조의 율법이 필요하다. 십일조의 율법을 가르쳐야 오경에 나오는 십일조 본문을 오해하지 않을 수 있다. 십일조를 레위인 십일조, 절기 십일조, 자선 십일조로 구분하는 것이 성경적 근거가 없음을 가르쳐야 한다. 그래야 신약 시대에는 레위인이 없으니까 십일조는 꼭 교회에 내지 않아도 된다든지, 절기 십일조와 자선 십일조가 있으니까 자선 단체나 심지어 가족의 식사와 잔치를 위해서 쓸 수 있다든지 하는 우를 범하지 않게 된다.

십일조의 율법을 가르쳐야 보물을 하늘에 쌓는 것은 '하나님을 위한 것'도 아니고 '교회를 위한 것'도 아니며, 모두 '자기를 위한 것'임을 안다. 그래야 십일조와 헌금을 출석 교회에 하지 않고 다른 곳에 보내는 것이 마치

'하나님 나라를 위한 것'이라는 소위 '고상한 생각'을 하지 않게 된다.

또한 율법으로서의 십일조를 가르치지 않으면 수입의 십분의 일도 드리지 않을 가능성이 커지게 된다. 왜 한국 교회나 미국 교회 모두 (심지어는 복음주의 그리스도인들도) 각각 평균 5퍼센트와 3퍼센트만 헌금을 할까? 현대의 풍요한 사회에서 십분의 일을 드리는 것이 쉽지 않기 때문이다. 따라서 최소한의 기준으로 십일조의 율법을 가르쳐야 하는 것이다.

"내가 너희에게 이르노니 너희 의가 서기관과 바리새인보다 더 낫지 못하면 결코 천국에 들어가지 못하리라"(마 5:20).

### '십일조의 복음'으로 항상 돌아가야

그러나 '십일조의 율법'만으로는 결코 십일조가 지향하는 가치와 삶의 방식을 알 길이 없다. 따라서 **십일조의 복음**으로 항상 돌아가야 한다. 십일조의 복음으로 돌아가면 하나님께 드리는 것이 은혜요 기쁨이요 환희임을 알게 된다.

만일 우리가 하나님의 사랑에 감동을 받게 된다면 십일조를 낼 것인지 말 것인지가 해결된다. 즉, 우리가 십자가 안에 나타난 하나님의 사랑을 알게 된다면 십일조에 만족할지 그 이상을 할지 자연스럽게 해결될 것이다. 만일 우리가 교회 안에서 하나님의 사랑과 은혜를 경험한다면 어떤 마음으로 교회에 십일조를 드릴지를 정하게 된다. 자신이 출석하는 교회에서 예배와 교육과 교제의 유익을 경험한다면 먼저 교회에 십일조를 드리고, 여력과 마음이 있다면 그 이상을 선교 단체나 자선 단체나 NGO에도 내게 될 것이다.

만일 출석 교회에서 은혜를 받지 못할 경우, 하나님께 먼저 기도를 드리고 교회 지도부에 조용히 이야기하자. 그럼에도 이후에 변화가 없다면, 그 이유를 알리고 다른 교회로 옮겨야 하는 것이다. 이런 조치 없이 교회는 출석하면서 그 교회에 최소한의 재정적 의무를 지지 않는 것은 성경적이지 않을 뿐만 아니라 윤리적이거나 상식적이지도 않다.

교회에 출석하거나 예배를 드리는 데는 비용을 지불할 필요가 없다. 왜냐하면 교회에 다니는 것은 전적으로 자격 없는 자들에게 값없이 베푸시는 하나님의 은혜이다. 그러나 믿음이 성장하고 정식으로 교회에 등록한 성도가 되면 교회 운영을 위해 비례적 책임을 지는 것이 자연스러운 과정이지 않을까? 그런데 자신이 다니는 출석 교회에는 최소한의 물질적 의무를 행하지 않으면서, 다른 기독교 단체나 선교 단체에 헌금을 하는 것이 복음의 높은 수준이라고 생각한다면, 이는 과연 성경적인 사고일까?

### 우리가 지향할 방향

따라서 교회의 지도부인 목회자와 당회와 제직들은 '십일조의 율법'을 가르치되, 무엇보다 **십일조의 복음**을 경험하도록 하나님의 은혜와 사랑을 더 강하게 선포해야 한다. 십일조가 복음으로 경험되지 않는다면 십일조는 율법으로 남게 될 것이고, 성도들의 마음에 진정한 기쁨을 느끼지 못하게 만들기 때문이다.

첫째, 단순히 십일조를 내야 하느냐 마느냐의 문제로 접근하지 말고, 삶을 하나님께 어떻게 드리며 살아야 하는지를 제시해야 한다. 십일조는 '율법적 최소'가 아니라, '은혜의 최소'가 되어야 한다. 다시 말해 하나님께 드리며 사는 거룩한 삶의 출발점에서 드리는 '자발적 최소'가 되어야 한다.

물론 그렇다고 해서 모든 성도들에게 바로 십분의 일을 규범으로 제시하자는 것은 아니다. 초신자들에게는 십분의 일보다 적은 액수로 시작해서 점차 십일조를 드리는 것을 단기적 목표로 삼을 수 있다. 반면에 기신자들은 십분의 일이 목표가 아니라 더 많이 드릴 수 있는 지혜로운 출발점으로 삼을 수 있다. 이렇게 되면 십일조는 단지 율법이 아니라 복음이 되는 것이다.

둘째, 성경의 십일조가 초청하는 거룩한 삶, 더 풍성한 삶, 더 고귀한 삶, 더 가치 있는 삶, 더 누리는 삶이 무엇인지를 보여 주어야 한다. 십일조는 마지못해 드리는 강제 규정이 되어서는 안 된다. 십일조는 하나님께 드리면 하나님께서 모든 좋은 것을 선물로 주신다는 사실을 경험할 수 있는 기회가 된다는 사실을 가르쳐야 한다. 십일조를 드리려면 먼저 자신을 하나님께 드려야 한다. "우리가 바라던 것뿐 아니라 그들이 먼저 자신을 주께 드리고 또 하나님의 뜻을 따라 우리에게 주었도다"(고후 8:5).

이렇게 하나님께 자신을 드리게 되면, 물질의 유혹과 맘몬의 압제로부터 벗어나 진정한 자유를 누릴 수 있게 된다. 마게도냐 교회가 "환난의 많은 시련 가운데서 … 풍성한 연보를 넘치도록 하게"(고후 8:2)된 것은 바로 자신을 먼저 하나님께 드렸기 때문이다.

진정한 나눔은 돈을 주는 것이 아니라, 자신을 먼저 주는 것이다. 복음이 무엇인가? 하나님이 세상을 이처럼 사랑하사, 독생자를 주신 것이 아닌가? 이로써 그를 따르는 자들도 먼저 자신을 하나님께 드리고 하나님의 뜻을 따라 자신의 소유를 주는 것이다. 이렇게 되면 십일조는 율법을 넘어서서 복음이 되는 것이다.

이렇게 십일조가 복음이 되려면, 수입의 십분의 일을 떼어 하나님께 드리는 일을 해야 한다. 모든 소득의 '십분의 일'을 아예 처음부터 하나님의 것으로 간주하고 하나님의 성물로 떼어 놓으면, 그때 비로소 자신이 소유한 것은 자신의 것이 아님을 자각하기 시작한다. 그렇게 되면 나머지 '십분의 구도 세속적으로가 아니라 하나님이 원하시는 뜻대로 쓸 수 있는 하늘의 관점을 소유하게 된다. 그 다음에는 큰 기쁨이 마음속에 넘치게 된다. 이때부터 십일조는 율법에서 **기쁨의 복음**으로 바뀌게 된다.

셋째, 십일조를 내는 것만 강조점을 두지 말고, 교회가 십일조를 가지고 무엇을 할 것인지(교육, 선교, 예배, 교제, 교회 운영, 목회자 사례 등)에 대한 더 큰 비전과 가치를 제시해야 한다.

우선 십일조와 헌금을 드리는 것은 초대 교회부터 "매주 첫날" 부활을 기념하기 위해 모였을 때 주님께 드리는 '예배 예물'이라는 비전을 놓쳐서는 안 된다.

> "매주 첫날에 너희 각 사람이 수입에 따라 모아 두어서 내가 갈 때에 연보를 하지 않게 하라"(고전 16:2).

여기서 매주 첫날이란 기독교 주일의 기원을 가리킨다. 그런데 놀랍게도 이 주일의 기원을 다루면서 수입에 따라 모아 두었다가 헌금(연보)을 하라고 권면한다. 성경에 나오는 주일에 대한 첫 언급에서 헌금이 나오는 것이 불편하다면, **하나님께 드리는 것이 예배의 본질**이라는 사실을 깊이 경험하지 못했을 가능성이 크다.

우리는 십일조와 헌금은 교회의 운영비로 내는 것이 아니라는 점을 끝까지 유지해야 한다. 십일조와 헌금을 드리는 것은 처음부터 끝까지 부활의 날에 주님께 드리는 예배 행위이다. 예배 가운데 산 자들의 하나님이시요 부활의 능력이신 예수 그리스도께 우리 자신을 먼저 드리고 헌물을 드릴 수 있도록 허락하셨다는 사실을 잊지 않도록, 우리는 예배를 디자인하고 이를 위해 기도해야 한다.

십일조를 돈을 드리는 것에 초점을 맞추는 것은 성경의 십일조 정신에 맞지 않는다. 바울이 예루살렘 성도들을 돕는 프로젝트를 언급하면서 한 번도 '돈'이란 단어를 사용하지 않았다는 점에 주목해야 한다.

바울은 대신 "은혜"(카리스), "성도 섬기는 일"(디아코니아), "참여함"(코이노니아), "사랑"(아가페), "후함"(하플로테스), "풍성함"(페리슈마), "거액의 연보"(하드로테스), "축복"(율로기아), "선행"(에르곤 아가토스), "봉사"(레이투르기아)란 신학적 용어들을 사용했다. 바울이 이제 하려는 일은 경제 용어나 비즈니스 용어로는 설명이 불가능한 것이다. 그런데 이를 알지 못하는 자들이 헌금이나 돈이란 단어가 신약에 나오지 않는다는 이유로 신약에는 헌금이 없다고 주장한다.

심지어는 일부 신학자들도 신약에는 구제하는 돈, 즉 연보만 있지 헌금이 없다는 식의 이론을 펴고 있다. 하나님께 드리는 예물을 일상 용어나 경제 용어를 가지고 설명하는 것 외에 달리 생각할 줄 모르는 사람들은 이렇게 주장할 수밖에 없을지도 모른다.

이런 사람들은 성경 본문을 마치 고고학적 문서나 역사적 보고서로 이해하고 이론적으로 분석하는 탁상 이론을 멈추어야 한다. 성경에 나오는 인물들이 어떻게 하나님을 만났고, 왜 십일조나 십일조 서원을 드렸고, 그 일로 삶에 어떤 변화가 생겼고, 결과적으로 그들이 무엇을 경험하게 되었는지를 추체험하는 '삶의 해석학'과 '마음의 학문'을 해야 한다. 이것이 바로 성경을 하나님께서 교회에 주신 목적이기 때문이다.

### 마지막 권면

우리가 이렇게 십일조의 율법과 십일조의 복음을 균형 있게 감동적으로 가르치지 않으면 앞으로 30년 후에는 그리스도인들이 소유한 엄청난 부가 복음 사역에 쓰이지 않게 될 것이다. 현재 한국에서 가장 부유한 세대는 베이비부머 세대(1차는 1954-1963년생[705만명]; 2차는 1964-1973년생[954만명])이다.

우리도 앞으로 20년이 지나면 베이비부머 세대가 세상을 떠나면서 부모의 재산이 자녀 세대로 이전될 것이다. 만일 현재 30대 이하 자녀 세대가 십일조와 헌금을 하지 않는다면, 현재 그리스도인들이 보유한 막대한 재산이 하나님의 나라와 상관없는 곳에 세속적인 방식으로 사용되게 될 것이다.

따라서 목회자는 십일조와 헌금에 대해 성경을 가르치는 것을 두려워해서는 안 된다. 선한 양심과 확신을 가지고 지속적으로 하나님의 백성들이 져야 할 경제적 부담에 대해서 설교해야 한다. 그뿐 아니라 교회는 십일조와 헌금과 청지기 정신을 교육하는 구체적인 프로그램을 만들어 다음 세대를 가르쳐야 한다.

그러면서도 하나님의 은혜와 사랑을 선포하고, 우리 역시 하나님을 향한 믿음의 고백과 사랑의 예물과 영적 헌신을 표현할 것을 권고해야 한다. 프레임 전쟁을 멈추고 말씀을 순전히 선포하고 말씀에 복종하는 순종의 전쟁으로 나아가야 한다. 그때서야 비로소 한국 교회는 회복과 부흥을 경험할 수 있게 될 것이다.

이제 십일조의 율법을 가르치며 십일조의 복음을 경험하게 만들어야 하는 사명은 단순히 목회자와 신학생들에게만 있는 것은 아니다. 이 사명은 가정에서는 부모에게 있는 것이고 교회에서는 선배 신앙인들에게 있는 것이다. 어쩌면 신앙의 유산은 가정과 교회 안의 선배 성도들을 통해서 더 설득력 있게 전달될 수 있기 때문이다.

"너희를 위하여 보물을 땅에 쌓아 두지 말라 거기는 좀과 동록이 해하며 도둑이 구멍을 뚫고 도둑질하느니라 오직 너희를 위하여 보물을 하늘에 쌓아 두라 거기는 좀이나 동록이 해하지 못하며 도둑이 구멍을 뚫지도 못하고 도둑질도 못하느니라"(마 6:19-20).

### 적용을 위한 질문

1. 이 책을 함께 읽으며 여러분의 십일조에 대한 시선이나 태도에 어떤 변화가 있었습니까? 지금 나에게 십일조란 어떤 의미입니까? 단순한 재정 헌신입니까, 복음에 대한 삶의 응답입니까?

2. 여러분은 '하나님의 사랑에 감동 받아' 무엇을 드리고 있습니까? 하나님께 드리는 헌금은 내게 어떤 의미입니까? '감사'입니까, '계산된 책무'입니까?

3. 나는 '거룩한 사람'으로 성장하고 있습니까? 지금 드리는 십일조와 헌신은 '정의와 긍휼과 믿음'의 삶으로 이어지고 있습니까? 혹은 숫자에만 매몰되어 있지는 않습니까? 십일조는 나에게 어떤 '영적 훈련'이 되고 있습니까?

십일조의 복음

## 사명선언문

너희가 흠이 없고 순전하여……세상에서 그들 가운데 빛들로
나타내며 생명의 말씀을 밝혀 _ 빌 2:15-16

**1. 생명을 담겠습니다**
만드는 책에 주님 주신 생명을 담겠습니다.
그 책으로 복음을 선포하겠습니다.

**2. 말씀을 밝히겠습니다**
생명의 근본은 말씀입니다.
말씀을 밝혀 성도와 교회의 성장을 돕겠습니다.

**3. 빛이 되겠습니다**
시대와 영혼의 어두움을 밝혀 주님 앞으로 이끄는
빛이 되는 책을 만들겠습니다.

**4. 순전히 행하겠습니다**
책을 만들고 전하는 일과 경영하는 일에 부끄러움이 없는
정직함으로 행하겠습니다.

**5. 끝까지 전파하겠습니다**
모든 사람에게, 땅 끝까지, 주님 오시는 그날까지
복음을 전하는 사명을 다하겠습니다.

## 서점 안내

| | |
|---|---|
| **광화문점** | 서울시 종로구 새문안로 69 구세군회관 1층<br>02)737-2288 / 02)737-4623(F) |
| **강남점** | 서울시 서초구 신반포로 177 반포쇼핑타운 3동 2층<br>02)595-1211 / 02)595-3549(F) |
| **구로점** | 서울시 동작구 시흥대로 602, 3층 302호<br>02)858-8744 / 02)838-0653(F) |
| **노원점** | 서울시 노원구 동일로 1366 삼봉빌딩 지하 1층<br>02)938-7979 / 02)3391-6169(F) |
| **일산점** | 경기도 고양시 일산서구 중앙로 1391 레이크타운 지하 1층<br>031)916-8787 / 031)916-8788(F) |
| **의정부점** | 경기도 의정부시 청사로47번길 12 성산타워 3층<br>031)845-0600 / 031)852-6930(F) |
| **인터넷서점** | www.lifebook.co.kr |